Alexandra Krause, Christoph Köhler (Hg.)
Arbeit als Ware

Für Jürgen,

vielen Dank für
meine geistige,
moralische und
fachliche Unterstützung!

Christoph

Jena 25.6.2012

Gesellschaft der Unterschiede | Band 6

ALEXANDRA KRAUSE, CHRISTOPH KÖHLER (HG.)
Arbeit als Ware
Zur Theorie flexibler Arbeitsmärkte

[transcript]

Gefördert durch die Deutsche Forschungsgemeinschaft (DFG)

Bibliografische Information der Deutschen Nationalbibliothek
Die Deutsche Nationalbibliothek verzeichnet diese Publikation in der Deutschen Nationalbibliografie; detaillierte bibliografische Daten sind im Internet über http://dnb.d-nb.de abrufbar.

© 2012 transcript Verlag, Bielefeld

Die Verwertung der Texte und Bilder ist ohne Zustimmung des Verlages urheberrechtswidrig und strafbar. Das gilt auch für Vervielfältigungen, Übersetzungen, Mikroverfilmungen und für die Verarbeitung mit elektronischen Systemen.

Umschlagkonzept: Kordula Röckenhaus, Bielefeld
Lektorat & Satz: Anatoli Klassen
Druck: Majuskel Medienproduktion GmbH, Wetzlar
ISBN 978-3-8376-1984-3

Gedruckt auf alterungsbeständigem Papier mit chlorfrei gebleichtem Zellstoff.
Besuchen Sie uns im Internet: *http://www.transcript-verlag.de*
Bitte fordern Sie unser Gesamtverzeichnis und andere Broschüren an unter: *info@transcript-verlag.de*

Inhalt

Vorwort | 7

I. Was sind flexible Arbeitsmärkte und wie kann man sie erklären?
Einleitung und Überblick
Alexandra Krause und Christoph Köhler | 9

FLEXIBLE ARBEITSMÄRKTE IM GESELLSCHAFTLICHEN KONTEXT

II. Arbeitsmärkte in Bewegung
Diskontinuität als forschungsstrategische Herausforderung
Holle Grünert und Burkart Lutz | 45

III. Externe Arbeitsmärkte
Gesellschaftliche Voraussetzungen und prekäres Potenzial
Peter Bartelheimer und René Lehweß-Litzmann | 63

IV. Soziale Schließung und die Strukturierung externer Arbeitsmärkte
Johannes Giesecke und Martin Groß | 91

BETRIEBLICHE STRATEGIEN UND FLEXIBLE ARBEITSMÄRKTE

V. Bedingungen und Grenzen marktförmiger Beschäftigungsbeziehungen
Eine Exploration offener betrieblicher Beschäftigungssysteme
Alexandra Krause | 117

VI. Gefahrenzone Absatzmarkt?
Leiharbeit und die Temporalstrukturen der Flexibilisierung
Hajo Holst | 141

VII. Eine Strategie oder viele Strategien?
Zur Polyvalenz flexibler Beschäftigungsformen im betrieblichen Einsatz am Beispiel der Leiharbeit
Markus Promberger | 163

ERWERBSSTRATEGIEN UND FLEXIBLE ARBEITSMÄRKTE

VIII. Wer akzeptiert kurzfristige Organisationsbindungen?
Offene Beschäftigungssysteme aus tauschtheoretischer Sicht
Anne Goedicke | 185

IX. Exit Markt: Bedingungen aktiven Angebotsverhaltens qualifizierter Arbeitnehmer
Hans J. Pongratz | 207

X. Berufstätigkeit und Entrepreneurial Choice
Welchen Einfluss hat die Berufstätigkeit auf die Entscheidung zur unternehmerischen Selbständigkeit?
Michael Fritsch, Elisabeth Bublitz und Alina Rusakova | 229

TRANSAKTIONSPROBLEME – INFORMATION UND RAUM

XI. Netzwerke in flexiblen Beschäftigungssystemen
Lose Verbindungen oder eigene Logik?
Birgit Apitzsch | 251

XII. Die Ware Arbeitskraft im Internet
Stefan Schröder | 269

XIII. Externe Arbeitsmärkte und räumliche Mobilität
Susanne Gerstenberg | 289

Literatur | 313

Autorinnen und Autoren | 361

Vorwort

Die Flexibilisierung des Arbeitsmarktes erregt die Aufmerksamkeit der Sozialwissenschaften und insbesondere der Soziologie seit gut zwei Jahrzehnten. In dieser Zeit wurden zahlreiche Einzelaspekte dieses Prozesses erforscht. Einen Schwerpunkt der vorliegenden Studien bilden Beschäftigungsverhältnisse mit atypischen Arbeitsverträgen. Während die Bedeutung der Arbeitsmarktflexibilisierungen für den Einzelnen, bestimmte soziale Gruppen und die Gesellschaft insgesamt in der bisherigen Forschung relativ viel Raum einnimmt, mangelt es aus unserer Sicht an übergreifenden empirischen und theoretischen Zugängen, die auch die ökonomischen, institutionellen und arbeitsmarktstrukturellen Voraussetzungen und Triebfedern flexibler Arbeitsmärkte in den Blick nehmen – und dies gilt nicht nur für den deutschen Sprachraum.

So entstand die Idee zu diesem Band. Am Nikolaustag des Jahres 2010 haben die Herausgeber dann WissenschaftlerInnen[1] aus verschiedenen Forschungszusammenhängen in Deutschland und KollegInnen aus dem Arbeitsmarktschwerpunkt des Sonderforschungsbereichs 580 über „Gesellschaftliche Entwicklungen nach dem Systemumbruch" an den Universitäten Jena und Halle zu einem Workshop eingeladen. Um die Komplexität unseres Vorhabens zu reduzieren, haben wir uns dafür entschieden, einschlägige soziologische Positionen zusammen zu bringen. Nur der Beitrag unserer KollegInnen vom Lehrstuhl für Unternehmensentwicklung, Innovation und wirtschaftlichen Wandel (Prof. Michael Fritsch) an der Friedrich-Schiller-Universität Jena betrachtet das Thema aus einer genuin ökonomischen Perspektive.

---

[1] Die Einzelbeiträge folgen unterschiedlichen Gender-Konventionen. Mit Nennung der weiblichen (männlichen) Form ist in diesem Buch, sofern nicht anders gekennzeichnet, immer auch die männliche (weibliche) Funktionsbezeichnung gemeint.

Im Rahmen des Workshops konnten wir mit den KollegInnen einen Überblick über die Bandbreite der relevanten Ansätze und Ideen erarbeiten und die gemeinsamen Fragen präzisieren: Die Beiträge sollten erstens eine analytisch gehaltvolle Beschreibung flexibler Arbeitsmärkte erarbeiten, zweitens zur Entwicklung von Erklärungsansätzen beitragen und schließlich auch arbeitsmarkt- und gesellschaftspolitische Implikationen berücksichtigen. Das Ziel bestand darin, jenseits vereinzelter Modethemen ein Standardwerk über flexible Arbeitsmärkte zu produzieren.

Die TeilnehmerInnen des Workshops haben sich diesem gemeinsamen Programm verpflichtet und Beiträge eingereicht, die dann mehrfach kommentiert und überarbeitet wurden. Alle AutorInnen haben entweder neue Perspektiven ausgearbeitet oder ihre bereits entwickelten Ansätze mit Blick auf das Thema flexibler Arbeitsmärkte substanziell erweitert. Wir freuen uns sehr über das Ergebnis der gemeinsamen Arbeit und danken den AutorInnen für ihr großes Engagement.

Unser Dank gilt auch allen, die uns über die Laufzeit des SFB 580 und bei der Arbeit an diesem Buch geholfen haben. Dies sind zunächst die GutachterInnen des SFB 580, die uns über drei Evaluationsrunden hinweg begleiteten und unsere Forschungsarbeit durch ihr positives Votum letztendlich erst ermöglichten. Beatrice Ströhl, Jürgen Kühl und Günther Hemm haben uns in vielfältiger Weise geistig, moralisch und fachlich unterstützt. Olaf Struck war von 2002 bis 2008 Projektleiter und legte hier mit großem Engagement Grundlagen für die weitere Arbeit.

Stefanie Hanneken vom transcript Verlag hat unser Buch-Projekt professionell betreut und mindestens tausend kleine und große Anfragen freundlich und schnell beantwortet. Unsere Projektassistenten Anatoli Klassen und Sebastian Barteczko haben die anspruchsvolle und über ein Jahr währende Aufgabe der Redaktion und Gestaltung des Buches übernommen und mit großem Engagement zu einem erfolgreichen Ende gebracht.

Burkart Lutz hat das Thema der flexiblen Arbeitsmärkte über sein gesamtes Forscherleben hinweg verfolgt und im SFB 580 wichtige arbeitsmarkttheoretische Impulse gesetzt. In seinem gemeinsam mit Holle Grünert verfassten Beitrag plädiert er dafür, die Diskontinuitäten des Strukturwandels als forschungsstrategische Herausforderung anzunehmen. Wir hoffen, dass uns dies mit diesem Band gelungen ist.

Alexandra Krause und Christoph Köhler
Jena im Mai 2012

I. Was sind flexible Arbeitsmärkte und wie kann man sie erklären?

Einleitung und Übersicht

ALEXANDRA KRAUSE UND CHRISTOPH KÖHLER

1. VORBEMERKUNG

Mit dem Buchtitel „Arbeit als Ware" beziehen wir uns auf eine historisch gerichtete Diskussion über die Vermarktlichung („Kommodifizierung") von Arbeit. Die Großthese lautet, dass Arbeit mit der Durchsetzung des Kapitalismus zur Ware wird, der Warencharakter der Arbeit aber im historischen Prozess durch die Institution des Normalarbeitsverhältnisses und über wohlfahrtstaatliche Lohnersatzleistungen wieder eingeschränkt wird („De-Kommodifizierung"). Seit den 80er Jahren, so die These, setzt mit der Erosion des Normalarbeitsverhältnisses und sozialstaatlicher Sicherungen dann ein Prozess der Wieder-Vermarktlichung („Re-Kommodifizierung") von Arbeitsmärkten ein.

Den soziologischen Hintergrund für dieses Buch bildet die Frage, wie die Flexibilisierung des Arbeitsmarktes die Ungleichheitsordnung unserer Gesellschaft verändert. Die neuere soziologische Arbeitsmarkt- und Ungleichheitsforschung geht davon aus, dass mit der Abnahme der Beschäftigungsstabilität (Beschäftigungsdauern) und der Arbeitsplatzsicherheit neue Risikolagen entstehen, die Einkommensdifferenzen überlagern und dazu führen, dass auch die bislang gut verdienende Mittelschicht Planungssicherheit und Lebensqualität zu verlieren droht. Lange Zeit war die soziologische Diskussion dann durch die Frage geprägt, ob sich eine Generalisierung und Individualisierung der Risiken (Beck/Bonß 2001) oder eine neue Spaltung in Gewinner und Verlierer der Vermarktlichung durchsetzen wird (Buchholz/Blossfeld 2009).[1] Zugespitzt werden diese Fragen in der durch die französische Soziologie inspirierten Prekarisierungsforschung (Castel/Dörre 2009).

Wir sehen in diesen Kontroversen der neueren Ungleichheitsforschung zwei Probleme. Zum einen werden häufig sowohl das Ausmaß der „De-Kommodifizierung" des Arbeitsmarktes in der idealisierten Vergangenheit des „Fordismus" als auch das der „Re-Kommodifizierung" in der Gegenwart des „finanzmarktgetriebenen" globalen Kapitalismus überschätzt. Zunehmende Beschäftigungsrisiken und Job-Mobilität erscheinen ebenso wie steigende Einkommensunsicherheit als quasi unausweichliche Konsequenz eines flexiblen Kapitalismus. Zum anderen werden in der Sozialstrukturforschung in erster Linie die Folgen flexibler Beschäftigung für Erwerbsverläufe, Familien und Haushalte sowie die gesellschaftliche Ungleichheitsstruktur insgesamt untersucht, nicht jedoch die Strukturveränderungen des Arbeitsmarktes selber und deren Ursachen. In der Konsequenz kann die Sozialstrukturforschung dann zwar Aussagen über die Verteilung von Chancen und Risiken in einer gegebenen Positionsstruktur treffen und auch Veränderungen variablensoziologisch bestimmen. Sie bleibt auf diese Weise allerdings begriffslos, weil sie sich der Frage verschreibt, alte und neue strukturelle Barrieren im Zugang zu Ressourcen oder Positionen, mithin Lebenschancen (Kreckel 1992) zu identifizieren, ohne die Dynamik der sich wandelnden Interessenkonstellationen der beteiligten Arbeitsmarktakteure zu analysieren.

Mit dem Untertitel „Zur Theorie flexibler Arbeitsmärkte" fokussieren wir auf einen besonderen Typus von Arbeitsmärkten. Wir verstehen darunter Arbeitsmärkte, auf denen begrenzte Beschäftigungsdauern und zwischenbetriebliche Mobilität vorherrschen, also extern-numerische Personalanpassungen.[2] Davon unterschieden sind betriebsinterne Arbeitsmärkte, in denen die Langfristbeschäftigung des Personals dominiert. Obwohl mittlerweile zahlreiche arbeits- und arbeitsmarktsoziologischen Studien zu diesem Thema vorliegen, gibt es bislang noch kein Buch, das übergreifende theoretische Ansätze diskutiert.

---

1 Eine ganz junge Perspektive versucht diese Dichotomie mit der konsequenten Unterscheidung zwischen Heterogenitäten und Ungleichheiten zu überwinden (Diewald/Faist 2011).

2 Wir beziehen uns hier also auf die extern-numerische Flexibilität. Beschäftigungssysteme mit einer Dominanz betriebsinterner Anpassungsvorgänge bezeichnen wir im Anschluss an Segmentationsansätze als interne Arbeitsmärkte.

Wenn die Soziologie die Ursachen und Reichweite der Ungleichheitsdynamik erfassen will, muss sie sich mit den Strukturveränderungen des Beschäftigungssystems und flexiblen Arbeitsmärkten befassen. Wir sehen drei zentrale Fragen:

- Erstens geht es um eine nähere analytische Bestimmung flexibler Arbeitsmärkte im Unterschied zu betriebsinternen Arbeitsmärkten. Während letztere leicht abzugrenzen sind, weil es sich um Positionen und Personen innerhalb einer Organisation handelt, sind externe Märkte schwieriger zu bestimmen. Es erweist sich als außerordentlich schwierig, die fachlichen, sozialen und räumlichen Grenzen und die endogene Funktionsweise des volatilen Beziehungsgeflechts auf Arbeitsmärkten zu benennen.
- Zweitens fragen wir nach einer übergreifenden Erklärung flexibler Arbeitsmärkte im Rahmen einer dynamischen Arbeitsmarktstruktur. Um den damit verbundenen Erklärungsbedarf zuzuspitzen, gehen wir im Anschluss an alte und neue institutionalistische Ansätze aus Soziologie und Ökonomik davon aus, dass flexible Arbeitsmärkte kein quasi-natürliches Phänomen spätmoderner kapitalistischer Ökonomien darstellen. Viele Gründe sprechen gegen die Genese und Reproduktion solcher Beschäftigungssysteme. In heuristischer Absicht behaupten wir also die theoretische Unwahrscheinlichkeit flexibler Arbeitsmärkte.
- Drittens werden die allokative Effizienz und die sozialen Folgen flexibler Arbeitsmärkte nicht nur in der Ökonomik, sondern auch innerhalb der Soziologie normativ ganz unterschiedlich bewertet, wobei Rechts-Links-Schemata bei der Klassifikation interessanterweise immer weniger helfen. Wenn die Sicherheiten interner Arbeitsmärkte erodieren und Individuen neue Formen der Flexibilität suchen, kommt es auch aus einer linken Perspektive zur Neubewertung flexibler Arbeitsmärkte.

Wie die Arbeiten im Rahmen des Sonderforschungsbereichs 580 an den Universitäten Halle und Jena gezeigt haben (Best/Holtmann 2012) und wie Holle Grünert und Burkart Lutz in diesem Band betonen (Kap. II), steht die arbeitsmarktsoziologische Erforschung flexibler Arbeitsmärkte erst am Anfang eines langen Weges. Unser Buchprojekt hat den Sinn, diesen Prozess voranzutreiben und versammelt wichtige Perspektiven und AutorInnen der gegenwärtigen Diskussion im deutschsprachigen Raum. Angesichts der Komplexität des Unterfangens fokussieren wir in diesem Band auf die Arbeitsmarktsoziologie, ohne den Beitrag der Wirtschaftswissenschaften und die Notwendigkeit einer disziplinübergreifenden Diskussion in Frage zu stellen.

Im Folgenden unternehmen wir als Herausgeber den Versuch, in Auseinandersetzung mit den anderen AutorInnen dieses Buches unsere eigene Sichtweise auf den Gegenstand herauszuarbeiten. Wir nutzen dabei einen im Rahmen des SFB 580 erarbeiteten modernisierten Segmentationsansatz. Daran anschließend stellen wir die in diesem Buch versammelten Perspektiven und Positionen in Bezug auf die drei oben benannten Forschungsfragen vor. Im letzten Abschnitt geben wir eine Übersicht über die Einzelbeiträge.

2. EINE SEGMENTATIONSTHEORETISCHE PERSPEKTIVE

Segmentationsansätze[3] wirken heute etwas verstaubt und evident ist auch, dass wir die alten Kategorien nicht ungebrochen in die neue Zeit übertragen können (Kap. II, Grünert/Lutz; Köhler/Krause 2010). Wir sind allerdings der Meinung, dass ihre Heuristik zur Erforschung des Strukturwandels und insbesondere des Wandels flexibler Arbeitsmärkte hilfreich ist. In der empirischen Segmentationsforschung der Münchner Tradition wird die Frage nach der Funktionsweise von Arbeitsmärkten und einer adäquaten Typologie von der Frage nach den Ursachen der Arbeitsmarktstrukturierung getrennt (Sengenberger 1987: 207ff.; Sesselmeier et al. 2010). Im Folgenden geht es zunächst um die erste Ebene; wir schlagen ein heuristisches Schema zur Bestimmung von Teilarbeitsmarkttypen vor. Sodann thematisieren wir die zweite Ebene mit der Frage nach einem theoretischen Modell.

Die segmentationstheoretische Heuristik von Teilarbeitsmärkten

Segmentationsansätze interessieren sich für die Funktionsweise von Teilarbeitsmärkten und gehen dabei von einer großen Heterogenität im Arbeitsmarktgeschehen aus. Zentrales Kriterium der bisher vorgelegten und nur im Detail verschiedenen Typologien ist eine Analytik von Märkten, weil davon ausgegangen wird, dass die jeweils spezifischen Verhältnisse von Angebot und Nachfrage das Verhalten der Akteure und darüber vermittelt auch die Arbeitskräftemobilität (Allokation) und die Einkommensentwicklung (Preise) bestimmen. Grundlegend dafür ist die Unterscheidung von Markt (mehrere Beschäftiger und Beschäftigte) und Organisation (ein Beschäftiger und mehrere Beschäftigte). Die klassische

---

3 Ausgewählte Klassiker sind: Doeringer/Piore 1971; Lutz 1987; Sengenberger 1987. Übersichten finden sich bei Levine 2002; Gensior et al. 2004; Michon/Petit 2007; Reich 2008; Köhler/Krause 2010; Sesselmeier et al. 2010.

Hypothese lautet dann, dass sich aus der jeweils spezifischen Marktsteuerung sowohl die Binnenstrukturen des Teilarbeitsmarktes als auch die ungleichheitstheoretisch relevanten sozialen Folgen ergeben.

Im Anschluss an diese Tradition (Sengenberger 1987: 209ff.) unterscheiden wir in der *horizontalen Dimension* zwischen internen und externen Arbeitsmärkten bzw. offenen und geschlossenen Beschäftigungssystemen. „Interne Märkte" umfassen Positionssysteme innerhalb von Erwerbsorganisationen. Mobilität erfolgt vor allem zwischen Arbeitsplätzen innerhalb des Betriebs. Prozesse der Allokation, Qualifikation und Gratifikation vollziehen sich eher nach den Regeln der Organisation als nach der Logik des Marktes. Hier findet sich also eine partielle „De-Kommodifizierung" der Ware „Arbeitskraft" innerhalb des Arbeitsmarktes selber. Externe Märkte sind Positionssysteme aus Arbeitsplätzen in verschiedenen Betrieben, zwischen denen Arbeitskräfte mehr oder weniger häufig wechseln. Innerhalb der Grenzen dieser Teilarbeitsmärkte dominieren die Regeln von Angebot und Nachfrage.

In der *vertikalen Dimension* werden „good jobs" und „bad jobs" oder primäre und sekundäre Teilarbeitsmärkte (ebd.: 220) unterschieden. Angenommen wird, dass sekundäre Teilarbeitsmärkte durch eine instabile Arbeitskräftenachfrage und überzyklische Angebotsüberschüsse aus Unterbeschäftigung und Arbeitslosigkeit charakterisiert sind, was sich in geringen Einkommen und hoher freiwilliger und unfreiwilliger Fluktuation niederschlägt. In älteren Typologien blieb lange Zeit unberücksichtigt, dass sich „bad jobs" dieses Typs auch in internen Arbeitsmärkten finden, wo Niedriglöhne mit stabiler Beschäftigung verbunden sind. Strukturelle Arbeitskräfteüberschüsse erlauben auch hier die Rekrutierung von Personal bei geringen Löhnen, dies wird allerdings mit Sicherheitsversprechen und Beschäftigungsstabilität verbunden.

Betriebliche Beschäftigungssysteme bilden einen zentralen Baustein von Teilarbeitsmärkten (Köhler/Loudovici 2008)[4]. Es handelt sich um sozioökonomische Räume innerhalb von Erwerbsorganisationen, definiert als Teilmengen von Arbeitsplätzen und Arbeitskräften, die sich nach Innen (gegenüber anderen Arbeitsbereichen) und nach Außen (gegenüber den überbetrieblichen Arbeitsmärkten) durch unterschiedliche Niveaus der Schließung abgrenzen. Diese innerbetrieblichen Allokationsräume weisen im Binnenbereich distinkte Regeln und Strukturmuster der Allokation, Qualifikation und Gratifikation auf. Geschlossene Beschäftigungssysteme sind zentraler Bestandteil interner, offene Systeme bilden die Basis externer Teilarbeitsmärkte. In der vertikalen Dimension unter-

---

4 Ein aktueller Überblick zur Theorie und Empirie betrieblicher Beschäftigungssysteme findet sich bei Alewell/Struck 2012.

scheiden wir entsprechend der Segmentationsmatrix nach dem Einkommen in primäre und sekundäre Beschäftigungssysteme (Abbildung 1). Entscheidend ist, dass Erwerbsorganisationen in der Regel mit mehreren und verschiedenen Beschäftigungssystemen operieren. So sind geschlossene Stammbelegschaftspositionen häufig Teil primärer interner Arbeitsmärkte, während offene Randbelegschaftspositionen mit hoher Beschäftigungsinstabilität und niedrigen Einkommen an sekundäre externe Teilarbeitsmärkte angeschlossen sind.

Die Segmentationsmatrix ist als ein heuristisches Schema zu begreifen und beruht auf dem Postulat, dass sich die Dynamik von Teilarbeitsmärkten und betrieblichen Beschäftigungssystemen auf den Markt oder die Organisation als Steuerungsmechanismus zurückführen lässt. Selbstverständlich gibt es in der horizontalen Dimension unterschiedliche Niveaus der Öffnung und Schließung und unterschiedliche Mischungsverhältnisse im Steuerungsmechanismus; in der Vertikalen zeigt sich eine starke Einkommensdifferenzierung. Die binäre Codierung stellt eine starke Vereinfachung dar, man kann aber nach jeweils dominanten Zusammenhängen klassifizieren oder nach Erkenntnisinteresse weiter differenzieren (vgl. Köhler/Loudovici 2008).

Abbildung 1: Arbeitsmarktegmente und betriebliche Beschäftigungssysteme

	Interne Arbeitsmärkte Geschlossene Beschäftigungssysteme	Externe Arbeitsmärkte Offene Beschäftigungssysteme
Primär	langfristige Beschäftigung gute Einkommen	kurz- und mittelfristige Beschäftigung gute Einkommen
Sekundär	langfristige Beschäftigung Niedriglöhne	kurz- und mittelfristige Beschäftigung Niedriglöhne

Quelle: Eigene Darstellung

In der inzwischen fünf Jahrzehnte laufenden Forschung zur Arbeitsmarktsegmentation wurden immer wieder zwei zentrale Indikatoren für die – selbstverständlich immer relative – Entkopplung betriebsinterner Märkte vom externen Arbeitsmarkt hervorgehoben und getestet: Beschäftigungsstabilität und Lohnstabilität[5]. Wenn Löhne und Beschäftigung nicht oder nur stark abgeschwächt auf wechselnde Arbeitsmarktlagen reagieren, geht die Forschung von einer relativen Entkopplung aus. Parallel zu diesen quantitativen Belegen gibt es mittlerweile eine kaum noch zu überschauende Vielzahl an qualitativen Analysen von Erwerbsorganisationen, die u.a. mit der Stamm-Rand-Metapher arbeiten und immer wieder belegen, dass Betriebe unterschiedliche Beschäftigungs-Subsysteme aufweisen, deren Gratifikations- und Allokationsregeln mehr oder weniger stark von der Marktlogik abgekoppelt sind (vgl. Köhler/Krause 2010; Kap. VI; VII). Wir konnten im Rahmen des SFB 580 über die Langzeitbeobachtung und den intranationalen Ost-West-Vergleich mit Hilfe von quantitativen und qualitativen Methoden zentrale Annahmen von Segmentationsansätzen bestätigen (Köhler et al. 2008; Krause et al. 2012).

Sowohl die oben zitierten klassischen Ansätze der Segmentationsforschung als auch die soziologische Arbeitsmarkt-, Mobilitäts- und Ungleichheitsforschung weisen nach, dass offene und geschlossene Positionen ganz unterschiedliche Folgen für die Einkommens- und Übergangsrisiken von Beschäftigten haben können[6]. Insofern lässt sich die Segmentationsmatrix gut mit dem Göttinger Teilhabekonzept und Castels Zonenmodellen verbinden (Bartelheimer et al. 2012; Kap. III, Bartelheimer/Lehweß-Litzmann). So wird davon ausgegangen, dass sich die Arbeitsmarktstrategien und Lebensweisen der abhängig Beschäftigten je nach Arbeitsmarktsegment fundamental voneinander unterscheiden: In betriebsinternen Arbeitsmärkten geht es um die Sicherung stabiler Positionen in hierarchisch strukturierten Erwerbsorganisationen, während es auf externen Märkten um Beschäftigungssicherung in wechselnden Unternehmen und unter der Bedingung wechselnder Marklagen geht, was in der Regel ganz andere Formen der Netzwerkbildung und Absicherung über das Familien- und Sozialsystem voraussetzt. Die Unterschiede werden noch deutlicher, wenn man die unterschiedlichen Soziallagen in primären und sekundären Arbeitsmärkten vergleicht (vgl. Pongratz/Voß 2004; vgl. Kap. III; VIII; IX; XI).

---

5   Vgl. zusammenfassend Sengenberger 1987; Levine et al. 2002; Gerlach 2004; Struck/Köhler 2004; Reich 2008.
6   Vgl. Szydlik 1990; Diewald/Sill 2004; Giesecke 2006; Struck 2007; Buchholz/Blossfeld 2009; Bartelheimer et al. 2012.

Vor diesem Hintergrund können wir externe Arbeitsmärkte näher bestimmen. Sie konstituieren sich aus der organisationsübergreifenden Beziehung von Betrieben als Nachfragern und Beschäftigten als Anbietern von Arbeitskraft. Teilnehmer sind alle Betriebe und Beschäftigte, die am Tausch fachlich spezifizierter Arbeitsleistung in geografisch spezifizierten Räumen interessiert sind, Tauschrelationen (Löhne) beobachten und ggf. miteinander handeln und tauschen. Diese Märkte sind institutionell eingebettet (durch berufliche Zertifikate, Tarifverträge, soziale Sicherungssysteme etc.). In diesem unterschiedlich eingeschränkten Rahmen operiert aber die Marktlogik über das Verhältnis von Angebot und Nachfrage. Besonders deutlich wird dies auf sekundären Arbeitsmärkten, wo strukturelle Arbeitskräfteüberschüsse im Sinne des Reservearmeemechanismus von den Beschäftigern dazu genutzt werden, Einkommen zu reduzieren und den Kündigungsschutz mit Hilfe atypischer Arbeitsverträge auszuhebeln (vgl. Kap III; VI; VII). Selbst in den weitgehend regulierten Professionsmärkten der Mediziner setzen sich Marktkräfte über Individual- und Kollektivverhandlungen durch.

Die Segmentationstheorie geht davon aus, dass bestimmte *Positionen* in Betrieben regelmäßig im Beziehungsgeflecht externer Arbeitsmärkte stehen, während andere dagegen abgepuffert werden. Innerhalb von Unternehmen finden sich einerseits Tätigkeitsbereiche, in denen Positionen regelmäßig langfristig besetzt werden und die sich durch stabile Einkommen auszeichnen, und andererseits solche mit instabiler, also kurz- und mittelfristiger Beschäftigung und Einkommen, die in Abhängigkeit von der Marktlage variieren. Letztere nennen wir „offene betriebliche Beschäftigungssysteme", sie bilden gewissermaßen Bausteine überbetrieblicher externer Arbeitsmärkte.

Während man Positionen über Betriebs- und Tätigkeitsmerkmale relativ eindeutig Arbeitsmarkttypen zurechnen kann, ist dies bei *Personen* schwierig, denn sie verbringen meistens nur eine Zeit ihres Erwerbslebens in instabiler Beschäftigung. Viele Positionen in externen Märkten sind reine Durchgangsstationen für Beschäftigte auf der Suche nach einem festen und dauerhaft akzeptablen oder attraktiven Job. Dies dürfte auf Einstiegsarbeitsplätze für Ingenieure in der Metall- und Chemie-Industrie genauso zutreffen wie für eine Gruppe von Un- und Angelerntenpositionen in sekundären Arbeitsmärkten, aus denen sich die Personen im Zeitverlauf herausarbeiten. Andere externe Märkte nutzen dagegen Personengruppen mit langfristigen Karrieren innerhalb ihrer fachlichen und räumlichen Grenzen. Dies kann aus Beschäftigten-Initiative erfolgen, wie heute bei Pflegekräften und Ärzten im Gesundheitswesen, die den Betrieb häufig wechseln, weil sich bessere Alternativen ergeben haben. Dies kann aber wie bei vielen Journalisten und Weiterbildungsdozenten auch auf die Initiative der Beschäftiger zurückgehen, die den Arbeitgeber nach Beendigung befristeter Verträge unfreiwillig wechseln müssen.

Viele externe Märkte beziehen Personen außerhalb des Beschäftigungssystems ein, attrahieren sie für zeitlich begrenzte Beschäftigungsdauern bzw. stoßen sie wieder ab – ein Phänomen, dessen qualitative, quantitative und politische Relevanz Günther Schmid hervorgehoben und mit dem Begriff des „Übergangsmarktes" beschrieben hat (Schmid 2002). Externe Märkte leben also nicht nur von Wechseln innerhalb des Arbeitsmarktes, sondern auch von Wechseln zwischen Positionen innerhalb und außerhalb des Beschäftigungssystems. So nutzen Industrien mit saisonaler Produktion und auch der Einzelhandel eine „Reservearmee" von Frauen, die je nach Auftragslage zwischen Familie und Job „pendeln". Andere Teilarbeitsmärkte leben von der Rekrutierung von Arbeitslosen (Leiharbeit in bestimmten Bereichen), die nach Beendigung der Jobs wieder in die Arbeitslosigkeit zurückkehren. Positionen in externen Märkten können also unterschiedliche Funktionen für Personen im Erwerbsverlauf erfüllen (Durchgang zu internen Märkten, Übergang zwischen Nicht-Erwerbsarbeit und Beschäftigungssystem und vice versa, dauerhafter Verbleib).

Abbildung 2 zeigt eine Kombination der Vier-Felder-Matrix des Segmentationsansatzes für den Arbeitsmarkt mit der Klassifizierung von sozialen Positionen außerhalb des Beschäftigungssystems durch Günther Schmid (2002). Die Darstellung kann auch als Verlaufsdiagramm von rechts nach links gelesen werden: Die überwiegende Mehrheit der Beschäftigten hat nach der Ausbildung das Ziel der Arbeitsplatzsicherheit in primären internen Märkten (Köhler et al. 2005; Struck et al. 2006; Krause 2007), verbringt allerdings den ersten Teil der Erwerbsbiografie in externen Märkten. In den letzten zwei Jahrzehnten ist ein zunehmender Anteil der Erwerbstätigen (überproportional in Ostdeutschland) auf sekundären Jobs verblieben - mit wiederholten Übergängen in Nicht-Erwerbstätigkeit (Arbeitslosigkeit, Familie). Zur Erfassung dieser Phänomene braucht man Analysen von Erwerbsverläufen (Kap. III, Bartelheimer/Lehweß-Litzmann).

Abbildung 2: Arbeitssegmente und Übergangsarbeitsmärkte

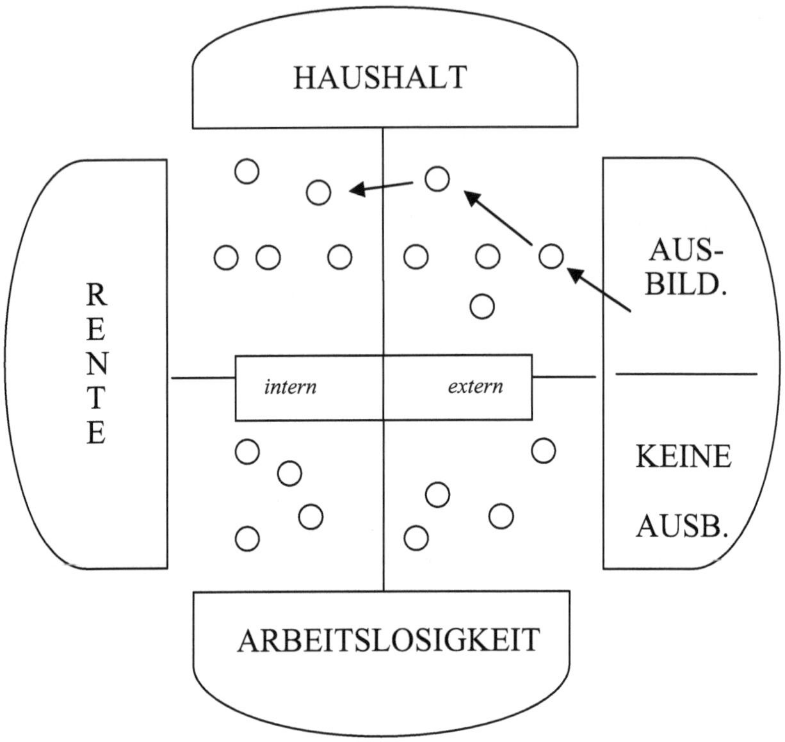

```
                    HAUSHALT

         ○   ○ ← ○
                      ↖
     ○○  ○   ○ ○ ○         AUS-
  R                            BILD.
  E              ○
  N  ─────┬──────────────
  T   intern │   extern
  E         │
     ○      │    ○          KEINE
       ○    │ ○
     ○  ○   │ ○  ○          AUSB.

              ARBEITSLOSIGKEIT
```

Quelle: Eigene Darstellung

Ein theoretisches Modell

Im Folgenden fragen wir nun danach, wie diese Marktkonstellationen in Teilarbeitsmärkten zustande kommen. Hier geht es dann um die Interessen und Strategien der Arbeitsmarktakteure und die sozio-ökonomischen Rahmenbedingungen und Institutionen (vgl. insbesondere die Kap. II; III; IV). Wir fokussieren auf externe Teilarbeitsmärkte.

Viele AutorInnen aus der kapitalismuskritischen Soziologie und der kapitalismusaffinen Ökonomik sehen keine besonderen Erklärungsprobleme, weil sie externe Arbeitsmärkte als quasi-natürliches Phänomen spätmoderner Gesellschaften konstruieren. Die Soziologie entwickelt mit ihrem Paradigma des Antagonismus von Kapital und Arbeit und dem normativen Fokus auf soziale Problemlagen die – oft implizite – Unterstellung eines strukturellen Überschusses an Personal, aus dem sich die Beschäftiger bedienen können, sofern sie nicht durch Institutionen eingeschränkt wird. Beliebt ist hier der Verweis auf den Reservearmeemechanismus (Marx). Für die Ökonomik ergibt sich die Marktannahme aus dem ebenfalls normativ aufgeladenen mikroökonomischen Basismodell von Angebot und Nachfrage als Mechanismus zur Herstellung allokativer Effizienz.

Wenn man den Arbeitsmarkt aber genauer und über einen längeren Zeitraum betrachtet, kann man zu der gegenteiligen Auffassung kommen: Wo immer Arbeitskraft getauscht wird, findet sich eine Tendenz zur Schließung der Tauschbeziehung. Beschäftiger wollen sich die Verfügbarkeit einschlägig qualifizierten Personals zeitnah und ohne Transaktionskosten sichern, Beschäftigte suchen kontinuierliche Einkommen und Arbeitsplatzsicherheit. Empirisch haben sich spätestens mit der „fordistischen" Wachstumskonstellation" der hoch entwickelten kapitalistischen Nationen in der zweiten Hälfte des 20. Jahrhunderts interne Arbeitsmärkte und geschlossene betriebliche Beschäftigungssysteme als dominanter Modus der Arbeitsmarktstrukturierung durchgesetzt – und zwar unabhängig von institutionellen Arrangements, also auch in den angelsächsischen Ländern (Levine et al. 2002).

Aus dieser Perspektive erscheinen externe Märkte als theoretisch unwahrscheinlich und die in den letzten zwanzig Jahren empirisch zu beobachtende Ausweitung externer Arbeitsmärkte als erklärungsbedürftig. Es ist beim heutigen Stand der Forschung selbstverständlich, dass wir zur Analyse derart komplexer Phänomene Mehrebenen-Modelle brauchen, die die Mikro- und Makroebene innerhalb des ökonomischen Systems ebenso berücksichtigen wie die Interaktion von Wirtschaft und Gesellschaft. Der Arbeitsmarkt ist ein Subsystem der Gesellschaft, das in vielfältiger Weise durch die Sozial- und Geschlechterstruktur, Werte und Normen, Macht und Herrschaftsverhältnisse geprägt ist (Hinz/Abraham 2005).

Die Gefahr solcher Modelle besteht allerdings darin, dass sie alles mit allem verbinden und auf diese Art und Weise keine Entscheidung mehr darüber möglich ist, wo dominante Verursachungsmechanismen anzusetzen sind. Wir gehen davon aus, dass Wirtschaft und Arbeitsmarkt im Kapitalismus ein ausdifferenziertes Subsystem darstellen, das sich durch eine Eigenlogik auszeichnet, die es zu erfassen gilt. Außerökonomische Einflussfaktoren wie die Arbeitsteilung in Familien, der Output des Bildungssystems, das Arbeitsrecht und die Arbeitsmarktpolitik werden auf Märkten in ökonomisch gerichtetes Handeln übersetzt, teilweise aber auch neutralisiert oder konterkariert.

Wir sehen in der neo-institutionalistischen Personal- und Arbeitsökonomik (vgl. Martin/Nienhüser 1998; Baron/Kreps 1999; Hinz/Abraham 2005; Osterman

2009; Sesselmeier 2010) einen fruchtbaren Ausgangspunkt für die Analyse der sozio-ökonomischen Logik von Arbeitsmärkten. Ihr Programm hat zwei Eckpunkte: Erstens fokussiert es auf die Interessen und Strategien der Beschäftiger im Arbeitsmarktgeschehen im Rahmen von mikro- und makroökonomischen Strukturen. Zweitens versucht es, Arbeitsmarktinstitutionen vor allem endogen zu erklären und unterscheidet sich damit von der älteren Neoklassik und institutionalistischen Ansätzen, die primär ökonomie-exogene gesellschaftliche und politische Kräfte in Anschlag bringen. In beiden Eckpunkten des neo-institutionenökonomischen Ansatzes gibt es trotz unterschiedlicher disziplinärer Verortung weitgehende Übereinstimmungen mit Segmentationsansätzen, die die Kapitalverwertung und Beschäftiger-Interessen ins Zentrum ihrer Analysen stellen (Sengenberger 1987: 72ff.; Rubery 2007). Beide Traditionen betonen damit die Eigenlogik des Ökonomischen in spätmodernen kapitalistischen Gesellschaften. Im Zentrum eines solchen Ansatzes stehen Interessen und Strategien der Beschäftiger, die in makro-ökonomische Strukturen eingelagert sind. Diese wiederum interagieren mit gesellschaftlichen Rahmenbedingungen.

Die Interessen der Beschäftiger führen wir im Anschluss an Segmentationsansätze (vgl. Sengenberger 1987; Hirsch-Kreinsen 2005; Köhler/Krause 2010) und die neuere Arbeitsmarkt- und Personalökonomik auf zwei grundlegende Bezugsprobleme zurück: das Personalanpassungsproblem (Verfügbarkeit, Diskontinuität) und das Transformations- oder Leistungsproblem (Kontrolle, Macht)[7]. Dieser Ansatz ist mittlerweile sowohl qualitativ als auch quantitativ getestet worden (Struck et al. 2007; Köhler et al. 2008; Hohendanner/Gerner 2010). In Bezug auf offene Beschäftigungssysteme und externe Arbeitsmärkte ergeben sich folgende Hypothesen:

Das Personalanpassungsproblem betrifft einmal die Beschaffung und Qualifizierung von Arbeitskräften (Verfügbarkeit) und zum anderen den Personalabbau (Diskontinuität). Die Verfügbarkeitshypothese lautet, dass Beschäftiger vor allem bei strukturellen Arbeitskräfteüberschüssen Personalfluktuation fördern oder akzeptieren, weil sie bei Bedarf mit geringen Transaktionskosten und ohne Zeitverzögerung einstellen können. Die Diskontinuitätshypothese besagt, dass starke Schwankungen im Auftrags- und Arbeitsvolumen sowie die welt- und finanzmarktgetriebene Einengung finanzieller Spielräume in international agierenden Unternehmen die Wahrscheinlichkeit instabiler Beschäftigung erhöhen.

Das Transformations- oder Leistungsproblem formuliert die Annahme, dass Arbeitgeber aufgrund der Unvollständigkeit von Arbeitsverträgen auf die „frei-

---

7 Ähnliche Ansätze finden sich bei Nienhüser (2009); Sesselmeier (2009); Hohendanner/Gerner (2010).

willige" Leistungsbereitschaft der Arbeitnehmer angewiesen sind und deshalb auf deren Wunsch nach Arbeitsplatzsicherheit eingehen. Das daraus abgeleitete Kontrollproblem lässt sich wie folgt zusammenfassen: Je besser die Arbeit im Prozess oder im Ergebnis kontrolliert werden kann, umso eher kann der „Prinzipal" auf Sicherheitsversprechen verzichten und Beschäftigungsdauern begrenzen. Es geht also um „Ungewissheitszonen" und Gegenmacht.

Die empirischen Analysen im Rahmen dieses Konzepts (Köhler/Loudovici 2008: 57ff.; Schröder et al. 2008; I. Krause 2012; Kap. V, Krause) bestätigen, dass offene Beschäftigungssysteme und externe Märkte mikroökonomisch sehr voraussetzungsvoll sind. Um sie zu erzeugen, müssen jeweils mehrere der oben beschriebenen Bedingungen zusammen kommen. Strukturelle Arbeitskräfteüberschüsse bilden für die Beschäftiger starke Pull-Faktoren zur Senkung von Lohnkosten und für zeitlich begrenzte Beschäftigungsdauern (z.B. bei Architekten, vgl. Kap. XI, Apitzsch). Dies setzt aber eine gute Kontrolle der Ungewissheitszonen im Arbeitsprozess voraus. Starke und ggf. schlecht prognostizierbare Schwankungen im Arbeitsvolumen bilden Push-Faktoren und können zur Öffnung von Beschäftigungssystemen in externen Märkten führen (Filmschaffende, Kap. XI; Automobilbau, vgl. Kap.VI). Dies setzt aber wiederum strukturelle Arbeitskräfteüberschüsse und die Kontrolle von Ungewissheitszonen in Geschäfts- und Arbeitsprozessen voraus.

Insgesamt hat dieser Ansatz eine hohe Erklärungskraft für den Querschnittsvergleich betrieblicher Beschäftigungssysteme bewiesen. Allerdings lassen sich weder die makroökonomischen Strukturen noch die gesellschaftlichen Kontextbedingungen alleine aus der Aggregation einzelbetrieblicher Problemlagen herleiten. Die Struktur der Kapital- und Gütermärkte ist Teil eines weltweiten Systems makroökonomischer Kreisläufe und supranationaler Regulation und die Struktur des Arbeitskräfteangebots ist zu einem erheblichen Teil sozialstrukturell bestimmt. Um die historische Dynamik der Arbeitsmarktsegmentation und internationale Unterschiede erklären zu können, müssen wir unseren beschäftigerzentrierten Ansatz deshalb mit Annahmen über sozio-ökonomische Entwicklungstendenzen auf der Makroebene verknüpfen. Aus unserer Sicht sind vier Mikro/Makro-Kopplungen von besonderer Bedeutung:

(1) Das betriebliche Personalanpassungs- und Diskontinuitätsproblem ist von der Dynamik der Absatz- und Finanzmärkte abhängig. Deren Volatilität und Unsicherheit schränkt die Spielräume für langfristig angelegte Personalstrategien ein. Wir gehen allerdings davon aus, dass die hiermit verbundenen Kausalitätsannahmen häufig überzogen dargestellt werden. So hat sich gerade in der Rezession von 2008/09 wieder gezeigt, wie wirkungsvoll die Arbeitszeitflexibilisierung als funktionales Äquivalent zum Personalabbau sein kann (vgl. Köh-

ler/Krause 2010). Es gibt also keine direkte Kausalkette von Absatz- und Finanzmärkten hin zu Maßnahmen der Personalflexibilisierung.

(2) Das betriebliche Verfügbarkeitsproblem variiert direkt mit dem Arbeitskräfteangebot auf den überbetrieblichen Arbeitsmärkten. Die Zunahme des gesamtwirtschaftlichen Arbeitskräfteangebots in den letzten 25 Jahren durch die geburtenstarken Jahrgänge, die höhere Erwerbsbeteiligung der Frauen, die hohe Unterbeschäftigung in Ostdeutschland und Migrationsprozesse haben in vielen Teilarbeitsmärkten strukturelle, d.h. überzyklische Arbeitskräfteüberschüsse begünstigt, das betriebliche Verfügbarkeitsproblem bei der Beschaffung von Personal reduziert, den Reservemechanismus reaktiviert und damit starke Anreize zur Externalisierung von Allokationsprozessen geschaffen. Mittlerweile zeichnet sich, u.a. bedingt durch die demografische Entwicklung, ein Umschlag in der Arbeitskräfteversorgung für qualifizierte Arbeit ab.

(3) Die Ausprägung des Verfügbarkeitsproblems wird auch von der sektoralen Struktur der Produktions- und Arbeitssysteme beeinflusst, welche wiederum die Arbeitsplatzstrukturen und damit das Niveau und die Spezifität der Qualifikationsanforderungen beeinflussen. Der Bedeutungsgewinn externer Arbeitsmärkte in Deutschland erklärt sich u.a. daraus, dass in Teilen des wachsenden Dienstleistungssektors atypische Beschäftigung und Instabilität zunehmen, wobei der Staat als Arbeitgeber und – restriktiver – Finanzierer eine große Rolle spielt (Bosch et al. 2007; Hohendanner/Gerner 2010). Im internationalen Vergleich trägt aber die nach wie vor starke industrielle Basis mit komplexen Produktionsprozessen und Qualifikationen dazu bei, die Reichweite des Externalisierungsprozesses auszubremsen.

(4) Das betriebliche Macht- und Herrschaftsproblem wird direkt durch Verschiebungen im Kräfteverhältnis von Kapital und Arbeit beeinflusst. Sowohl das mit der Globalisierung und Finanzialisierung verbundene Drohpotenzial als auch die Reaktivierung des Reservearmeemechanismus auf vielen Teilarbeitsmärkten haben die Gegenmacht der Gewerkschaften auf betrieblicher wie politischer Ebene stark geschwächt und sich in den teilweise weitreichenden Reformen der Arbeitsmarkt- und Sozialpolitik sowie des Arbeitsrechts niedergeschlagen, die u.a. über die Hartz-Gesetzgebung und Förderung atypischer Arbeitsverträge wiederum zur Schwächung der Gegenmacht beigetragen haben.

Die Globalisierung der Absatz- und Finanzmärkte erhöht den Anpassungsdruck bei schwankenden Absatz- und Arbeitsvolumina und bildet damit starke Schubkräfte für eine Veränderung der betrieblichen Beschäftigungspolitik, während die Arbeitskräfteüberschüsse ebenso wie der Abbau an gewerkschaftlicher und politischer Gegenmacht und die damit einhergehenden Sozialstaatsreformen den Personalaustausch erleichtern. Alle drei Faktoren sind in Ostdeutschland stärker ausgeprägt und erklären die Verbreitung externer Arbeitsmärkte und damit die Vorreiterfunktion in Bezug auf den gesamtdeutschen Arbeitsmarkt (Köhler et al. 2008: 52ff.).

Aus unserer Sicht hat sich diese neo-institutionenökonomische Erklärungsstrategie bewährt. Wir können belegen, dass eine Reihe besonderer mikro- und makroökonomischer Bedingungen vorliegen müssen, damit die Ausweitung offener Beschäftigungssysteme und externer Arbeitsmärkte wahrscheinlich wird. Mit einem solchen Ansatz möchten wir allerdings nicht in eine platte Basis-Überbau-Rhetorik zurückfallen. Ein Problem unserer Erklärungsstrategie ist, dass das Arbeitskräfteangebot und dessen sozial vermittelte Interessen und Orientierungen nur über die stark vereinfachende Annahme der Risikoaversion konzipiert werden. Beschäftigte gehen im Grunde nur als "black box" in die ökonomischen Modelle ein. Es ist evident, dass sich aus der Berücksichtigung unterschiedlicher Haushaltsregimes, staatlicher Transferleistungen und unterschiedlicher Mobilitätspräferenzen eine Ausdifferenzierung von Erwerbsstrategien (Kap. V, Krause; VIII, Goedicke) ergibt. Eine zweite Einschränkung liegt darin, dass die historisch gewachsenen institutionellen Ordnungen sowie Machtverhältnisse und Legitimationsmuster für die Entwicklung der Beschäftigungsverhältnisse nachweislich eine große Rolle spielen. Dies ist dann auch das Einfallstor für „kulturalistische" Vorschläge in der Wirtschafts- und Arbeitsmarktsoziologie, die sowohl in der Tradition des soziologischen Neo-Institutionalismus als auch der neueren Foucault-Interpretation zu suchen sind (vgl. Maurer 2008; Lessenich 2008).

Wir sehen hier allerdings eher Erweiterungen und Ergänzungen, denn Alternativen zu einer neo-institutionenökonomischen Arbeitsmarkttheorie. Sozialstrukturelle, kulturelle und politische Dynamiken können das ökonomische System überformen, beeinflussen und irritieren, dessen Eigenlogik jedoch nicht auflösen. In Bezug auf diese Frage teilen wir die These der Selbstreferenzialität in der Systemtheorie Niklas Luhmanns (Kap. XII, Schröder). Wer vom Arbeitsmarkt redet, sollte daher von der Ware Arbeitskraft und Kapitalismus nicht schweigen (vgl. Dörre et al. 2009; Streeck 2010).

3. Unterschiedliche Perspektiven und Gegenpositionen

Ziel dieses Buchprojektes war es, einen fokussierten Überblick zum Thema flexible Arbeitsmärkte vorzulegen. Dabei ging es uns darum, den Stand der Forschung möglichst gut zu repräsentieren und die Vielfalt an Befunden und Auffassungen abzubilden. Die Buchbeiträge thematisieren flexible Arbeitsmärkte aus unterschiedlichen Perspektiven. Grünert und Lutz, Bartelheimer und Lehweß-Litzmann sowie Giesecke und Groß betrachten den Gegenstand aus der Makroperspektive der Interaktion von Arbeitsmarkt und Gesellschaft. Krause, Holst und Promberger gehen von den Beschäftigern als zentralen Akteuren am Arbeitsmarkt aus. Goedicke, Pongratz sowie Fritsch, Bublitz und Rusakova thematisieren die Interessen und Strategien der abhängig Beschäftigten, um externe Arbeitsmärkte und Unternehmensgründungen zu rekonstruieren. Apitzsch, Schröder und Gerstenberg fokussieren auf Transaktionsprobleme von Beschäftigern und Beschäftigten beim Tausch der Ware Arbeitskraft.

Wir haben es also mit komplementären Perspektiven zu tun. Zugleich thematisieren alle AutorInnen den Gesamtzusammenhang und unsere gemeinsamen Forschungsfragen nach einer Analytik von Teilarbeitsmärkten, übergreifenden Erklärungsansätzen und normativen Bewertungen. Im Folgenden unternehmen wir den Versuch, die Beiträge dieses Bandes in Bezug auf diese drei Forschungsfragen vorzustellen und zu systematisieren. Wir beginnen mit der Kritik an der segmentationstheoretischen Unterscheidung von internen und externen Arbeitsmärkten und gehen anschließend auf Erklärungsansätze und normative Positionen ein.

Zur Kritik an der segmentationstheoretischen Heuristik

Die segmentationstheoretische Analytik greift mit der Unterscheidung interner von externen Märkten das empirisch zu beobachtende Phänomen stabiler und flexibler Beschäftigung auf und verbindet es mit einer Hypothese über das jeweils dominante Steuerungsprinzip (Organisation versus Markt). Der Anspruch besteht darin, das Verhalten der beiden Arbeitsmarktparteien in den jeweiligen Segmenten und damit die Funktionsweise der Teilarbeitsmärkte zu erklären. Dieser Ansatz wird heute wieder breit diskutiert (Deutschmann 2002; Hirsch-Kreinsen 2005; Michon/Petit 2007; Pelizarri 2009; Voss-Dahm 2009), ist aber umstritten (Rubery 1994; Marsden 2007; Dörre 2009) und dies wird auch in den Beiträgen dieses Buches deutlich.

Hans Pongratz stellt in seinem Beitrag (Kap. IX) zunächst die Unterscheidung von intern und extern in Frage. Er schreibt:

„Aus marktanalytischer Sicht stellt die Vorstellung, mit einer Anstellung in einem Betrieb den Arbeitsmarkt (zumindest vorübergehend) verlassen zu können, eine *Illusion* dar, die den Warencharakter und die Verkaufsbedingungen der eigenen Arbeitskraft verschleiert. Denn auf dem Arbeitsmarkt befindet sich das gesamte Angebot an Arbeitskraft unabhängig davon, ob es gerade genutzt wird (in einem Beschäftigungsverhältnis) oder nicht (im Zustand der Arbeitslosigkeit). Erwerbspersonen, die trotz gültigen Arbeitsvertrags nach einer neuen Stelle suchen, betreten nicht erst mit diesem Schritt den Arbeitsmarkt, denn dort befinden sie sich auch während ihrer Beschäftigung. Allerdings wechseln sie von einem passiven zu einem aktiven Angebotsverhalten. Zur Erfassung dieser Gleichzeitigkeit der Vermarktung und Nutzung von Arbeitskraft ist eine engere Verzahnung von Betriebsforschung und Arbeitsmarktanalyse erforderlich."

Das Theorem des Arbeitskraftunternehmers ist Pongratz zufolge besonders gut geeignet, um die Verschränkung interner mit externen Arbeitsmärkten zu analysieren, denn es verweist mit dem Ökonomisierungsbegriff darauf, dass abhängig Beschäftigte die Arbeitsbedingungen innerhalb des Betriebes mit den Möglichkeiten des Arbeitsmarktes vergleichen und erst auf dieser Basis über Betriebsbindung oder Betriebswechsel entscheiden.

Insofern ist die segmentationstheoretische Rede davon, dass im betriebsinternen Arbeitsmarkt die Hierarchie und auf dem externen Markt Angebot und Nachfrage regieren, problematisch. In einem zweiten Schritt zeigt Pongratz allerdings, wie sich über Beobachtung und Vergleich von Arbeitsgelegenheiten durch die Beschäftigten die Grenze zwischen internen und externen Arbeitsmärkten unter spezifischen historischen Bedingungen stabilisieren kann: Aufgrund der relativen Entwertung des standardisierten berufsfachlichen Wissens und der Verunsicherung und sinkenden Planungssicherheit innerhalb betrieblicher Positionsgefüge nehmen die Transaktionskosten eines zwischenbetrieblichen Arbeitsplatzwechsels zu, darüber nimmt der Anreiz zum zwischenbetrieblichen Arbeitsplatzwechsel ab, womit über das Verhalten des „Arbeitskraftunternehmers" die Grenzen des internen Arbeitsmarktes stabilisiert werden. Pongratz legt über diesen Weg einen neuen Begründungszusammenhang für die Strukturierung des Arbeitsmarktes vor, bestätigt damit aber u.E. die Tragfähigkeit der segmentationstheoretischen Unterscheidung interner und externer Arbeitsmärkte.

In der Prekarisierungsforschung wird die Strahlwirkung sekundärer Arbeitsmärkte und prekärer Arbeit auf die Stammbelegschaften betriebsinterner Märkte hervorgehoben, die der „Zone der Integration" angehören (Castel/Dörre 2009; Dörre 2009; Castel 2011; Kap. VI, Holst): Die zwischen Arbeitslosigkeit und prekärer Arbeit pendelnde „Reservearmee" kann auch die Festangestellten unter Druck setzen, was zu einer „Destabilisierung der Stabilen" führt. Damit wird allerdings die These einer relativen Entkopplung interner von externen Märkten nicht in Frage gestellt. Die „Peitsche" der Reservearmee und der Leiharbeit dient ja gerade dazu, einen geschützten Personenkreis zu verunsichern. Wie weit dies geht, ist empirisch umstritten (Bernhardt et al. 2008; Detje 2011).

Während in den vorangestellten Kommentaren eher die Grenzen zwischen intern und extern in Frage gestellt oder relativiert werden, geht es in einer zweiten Diskussionslinie eher um die Betonung der Unterscheidung von Organisation und Markt. Dies betrifft einmal AutorInnen, die sich auf die transaktionskostentheoretische Unterscheidung von Hierarchie und Markt beziehen (Kap. III, Bartelheimer/Lehweß-Litzmann; Kap. VIII, Goedicke). Hier wird betont, dass sich Arbeitsverträge und Beschäftigungsverhältnisse grundsätzlich von Kaufverträgen und Marktbeziehungen unterscheiden. Mit dem Arbeitsvertrag unterwirft sich der „Arbeitnehmer" in den vereinbarten zeitlichen, sachlichen und sozialen Grenzen dem Direktionsrecht des „Arbeitgebers" und ist deshalb in erster Linie Mitglied der Organisation und nicht Akteur am Arbeitsmarkt. In ähnlicher Richtung, aber aus anderen Theorieperspektiven argumentieren organisations- und systemtheoretische Ansätze (Schröder et al. 2008; Kap. XII): Funktionen und Grenzen von Beschäftigungssystemen werden über Arbeitsverträge und Mitgliedschaftsrollen festgelegt. Aus dieser Perspektive ist der Arbeitsmarkt Umwelt des Organisationssystems (vgl. auch Aspers/Beckert 2008; Schröder et al. 2008).

Sowohl die benannten Ansätze als auch andere Kommentare in diesem Band (z.B. Kap. III, VI, VII; VIII) bleiben allerdings nicht bei der Grenzsetzung Organisation/Umwelt stehen, sondern analysieren unterschiedliche Niveaus der Öffnung bzw. Schließung. Aus der einen Perspektive werden Arbeitsplätze innerhalb der Organisation dann mit kurzfristigen Beschäftigungsverhältnissen (wie etwa der Leiharbeit) betrieben, wenn die Transaktionskosten gering ausfallen (Kap. VII, Promberger), bei hohen Transaktionskosten entstehen langfristige Beschäftigungsverhältnisse und interne Arbeitsmärkte. Auch die Raumbezüge betrieblicher Beschäftigungspolitik und damit die Anforderungen an die räumliche Mobilität von Beschäftigten variieren mit dem Grad der Öffnung von Arbeitsmärkten (Kap. XIII, Gerstenberg). Aus der systemtheoretischen Perspektive werden die Konstruktionsleistungen des Systems für die Differenzierung der Beschäftigungsverhältnisse betont (Kap. XII, Schröder). In beiden Fällen werden aber – wie im Segmentationsansatz – betriebliche Beschäftigungs-Subsysteme nach dem Grad der Öffnung zum Arbeitsmarkt unterschieden. Betriebe können also gleichzeitig mit unterschiedlichen Beschäftigungssystemen operieren: Solchen, die dem überbetrieblichen Arbeitsmarkt gegenüber relativ offen und solchen, die elativ geschlossen sind.

In den Beiträgen von Michael Fritsch, Elisabeth Bublitz und Alina Rusakova (Kap. X) wird ebenso wie bei Birgit Apitzsch (Kap. XI) die strenge Unterscheidung von Arbeitsverträgen und Werkverträgen in Frage gestellt. Apitzsch zeigt am Beispiel von Projektarbeitsmärkten für Filmschaffende und Architekten wie freie Mitarbeit über Werkverträge, Selbständigkeit und abhängige Beschäftigung ineinander übergehen. Dabei etabliert sich eine Steuerungsform über Netzwerke, die weder unter die Markt- noch unter die Organisationslogik subsumierbar ist. Fritsch, Bublitz und Rusakova fragen nach Gemeinsamkeiten und Differenzen zwischen abhängig Beschäftigten und Unternehmensgründern, die in externen Arbeitsmärkten aktiv sind. Für eine Vielzahl von Selbständigen und Absatzmärkten zeigt sich, dass bei berufsfachlichen Strukturen beispielsweise im Handwerk und in den Professionen Übergänge zwischen dem Verkauf der Arbeitskraft als „Arbeitskraftunternehmer" und der Selbständigkeit als Unternehmer möglich sind. Diese Beiträge verweisen darauf, dass zwischen internen und externen Märkten Grauzonen angesiedelt sind, die es näher zu explorieren gilt.

Eine gegenüber Segmentationsansätzen andere Definition von geschlossenen und offenen Positionen legen Giesecke und Groß (Kap. IV) aus der Perspektive der Ungleichheitsforschung und einer strukturalistisch begründeten Theorie sozialer Schließung vor. Sie sprechen nur dann von geschlossenen Positionen, wenn „Arbeitnehmer die Kontrolle über die Besetzung von Positionen ausüben", wenn also z.B. unbefristete Arbeitsverträge und Kündigungsschutz bestehen. Schließungen dieses Typs können auf der Ebene des Jobs, der Erwerbsorganisation, des Berufs und des Beschäftigungssystems insgesamt erfolgen. Die Kontrolle wird über Institutionen (z.B. den Kündigungsschutz) implementiert und schlägt sich in der Beschäftigungsstabilität nieder.

Dieser Ansatz ist aus der Perspektive einer Theorie sozialer Schließung durch abhängig Beschäftigte plausibel und statistisch belegt. Das Problem besteht aus unserer Sicht aber darin, dass damit zahlreiche empirische Arbeitsmarktphänomene nicht erklärt werden können. So finden sich ganze Arbeitsbereiche in Softwareunternehmen oder im Gesundheitswesen mit strukturell hoher freiwilliger Fluktuation. Hier können die Beschäftigten Marktpreise durchsetzen. Diese Positionen wären nach der Definition von Giesecke und Groß qua Kündigungsschutz „geschlossen", zeichnen sich aber faktisch durch Marktsteuerung aus. Im Gegensatz dazu geht der Segmentationsansatz der Frage nach, welcher Steuerungslogik Teilarbeitsmärkte relativ unabhängig von institutionellen

Schließungsprozessen unterliegen. Die Öffnung von Positionen auf externen Teilarbeitsmärkten kann dann von sowohl von den Beschäftigern als auch von den Beschäftigten ausgehen. Die unterschiedlichen Definitionen ergeben sich also aus unterschiedlichen theoretischen Bezugsproblemen und Annahmen.

Zur Theorie flexibler Arbeitsmärkte

Alle AutorInnen dieses Bandes haben aus ihrer spezifischen Perspektive auch den Gesamtzusammenhang im Blick. Hieraus ergibt sich eine spannende Vielfalt an Erklärungsansätzen flexibler Arbeitsmärkte. Weitgehend ähnliche Positionen finden sich bei denjenigen Autoren, die wie wir auf Beschäftigerinteressen fokussieren. Hajo Holst stellt neue Strukturen des globalen finanzmarktgetriebenen Kapitalismus zentral (Kap. VI). Er lokalisiert den entscheidenden Mechanismus auf der Unternehmensebene und zwar in der Bewältigung von Unsicherheiten und Risiken. Er sieht in den weltweiten Absatz- und Finanzmärkten einen starken Push-Faktor zur Ausweitung offener Beschäftigungssysteme und von Leiharbeit.

Holle Grünert und Burkart Lutz (Kap. II) fokussieren in einem komplexen Bezugsrahmen auf die Beschäftigerinteressen und stellen das Qualifikationsproblem für die Ausbreitung der betriebszentrierten Arbeitsmarktsegmentation im Fordismus zentral. Die Strukturveränderungen des globalen Kapitalismus erzeugen heute Schubkräfte für die Flexibilisierung und Externalisierung von Allokationsprozessen. Ob diese sich durchsetzen können, ist allerdings wiederum von der Lösung von Qualifikationsproblemen in der Interaktion von Bildungs- und Beschäftigungssystem und von weiteren Faktoren abhängig. Der Ausbau des Berufsbildungssystems im Zusammenhang mit dem neuen Tertiarisierungsschub des Bildungssystems bietet gute Voraussetzungen für die Verbreitung berufsfachlicher externer Märkte, kann aber auch aufgrund von Fachkräfteknappheit in einem Re-Internalisierungsprozess am Arbeitsmarkt münden.

Auch in unserem Modell spielt der Arbeitsmarkt eine zentrale Rolle, allerdings betonen wir eher die jahrzehntelange Ausweitung des Arbeitskräfteangebots als Erklärung für Flexibilisierungsprozesse am Arbeitsmarkt. Wir setzen also in einem mit Grünert, Lutz und Holst ähnlichen ökonomietheoretischen Rahmen einen anderen Akzent. Dies gilt in etwas anderer Art und Weise auch für Markus Promberger (Kap. VII), der die Verschiedenheit der ökonomischen Motive für den Einsatz von Leiharbeit und die Einbettung des Arbeitsmarktes in Institutionen und politische Diskurse hervorhebt.

Konkurrierende Ansätze sehen wir dort, wo die Interessen und Strategien der abhängig Beschäftigten eine zentrale Rolle für die Arbeitsmarkt-Strukturierung spielen. Dies gilt in prominenter Weise für den Ansatz von Giesecke und Groß (Kap. IV). Sie entwickeln aus der Perspektive einer komplexen Theorie sozialer Schließung einen übergreifenden Ansatz zur Erklärung von Mobilitätsbarrieren und Rentenbildung und konstruieren den Arbeitsmarkt als Monopoly-Spiel der Beschäftigten, in dem die Teilnehmer mit unterschiedlichen Ressourcen einsteigen, durch Zugangsbeschränkungen und andere Regeln Positionen sichern und die Konkurrenz einschränken. Schließungsprozesse werden also hier über individuelle und kollektive Arbeitnehmerstrategien erklärt, während Segmentationsansätze auf Beschäftigerinteressen im Rahmen von strukturellen Machtasymmetrien fokussieren.

Hans Pongratz (Kap. IX) arbeitet mit dem Theorem des Arbeitskraftunternehmers und verbindet dies mit Hirschmans Exit/Voice-Konzept der Handlungsalternativen gegenüber Organisationen. Anne Goedicke (Kap. VIII) nutzt einen von Parsons inspirierten tauschtheoretischen Ansatz und betont die Reziprozität der Akteursbeziehungen im Rahmen betrieblicher und familiärer Bedingungen. Stefan Schröder unterstreicht in systemtheoretischer Tradition die Konstruktionsleistungen von Betrieben und Haushalten für die Arbeitsmarktstrukturierung und plausibilisiert diesen theoretischen Zugriff am Beispiel der Rolle des Internets für den Arbeitsmarkt.

Das Interesse von Peter Bartelheimer und René Lehweß-Litzmann (Kap. III) richtet sich auf die Ausarbeitung des Göttinger Teilhabekonzeptes (Bartelheimer et al. 2012) über eine Kombination von Castels Zonenmodell mit dem Segmentationsansatz. Die Autoren berücksichtigen auf der Mikroebene die Interessen und Strategien von Beschäftigern und Beschäftigten im ökonomischen System, betonen mit dem Bezug auf die Familie und das Geschlechterverhältnis sowie den Staat zugleich jedoch die Bedeutung außerökonomischer Determinanten des Arbeitsmarktgeschehens.

In Bezug auf unsere Forschungsfrage nach der „theoretischen Unwahrscheinlichkeit" von externen Märkten sehen wir uns durch die meisten AutorInnen bestätigt, in dem sie mit unterschiedlichen Argumenten eine Vielzahl z.T. komplexer sozio-ökonomischer Voraussetzungen flexibler Arbeitsmärkte benennen. Grünert und Lutz fokussieren auf das Qualifikationsproblem. Giesecke und Groß zufolge müssen sich Beschäftiger gegen mächtige Schließungskoalitionen der abhängig Beschäftigten durchsetzen, um flexible Arbeitsmärkte zu erzeugen. Goedicke, Pongratz sowie Fritsch, Bublitz und Rusakova thematisieren besondere berufsfachliche und familiale Voraussetzungen externer Arbeitsmärkte und bei Unternehmensgründungen. Apitzsch hebt Informationsasymmetrien hervor, bei Gerstenberg geht es um Mobilitätskosten. Ein klarer Einwand gegen die Unwahrscheinlichkeitshypothese ergibt sich dagegen aus dem Beiträgen von Holst und Schröder. Mit den globalen Finanz- und Gütermärkten betont Holst die Schubkräfte flexibler Arbeitsmärkte; Schröder geht von einer Katalysatorfunktion des Internets aus, die Subjektivierungs- und Vermarktlichungsprozesse im Arbeitsmarkt vorantreibt.

Insgesamt gesehen sind die Theorieangebote so vielfältig, dass es schwer fällt, klare Abgrenzungen nach Ansätzen vorzunehmen. Ähnliche Sichtweisen stehen sich ergänzenden Annahmen und konkurrierenden Theoremen gegenüber, ohne dass dies immer klar abzugrenzen wäre. Folgt man den Ausführungen von Grünert und Lutz, so ist dies kein Zufall, denn die Arbeitsmarkttheorie und -soziologie steht am Anfang eines langen Weges zum Verständnis der Funktionsweise flexibler Arbeitsmärkte. Wir sehen in der Vielfalt einen Vorzug, denn der Umgang mit hoch dynamischen sozialen Phänomenen wie sich wandelnden Arbeitsmarktstrukturen verlangt theoretische Offenheit.

4. NORMATIVE BEWERTUNGEN FLEXIBLER ARBEITSMÄRKTE

Seit Max Webers Unterscheidung von normativen und analytischen Aussagen soll man beides trennen, darf aber auch beides tun und überlegen, welche politischen Konsequenzen sich mit wissenschaftlichen Analysen verbinden lassen (Lessenich 2009: 18f.). So ist die Geschichte der Forschung über Arbeitsmarktstrukturen – wenig verwunderlich – auch eine Geschichte der normativen Bewertung flexibler Arbeitsmärkte und arbeitsmarktpolitischer Konzeptionen. Darauf bezieht sich unsere dritte Frage und auch hier finden sich in der Arbeitsmarktforschung und in unserem Buch unterschiedliche Perspektiven und Ansätze.

Der Mainstream der Arbeitsmarktsoziologie folgt implizit oder explizit einem Programm der Verteilungsgerechtigkeit – auch dann, wenn der Freiheitsbegriff zentral gestellt wird (Honneth 2011; Castel 2011: 327ff.). Demgegenüber akzentuiert der Mainstream der neoklassischen Arbeitsökonomik die Idee der negativen Freiheit und gesellschaftlichen Wohlstandsmehrung bei Akzeptanz von Einkommensungleichheit und Beschäftigungsrisiken (Hayek [in Kerber 1996]). Eine historische Rekonstruktion der Bewertung von internen und externen Arbeitsmärkten ergibt allerdings interessante Links-Rechts-Überkreuzungen. Für die sozialwissenschaftliche Arbeitsmarktforschung kann man hier drei Phasen unterscheiden.

In der Phase der wissenschaftlichen Entdeckung von Arbeitsmarktsegmentation hatten interne Arbeitsmärkte ambivalente bis negative und externe Märkte positive Konnotationen. So spricht Clark Kerr in den 50er Jahren im Hinblick auf den U.S.-amerikanischen Arbeitsmarkt von einer „Balkanisierung" des Arbeitsmarktes – also einer Art Kleinstaaterei mit vielfältigen Grenzkonflikten und Abschottungen, die – von den Gewerkschaften verursacht – zu Einschränkungen der allokativen Flexibilität und Effizienz von Arbeitsmärkten führt (Kerr 1954). Gut fünfzehn Jahre später konstruieren und kritisieren die sog. Radicals (Reich 2008) aus einer linken antikapitalistischen Perspektive interne Arbeitsmärkte als Spaltungsmechanismus der Arbeiterbewegung.

In Deutschland haben weite Teile der Gewerkschaften in den 60er Jahren die Ausweitung von internen Arbeitsmärkten mit Sorge betrachtet und kritisiert. Vor dem Hintergrund der Erfahrungen der Weimarer Zeit mit großen Krisen und hoher Arbeitsplatzunsicherheit konnte man der Idee einer Absicherung über die Festanstellung und Bindung an ein Unternehmen keine großen Vorteile abgewinnen. Auch entsprach es der starken Facharbeitertradition in den deutschen Gewerkschaften, dass Sicherheit eher über gute und institutionalisierte Qualifikationen und berufsfachliche Arbeitsmärkte als über Einzelbetriebe erreicht werden kann. In dieser Tradition standen auch Lutz und Sengenberger, die das Konzept des berufsfachlichen Arbeitsmarktes in die Segmentationsforschung eingeführt haben (vgl. Köhler et al. 2010; Kap. II, Grünert/Lutz).

In den 70er und 80er Jahren setzt sich dann in der Industrie- und Arbeitsmarktsoziologie ein neuer Diskurs durch, demzufolge interne Arbeitsmärkte ein hohes Maß an Arbeitsplatzsicherheit generieren und damit beschäftigungs- und sozial- und gewerkschaftspolitisch wichtige Funktionen erfüllen (Gensior et al. 2004). Auch Sengenberger und Lutz nehmen eine Neubewertung der betriebszentrierten Arbeitsmarktsegmentation vor (Sengenberger 1987: 13ff.). Diese Position wird auch gegen den international (u.a.in der OECD) einsetzenden Flexibilisierungsdiskurs mit der These der betriebsinternen Flexibilitätspotenziale des rheinischen Kapitalismus verteidigt (Köhler, Sengenberger 1983; Sengenberger 1987).

Seit den 90er Jahren nimmt in der Soziologie die kritische Bewertung interner Arbeitsmärkte zu. Wenn sich im Globalisierungsprozess der wirtschaftliche Strukturwandel beschleunigt, die Stabilität von internen Arbeitsmärkten gefährdet ist und das Normalarbeitsverhältnis auf breiter Front erodiert, können Sicherheiten nicht mehr alleine über Einzelbetriebe generiert werden (Dombois 1999) und es stellt sich die Frage nach einer neuen Verbindung von Flexibilität und Sicherheit (Kronauer/Linne 2005).

Die Herausgeber gehen mit der These der dynamischen Koexistenz von Teilarbeitsmärkten (Krause/Köhler 2011) davon aus, dass das Kind nicht mit dem Bade ausgeschüttet werden sollte: Ein Großteil der Erwerbsorganisationen und internen Arbeitsmärkte in West- und Ostdeutschland hat den anhaltenden Strukturwandel überlebt und die vielfältigen arbeitsrechtlichen und tarifvertraglichen Sicherungen sind weiterhin arbeitsmarkt-, sozial- und gesellschaftspolitisch sinnvoll (Sengenberger 1987; Castel 2005, 2011). Langfristig angelegte Beschäftigungsverhältnisse erleichtern Humankapitalinvestitionen und sichern die Verfügbarkeit einschlägig qualifizierten Personals. Sie gewähren den Beschäftigten eine – immer relative – Arbeitsplatzsicherheit, die eine Synchronisation von Arbeit und Leben erleichtert. Sie erschweren kontinuierliche Ausleseprozesse bei vorübergehenden oder dauerhaften Leistungsproblemen. Die Aufgabe besteht also darin, an einem modernisierten „Normalarbeitsverhältnis" zu arbeiten, dass die vielfältigen Entgrenzungen der Arbeitsverhältnisse eindämmt und das Geschlechterverhältnis neu austariert (Bosch 2001).

Es ist klar, dass sich mit dem globalen Strukturwandel die Sicherheiten interner Arbeitsmärkte relativieren und flexible Arbeitsmärkte an Gewicht gewinnen. Daraus ergibt sich der Bedarf für eine neue Verbindung von Flexibilität und Sicherheit (Kronauer/Linne 2005; Struck 2006; Seifert/Struck 2009). Auf der einen Seite haben die Zonen der Unsicherheit (Castel/Dörre 2009) und unfreiwilligen Mobilität zugenommen. Auf der anderen Seite erfolgt ein erheblicher Teil der zwischenbetrieblichen Mobilität auf Basis der Eigeninitiative der Beschäftigten selber, welche auf der Suche nach besseren Arbeitsgelegenheiten sind oder einen vorübergehenden Ausstieg aus dem Beschäftigungssystem anvisieren. Gut funktionierende zwischenbetriebliche Arbeitsmärkte mit Anschlussmöglichkeiten beim Job-Wechsel können unter diesen Bedingungen ein funktionales Äquivalent für Arbeitsplatzsicherheit im Betrieb bilden. Ein Modell für diese arbeitsmarktbasierte Verbindung von Flexibilität und Sicherheit sind nach wie vor Professions- und berufsfachliche Arbeitsmärkte, in denen Qualifikationen überbetrieblich normiert, zertifiziert und Arbeitsplatzprofile standardisiert werden. Hier können Betriebe ohne große Transaktionskosten Personal auf- und abbauen. Den Beschäftigten bieten sich vielfältige Wechsel-, Aus- und Wiedereinstiegsmöglichkeiten ohne Einkommens- und Reputationsverluste.

Berufsfachliche Arbeitsmärkte operieren allerdings mit dem öffentlichen Gut allgemeiner und transferierbarer Qualifikation und sind daher im spontanen Marktgeschehen dem Trittbrettfahrer-Problem und Mechanismen des Marktversagens ausgesetzt (Marsden 1999; Biehler/Köhler 2011; Fritsch 2011). Sie setzen deshalb ein Institutionengefüge voraus, in dessen Zentrum die überbetriebliche und staatliche Regulierung von Berufsbildungssystemen steht. Diese müssen über aktive Arbeitsmarktpolitik mit Fortbildung und Umschulung entlang beruflicher Strukturen gestützt werden, die die nach wie vor beste Verbindung von allokativer Effizienz und Sicherheit auf externen Arbeitsmärkten darstellen. Funktionierende berufsfachliche Arbeitsmärkte erleichtern auch Austritte aus dem und Wiedereintritte in das Beschäftigungssystem zur Synchronisation von Arbeit und Leben, die mit Elementen einer „Beschäftigungsversicherung" gestützt werden könnten (Schmid 2008; Seifert/Struck 2009).

Das seit Mitte der 1990er Jahre absolut und relativ gewachsene Niedriglohnsegment (sekundäre Arbeitsmärkte) mit Niedriglöhnen und hohen Beschäftigungsrisiken ist ebenso wie die Massenarbeitslosigkeit nicht nur ein Problem für die direkt Betroffenen, sondern Gift für die gesamte Gesellschaft (Dörre/Castel 2009; Castel 2011). Die arbeitsmarktpolitischen Instrumente einer konsequenten Entprekarisierungspolitik mit einem Ausbau der Grundsicherung, Mindestlöhnen, der Einschränkung nicht-standardisierter Arbeitsverhältnisse usw. sind bekannt. Zu fragen ist hier, ob nicht auch durch gewerkschaftlich durchzusetzende Wiedereinstellungsrechte Sicherungen geschaffen werden können (Krause/Köhler 2011). Es ist evident, dass dadurch Chancen von Outsidern eingeschränkt werden und die Vor- und Nachteile einer solchen Politik müssen sorgfältig abgewogen werden (s.u.).

Aus Herausgebersicht ist also eine nach Arbeitsmarktsegmenten differenzierte Strategie sinnvoll. Interne Arbeitsmärkte brauchen Sicherheit. Die Aushöhlung des Kündigungsschutzes durch atypische Arbeitsverträge und die Ausdehnung der Randbelegschaften gefährden diese Struktur. Für primäre externe Märkte ist eine Verbindung von Flexibilität und Sicherheit über Beruflichkeit und soziale Sicherung angemessen. Auf sekundären Märkten geht es um eine Politik der Entprekarisierung. Wir brauchen also beides: traditionelle Sicherungspolitik und Flexicurity. Wenn man bei internen Arbeitsmärkten die Verbindung von internen Anpassungsleistungen mit Beschäftigungsstabilität hervorhebt, spricht nichts dagegen, das Gesamtpaket als differenzierte Flexicurity-Strategie zu bezeichnen (Kap. III, Bartelheimer/Lehweß-Litzmann; Seifert/Struck 2009).

Liest man nun die Beiträge dieses Buches in Bezug auf ihre impliziten oder expliziten normativen Implikationen, so finden sich bei der Mehrheit der AutorInnen Ideen und Vorschläge zu unterschiedlichen Feldern der Arbeitsmarktpolitik, die man in das oben ausgeführte Konzept einer für die Arbeitsmarktsegmente differenzierten Flexicurity- und Entprekarisierungspolitik einordnen kann.

Bartelheimer und Lehweß-Litzmann (Kap. III) formulieren das Postulat einer an der Funktionsweise unterschiedlicher Teilarbeitsmärkte ausgerichteten „gemischten Flexicurity-Strategie". Pongratz (Kap. IX) sieht in der Nutzung beruflich strukturierter externer Arbeitsmärkte durch abhängig Beschäftigte ein „emanzipatorisches Potenzial", dass sowohl durch ein dichtes institutionelles Gefüge (Tarifverträge, berufliche Bildung, soziale Sicherung) als auch durch "individuelle Marktökonomie" zu fördern ist. Gerstenberg konstatiert aus der Sicht beider Arbeitsmarktparteien einen Bedarf für „Mobilitätspolitik", die die räumlichen Grenzen von externen Arbeitsmärkten auszudehnen in der Lage ist (Kap. XIII).

Mehrere Beiträge fokussieren auf die Beschäftigungssicherheit schaffenden Wirkungen von Verberuflichung und Professionalisierung auf externen Arbeitsmärkten und setzen sich damit von den Thesen der Entberuflichung (Beck 1986) und des Individualberufs (vgl. Demszky/Voß 2010) ab. So betonen Grünert und Lutz die Wandlungsfähigkeit des deutschen Systems der beruflichen Bildung auch im Zusammenhang mit dem neuen Tertiarisierungsschub im deutschen Bildungssystem (Kap. II). Krause (Kap. V) verweist auf die gute Arbeitsmarktposition von Beschäftigten im Gesundheitswesen auf der Basis der starken beruflichen Regulierung des Tätigkeitsfeldes und regionaler Arbeitskräfteknappheit, aber auch auf Bereiche des Weiterbildungssektors, die auf Nebenerwerbstätigkeit beruhen. Ein ähnliches Bild zeichnet Apitzsch für die hoch professionalisierten Architekten mit offenen Projektarbeitsmärkten im Vergleich zu den gering professionalisierten Filmschaffenden mit starken Schließungsmechanismen in informellen Netzwerken (Kap. XI). Fritsch, Bublitz und Rusakova zeigen, dass zwischen „Arbeitskraftunternehmern" und Unternehmensgründern fließende Übergänge bestehen und dass berufliche Qualifikationen auch für „entrepreneurial choice", also Unternehmensgründungen eine große Rolle spielen. Goedicke (Kap. VIII) und Krause (Kap. V) machen deutlich, dass berufliche Standards auch in Tausch- und Aushandlungsprozessen zwischen Beschäftiger und Beschäftigten von großer Bedeutung sind und dass sie Übergänge zwischen Beschäftigung und Alternativrollen in der Familie erleichtern können.

Holst und Promberger (Kap. VI; VII) fokussieren mit den Analysen von Leiharbeit und flexiblen Beschäftigungsverhältnissen in Unternehmen auf die Spaltung von Stamm- und Randbelegschaften und damit auf das Problem sekundärer Arbeitsmärkte mit Armutslöhnen und strukturellen Arbeitskräfteüberschüssen. Sie wenden sich gegen Ansätze zum weiteren Abbau der Sicherungen interner Märkte und schlagen stattdessen eine starke Eingrenzung und Regulierung von Leiharbeit und atypischer Beschäftigung vor.

Giesecke und Groß nehmen eine Gegenposition zum breiten Flexicurity-Ansatz ein, indem sie im Rahmen ihrer Theorie der sozialen Schließung an neoklassische Überlegungen zu Wettbewerbs-Arbeitsmärkten anschließen. Jede Einschränkung des freien Wettbewerbs auf Arbeitsmärkten über Mechanismen der sozialen Schließung führt zur Abschöpfung von Renten auf Kosten der Konkurrenten und Konsumenten, was dem gesellschaftlich geteilten Prinzip der Leistungsgerechtigkeit widerspricht. In Deutschland können dies auf der Job-ebene Kündigungsschutzbestimmungen, auf der Betriebsebene das Betriebsverfassungsrecht und auf der Ebene von Teilarbeitsmärkten berufliche Zugangsregeln sein. Die abschließende normative Bewertung fällt allerdings ambivalent aus, denn im Falle einer De-Institutionalisierung des Arbeitsmarktes könnten sich den Autoren zufolge Schließungen über Gütermärkte durch die Unternehmen oder über individuelle Ressourcen der Beschäftigten durchsetzen, die nach von der Mehrheitsgesellschaft getragen Gerechtigkeitsprinzipien nicht notwendigerweise besser ausfallen.

Giesecke und Groß betonen zu Recht Interessenskonflikte innerhalb der Arbeitnehmerschaft (vgl. auch Sengenberger 1987: 83ff.; Streeck 2004), die in der Arbeitsmarktsoziologie unterbelichtet sind: Unter gegebenen Bedingungen kann die Höhe der Arbeitskosten einen Einfluss auf die Zahl der Arbeitsplätze haben und der Schutz von Insidern über das Arbeitsrecht oder Berufszertifikate verringert die Chancen für Outsider. Eine differenzierte Flexicurity-Politik kann die Arbeitsmarktchancen von Outsider-Gruppen verschlechtern. Der Pelz wird nass, wenn man ihn wäscht und wir haben es in der Regel mit Zielkonflikten zu tun. Für welche Strategie man sich entscheidet, ist dann auch von normativen Entscheidungen abhängig. Wir schlagen also vor, im Rahmen von Steuerungsvorschlägen sowohl Zielkonflikte als auch Wertentscheidungen zu diskutieren, ohne dies hier einlösen zu können.

Ein zweites Problem der hier vorgeschlagenen arbeitsmarktpolitischen Konzeption sehen wir darin, dass sie dem gegebenen Pfad des sozialdemokratisch-konservativen deutschen Arbeitsmarktregimes immanent bleiben. Die Arbeitsmarktsoziologie sollte aber auch über radikale Alternativen nachdenken. Dazu gehört aus unserer Sicht auch die nach wie vor faszinierende Idee des bedingungslosen Grundeinkommens (APuZ 51-52/2007; Lessenich 2009). Zu diskutieren wäre, ob dieser Ansatz in der Gestaltung flexibler Arbeitsmärkte ganz neue Spielräume eröffnen kann.

5. DIE BUCHBEITRÄGE IM ÜBERBLICK

Die eingangs diskutierten drei Fragen nach der Bestimmung flexibler Arbeitsmärkte als Forschungsgegenstand, übergreifenden Erklärungsansätzen und normativen Perspektiven bilden den roten Faden des hier vorgelegten Bandes. Alle Buchbeiträge beziehen sich auf den damit bezeichneten Gesamtzusammenhang. Sie tun dies aber aus unterschiedlichen Perspektiven. Nach dem jeweiligen Ausgangspunkt unterscheiden wir zwischen drei Zugängen, die auch die Gliederung des Buches definieren: Arbeitsmarkt und Gesellschaft, Beschäftiger und Beschäftigte als Akteure, Transaktionsprobleme in flexiblen Arbeitsmärkten.

Flexible Arbeitsmärkte und Gesellschaft – die Makroperspektive

Flexible Arbeitsmärkte sind hoch voraussetzungsvoll und können nicht alleine aus der Aggregation der Einzelinteressen von Beschäftigern und Beschäftigten hergeleitet werden. Deshalb stellt sich die Frage nach dem Verhältnis der Mikro- und Makroebene ebenso wie die nach dem Zusammenhang von Märkten und Institutionen.

Holle Grünert und Burkart Lutz (ZSH-Halle und Universität Halle) provozieren mit ihrem Beitrag den Mainstream der neueren Arbeitsmarktforschung, indem sie die Unbestimmtheit und Offenheit des gegenwärtigen Strukturwandels am Arbeitsmarkt hervorheben und unbequeme forschungsstrategische Desiderata entwickeln. Sie begründen dies über eine historische Rekonstruktion der Arbeitsmarktsegmentation in Deutschland seit dem Zweiten Weltkrieg. Bis in die 1960er Jahre hinein gehen sie von einer Dominanz externer Arbeitsmärkte aus, die dann sukzessive durch betriebszentrierte Arbeitsmarktsegmentation verdrängt wird. Ein zentraler „Treiber" dieses Umbruchs sind die Qualifikationsprobleme in den schnell wachsenden Großorganisationen der Wirtschaft und des öffentlichen Dienstes. Diese werden in Deutschland durch berufliche Bildung, ergänzende betriebsspezifische Qualifizierung, Betriebsbindung und ein ganzes Set an stützenden Institutionen bearbeitet. Qualifikationsprobleme der Beschäftiger erklären die Schließungsprozesse, das System der beruflichen Bildung, die spezifisch deutsche Variante der Struktur interner Arbeitsmärkte. Mit dem Wandel der weltweiten Güter und Finanzmärkte entsteht Veränderungsdruck, der aber in Abhängigkeit von Entwicklungen im Bildungs- und Institutionensystem ganz unterschiedlich bearbeitet werden kann. Die Ausbreitung externer Märkte setzt eine Lösung des Problems transferierbarer Qualifikationen voraus und gegenwärtig zeichnet sich noch kein neues und kohärentes Arbeitsmarktregime ab. Die forschungsstrategische Herausforderung besteht Grünert und Lutz zufolge darin, die Diskontinuität des Strukturwandels ernst zu nehmen und hierfür alte Kategorien in Frage zu stellen und einen neuen und offenen Bezugsrahmen zu entwickeln.

Peter Bartelheimer und René Lehwe-Litzmann (SOFI an der Universität Göttingen) gehen vom Göttinger Teilhabekonzept aus und sehen im Arbeitsmarkt eine zentrale Ursache sozialer Ungleichheit. Sie regen an, Robert Castels Modell sozialer Zonen mit seinen drei Säulen der sozialen Sicherheit als übergreifenden Bezugsrahmen zu nutzen. Ein modernisierter Segmentationsansatz lässt sich den Autoren zufolge mit diesem Zonenmodell verknüpfen. Sie schlagen dafür eine dreifache Erweiterung von Segmentationsansätzen vor: Zur Analyse von Risikolagen müssen Haushaltskontext und soziale Sicherungssysteme einbezogen werden, damit verbunden sind methodisch Panel-Individualdaten zu nutzen und last not least ist der traditionell betriebsbezogene theoretische Ansatz zu einem komplexen Dreieck um Betrieb, Haushalt und Staat auszubauen. Die Autoren zeigen, wie betriebliche Flexibilisierungsstrategien, Veränderungen der familiären Arbeitsteilung und die Arbeitsmarkt- und sozialpolitischen Regelungssysteme im Zuge der Agenda 2010 das Wachstum sekundärer externer Teilarbeitsmärkte vorantreiben. Die Ergebnisse einer Sekundäranalyse der Längsschnittversion des EU-SILC-Datensatzes für die Jahre 2005 bis 2008 belegen die Heterogenität der Arbeitsmarktstrukturen innerhalb der EU und den Zusammenhang von Arbeitsmarktposition, Haushaltskontext und Armutsrisiko. Zur Bearbeitung der sozialen Risiken in den heterogenen Teilarbeitsmärkten schlagen sie eine differenzierte, „gemischte" Flexicurity-Strategie vor.

Johannes Giesecke (Universität Bamberg/DIW Berlin) und Martin Groß (Universität Tübingen) kommen aus der Sozialstrukturforschung und vertreten eine strukturalistisch eingebettete Theorie sozialer Schließung. Die Grundthese lautet, dass Barrieren auf dem Arbeitsmarkt durch individualistische oder kollektivistische Schließungen der abhängig Beschäftigten erzeugt werden, um die Konkurrenz einzuschränken und Zusatzeinkommen („Renten") zu erwirtschaften. Die Autoren interessieren sich für die vertikale Differenzierung von sozialen Positionen auf dem Arbeitsmarkt und greifen die arbeitsmarktsoziologische Unterscheidung von offenen und geschlossenen Positionen auf, die auf die Job-, Betriebs-, Berufs- und Beschäftigungssystem-Ebene herunter gebrochen werden kann. Schließungen schränken den freien Wettbewerb auf dem Arbeitsmarkt ein und ermöglichen darüber Zusatzeinkommen und sonstige Privilegien („Renten") auf Kosten der jeweils Ausgeschlossenen. Beschäftiger sind dagegen an freien Wettbewerbsmärkten interessiert und die Entstehung und Ausbreitung flexibler Arbeitsmärkte erklärt sich aus der globalisierungsbedingten Verschiebung der Machtverhältnisse. Vor diesem Hintergrund fällt eine normative Bewertung ambivalent aus. Einerseits bauen offene Beschäftigungssysteme Privilegien der Insider ab und beinhalten Chancen für die Outsider. Andererseits werden dadurch auch wichtige Schutzmechanismen für schwache Gruppen am Arbeitsmarkt abgebaut, woraus sich eine neue Art der Polarisierung ergeben kann.

Betriebliche Strategien und flexible Arbeitsmärkte

Die in diesem Abschnitt versammelten AutorInnen vertreten die These, dass Arbeitsmärkte durch Machtasymmetrien zugunsten von Beschäftigern gekennzeichnet sind und dass diese daher in der Regel eine hegemoniale Position in der Strukturierung von betrieblichen Beschäftigungssystemen und flexiblen Teilarbeitsmärkten einnehmen. Die Beiträge fragen nach den Interessen und Strategien von Beschäftigern im Arbeitsmarktgeschehen.

Alexandra Krause (Universität Jena) greift den hier vorgestellten segmentationstheoretischen Ansatz auf und prüft seine Tragfähigkeit für die Erklärung flexibler Arbeitsmärkte anhand einer qualitativen Studie offener betrieblicher Beschäftigungssysteme im Dienstleistungssektor. Im Mittelpunkt ihres Beitrages stehen Beschäftigungssysteme in der Pflegebranche und im Weiterbildungssektor. Ihre empirischen Analysen weisen nach, dass die betrieblichen Bezugsprobleme der Verfügbarkeit und Leistung einen erheblichen Teil der Dynamik in diesen Beschäftigungssystemen erklären können, dass ihre Funktionsweise aber grundlegend von der regionalen Arbeitsmarktlage abhängt. Trotz vergleichbarer wirtschaftsstruktureller und institutioneller Rahmenbedingungen weisen ähnliche Tätigkeitsbereiche regional eine erhebliche Heterogenität und Kontingenz auf. Das Bedürfnis der Beschäftigten nach einem stetigen Einkommen und einer wenigstens mittelfristigen Beschäftigungsperspektive berücksichtigen und nutzen Betriebe in Tätigkeitsbereichen mit regelmäßiger Fluktuation auf sehr verschiedene Weise. Abschließend fragt die Autorin daher, welche Relevanz offene betriebliche Beschäftigungssysteme als Quellen von Heterogenität und Ungleichheit am Arbeitsmarkt haben.

Hajo Holst (Universität Jena) geht ausgehend von einer Analyse von Leiharbeit für industrielle Großbetriebe von einer strategischen Nutzung flexibler Beschäftigung im finanzmarktgetriebenen Kapitalismus, im Sinne der Bearbeitung von Unsicherheit und der Reaktivierung des Reservearmeemechanismus, aus. Basierend auf der Annahme, dass die globalen Absatzmärkte nach einer Phase relativer Stabilität und Prosperität wieder zu Gefahrenzonen für die Gewinnziele geworden sind, verschieben sich die Temporalstrukturen betrieblichen Flexibilisierungshandelns. Statt wie in der Vergangenheit mit reaktiven Anpassungen von Arbeitsinhalten, Arbeitszeiten, Entgelten und Belegschaftsgrößen die bereits eingetretenen negativen Folgen der Unberechenbarkeit der Absatzmärkte rein kompensatorisch zu bearbeiten, zielt das betriebliche Flexibilisierungshandeln heute stärker auf die prospektive Entwicklung der Anpassungsfähigkeit der Organisation - durch die gezielte Entwicklung von Arbeitszeitkonten, der Polyvalenz der Belegschaft sowie den Rückgriff auf befristete Arbeitsverträge und externe Arbeitskräfte. „Das Paradigma der Anpassungsfähigkeit steht für den Versuch, den Möglichkeitsraum der Zukunft in den Organisationsstrukturen der Gegenwart abzubilden." In dieser Beschäftigungspolitik deutet sich ein verändertes Verhältnis zwischen Betrieb und Arbeitsmarkt an: Die Nutzung der Arbeit wird stärker an die unmittelbaren Nachfragebedingungen auf den Absatzmärkten gekoppelt und insofern lässt sich ein neuer Schub der Kommodifizierung beobachten.

Auch *Markus Promberger (IAB-Nürnberg)* untersucht Leiharbeit und flexible Beschäftigung, geht aber im Gegensatz zu Holst nicht von einer dominanten Strategie und Tendenz aus, sondern von „Polyfunktionalität". Er betont die Gleichzeitigkeit verschiedener Nutzungsformen von Leiharbeit und flexibler Beschäftigung. Über eine komplexe und innovative Kombination von Clusteranalyse und Fallstudienmethode über Betriebe mit Leiharbeit werden fünf verschiedene Konstellationen identifiziert und dann auf drei übergeordnete Grundmuster flexibler Beschäftigung bei mittleren und großen Unternehmen verschiedener Branchen verdichtet: Das gemäßigte industrielle Nutzungsmuster setzt schwerpunktmäßig auf interne Flexibilität und ergänzt diese in moderater Weise mit Instrumenten der externen Flexibilität. Eine zweite nicht-industrielle Flexibilisierungskonstellation nutzt in stärkerem Maße flexible Beschäftigung mit unterschiedlichem Gewicht der Leiharbeit. Das dritte Muster umfasst Extremnutzer von Leiharbeit und findet sich sowohl in industriellen Großbetrieben als auch in Call Centern.

Während Hajo Holst in den globalen Absatzmärkten die Schubkräfte der Flexibilisierung sieht, stellt Promberger die Betriebsebene mit der Interaktion von Beschäftiger und Beschäftigten zentral. Er konstatiert u.a. abnehmenden Grenznutzen, komparative Nachteile, Restriktionen und Kontraindikationen eines allzu intensiven Einsatzes von Leiharbeit. Eine große Rolle spielt auch der Arbeitsmarkt; Leiharbeit funktioniert bisher vor allem in Teilmärkten mit hohen Arbeitskräfteüberschüssen.

Erwerbsstrategien abhängig Beschäftigter und flexible Arbeitsmärkte

Die Frage nach den Strategien abhängig Beschäftigter auf dem Arbeitsmarkt war jahrzehntelang unterbelichtet. Die Sozialstrukturforschung fokussierte auf die sozialen Folgen von Arbeitsmarktlagen, die neue Institutionenökonomik und die Segmentationsforschung gingen in der Konstruktion von Erwerbsstrategien von der stark vereinfachenden Annahme der Risikoaversion aus. Spätestens mit der Entdeckung des „Arbeitskraftunternehmers" hat sich eine reichhaltige Forschungslinie zu dieser Thematik entwickelt, deren wichtigste Positionen in unserem Band vertreten sind.

Anne Goedicke (Universität Duisburg Essen) hat den Ansatz des Tauscharrangements mitentwickelt und geht in Bezug auf Beschäftigungsverhältnisse von einer doppelten Tauschbeziehung aus, die Beschäftigte einerseits mit dem Betrieb und andererseits mit ihrer Familie eingehen. Sie greift zunächst das Bezugsproblem der Beschäftigten auf, durch das Beschäftigungsverhältnis ein kontinuierliches Einkommen sicherstellen zu müssen, und fragt dann nach den Bedingungen, unter denen Beschäftigte auch kurzfristige Organisationsbindungen akzeptieren. Aus ihrer Sicht wurden die privaten Lebensverhältnisse in der Erklärung des Arbeitskräfteangebots von der Segmentationsforschung bislang vernachlässigt. Sie nimmt daher die Funktionalität kurzfristiger Erwerbsarrangements in den Blick und erweitert zunächst das Bezugsproblem der Beschäftigten um drei Dimensionen: die erweiterten inhaltlichen Ansprüche der Arbeitnehmer, neue Formen familialer Arbeitsteilung und die Pluralisierung und Destandardisierung von Lebensläufen. Daran anknüpfend nutzt sie dann ihren tauschtheoretischen Zugang, um die Interaktion zwischen Betrieben und Beschäftigten unter den Bedingungen kurzfristiger Bindung zu erklären. Kurzfristige Organisationsbindungen, so ihre These, werden dann eher akzeptiert, wenn z.B. die Familie die damit verbundenen Beschäftigungsrisiken und Flexibilitätsanforderungen temporär oder dauerhaft durch private Transaktionen stützt oder wenn eine langfristige Organisationsbindung aufgrund der Lebensplanung individuell gar nicht erwünscht ist.

Hans Pongratz (ISF München) ist zusammen mit Günter Voß der Erfinder des Arbeitskraftunternehmertheorems und versucht nun mit diesem Ansatz, die verbreitete Trennung zwischen Betriebs- und Arbeitsmarktforschung aufzuheben. Er fokussiert auf das Angebotsverhalten qualifizierter Arbeitskräfte und entwickelt die vor dem Hintergrund des Ansatzes überraschende These, dass der „Arbeitskraftunternehmer" ähnlich wie der alte verberuflichte Arbeitnehmer in die Strukturen interner Arbeitsmärkte integriert wird. Heute gehen von dem neuen Leistungsregime der Ergebnissteuerung starke Impulse zur Nutzung von Exit-Optionen aus, denn der Leistungsdruck steigt und die Sicherheitsversprechen der Betriebe werden relativiert. Andererseits werden berufliche Basisqualifikationen zunehmend durch nicht zertifizierte „fachunabhängige Prozessfähigkeiten" entwertet, die – weil nicht dokumentiert – auf dem Arbeitsmarkt nur mit Verlusten zu verkaufen sind. Damit werden die Schwellen zum zwischenbetrieblichen Arbeitsplatzwechsel auf flexiblen Arbeitsmärkten erhöht. Pongratz schlägt vor, die Voraussetzungen für aktives Angebotsverhalten zu verbessern, weil er hierin ein „emanzipatorisches Potenzial" sieht. Dafür bleiben die bestehenden kollektiven Regelungen und Sicherungen relevant (berufliche Bildung, Tarifverträge, soziale Sicherung), sie sind aber durch eine Förderung der „individuellen Marktökonomie" zu ergänzen. Die Ausweitung angebotsgetriebener flexibler Märkte setzt also eine Verbesserung der Mobilitätsfähigkeit der Beschäftigten voraus.

Der Beitrag von *Michael Fritsch, Elisabeth Bublitz und Alina Rusakova (SFB 580 - Universität Jena)* thematisiert die Grauzone zwischen Arbeitnehmern, Arbeitskraftunternehmern und Unternehmertum und fragt nach der Rolle der beruflichen Sozialisation für Gründungsentscheidungen. Die AutorInnen konstatieren, dass die Rolle der Selbständigkeit für das Arbeitsmarktgeschehen in der Soziologie bislang vernachlässigt wird. Unternehmensgründungen sind ihnen zufolge als ein „endogenes Element des Arbeitsmarktes aufzufassen, das sehr viel stärker als bisher in der Arbeitsmarkttheorie berücksichtigt bzw. in diese integriert werden sollte." Insbesondere die Arbeitsmarktsoziologie habe „die Erwerbsoption der unternehmerischen Selbständigkeit bisher weitgehend vernachlässigt". Sie fragen daher nach den Faktoren, die den Schritt in die unternehmerische Selbständigkeit begünstigen und fokussieren auf den Einfluss der Berufswahl. Die Autoren nutzen die BIBB/BAuA-Erwerbstätigenbefragung von 2006 und den Mikrozensus 2004, um ihre Hypothesen zu prüfen. Sie können belegen, dass in einem mehrstufigen Entscheidungsprozess sowohl die berufsspezifische Arbeitslosigkeitsrate als auch die berufsfachlichen Qualifikationen eine Rolle spielen

Transaktionsprobleme – Informationsasymmetrien und räumliche Mobilität

Im letzten Abschnitt des Buches untersuchen wir Transaktionsprobleme auf externen Arbeitsmärkten. Die Transaktionskosten- und Informationsökonomik zeigt, dass Arbeitsplatzsuche und Personalrekrutierung mit einem hohen Informationsaufwand und hoher Unsicherheit über die zu erwartenden Arbeitsplatz- bzw. Qualifikationsprofile verbunden sind. Auch die räumliche Ausdehnung flexibler Arbeitsmärkte verschärft über die Kosten der Mobilität Transaktionsprobleme. Die AutorInnen fragen danach, wie die Arbeitsmarktakteure diese Probleme bearbeiten und stellen dazu unterschiedliche theoretische Ansätze und empirische Analysen vor.

Birgit Apitzsch (Universität Duisburg Essen/Europäisches Hochschulinstitut Florenz) stellt die Frage nach dem Zusammenhang von flexibler Beschäftigung, Informationsasymmetrien und informellen Netzwerken am Beispiel von Projektarbeitsmärkten für Filmschaffende und Architekten. Bei Ersteren bilden sich informell langfristige Bindungen in Teams, die immer wieder für Filmprojekte mit begrenzter Zeitdauer zusammenarbeiten. Diese informellen Netzwerke konstituieren damit eine besondere Form sozialer Schließung auf flexiblen Arbeitsmärkten. Der Arbeitsmarkt für Architekten entspricht dagegen weitgehend den Merkmalen offener berufsfachlicher Arbeitsmärkte. Ursache der informellen sozialen Schließung bei Filmschaffenden ist der geringe Professionalisierungsgrad von Ausbildung und Arbeitsprozess sowie die intensive persönliche Kooperation während der Filmproduktion. Konsequenterweise sind bei Rekrutierungsprozessen die beidseitigen Informationsasymmetrien hoch, weil sich weder für fachliche noch für extrafunktionale Qualifikationen Anforderungen und Leistungsprofile ex-ante einschätzen lassen. „In der Folge sind enge persönliche Beziehungen zu Vorgesetzten und Kollegen die einzige Möglichkeit, Zugang zu Projekten zu bekommen und Beschäftigungs- und Einkommenschancen zu erhöhen". Die Studie stellt für Projektarbeitsmärkte die segmentationstheoretische Unterscheidung in interne/externe Teilarbeitsmärkte in Frage. Netzwerke sind eine Form, Transaktionsprobleme auf flexiblen Arbeitsmärkten zu bearbeiten.

Stefan Schröder (SFB 580 - Universität Jena) geht mit systemtheoretischen und mediensoziologischen Argumenten davon aus, dass das Internet bei der Ausweitung externer Arbeitsmärkte eine treibende Kraft darstellt. Arbeitsmarktbezogene Internetanwendungen werden mit drastisch niedrigeren Transaktions- und Informationskosten in Verbindung gebracht und als effiziente Technologie für komplexe Marktsituationen gesehen. Die erste zentrale These lautet, dass dieser Konnex aus Internet und Effizienz Engagements auf flexiblen Märkten begründbar macht und legitimiert. Zweitens geht der Autor davon aus, dass die Nutzung arbeitsmarktbezogener Internettechnologien ein Einfallstor für Marktdiskurse ist, die Arbeitsmarktpraxis an einer Kultur unternehmerischer Aktivierung ausrichten. Das Internet am Arbeitsmarkt subjektiviert in neuer Form - flexible Strategien und die stetige Schaffung neuer Möglichkeitsräume werden als Ideal etabliert. Kristallisationspunkt dieser Entwicklung – und Desiderat – sind Arbeitskraft-Konstrukteure, die selbstfixiert, flexibel, und am eigenen Marktwert orientiert im Internet ihren Möglichkeitsraum konstruieren.

Susanne Gerstenberg (SFB 580 - Universität Jena) untersucht den bis heute kaum erforschten Zusammenhang von betrieblicher Rekrutierungspolitik mit der räumlichen Ausdehnung von Teilarbeitsmärkten. Ihre komplexen Analysen von Betriebsdaten generieren eine Vielzahl an neuen Ergebnissen zur Raumdimension von Arbeitsmärkten und deren Konstruktion durch die Arbeitsmarktakteure. In Bezug auf unsere Frage zur Funktionsweise flexibler Arbeitsmärkte hebt Gerstenberg zwei Befunde hervor: Betriebe mit offenen Beschäftigungssystemen weisen eine Tendenz zur überregionalen Rekrutierung auf. Dieser Zusammenhang gilt nicht nur für Führungskräfte, sondern auch explizit für qualifizierte Fachkräfte, für die in der Literatur bislang auf primär regionale Räume verwiesen wird. Zweitens wird deutlich, dass die Bereitschaft von Betrieben, aktiv zur Bewältigung der mit ihren Mobilitätsanforderungen verbundenen individuellen Herausforderungen beizutragen, erhebliche Unterschiede aufweist. Erhöhte Beschäftigungsflexibilität geht zwar deutlich mit weiträumiger Rekrutierung, jedoch nicht notwendig mit Mobilitätsunterstützung einher. Diese Arbeitshypothese soll in der weiteren Arbeit über die Analyse von Individualdaten vertieft und abgesichert werden, worüber dann auch ungleichheitstheoretische Analysen angeschlossen werden können. Insgesamt unterstützt der Beitrag die Arbeitshypothese unseres Buches, der zufolge externe Arbeitsmärkte voraussetzungsvoll sind: Sie erfordern überregionale Mobilität, die für Betriebe und Beschäftigte mit hohen Transaktionskosten verbunden sein können.

Betrachtet man den vorliegenden Sammelband im Zusammenhang, so sehen sich die Herausgeber in der Relevanz ihrer Ausgangsfragen bestätigt; allerdings oft ganz anders als erwartet und auf einem wesentlich höheren Komplexitäts- und Erkenntnisniveau. Erstens sind Arbeitsmärkte in ihrer Funktionsweise äußerst heterogen und flexible Beschäftigungssysteme stellen nur eine besondere Variante von Allokationsprozessen dar. Zweitens sind flexible Arbeitsmärkte ökonomisch, sozial und politisch voraussetzungsvoll und ihre Ausbreitung ist an eine Vielzahl von Bedingungen gebunden. Drittens kann man in Abhängigkeit von der normativen Perspektive „gute" und „schlechte" flexible Märkte unterscheiden; es macht Sinn, ihre Funktionsweise weiter wissenschaftlich zu erforschen und über Gestaltungsmöglichkeiten nachzudenken.

II. Arbeitsmärkte in Bewegung

Diskontinuität als

forschungsstrategische Herausforderung

HOLLE GRÜNERT UND BURKART LUTZ

Seit den 1990er Jahren sind die über mehrere Jahrzehnte relativ stabilen Arbeitsmarktstrukturen in Deutschland wie in verschiedenen anderen Volkswirtschaften in Bewegung geraten. Damit stellen sich neue Herausforderungen für die Arbeitsmarktforschung. Sie richten sich nicht nur auf detaillierte empirischstatistische Beobachtungen und Analysen, sondern sind auch konzeptueller Art. Es scheint daher sinnvoll, sich noch einmal wichtige Grundzüge des deutschen Modells (Lutz/Sengenberger 1974; Lutz 1987; Sengenberger 1987; Köhler et al. 2010) zu vergegenwärtigen. Kombinieren sich doch in den heute zu beobachten Strukturen interner und externer Arbeitsmärkte die Hinterlassenschaften ihrer Entstehungsgeschichte, die bis in die 1950er und 60er Jahre zurückreicht, mit Veränderungen, mit denen bereits auf neue Anforderungen wirtschaftlicher, technisch-organisatorischer wie gesellschaftspolitischer Art reagiert wird. Zugleich scheint es sinnvoll, zumindest in groben Zügen den Charakter der konzeptuellen Herausforderungen für die Arbeitsmarktforschung zu umreißen. Zu beidem will der vorliegende Text einen kleinen Beitrag leisten.

1. DIE AUSGANGSLAGE DER FRÜHEN NACHKRIEGSZEIT

Kurz nach Kriegsende bestanden in den meisten hochentwickelten Ländern noch Arbeitsmarktstrukturen, die man aus heutiger Perspektive ohne weiteres als „herkömmlich" bezeichnen könnte. Dies lässt sich für Deutschland gut an Hand der damals noch hohen Bedeutung des Berufsprinzips für die Arbeitsverwaltung und noch deutlicher an Hand der beruflichen Struktur vieler Arbeitsmärkte belegen.

Die meisten Arbeitsmärkte ließen sich zwei deutlich getrennten Gruppen zuordnen: entweder Märkte berufsfachlicher Art, die zumeist jenen Arbeitskräften vorbehalten blieben, die über besondere Qualifikationen verfügten, oder Märkte, auf denen im Prinzip nur Arbeitskraft ohne spezifische handelbare Qualifikationen und Kompetenzen angeboten und nachgefragt wurde. Die Kombination von berufsfachlichen Teilarbeitsmärkten, die überwiegend in der langen Tradition beruflicher Ausbildung standen, mit Arbeitsmärkten, auf denen große Quanten von Arbeitskräften verschiedener Art als Anbieter auftraten, die nicht als beruflich qualifiziert betrachtet wurden und die insofern als „Jedermanns"-Märkte bezeichnet werden können, war offenkundig in der Lage, den zeitweise sehr hohen Mobilitätsbedarf vielfach erstaunlich schnell zu decken.

Über „Jedermanns"-Märkte vollzog sich, soweit rekonstruierbar, auch der weitaus größte Teil der Allokationsprozesse von Arbeitskräften, die im Zuge des einsetzenden Wirtschaftswachstums für abhängige Arbeit im modernen Teil der Volkswirtschaft mobilisiert wurden. Hierzu gehörten zunächst vor allem „Heimatvertriebene" und Flüchtlinge. Hinzu kamen etwas später Arbeitskräfte, die bisher als Familienangehörige in kleinen Betrieben der traditionellen Wirtschaft, insbesondere Landwirtschaft, Handwerk und Einzelhandel beschäftigt waren, und dann zunehmend auch bisherige Hausfrauen, die erstmals als Arbeitnehmer erwerbstätig wurden. Einen besonderen Weg gingen häufig junge Menschen, die wegen des Ausbildungsplatzdefizits im modernen Teil der Volkswirtschaft eine traditionelle Handwerksausbildung absolvierten und danach als Angelernte in die Industrie gingen, die also über (scheinbares) „Downgrading" ihres Ausbildungsabschlusses den Weg in eine zumeist besser bezahlte und dauerhaft Beschäftigung fanden (DGB 1952; Lutz 1954).

Erst mit dem Übergang zu den 1960er Jahren gewannen qualifizierte Arbeitskräfte und korrespondierende Organisationsformen vom Typ des internen Arbeitsmarktes schrittweise größeres Gewicht, wobei vor allem die Notwendigkeit im Vordergrund stand, verlässliche Wege zur Lösung von offenkundig gravierenden Qualifikationsproblemen zu finden und zu praktizieren.

2. Drei Grundtypen interner Arbeitsmärkte

Für den schnellen und tiefgreifenden Wandel der Arbeitsmarktstrukturen und für die erhebliche Übereinstimmung der entsprechenden Verläufe in verschiedenen

Ländern lassen sich mehrere Ursachen benennen, unter denen zwei hervorzuheben sind:

Zum einen waren die Potentiale eines von standardisierter Massenproduktion und Massenkonsum getragenen Wachstums zeitlich und sachlich begrenzt. Mit der Erschöpfung dieser Potentiale, die sich in Deutschland im Wesentlichen in den Jahren um 1960 vollzog, und mit dem dadurch erzwungenen Übergang zu weitgehend innovationsgetriebenem Wachstum sieht sich eine wachsende Zahl von Betrieben mit zunehmend schwierigeren Qualifikationsproblemen konfrontiert, deren schnelle und verlässliche Lösung einem hohen betrieblichen Interesse entspricht.

Zum anderen wird bei der Suche nach geeigneten Lösungswegen und Lösungen dieser Qualifikationsprobleme eine wachsende Zahl von Betrieben durch hierfür besonders günstige Bedingungen und Gelegenheiten zu einer eindeutigen Präferenz für betriebsinterne Maßnahmen und Politiken gedrängt, aus denen – zumeist Schritt für Schritt – sich zunehmend verfestigende Strukturen vom Typ interner Arbeitsmärkte entstehen.

Aus mehreren Gründen, insbesondere um sowohl der Vielfalt in den Ausprägungen von internen Arbeitsmärkten wie den auf jeweils nationaler Ebene eher homogenisierenden Umwelteinflüssen Rechnung zu tragen, die vom System der Bildung und Ausbildung ausgehen, scheint es tunlich, drei Idealtypen interner Arbeitsmärkte (Lutz 2007) zu unterscheiden. Bei ihrer Definition und Ausarbeitung ist insbesondere auch der Vermutung Rechnung zu tragen, dass die jene Typen definierenden Merkmale eng mit dem oder den jeweils vorherrschenden Grundmustern des Umgangs mit sozialer Ungleichheit korrespondieren, weshalb sie auch in verschiedenen Nationen mit deutlich unterschiedlichen Bildungssystemen jeweils wesentlich häufiger oder wesentlich seltener sind.

Mit je einem Schlagwort kann man diese Grundtypen bezeichnen als: (a) der klassische interne Arbeitsmarkt, (b) ein „bildungsstratifizierter" interner Arbeitsmarkt und (c) ein interner Arbeitsmarkt auf berufsfachlicher Grundlage.

Der klassische interne Arbeitsmarkt

Das erste der drei Grundmuster entspricht dem in der Literatur vielfach beschriebenen Modell interner Arbeitsmärkte, dessen Formen und dessen wirtschafts- und sozialstrukturelle Voraussetzungen (vor allem: reiches Angebot an „Jedermanns"-Arbeitskräften und gute Absatzchancen für Massengüter) nicht mehr näher zu erläutern sind.

Dieser Typus setzt reichliche Verfügbarkeit von Arbeitskräften voraus, die einerseits auf dem Arbeitsmarkt keine vorgängige Bildung oder Ausbildung, sondern lediglich ihre Bereitschaft geltend machen können, irgend eine Arbeit zu übernehmen, von denen jedoch andererseits nicht wenige ein erhebliches Lernpotential besitzen, das der Beschäftiger durch geeignete Vorkehrungen und Anreize nutzen kann.

In den entwickelten europäischen Industrieländern entsprach dieser Typus in der Phase raschen extensiven Wachstums und beim Übergang zu vorwiegend intensivem Wachstum der Interessenlage und dem Handlungspotential nicht weniger Betriebe, vor allem in der industriellen Produktion. Er kam dem hohen Interesse vieler Beschäftiger daran entgegen, einerseits ungehinderten Zugang zu den in der frühen Nachkriegszeit verbreiteten offenen Arbeitsmärkten zu finden oder zu behalten, auf denen sich Arbeitskräfte ohne spezifisches Arbeitsvermögen anbieten, andererseits jedoch sicherzustellen, dass zumindest ein sorgfältig selektierter Teil der Belegschaft im Laufe einer langen Beschäftigungszeit schrittweise erhebliche, als solche (und zum gleichen Preis) auf dem externen Arbeitsmarkt nicht verfügbare Qualifikationen erwirbt.

Beschäftigungssysteme dieses Typus verloren ihre Bedeutung jedoch recht schnell, da das Angebot an Arbeitskräften für „Jedermanns"-Tätigkeiten rasch abnahm und die entsprechenden Arbeitsplätze und Tätigkeiten im Gefolge des Strukturwandels oder technischer Entwicklungen weitgehend verschwanden, sofern sie nicht in Strukturen interner Arbeitsmärkte auf berufsfachlicher Grundlage integriert wurden.

Es ist evident, dass Beschäftigungssysteme dieses Typs eine beträchtliche Affinität zu dem Grundmuster des Umgangs mit Ungleichheit aufweisen, das man als „Reproduktion des status quo" bezeichnen kann.

Der bildungsstratifizierte interne Arbeitsmarkt

Das rasche und lang anhaltende, von weitreichenden Modernisierungsprozessen begleitete Wachstum der europäischen Nachkriegszeit war überall von einer mehr oder minder raschen Expansion weiterführender Bildung in Schulen und Hochschulen verbunden. Dies hatte zwei Konsequenzen für die Entwicklung von Arbeitsmarkt und Arbeitsmarktstruktur:

Zum einen führte die Bildungsexpansion zu einer raschen, allenfalls durch massive Einwanderung gebremsten Verminderung des Anteils, den Ungelernte, die lediglich die zivilisatorischen Mindestbefähigungen geltend machen konnten, am Neuangebot von Arbeitskräften stellten. Damit verschwand eine der wichtigsten traditionellen Vorbedingungen für Funktionieren und Existenz „klassischer" interner Arbeitsmärkte.

Zum anderen bildete sich überall dort, wo das Grundmuster von intergenerationellem Aufstieg durch Bildung starken Einfluss auf die Bildungsnachfrage der Bevölkerung und auf die Entwicklung des Bildungssystems hatte, eine stark durch die Hierarchie der Bildungsabschlüsse geprägte Korrespondenz von Bildung und Beschäftigung heraus.

Wenn sich Beschäftiger in ihrer Rekrutierungs- und Personalpolitik die Vorleistungen schulischer Selektion und Sozialisation zu Nutze machen wollen, haben sie ein hohes Interesse daran, die Schichtung ihrer Arbeitsplätze und Positionen an der Stufung der Bildungsabschlüsse zu orientieren. Zu besetzende Arbeitsplätze werden dann – in der Sicht der rekrutierenden Betriebe wie in der Sicht der Arbeitnehmer – vorrangig nach dem vorausgesetzten Niveau des Bildungsabschlusses und nicht nach dem erwünschten fachlichen Profil definiert; das notwendige fachliche (zumeist ausgesprochen betriebsspezifische) Wissen muss dann im Betrieb, vorwiegend im Arbeitsprozess, erworben werden. Unternehmensinterne Laufbahnen sind (wie im öffentlichen Dienst seit langem üblich) niveauspezifisch angelegt. Das Positionsgefüge im Betrieb bildet mehr oder minder exakt die Hierarchie des Bildungssystems und seiner Abschlüsse ab.

Dieser Grundtyp interner Arbeitsmärkte ist in Deutschland und den anderen deutschsprachigen Ländern nur in wenigen, meist sehr traditionsreichen Beschäftigungsbereichen, vor allem im öffentlichen Dienst, anzutreffen und im Übrigen sehr wenig verbreitet. Er spielt jedoch in den romanischen Ländern eine bedeutsame Rolle.

Der interne Arbeitsmarkt auf berufsfachlicher Grundlage

Der dritte Grundtyp interner Arbeitsmärkte ist vor allem in den deutschsprachigen Ländern verbreitet. Auch hier finden sich charakteristische Merkmale des klassischen Modells interner Arbeitsmärkte mit hoher Beschäftigungsdauer und Beschäftigungssicherheit, mit schrittweisem Aufstieg in einer ausgeprägt hierarchisch-arbeitsteiligen Organisation und mit sukzessivem Erwerb von betriebsspezifischen Qualifikationen und Kompetenzen. Im Unterschied zum klassischen Modell setzen jedoch der Eintritt in die „Stammbelegschaft" und die damit eröffneten Chancen des Aufstiegs im Betrieb im Regelfalle eine abgeschlossene Berufsausbildung voraus, die den Anforderungen der voraussichtlichen Tätigkeit entspricht. Deshalb kommt auch im Austausch mit dem externen Arbeitsmarkt der regelmäßigen Rekrutierung von ehemaligen Lehrlingen, die zumeist im Betrieb selbst ausgebildet wurden, eine erhebliche Bedeutung zu.

In der Struktur berufsfachlich basierter interner Arbeitsmärkte sind erhebliche Nutzenpotentiale, vor allem für den Beschäftiger, angelegt. Die Kombination einer berufsfachlichen Erstausbildung mit dem schrittweisen Erwerb betriebsspezifischer Qualifikationen sichert dem Beschäftiger eine gute Versorgung mit Personal mittlerer Qualifikation und einen ständigen Zustrom von neuem Wissen, das in den ausgebildeten Lehrlingen inkorporiert ist. Arbeitsorganisation und Gratifikationssystem implizieren im Allgemeinen beträchtliche Anreize zur Qualifizierung (deren Kosten nur zum Teil vom Beschäftiger, häufig sogar überwiegend vom Beschäftigten getragen werden) im Rahmen des alltäglichen Arbeitens oder im Zuge von mehr oder weniger ehrgeizigen Prozessen beruflichen Aufstiegs. Niveau und Profil der Qualifikationen und Kompetenzen eines erheblichen Teils der Beschäftigten ermöglichen vielfältige Produkt- und Prozessinnovationen, deren Umsetzung in aller Regel nur mit geringen zusätzlichen Kosten verbunden ist.

Strukturen dieses Typus verfügen über ein hohes Potential interner Flexibilität, das vor allem aus der Nutzung variabler Arbeitszeiten und aus der Möglichkeit des produktiven Einsatzes der Fachkräfte in verschiedenen Tätigkeiten resultiert.

Hervorzuheben ist, dass betriebliche Beschäftigungssysteme dieses Typus einen nennenswerten Teil ihrer Dynamik und ihres Entwicklungspotentials aus ihrer Fähigkeit zur Kombination mit Beschäftigungssystemen eines anderen Typs beziehen. So koexistieren sie recht häufig in einem Unternehmen, nicht selten sogar in einer Betriebseinheit, mit ausgesprochen tayloristischen Produktions- und Beschäftigungsstrukturen, in denen Arbeitskräfte ohne berufsfachliche Ausbildung beschäftigt werden. Dies gibt den Betrieben die Möglichkeit, einfachere Tätigkeiten auf der einen Seite und komplexere Aufgaben mit erheblichem Innovationsgehalt auf der anderen Seite klar voneinander zu trennen, ohne den Zustrom von neuem Wissen nennenswert zu behindern. Gleichzeitig wird es möglich, qualifizierungsfähige Arbeitskräfte ohne spezifische Qualifikation bei Bedarf schrittweise in die qualifizierte Stammbelegschaft zu integrieren.

Im Zuge der Bildungsexpansion haben Beschäftigungssysteme dieses Typs in vielen Betrieben aber auch einen Wesenszug bildungsstratifizierter Arbeitsmärkte in sich aufgenommen: Die Einstiegspositionen für Personen mit einer berufsfachlichen Ausbildung auf mittlerer Ebene und für Personen mit einer tertiären (akademischen) Ausbildung wurden zunehmend scharf voneinander unterschieden. Diese Unterscheidung wird erst in jüngster Zeit – in einer neuen Etappe der Bildungsexpansion seit den 1990er Jahren – ansatzweise in Frage gestellt.

3. BESCHÄFTIGERSTRATEGIEN UND DIE BEZIEHUNGEN ZWISCHEN BILDUNG UND BESCHÄFTIGUNG

Hintergrund der besonderen Struktur interner Arbeitsmärkte in Deutschland ist eine spezifische Interaktion von Bildungs- und Beschäftigungssystem. Der deutsch-französische Vergleich (Lutz 1976) ließ deutlich werden, dass weder die „Subordinationsthese" (Unterordnung des Bildungssystems unter die Erfordernisse des Beschäftigungssystems) noch die „Entkoppelungsthese" (weitgehende Unabhängigkeit beider gesellschaftlicher Teilsysteme voneinander) das Verhältnis beider hinreichend charakterisiert. Vielmehr bestehen vielfältige, flexible Interdependenzbeziehungen bei relativer Autonomie beider Seiten. Unterschiedliche Beschäftigungsstrukturen in den Betrieben korrespondieren mit verschiedenartigen Strukturen des Bildungssystems. So verfügten gleichartige Betriebe mit sehr ähnlichen Arbeitsabläufen (Typ Werkzeugmaschinenfabriken oder Typ Instandhaltungsbetriebe eines modernen gemischten Hüttenwerkes) in Frankreich über deutlich höhere Anteile von Führungskräften und Arbeitsvorgesetzten als in Deutschland, auch die Anteile von Angestellten für ausführende Bürotätigkeiten lagen höher. Diese Personalstrukturen korrespondierten offenkundig mit dem vergleichsweise stärkeren Ausbau des höheren Schul- und tertiären Bildungssystems in Frankreich. Dagegen besaßen Arbeiter – vor allem Facharbeiter – in den Personalstrukturen der deutschen Betriebe ein sehr viel stärkeres Gewicht. Der Bezug zum deutschen Ausbildungssystem liegt auf der Hand.

Das deutsche System der Berufsausbildung, in dem die Vermittlung arbeitsmarktgängiger, zertifizierter Qualifikationen einen hohen Stellenwert besitzt, und das Strukturprinzip interner Arbeitsmärkte, das – ausgehend von Einstiegsarbeitsplätzen – auf die schrittweise Akkumulation von Erfahrungen und Kompetenzen im Betrieb setzt, folgen zwar unterschiedlichen Logiken, standen aber nicht in einem unüberbrückbaren Widerspruch zueinander. Vielmehr ergänzten und verstärkten ihre Funktionsprinzipien einander wechselseitig. Dies geschah auf vielfältige Weise, nicht zuletzt im Zusammenhang mit der erheblichen Variationsbreite von Beschäftigerstrategien und betrieblichen Personalstrukturen. So erwiesen sich bestimmte Personalstrukturen als geeigneter, andere als weniger geeignet zur Aufnahme der Absolventen neu eingeführter industrieller Facharbeiterausbildungen (Drexel 1982). Generell kann festgestellt werden, dass der Eintritt in die Stammbelegschaft größerer Betriebe und die sich damit eröffnenden Aufstiegschancen zunehmend eine abgeschlossene Berufsausbildung voraussetzten. Eine erhebliche Zahl neuer (dualer) Ausbildungsberufe entstand, nicht nur in der Industrie, sondern auch in anderen Bereichen wie Transport/Verkehr und Dienstleistungen. Im selben Maße, in dem sich die Ausbildung für den Eintritt in einen internen Arbeitsmarkt zum gesellschaftlichen Normalfall entwickelte, wurde die Ausbildung ihrerseits – gerade in modernen Berufen – inhaltlich entlastet. Sie konnte von vornherein auf die Vermittlung relativ breit gefasster beruflicher Grundlagen auf einem hohen fachlichen Niveau ausgerichtet werden, während die Ausgebildeten bestimmte spezifischere Fähigkeiten und Fertigkeiten auch noch in der anschließenden Einarbeitung erwarben.

Die konstruktive Wechselwirkung von Strukturen interner Arbeitsmärkte und beruflicher Bildung wurde durch die besondere Art und Weise begünstigt, in der sich die Bildungsexpansion der 1960er und 70er Jahre in Deutschland durchsetzte. Der deutsche Sonderweg der Bildungsexpansion (Lutz/Wiener 2000) war zum einen dadurch gekennzeichnet, dass schon vor ihrem Beginn ein gut ausgebildetes System der beruflichen Ausbildung bestand, das sich im Laufe der Jahrzehnte weiter stabilisierte. Er war weiterhin dadurch geprägt, dass der Andrang zu höherer Bildung deutlich später einsetzte und langsamer erfolgte als in den meisten anderen Ländern. Er charakterisierte sich schließlich durch eine spezifische Beziehung zwischen Allgemeinbildung und beruflicher Bildung: Während in vielen anderen Ländern eine Berufsausbildung als eindeutig minderwertige Alternative zum Besuch einer weiterführenden allgemeinbildenden Schule galt, ging der zunehmende Besuch weiterführender allgemeinbildender Schulen in Deutschland nicht auf Kosten der beruflichen Ausbildung. Im Gegenteil, der verstärkte Andrang von Ausbildungsplatzbewerbern mit mittlerer Reife oder sogar Hochschulreife erlaubte, das Anforderungsniveau zumindest in Teilen der beruflichen Ausbildung deutlich zu erhöhen.

Besonders eng war die Kopplung von Ausbildung und späterem Einsatz (Übernahme) der Ausgebildeten in der DDR, deren Beschäftigungssystem in hohem Maße durch Merkmale bestimmt war, wie sie internen Arbeitsmärkten eigen sind, und deren Ausbildungssystem aus denselben historischen Wurzeln hervorgegangen war wie das der Bundesrepublik. Mit dem Übergang zur zehnklassigen allgemeinbildenden Schule als Regelschule wurde in der DDR die Ausbildungsdauer für die meisten Berufe auf zwei Jahre verkürzt. Im letzten Vierteljahr fand die Ausbildung ausschließlich im Betrieb und nicht mehr in der Berufsschule statt. Dieser Abschnitt wurde in den Ausbildungsplänen als „Einarbeitung am künftigen Arbeitsplatz" bezeichnet. Die Facharbeiterprüfung bildete eine (den Status verändernde und zu höherem Einkommen führende) Zäsur in einem ansonsten kontinuierlichen Prozess des Lernens am Arbeitsplatz, in dem die jungen Leute erst durch Lehrlingsbetreuer, dann durch Paten für Jungfacharbeiter begleitet wurden (Grünert/Wiekert 2005; Grünert 2010). Hohen Wert legte man auch auf die Verzahnung von beruflicher Aus- und Weiterbildung. Zunehmend wurde bei der Konzipierung von Ausbildungsberufen eine systematische

Erweiterung und Vertiefung der Basisqualifikation durch berufsausgestaltende Weiterbildung zum Bestandteil des Berufes gemacht (Wolter/Körner 1994: 51). Die bis in die Nachkriegszeit überwiegend im Zusammenhang mit externen Märkten genutzten berufsfachlichen Traditionen verbanden sich in Ost wie West eng mit internen Arbeitsmärkten bzw. vergleichbaren Strukturen. (Pongratz spricht in diesem Sinne in Kap. IX von einer „Absorption" durch interne Märkte.) Das System der beruflichen Bildung erwies sich dabei als sehr wandlungsfähig. Es hat in der Bundesrepublik bereits erhebliche Veränderungen durchgemacht und im Zusammenwirken der beteiligten Akteure Routinen für den Umgang mit beruflichen Flexibilitätsanforderungen entwickelt: Heute sind die Überprüfung und Neuordnung bestehender und die Entwicklung neuer Ausbildungsberufe keine Ausnahmeereignisse mehr, sondern zu einem kontinuierlichen Prozess geworden, der festen Regeln folgt. Aus- und Weiterbildung greifen immer stärker ineinander, beginnend mit Zusatzqualifikationen, die ergänzend zur Erstausbildung vermittelt werden können (BIBB 2011). Gleichzeitig steigt das Gewicht von Weiterbildung über das gesamte Erwerbsleben hinweg, was unter anderem in dem stark normativ besetzten Begriff vom „lebenslangen Lernen" seinen Ausdruck findet. Anpassungsfähige berufliche Erstausbildung und umfangreiche Weiterbildung – zum Teil parallel zur Erstausbildung, zum Teil in Gestalt anerkannter Fortbildungsberufe wie auch in vielfältigen anderen Formen – erhöhen die Variationsbreite bei der Schaffung der qualifikatorischen Voraussetzungen für flexible Arbeitsmärkte wesentlich.

4. Die beginnende Erosion von Strukturen interner Arbeitsmärkte

Seit einigen Jahren mehren und intensivieren sich Befunde und Argumente dafür, dass die über längere Zeit relativ festgefügten Arbeitsmarktstrukturen auf verschiedenartige Weise in Bewegung geraten sind (Lutz et al. 2007) oder in Bälde in Bewegung geraten können – wobei es immer noch schwer fällt, eindeutige Richtungen der Veränderungen zu erkennen und klar konturierte neue (vielleicht soeben emergente) Formen von Arbeitsmärkten zu identifizieren. Teil dieser Veränderungen sind Prozesse, die sich als – zumindest partielle – Erosion interner Arbeitsmärkte deuten lassen. Dabei zeichnen sich mehrere Formen ab, die diese Erosion annimmt bzw. in zunehmendem Maße annehmen könnte.

Eine erste Form lässt sich als *strukturelle Eingrenzung* bezeichnen. Sie ist dadurch gekennzeichnet, dass zwar in bestimmten Bereichen (Armee, Teile des öffentlichen Dienstes, einige „alte" Industrien usw.) relativ fest gefügte Systeme interner Arbeitsmärkte bestehen bleiben, aber ihre Bedeutung in der Wirtschafts- und Arbeitsmarktstruktur der Gesellschaft insgesamt abnimmt und ihre Regelungskraft (z.B. ihr Einfluss auf arbeitsmarkt- und berufsbildungspolitische Institutionen) schrumpft. Die Lockerung von Kündigungsschutzregeln, die Ersetzung von senioritätsbezogenen durch leistungsbezogene Entlohnungsregeln oder zumindest eine engere Koppelung beider, die leichtere Transferierbarkeit betrieblich erworbener Rentenansprüche sind Beispiele für eine solche abnehmende Regelungskraft interner Arbeitsmärkte.

Eine zweite Form wird durch Tendenzen einer *personengruppenspezifischen Erosion* interner Arbeitsmärkte geprägt. Sie kann mit der Verschiebung des Verhältnisses zwischen Stamm- und Randbelegschaft zu Lasten der Stammbelegschaft und zu Gunsten der Randbelegschaft einhergehen. Sie kann mit der Einstellung von Zeit- oder Leiharbeitern verbunden sein, mit einem arbeitsmarktpolitisch problematischen Einsatz von Praktikanten oder Volontären sowie mit dem (temporären) Rückgriff auf geringfügig Beschäftigte. In jedem Falle geht es darum, dass die Risiken einer Beschäftigungsflexibilisierung und die Externalisierung von Arbeitsmarkttransaktionen ungleich verteilt und auf bestimmte Teilpopulationen konzentriert werden.

Eine dritte Form könnte man als *dimensionale Externalisierung* oder als – mehr oder weniger weitgehende – Auslagerung bestimmter Funktionen interner Arbeitsmärkte charakterisieren. Typisch hierfür war der massive Externalisierungsschub in Ostdeutschland in den frühen 1990er Jahren, darunter die Ausgliederung von Sozial- und Gesundheitseinrichtungen aus den Großbetrieben und Kombinaten der ehemaligen DDR (Deich/Kohte 1997) beim Zusammenbruch ihrer bis dahin hochgradig geschlossenen Beschäftigungssysteme (Grünert 1997). Gerade in dimensionaler Perspektive zeigt sich aber auch, dass Externalisierung kein „eingleisiger" Prozess ist. Sie steht in engem Zusammenhang mit den sich wandelnden Umweltbedingungen für betriebliches Handeln, kann sich dementsprechend beschleunigen, abschwächen oder auch auf gegenläufige Tendenzen einer (Re-)Internalisierung treffen. So werden seit einigen Jahren im Kontext von demographischem Wandel und zunehmendem (zum Teil antizipiertem) Fachkräftebedarf unter Stichworten wie „work-life-balance", „Vereinbarkeit von Familie und Beruf" oder „Vereinbarkeit von Privatleben und Beruf" wieder stärker Forderungen nach sozialer Verantwortung und sozialem Engagement von Betrieben artikuliert und insbesondere von größeren und wirtschaftlich stärkeren Betrieben auch gezielt aufgegriffen, um ihre Wettbewerbsposition auf externen Arbeitsmärkten zu stärken.

Die Unterscheidung dieser drei Formen, in der sich die Erosion interner Arbeitsmärkte äußern kann, ist vor allem analytischer Art. In der Praxis überlagern und verbinden sie sich miteinander. Auch setzen sie sich nicht linear durch, sondern die in ihnen gebündelten Tendenzen treffen in je spezifischer Weise auf Gegentendenzen. Interne Arbeitsmärkte können in veränderter Gestalt weiterbestehen oder sich sogar wieder stabilisieren, wenn und insoweit wichtige Funktionen – z.B. beim Kompetenzaufbau oder bei der sozialen Bindung bestimmter Gruppen von Fachkräften – anderweitig nicht oder nur mit deutlich geringerer Effizienz erfüllbar sind. Nicht immer ist die konkrete Wechselwirkung von Externalisierungs- und (Re-)Internalisierungsprozessen auf den ersten Blick klar erkennbar; so hat sich Méhaut (2008) am französischen Beispiel gegen eine vereinseitigte Hervorhebung der Externalisierung gewandt, indem er solch ein Vorgehen etwas zugespitzt mit den Worten charakterisierte: „Reshaping the internal labour markets and re-articulating them to external labour markets".

Ein wichtiges Beispiel für noch nicht eindeutige Entwicklungen der Arbeitsmarktstruktur dürfte mit den sich erneut verändernden Beziehungen zwischen Bildungs- und Beschäftigungssystem verbunden sein. Seit den 1990er Jahren ist international eine neue Etappe der Bildungsexpansion festzustellen, die sich durch ein beschleunigtes Wachstum der Teilnahme an tertiärer Ausbildung charakterisiert. Mit einiger Zeitverzögerung setzt sich dieser Trend auch in Deutschland durch. Hier lag die Studienanfängerquote, gemessen am Anteil der Studienanfänger an der gleichaltrigen Bevölkerung, Anfang/Mitte der 1980er Jahre erst bei einem Fünftel. Sie stieg zunächst relativ moderat auf reichlich ein Viertel Anfang/Mitte der 1990er Jahre und weiter auf ein Drittel im Jahre 2000. Anfang/Mitte der 2000er Jahre erreichte sie etwa 37 Prozent und schnellte dann sprunghaft in die Höhe: nach Angaben des Statistischen Bundesamtes auf 40 Prozent (2008), 43 Prozent (2009), 45 Prozent (2010) und schließlich um nicht weniger als zehn Prozentpunkte auf 55 Prozent im Jahre 2011. Selbstverständlich sind hier Sonderfaktoren wie die Aussetzung der Wehrpflicht, doppelte Abiturientenjahrgänge („G8") und der Zustrom ausländischer Studierender zu berücksichtigen. Allerdings dürfen sie auch nicht überschätzt werden: Der Zustrom ausländischer Studierender hat die Studienanfängerquote in den vergangenen Jahren nur um etwa drei Prozentpunkte erhöht (wie sich aus einem Vergleich des Gesamtwertes und des Wertes für deutsche Staatsangehörige ergibt). Der Einfluss doppelter Abiturientenjahrgänge wird durch den Berechnungsmodus der Quote sogar weitgehend kompensiert. Auf jeden Fall lassen die Daten auf drastische Veränderungen im Bildungsverhalten schließen.

Dabei verläuft die Zunahme tertiärer Bildung in Deutschland stark angebotsgetrieben. Die Erhöhung der Studierendenzahlen ist – nicht zuletzt mit Blick auf internationale Vergleichswerte – seit Jahren ein erklärtes Ziel der deutschen Bildungspolitik. Inzwischen scheint die Botschaft bei den jungen Menschen und ihren Eltern angekommen zu sein: Ohne Abitur und Studium keine erfolgreiche Berufsperspektive im 21. Jahrhundert! Die Entscheidung pro Studium fällt umso leichter, als ein Bachelorstudium in aller Regel nicht länger dauert als eine „normale" Berufsausbildung.

Die Wirtschaft reagiert ambivalent: Einerseits gibt es Indizien für steigende qualifikatorische Anforderungen in zahlreichen Berufen und Beschäftigungsbereichen. Auch bildet das „Upgrading" der Ausbildung durch einen Bachelor-Abschluss (in Zusammenarbeit mit einer Berufsakademie oder Fachhochschule) häufig einfach ein wichtiges Argument im Wettbewerb um leistungsfähige und motivierte Nachwuchskräfte. Andererseits sind die Entgeltstrukturen in vielen Betrieben bislang (noch) nicht auf die massenhafte Aufnahme von Berufseinsteigern mit tertiärer Ausbildung ausgerichtet, und es ist noch offen, in welche Richtung eventuelle Anpassungen erfolgen werden.

Daher kann auch noch nicht eindeutig umrissen werden, welche Folgen die sich abzeichnende neue Etappe der Bildungsexpansion für den Arbeitsmarkt und welche Rückwirkungen sie auf das System der beruflichen Bildung haben wird. Werden Absolventen einer „tertiären Bildung ohne wissenschaftlichen Innovationsanspruch" (so Sackmann/Ketzmerick 2010: 120, mit Bezug auf die Berufsakademien, aber wahrscheinlich wird sich diese Art tertiärer Bildung nicht allein auf Berufsakademien beschränken) in segmentationstheoretischer Hinsicht eine eigene Akteursgruppe am Arbeitsmarkt bilden? In eine solche Erwartungsrichtung zielen wohl auch die Klassifizierungsvorschläge für den nationalen Qualifikationsrahmen. Oder wird es generell eine größere Offenheit bei den Positionierungen am Arbeitsmarkt geben (wie dies in gewisser Weise durch Bestrebungen zur stärkeren Durchlässigkeit der verschiedenen Bildungswege unterstützt werden soll)?

Aller Voraussicht nach wird tertiäre Bildung weiterhin vor allem über externe Arbeitsmärkte in das Beschäftigungssystem diffundieren. Doch gibt es starke Indizien dafür, dass sich in Teilbereichen der tertiären Bildung die für das deutsche Berufsbildungssystem charakteristische enge Einbindung wirtschaftlicher Akteure neu etablieren und behaupten wird. Davon zeugt unter anderem die rasante Zunahme der Anzahl von und der Beteiligung an dualen Studiengängen (BIBB 2011). Die Wege der Studierenden in duales Studium und in Beschäftigung erinnern bislang stark an die traditionellen Übertrittsmuster in interne Arbeitsmärkte.

Grundsätzlich scheint uns der Zusammenhang zwischen Arbeitsmarktstruktur und beruflicher Bildung heute weniger eindeutig als in den Jahren um 1960 zu sein. Damals konnten drängende Qualifikationsdefizite für Tätigkeiten in modernen Teilen der Volkswirtschaft (vor allem im Kontext standardisierter Massenproduktion) am besten im Rahmen und in der Verantwortung expandierender Großbetriebe behoben werden; ihre Überwindung gehörte zu den „Treibern" für die Ausbreitung interner Arbeitsmärkte. Heute wird die Bedeutungszunahme externer Arbeitsmärkte im Rahmen heterogener Arbeitsmarktstrukturen vorangetrieben durch (1) den Strukturwandel weg von standardisierter Massenproduktion und Massenkonsum hin zu stark ausdifferenzierten, sich oft rasch ändernden Nachfrage- und Konsummustern; (2) sinkende Betriebsgrößen und flache Hierarchien; aber auch durch (3) Massenarbeitslosigkeit und Exklusionstendenzen am Arbeitsmarkt, einschließlich der mit ihnen verbundenen Entwertung und „Umwertung" qualifikatorischer Ressourcen. Für die Deckung des in sich differenzierten, auf vielen Gebieten steigenden Qualifikationsbedarfs stehen berufliche Schulen und Hochschulen, Akteure des betrieblichen Aus- und Weiterbildungssystems sowie selbständige Bildungsanbieter unterschiedlicher Art bereit. Externe und betriebsinterne Ressourcen werden je situationsspezifisch kombiniert. Unter bestimmten Bedingungen (z.B. für spezielle Personengruppen) spielen öffentliche Mittel und Unterstützungsstrukturen eine wichtige Rolle.

5. NEUE HERAUSFORDERUNGEN FÜR DIE ARBEITSMARKTFORSCHUNG

Sehr vieles spricht dafür, dass die aktuellen oder in naher Zukunft zu erwartenden Veränderungen der Arbeitsmarktstrukturen ebenso wie die gegebenenfalls zur Steuerung dieser Veränderungen unternommenen arbeitsmarkt- und beschäftigungspolitischen Interventionen erhebliche, vielfach wesentlich neuartige Herausforderungen und Aufgaben für die Arbeitsmarktforschung mit sich bringen werden. Es mehren sich seit einiger Zeit die Anzeichen dafür, dass die jahrzehntelang verlässliche Vorgehensweise der Arbeitsmarktforschung mit der für sie charakteristischen Kombination von sorgfältiger empirisch-statistischer Beobachtung und ganz überwiegend induktiver Konzeptualisierung an die Grenzen ihrer Leistungsfähigkeit stößt und dass die Ertragskraft von Arbeitsmarktforschung weit mehr als bisher von der Qualität der genutzten analytisch-konzeptuellen Grundlagen abhängen wird. Deshalb wird die Entwicklung neuer analytischer Instrumente mit teilweise erheblicher Komplexität sicher von hoher Dringlichkeit sein, zumal die erwartbar abnehmende Ertragskraft der bisher üblichen Vorgehensweise besonders die Fähigkeit der Forschung in Frage stellt, neue, emergente oder sich erst langsam abzeichnende Tendenzen und aus ihnen hervorgehende Verhältnisse, Problemlagen und Handlungsopportunitäten frühzeitig zu erfassen und zu analysieren.

Um dies leisten zu können, benötigt die Arbeitsmarktforschung ein analytisches Instrumentarium und konzeptionelle Werkzeuge, die sie befähigen (wie hier an drei charakteristischen Beispielen hervorgehoben): (a) Arbeitsmärkte unterschiedlicher Struktur und Funktionsweise nicht nur an Hand einzelner Parameter, sondern in einer Art mehrdimensionalen Koordinatensystems zu verorten und miteinander in Beziehung zu setzen; (b) im Vergleich verschiedener Arbeitsmarktstrukturen wichtige funktionale Äquivalente zu identifizieren; (c) komplexe Ungleichgewichte, Veränderungs- sowie Anpassungsprozesse in externen bzw. zwischenbetrieblichen Arbeitsmärkten zu erfassen und zu analysieren. Es dürfte sich lohnen, diese drei Beispiele sehr knapp zu skizzieren.

Die mehrdimensionale Abbildung und Analyse komplexer Arbeitsmarktstrukturen

Die Mehrdimensionalität der benutzten Konzepte und Theoreme (die übrigens bereits in einem Teil der segmentationstheoretischen Literatur in nuce angelegt ist, allerdings nirgendwo ausreichend ausgearbeitet wurde) ist offenkundig eine notwendige Voraussetzung dafür, dass Arbeitsmarktforschung in der Lage ist, die von ihr abgeforderten heuristischen wie analytischen Leistungen zu erbringen. Diese Begriffe, Konzepte und Theoreme müssten es insbesondere ermöglichen, auf systematische, auch im Detail und in der Schrittfolge nachvollziehbare Weise neue, bisher weitgehend unbekannte Arbeitsmarkttypen und die Bedingungen ihrer Emergenz zu definieren, in einem zu beobachtenden oder angenommenen Konglomerat von Arbeitsmarkttypen Unterschiede, Gemeinsamkeiten und Wechselwirkungen zu bezeichnen und die Pfade zu skizzieren, die von einer zunehmend obsolet werdenden Arbeitsmarktstruktur zu einer anderen Struktur führen können, die auch oder gerade unter den neuen Bedingungen funktionstüchtig ist.

Letztlich geht es hierbei um ausformulierte modellhafte Konstrukte oder – mit einem etwas anspruchsvolleren Begriff: Modelle – von externen, zwischenbetrieblichen Arbeitsmärkten, mit deren Hilfe sich Arbeitsmarktstrukturen mit sehr verschiedenen Rahmenbedingungen und unterschiedlichen (wenngleich möglicherweise funktional äquivalenten) Funktionsweisen systematisch vergleichen lassen und es möglich wird, auch Arbeitsmarktstrukturen zu konzipieren, die (noch) nicht empirisch beobachtbar sind, sich jedoch möglicherweise in Zukunft herausbilden werden. Evident ist hierbei, dass diese Konstrukte zum einen ausreichend theoretisch begründet und in sich logisch stimmig und zum anderen in einer Form formuliert sein müssen, die es grundsätzlich möglich macht, ihren Realitätsgehalt an Hand empirisch-statistischer Evidenzen nachzuprüfen (wenngleich es sicherlich nicht immer möglich sein wird, hierzu geeignete Daten ad hoc zu finden).

Solche Konstrukte möglicher Entwicklungen und Ausprägungen von Strukturen externer Arbeitsmärkte, die z.B. simultan mit einer Erosion interner Arbeitsmärkte entstehen können, zu konzipieren und auszuformulieren, ist allerdings keine einfache Aufgabe. Dies resultiert nicht nur daraus, dass der zu beschreitende Grat zwischen mehr oder weniger beliebiger Spekulation auf der einen Seite und einem Verharren in den bekannten Strukturen auf der anderen Seite schmal ist. Eine zentrale Schwierigkeit liegt, soweit heute erkennbar, wohl darin begründet, dass unterschiedliche Arbeitsmarktformen und Arbeitsmarkttypen auf sehr verschiedene Weise und in sehr verschiedenem Grade gesellschaftlich eingebettet sind. Die Bestimmung dieser Arbeitsmarkttypen macht es vermutlich nicht selten notwendig, kategorial unterschiedliche Modi der Einbettung ins Auge zu fassen und Schnittstellen mit ganz verschiedenartigen gesellschaftlichen Teilbereichen – von betrieblichen Produktionskonzepten und der Wirtschaftsstruktur über das Bildungs- und Ausbildungssystem und das System sozialer Sicherheit bis zur demographischen Dynamik – zu klären, die in die Zuständigkeit ganz verschiedener Theorietraditionen und Forschungsrichtungen fallen.

Die Anforderungen an die empirische und analytische Leistungsfähigkeit des oder der zu entwickelnden mehrdimensionalen Modelle externer Arbeitsmärkte sind also offenkundig hoch. Dies resultiert nicht zuletzt daraus, dass sich im Gefolge von Erosionstendenzen interner Arbeitsmärkte und betriebszentrierter Arbeitsmarktsegmentation sehr wohl eine hochgradig heterogene Gemengelage von zwischenbetrieblichen Arbeitsmärkten herausbilden kann, die unterschiedliche Zugangsvoraussetzungen aufweisen, sich erheblich durch ihre Funktionslogik, den Grad und die Form ihrer Reguliertheit unterscheiden und auf denen Arbeitsvermögen von jeweils besonderer, tendenziell unverwechselbarer Art angeboten, nachgefragt und alloziert wird.

Die differenzierte und realistische Abbildung einer solchen Heterogenität von koexistierenden Arbeitsmarktstrukturen und ihrer Wechselwirkungen mit den wichtigen betrieblichen Beschäftigungssystemen und ihrem gesellschaftlichen (institutionell-normativem wie sozialstrukturellen) Umfeld kann sehr wohl zu einer Art Nagelprobe der Arbeitsmarkttheorie werden.

Die Identifikation, Erfassung und Analyse funktionaler Äquivalenzen

Der systematische Vergleich von zwei oder mehr koexistierenden und möglicherweise konkurrierenden Arbeitsmarkttypen legt mit großer Dringlichkeit die Frage nahe, welche je spezifischen Logiken und Formen der Allokation und der Lohnbildung, welche mehr oder minder eigenständigen institutionell-normativen Regelungen und auf sie bezogenen Leistungen und welche markttypischen Kompetenz-, Wissens- und Qualifikationsprofile die wesentlichen Gemeinsamkeiten und Unterschiede zwischen den Typen bezeichnen.

Jeder Versuch, Fragen dieser Art zu beantworten (der notwendigerweise eine Lösung aus den Engführungen einer bloß empiristisch-induktiven Vorgehensweise voraussetzt), stößt schnell auf das Problem der Kontingenz und der funktionalen Äquivalenz. Dieses Problem ist nicht banal; seine sachadäquate Behandlung kann erhebliche konzeptionelle Vorarbeiten und Klärungen erfordern. Es stellt sich in einer doppelten Perspektive, sowohl strukturell wie akteursbezogen.

In struktureller Perspektive geht es darum zu klären, wie bestimmte Funktionen realisiert werden, die für die (vorwiegend allokative) Effizienz des jeweiligen Arbeitsmarktes wichtig sind und die vor allem in der Erzeugung, der Verwertung und der Nutzung je spezifisch geformten Arbeitsvermögens bestehen. Zu fragen ist in dieser Perspektive etwa:

- Welche Alternativen gibt es – bei vergleichbarer Effizienz des Marktes – für die bisher geltenden Regeln und Normen und für die bestehenden Formen institutionellen Supports?
- Welche Struktur- und Transaktionskosten verbinden sich mit den bisherigen und zu ihnen alternativen Strukturen?
- Wie sind diese Strukturen ihrerseits in gesamtgesellschaftliche und/oder gesamtwirtschaftliche Zusammenhänge eingebunden?

Im Einzelnen wäre dann beispielsweise zu klären, inwieweit, mit welchen Kosten und mit welchen Nebeneffekten es möglich ist, bei der Heranbildung bestimmter Qualifikationen und Kompetenzen formalisiertes Lernen durch informelles Lernen zu kompensieren oder – vice versa – informelles arbeitsintegriertes oder arbeitsplatznahes Lernen durch vorwiegend formalisiertes Lernen mehr oder minder schulischer Art zu ersetzen, welche strukturellen, nicht bloß curricularen Voraussetzungen hierfür im Bildungssystem gegeben sein oder geschaffen werden müssten, welcher Weg von der einen zur anderen Struktur führen könnte und welche nichtintendierten und unerwarteten Folgen denkbar sind.

In Akteursperspektive geht es vor allem darum, wie sich angesichts neuer Zwänge und/oder neuer Gelegenheiten essentielle Interessen der Arbeitsmarktakteure neu artikulieren, wie die dem Marktgeschehen inhärenten oder aus Kontingenzen entstehenden Interessenkonflikte zwischen Marktpartnern geregelt, moderiert oder gelöst werden und welche Allianzen sich neu bilden. Erhebliche Bedeutung kann in diesem Zusammenhang den zumeist gesellschaftlich vorgeprägten Mustern von Bildungs- und Erwerbsverläufen und ihren Verschränkungen mit den Arbeits- und Arbeitskräftestrategien der Beschäftiger zukommen.

Zur Bestimmung und Analyse funktionaler Äquivalente wird es nicht zuletzt geboten sein, Vorbilder – vielleicht aus ganz anderen gesellschaftlichen Bereichen – zu identifizieren, an denen sich die Akteure (traditionell oder in Antwort auf neuartige Herausforderungen) orientieren, und je gesellschaftstypische Muster herauszuarbeiten, die als mehr oder minder stillschweigende, aber vielleicht umso mächtigere Referenzen tiefliegende Gemeinsamkeiten zwischen Arbeitsmarkttypen einer Gesellschaft begründen können.

Die theoriegeleitete Beschreibung komplexer Ungleichgewichte und Anpassungsprozesse

Vorübergehende Überschüsse oder Defizite von Angebot bzw. Nachfrage sind allen Märkten inhärent und vielfach beschrieben, sie können kaum als theoretische Herausforderung bezeichnet werden. Anders ist es mit strukturellen Ungleichgewichten und Anpassungsprozessen, die auf Arbeitsmärkten auftreten, auf denen spezifisches, also nicht beliebig austauschbares Arbeitsvermögen gehandelt wird. Für Arbeitsmärkte dieser Art ist charakteristisch, dass auf ihnen Überschüsse von Nachfrage oder Angebot entstehen, die nicht nur vorübergehender Natur sind und nicht durch kurzfristige Anpassungsreaktionen der betroffenen Akteure abgefangen werden können.

Im Regelfall sind Risiko und Folgen von Ungleichgewichten dieser Art umso größer, je spezifischer das zur Diskussion stehende Arbeitsvermögen ist. Diese Abhängigkeit resultiert vor allem aus der Länge der Regelstrecken, die nötig sind bis rationale Reaktionen der Marktpartner Effekte zeigen, beispielsweise aus der Zeitdauer, bis benötigtes spezifisches Arbeitsvermögen herangebildet ist. Der „Schweinezyklus" bei Ausbildung und Einsatz von Ingenieuren, der Anfang der 1990er Jahre durch übereilte bzw. überzogene Einsparmaßnahmen vieler Firmen ausgelöst wurde, ist hierfür ein gutes Exempel.

Als häufigste Ursache derartiger Ungleichgewichte wird gemeinhin eine Veränderung der Nachfrage nach bestimmten Formen von Arbeitsvermögen als direkte oder indirekte Folge von Entwicklungen auf den zentralen Absatz-

und/oder Beschaffungsmärkten genannt. Stichworte für diese Argumentation sind technische Entwicklungen und wirtschaftlicher Wandel. Für die massive Entwertung bisher knapper Formen von Arbeitsvermögen als Folge der Entstehung, Vermarktung und verbreiteten Nutzung neuer Techniken gibt es viele historische Beispiele (wobei hier nicht gefragt werden soll, inwieweit die jeweiligen Technikentwicklungen vielleicht ihrerseits durch Engpässe bei der Beschaffung von spezifisch qualifiziertem Arbeitsvermögen ausgelöst wurden).

Auch unabhängig von den Wirkungen technisch-organisatorischer Veränderungen kann sich die Nachfrage nach spezifischem Arbeitsvermögen deutlich rascher und stärker ändern als das korrespondierende Angebot, wenn tiefgreifende Entwicklungen auf den Märkten viele Unternehmen gleichzeitig zu einer strategischen Neuausrichtung veranlassen oder gar zwingen, z.B. im Sinne stärkerer ökonomischer Durchdringung und Steuerung der Abläufe mit schnell wachsendem Bedarf an betriebswirtschaftlicher Kompetenz oder im Sinne erhöhter Flexibilität und Dezentralisierung, was meist mit erheblich höherem Bedarf an spezifisch qualifiziertem Arbeitsvermögen (auch auf der ausführenden Ebene) verbunden ist.

Lang anhaltende Ungleichgewichte auf Arbeitsmärkten können auch durch Unstetigkeiten der demographischen Entwicklung ausgelöst werden, vor allem dann, wenn diese sich mit anderen Turbulenzen überlagern.

Häufig geht die Überwindung lang andauernder, komplexer Ungleichgewichte ihrerseits mit der Entstehung von oder dem Rückgriff auf funktionale Äquivalente zu bisherigen Lösungswegen einher. Die Identifikation funktionaler Äquivalente setzt ihrerseits die mehrdimensionale Abbildung und Analyse komplexer Arbeitsmarktstrukturen voraus.

Die in diesem Band versammelten Beiträge können als Versuche gelesen werden, die hiermit benannten forschungsstrategischen Probleme und Herausforderungen zu bearbeiten. – An sinnvoller Arbeit an teilweise nicht gerade einfachen Gegenständen wird es der Arbeitsmarktforschung höchstwahrscheinlich auch in Zukunft nicht mangeln!

III. Externe Arbeitsmärkte

Gesellschaftliche Voraussetzungen und prekäres Potenzial

PETER BARTELHEIMER UND RENÉ LEHWESS-LITZMANN

Im Umbruch des deutschen Produktions- und Sozialmodells verändern sich das Beschäftigungssystem, individuelle Teilhabemuster und das Gefüge sozialer Ungleichheit.[1] Dieser Beitrag fragt, in welchem Verhältnis diese Veränderungen zueinander stehen und plädiert im Interesse genauerer Gesellschaftsdiagnosen dafür, Ergebnisse der soziologischen Arbeitsmarkt- und Ungleichheitsforschung stärker aufeinander zu beziehen.

1. RÜCKKEHR DER UNSICHERHEIT – ALLGEMEINE PREKARISIERUNG ODER NEUE UNGLEICHHEIT?

Arbeitskraft – mehr oder weniger Ware?

Zu den grundlegenden Struktureigenschaften kapitalistischer Gesellschaften gehört, dass der Arbeitsmarkt menschliche Arbeitskraft als Ware behandelt

---

1   Für Befunde zur „Teilhabe im Umbruch" ist auf den Zweiten Bericht zur sozioökonomischen Entwicklung in Deutschland (Forschungsverbund Sozioökonomische Berichterstattung 2012), für die zu betrieblichen Beschäftigungssystemen und Arbeitsmarktsegmentation auf das Teilprojekts „Betrieb und Beschäftigung im Wandel" des Sonderforschungsbereichs 580 der Universitäten Halle und Jena zu verweisen (Köhler et al. 2008; Kap. I, Krause/Köhler).

(„kommodifiziert"). Die „Fiktion" (Polanyi 1990), das Organisationsprinzip des Marktes ließe sich auf Arbeitskraft wie auf andere Waren anwenden, kann jedoch in keiner Gesellschaft ausschließlich handlungsleitend werden. Zum einen wird die Arbeitskraft im Rahmen unvollständiger Verträge (Offe/Hinrichs 1984: 56ff.; Schmid 2002: 192ff.; Köhler/Krause 2010: 388) betrieblich nach besonderen, nicht-marktlichen Organisationsregeln genutzt. Zum anderen lässt sich ihre Reproduktion nicht von der persönlichen Lebensführung der Erwerbspersonen ablösen, die in Haushalten und im Rahmen informeller Sozialbeziehungen organisiert sind und durch sozialstaatliche Leistungen reguliert und unterstützt werden. Im historischen und nationalen Vergleich kann die Diagnose der „De-" und „Rekommodifizierung" der Arbeitskraft daher immer nur eine relative Bedeutung haben, also eine mehr oder weniger wirksame Begrenzung der Warenfiktion meinen.

Vor allem der moderne Wohlfahrtsstaat begrenzt die spontane Tendenz kapitalistischer Gesellschaften, Arbeitskraft als eine Ware wie jede andere zu behandeln. Das Normalarbeitsverhältnis wurde Grundlage sozialer Rechtsansprüche auf Sicherung gegen die klassischen Risiken der Lohnarbeitsexistenz (Alter, Krankheit, Arbeitslosigkeit). Im Anschluss an Esping-Andersen (1998) werden Wohlfahrtsregime u.a. danach typisiert, in welchem Maß sie die Arbeitskraft „dekommodifizieren". Allerdings können die erwerbszentrierten sozialstaatlichen Leistungen auch als unterschiedliche Formen des indirekten oder politischen Lohns verstanden werden (Gough 1975); Harvey und Maier (2004: 29) bezeichnen das Lohnverhältnis als „an institutional complex which ‚combines' different resource flows in different ways". Aus Sicht der segmentationstheoretischen Ansätze der Arbeitsmarktforschung leisten langfristig stabile Beschäftigungsverhältnisse in „internen Arbeitsmärkten" einen eigenständigen Beitrag zur „Dekommodifizierung" (Krause/Köhler 2011). Allerdings kann auch hier kritisch gefragt werden, wie angemessen der Begriff der „Dekommodifizierung" oder der „Marktbegrenzung" ist: Dass Austauschbeziehungen innerhalb von Unternehmen nicht durch den Preismechanismus, sondern hierarchisch koordiniert, gesteuert und kontrolliert werden, gilt auch für offene betriebliche Beschäftigungssysteme. Auch in geschlossenen Beschäftigungssystemen beobachten Beschäftiger und Beschäftigte den Arbeitsmarkt. Zudem entstehen mit der Einführung preis- und marktorientierter Steuerungsinstrumente auch für langfristig Beschäftigte fiktive Märkte (D'Alessio/Hacket 2012: 361f.).

Umbruch der Sozialstruktur: Die Zone der Prekarität

Die kapitalistischen Wohlfahrtsregime, die im Zuge der als „Fordismus" bezeichneten Wachstumskonstellation der 50er bis 70er Jahre entstanden sind, lassen sich vor allem dadurch charakterisieren, dass sie abhängige Beschäftigung aus einer sozialstrukturell prekären Klassenposition in einen relativ gesicherten Status verwandelten (Castel 2000): Lohnsteigerungen „im Maße der Produktivität" (ebd.: 286ff.), Zugang zu neuen Konsumgütern, Regulierung und Verkürzung der Arbeitszeit mit freiem Wochenende und bezahltem Urlaub vermittelten der großen Mehrheit der Lohnabhängigen historisch erstmals individuelle Spielräume einer langfristig gestaltbaren persönlichen Lebensführung. Teilhabeerwartungen richteten sich im fordistischen „Wohlfahrts-" oder „Teilhabekapitalismus" (Lessenich/Ostner 1998; Lutz 2007; Busch/Land 2012) sowohl an materielle Sicherheit als auch an die Gestaltung der Arbeitsverhältnisse. Die Sicherheitserwartungen an das „Normalarbeitsverhältnis" (Mückenberger 1985; Mayer-Ahuja 2003), Ansprüche an Arbeitsplatz- bzw. Beschäftigungssicherheit und Einkommenssicherung, wurden durch die zunehmende Erwerbstätigkeit der Frauen um die Dimension der „Vereinbarkeit" von Familie und Erwerbsarbeit erweitert (Jürgens 2001). Die zunehmende Sicherheit des Lohnarbeitsstatus erweiterte zugleich den Raum für subjektive Erwartungen an förderliche Arbeitsgestaltung, Erhalt von Erwerbs- und Beschäftigungsfähigkeit, Einflussmöglichkeiten und Interessenvertretung am Arbeitsplatz.

Fortbestehende soziale Ungleichheit und zunehmende soziale Differenzierung stellten den dominanten gesellschaftlichen Teilhabemodus der Lohnarbeitsgesellschaft nicht in Frage, den Zacher (2001: 347f.) als „Grundformel" des deutschen Sozialstaatsmodells beschreibt: Erwerbsteilhabe eines Familienernährers, Teilhabe der durch Familienarbeit „gebundenen" Frauen und der übrigen Nichterwerbspersonen über Haushalt und Familie als „Unterhaltsverband", sozialrechtliche Teilhabe durch Sozialversicherungsansprüche, die als „soziales Eigentum" (Castel 2000) durch lohnbasierte Vorsorgeleistungen erworben wurden.

Einig sind sich viele gegenwärtige Gesellschaftsdiagnosen darin, dass Erwerbsarbeit wieder unsicherer wird. Strittig ist, ob sich dieser Trend in ähnlicher Weise verallgemeinern lässt wie zuvor – in der „fordistischen" Wachstumskonstellation – die Sicherung des Lohnarbeitsverhältnisses. Sozialwissenschaftliche Deutungsangebote zu dieser „Rückkehr der Unsicherheit" (Castel 2009) in die Lohnarbeitsgesellschaft lassen sich danach unterscheiden, ob sie

- einen generellen Trend, etwa „radikalisierte Vermarktlichung" (Kratzer 2004), Entgrenzung von Arbeit und Leben, Verbreitung von Deklassierungsängsten

und Statussorgen bis weit in die arbeitsgesellschaftliche Mitte (Vogel 2009, 2011),
- eine scharfe Polarisierung (in Mitte und Rand, Insider und Outsider; Schließung mit Ausgeschlossenen), oder
- eine Fragmentierung und Segmentierung der Gesellschaft, ein verbundenes Nebeneinander ausdifferenzierter sozialer Lagen, annehmen.

Das „Zonenmodell" von Robert Castel ist die derzeit einflussreichste Version des dritten Deutungsmusters. Er unterscheidet eine Zone der Integration von einer „instabilen Zwischenzone" der sozialen Verwundbarkeit, die sich mit der „Zone der Fürsorge" überschneidet, und eine Zone der „Entkopplung". Castels Beschreibung verzichtet auf den Klassenbegriff – die „Zonen" stehen in keiner ökonomischen Beziehung zueinander und sie bezeichnen keinen stabilen sozialen Status, den Personen ein für alle Mal einnehmen. Es gibt kein Bewusstsein einer gemeinsamen Lage und keine zoneneinheitlichen Milieus mit spezifischem Habitus und Wertorientierung. Den Bevölkerungsgruppen in gesicherten „Arbeitnehmerlagen" und den durch soziale Unsicherheit besonders betroffenen Gruppen, die sich in einer Lage der Verwundbarkeit befinden, ist jeweils nicht mehr gemeinsam als die größere Nähe oder Distanz zu einem Teilhabemodus, der für die fordistische Wohlfahrtsentwicklung prägend war.

Dennoch sind die Zonen als kollektive soziale Lagen mehrdimensional zu beschreiben. Sie werden abgegrenzt durch ihre Stellung im Beschäftigungssystem, im System sozialer Sicherung und durch ihre Möglichkeiten der unmittelbaren Sicherung in der persönlichen Lebensführung. Auch hat das Konzept der „Zone" nicht nur einen beschreibenden Anspruch wie das der Schicht. Denn die Unterscheidung der grundlegenden Teilhabeformen zielt auf Aussagen zu Ursachen und Determinanten (Mechanismen) sozialer Ungleichheit. Die Unsicherheit kehrt über den Arbeitsmarkt zurück, jedoch in Verbindung mit Veränderungen in anderen Teilhabeformen. Insbesondere unterstellt Castel „eine starke Korrelation zwischen einem bestimmten innerhalb der gesellschaftlichen Arbeitsteilung eingenommenen Platz und der Teilhabe an den Netzen der primären Sozialbeziehungen[2] und den Sicherungssystemen, die ein Individuum gegen die Zufälligkeiten der Existenz ‚abdecken'" (Castel 2000: 13; 360f.).

Dass die so bestimmten „Zonen" ein hohes Maß an sozialer Heterogenität aufweisen, ist keine Schwäche des Modells. Die Grenzziehung zwischen den

---

2 Castels Annahme, dass auch die Familien- und Sozialbeziehungen der unsicher Beschäftigten geschwächt sind, bestätigt sich empirisch nicht, wenigstens nicht als allgemeiner Zusammenhang.

Zonen auf wenige grundlegende Dimensionen ungleicher Teilhabe zu beschränken, trägt vielmehr dem erreichten Individualisierungsgrad der Gesellschaft Rechnung. Da Lebensführung ein „individuelles Projekt" wird (ebd.), nimmt die Vielfalt der Arbeitsformen und Lebensweisen zu und dies birgt neue Risiken. Diese Vielfalt soll aber von erzwungener, sozialstrukturell verfestigter Prekarität abgegrenzt werden. Drei Grenzlinien sozialer Verwundbarkeit kennzeichnen die Zone prekärer Teilhabemuster:

- Ein prekäres Potenzial hat Erwerbsarbeit, die als Beschäftigungsverhältnis keine Sicherheit vermittelt und die in betrieblichen Positionen ohne Einfluss auf Arbeitsgestaltung und Erhalt der Beschäftigungsfähigkeit ausgeübt wird. Nicht Langzeitarbeitslosigkeit oder resignierender Rückzug vom Arbeitsmarkt, sondern schwierige Übergänge in Ausbildung und Arbeit, Zeiten im „Übergangssystem" sowie diskontinuierliche Erwerbmuster jenseits der Normalarbeit, häufig in Niedriglohn und in atypischen Vertragsformen (einschließlich Formen neuer Selbständigkeit), sind typisch für diese Zone. Die Turbulenz des Erwerbsverlaufs ist durch schlechte Arbeitsmarktchancen erzwungen und entspricht nicht der individuellen Erwerbsorientierung. Die Zone der Prekarität ist an sekundäre Ausbildungs- und Teilarbeitsmärkte angeschlossen und wird durch Berufsbildung und Erwerbstätigkeit nicht verlassen.
- Da Erwerbsarbeit in diesen Formen nicht mehr vorsorgefähig ist, werden die verschiedenen Systeme der Grundsicherung zur vorwiegenden Form sozialer Sicherung, in Zeiten der Erwerbstätigkeit wie der Arbeitslosigkeit. Das amtliche Existenzminimum bestimmt den Horizont erwartbarer materieller Teilhabe, wird von vielen nicht mehr dauerhaft überschritten und durch die Praxis der Leistungsgewährung, durch Anrechnungen und Sanktionen häufig auch unterschritten. Für Leistungen wird nach Fürsorgelogik ein bestimmtes Verhalten oder eine Gegenleistung in Form öffentlich-rechtlicher Arbeit erwartet (Workfare). Frei nach Simmel entsteht das prekäre Teilhabemuster durch die gesellschaftliche Bearbeitung, durch die Kombination schwächerer sozialer Rechte mit unsicherer Erwerbsbeteiligung. Auch bei Castel (2000) begründet Fürsorge eine eigene „Zone".
- Haushalte, Familien und soziale Nahbeziehungen bieten keine Ressourcen, die individuelle Erwerbs- und Einkommensrisiken kompensieren, Prekarität vermeiden oder überwinden könnten. Wahlmöglichkeiten bei Lebensform und Lebensführung sind leistungsrechtlich oder materiell eingeschränkt und in starkem Maß von Nachfragestrukturen in den erreichbaren Teilarbeitsmärkten abhängig.

Wenig in der Zone der Gefährdung und der Entkopplung ist gänzlich neu. Was die Sozialstruktur verändert, ist ihr zunehmendes relatives Gewicht und ihre Distanz zum Muster gesicherter Teilhabe, d.h. zur Zone der Integration. In letzterer bleibt keineswegs alles beim Alten. Häufigere Übergänge, die Ausdifferenzierung der Lebensformen und Turbulenzen der Erwerbs- und Lebensverläufe (Schmidt 2012b: 461ff.) sind in der Zone der Integration weniger durch die Arbeitsmarktstrukturen determiniert. Wahlentscheidungen haben mehr Einfluss auf Lebensformen und Lebensführungsmuster und den Wohlfahrtsmix der Haushalte. Erwerbsarbeit bleibt entweder vorsorgefähig oder der Haushalt als Unterhaltsverband hält das prekäre Potenzial atypischer Beschäftigung oder externer, sekundärer Teilarbeitsmärkte latent. Ansprüche an förderliche Arbeitsinhalte können geltend gemacht werden. Wie sich Flexibilisierung und Entstandardisierung von Erwerbsarbeit auf individuelle Teilhabe und Lebensführung des Haushalts auswirken, ist nicht determiniert (Schier et al. 2011). Die „Reproduktionskrise" (Jürgens 2010) äußert sich in komplexen Belastungen und Überforderungen durch mangelnde Passung von Erwerbs- und Sorgearbeit, jedoch nicht in materieller Prekarität, denn die Ressourcen der Lagebewältigung sind größer.

Der Prekaritätsbegriff ist somit zu erweitern durch die Berücksichtigung nicht nur des Erwerbsverlaufs, sondern auch des Haushaltszusammenhangs und der sozialen Sicherung. Atypische Beschäftigung oder Positionen in offenen und sekundären betrieblichen Beschäftigungssystemen begründen nicht allein Prekarität. Das prekäre Potenzial wird real, wenn sich unsichere Erwerbsbiografien verfestigen (biografische Pfade nicht mehr verlassen werden können), wenn der Haushaltszusammenhang keinen Risikoausgleich ermöglicht und wenn an die Beschäftigung nicht der Erwerb sozialer Rechtsansprüche geknüpft ist.

Zudem lässt sich auf Teilhabe in stärker individualisierten Gesellschaften nicht mehr allein aus einem bestimmten Erwerbsstatus schließen. Teilhabeansprüche zielen auf individuelle Optionen und Möglichkeiten der Erwerbsbeteiligung und Lebensführung. Daher kommt „kontrafaktischen" Informationen über subjektive Erwerbsorientierungen, über Wahlmöglichkeiten und Alternativen („„exit"- und „voice"-Optionen), also über Verengung oder Erweiterung individueller Chancen („capability") eine wesentliche Bedeutung für die Bewertung von Positionen in Beschäftigungssystemen zu.

Teilhabe in segmentierten Arbeitsmärkten?

Aus segmentationstheoretischer Perspektive stellen Köhler et al. (2008: 19) fest, „dass in Westdeutschland seit den neunziger Jahren interne Arbeitsmärkte und geschlossene Beschäftigungssysteme ihre quantitative Dominanz verlieren und einer Struktur der Koexistenz von internen und externen Märkten weichen". Zugleich sei „ein Sekundarisierungsschub zu beobachten". Der Befund lautet aber nicht, wie verschiedene Autoren klargestellt haben (Erlinghagen 2006; Buchholz 2008), auf eine ungebremste Externalisierung oder Sekundarisierung des Arbeitsmarktes, sondern auf eine „spannungsgeladene und instabile Koexistenz" von internen und externen Arbeitsmärkten (Kap. I, Köhler/Krause). Externalisierung sei an eine Grenze gestoßen und es gebe Gegenbewegungen.

Um die Perspektive der Segmentationstheorie für die Ungleichheitsforschung fruchtbar zu machen, sind zunächst die spezifischen Chancen- und Risikostrukturen der unterschiedlichen Teilarbeitsmärkte zu beschreiben. Statt von einer generellen „Dekommodifizierung" und „Rekommodifizierung" der Arbeitskraft zu reden, ist möglichst genau zu untersuchen, wie weit Arbeitskraft in den einzelnen Segmenten als Ware behandelt wird. Im SFB 580 wurde der „Münchener Segmentationsansatz" zur Analyse des Beschäftigungssystems in zweierlei Hinsicht präzisiert:

- Teilarbeitsmärkte werden konsequent zweidimensional nach dem Grad der Schließung (d.h. der Betriebsbindung der Beschäftigten) und nach der Qualität des Beschäftigungsverhältnisses bestimmt. Die genauere Unterscheidung zwischen externer Flexibilität und prekärem Potenzial der Arbeitsmarktsegmente wird den neueren Arbeitsmarktverhältnissen besser gerecht. Langfristige Betriebsbindung ist nicht mehr gleichbedeutend mit gesicherter Erwerbsteilhabe, sodass auch sekundäre interne Teilarbeitsmärkte in die „Segmentationsmatrix" aufgenommen wurden (Köhler/Loudovici 2008: 33).
- Die Annahme, ganze Unternehmen ließen sich durch die Zugehörigkeit zu einem bestimmten Teilarbeitsmarkt charakterisieren, wird aufgegeben (Köhler/Struck 2008). Als „kleinste strukturierte Einheit des Arbeitsmarktgeschehens" werden nunmehr betriebliche Beschäftigungssysteme („Teilmengen von Arbeitsplätzen und Arbeitskräften") unterschieden (Köhler/Loudovici 2008: 35ff.). Damit erreicht der Ansatz mehr analytische Tiefe bei der Beschreibung von Strategien und Akteursbeziehungen auf der Unternehmensebene und bei der Beobachtung des Beschäftigungssystems. Befunde wie die von Alda (2012), dass Unternehmen durch abnehmende vertikale Integration kleiner werden und ihre Stellenstruktur insgesamt homogener wird, und doch auch in „Hochlohnbetrieben" Niedriglöhne und in „Niedriglohnbetrieben" Spitzenverdienste vorkommen, lassen sich so plausibel erklären.

Zwar hat Sengenberger seine segmentationstheoretischen Analysen bereits als Beitrag zur „politischen Ökonomie der Arbeit" verstanden (Sengenberger 1978: 40); der Schwerpunkt gegenwärtiger Segmentationsstudien liegt jedoch eindeutig auf der Seite der betrieblichen Beschäftigungspolitik (Rubery 2006; Pfau-Effinger 2004). Damit wird angenommen, dass vor allem die Nachfrage seitens der Unternehmen den Arbeitsmarkt strukturiert. Die Teilhabeeffekte der verschiedenen Teilarbeitsmärkte werden dabei eher unterstellt als tatsächlich untersucht. Zwar behandeln Köhler und Krause (2010: 389) die „Bezugsprobleme" der beiden Arbeitsmarktakteure, d.h. das Interesse der Beschäftiger an „Verfügbarkeit und Leistungsbereitschaft" der Arbeitskraft und das der Beschäftigten an Existenzsicherung theoretisch gleichwertig. Doch während die arbeitssoziologischen Studien die Wirkungen verschiedener betrieblicher Beschäftigungssysteme auf die Qualifikationsversorgung und auf die „Transformation" von Arbeitskraft in Arbeitsleistung ausführlich betrachten, behandeln sie nicht nur „Interessen und Orientierungen der Beschäftigten" als „black box" (Köhler/Krause 2010: 406), sondern auch die Bedingungen und Muster der Lebensführung, in denen Haushalte individuelle Erwerbsbeteiligung in Wohlfahrtseffekte („personale Güter"; Zapf 1983; Bartelheimer/Kädtler 2012: 47) „umwandeln".

Insbesondere Bultemeier et al. (2008) und Pelizzari (2009) haben versucht, den Segmentationsansatz um diese Perspektive zu erweitern. Pelizzari schlägt vor, Castels Modell gesellschaftlicher Zonen „mit der Vorstellung (zu) verbinden, dass sich der Arbeitsmarkt in unterschiedliche, arbeitsrechtlich mehr oder weniger geschützte und ökonomisch benachteiligte Teilmärkte aufteilt, die eine innere Struktur aufweisen, mehr oder weniger gegeneinander abgeschirmt sind und unterschiedliche Zugangschancen und Ausgrenzungsrisiken aufweisen" (ebd.: 50). Er typisiert Beschäftigte danach, wie sie die arbeitsrechtlichen, bildungs- und sozialpolitischen Barrieren „prekärer Arbeitsmarktsegmente" bewältigen, betrachtet aber ihren „Erwerbshabitus" und ihre Bewältigungsstrategien nur als Individualmerkmal, nicht im Haushaltszusammenhang.

Flexicurity: Erwerbsteilnahme und Lebensführung

Dagegen stellt die politisch motivierte Forschung über „Flexicurity" tatsächlich die Teilhabeeffekte verschiedener Beschäftigungsformen und die Voraussetzungen von Erwerbsteilnahme ins Zentrum (Lehweß-Litzmann 2012a; Auer 2010; Europäische Kommission 2007). Flexicurity ist ein politischer Dialog über die Schaffung der gesellschaftlichen Voraussetzungen für eine annehmbare (und somit durchsetzbare) weitere Flexibilisierung. Flexicurity sucht hierfür ausdrücklich nach Interessenkoalitionen von Beschäftigern und Beschäftigten. Die

Kategorien von Flexicurity sind denen der Segmentationsforschung ähnlich: Wenn in der Segmentationstheorie interne von externen und primäre von sekundären Arbeitsmärkten unterschieden werden, werden in der Flexicurity-Diskussion maßgeblich interne von externen Formen der Flexibilität abgegrenzt (sowie hiernach numerische von funktionalen) und Kategorien der Sicherheit (Job-, Beschäftigungs-, Einkommens- und Vereinbarkeitssicherheit, vgl. Wilthagen/Tros 2004: 171) skizzieren die Zielvorstellung eines primären Arbeitsmarktes. Sind diese Sicherheiten nicht gegeben, könnte man von einem Beschäftigungsverhältnis des sekundären Arbeitsmarktes sprechen. Auch wenn die Perspektive der Beschäftigten eingebracht wird, kommt Flexicurity jedoch nicht zu einer sozialstrukturellen Aussage. Die Effekte von Erwerbssegmentierung, etwa auf Zonen der Teilhabe, werden in diesem Zusammenhang bisher nicht erforscht. Flexicurity, so wird hier vorgeschlagen, könnte von einer Kombination von Segmentationsforschung und Ungleichheitsforschung profitieren.

Köhler und Loudovici (2008: 33) sprechen Flexicurity ausdrücklich als möglichen politischen Bezugspunkt der Segmentationsforschung an. Da berufsfachliche Arbeitsmärkte nach Betriebsaustritt eine rasche Anschlussbeschäftigung ohne Lohneinbußen gewährleisten könnten, seien Lutz und Sengenberger geradezu „Pioniere der Flexicurity-Idee" gewesen. Jedoch lassen sich die Teilhabeprobleme der Beschäftigten auf externen sekundären Arbeitsmärkten mit „Jedermannstätigkeiten" und ohne berufliche Strukturen nicht nach diesem Modell bewältigen.

Segmentierter Arbeitsmarkt, segmentierte Gesellschaft

Als Deutungsmuster der gesellschaftlichen Verhältnisse im Umbruch des „fordistischen" Entwicklungsmodells weisen Castels „Zonenmodell" und die Beschreibung des Arbeitsmarkts als „dynamische Koexistenz" (Krause/Köhler 2011) offener und geschlossener, primärer und sekundärer Beschäftigungssysteme einige Gemeinsamkeiten auf. Beiden Konzepten gilt der Arbeitsmarkt als zentrale Ursache sozialer Ungleichheit. Beide nehmen Bezug auf Erosion und Umbruch eines bestimmten historischen Kapitalismusmodells und versuchen eine diskontinuierliche gesellschaftliche Entwicklungsdynamik zu erfassen. Konsens besteht darüber, dass interne Arbeitsmärkte als eine wesentliche soziale Innovation im Beschäftigungssystem der fordistischen Nachkriegsjahrzehnte einen Beitrag zur Absicherung des Lohnarbeitsverhältnisses leisteten. Und beide Forschungslinien beschreiben eine Segmentierung der Lohnarbeitsgesellschaft, d.h. die „verbundene ungleiche Entwicklung" einer Arbeitswelt, die sich in vielfältige, unterschiedliche Arbeitsrealitäten ausdifferenzieren und nicht mehr auf einen gemeinsamen Punkt erwerbsgesellschaftlicher Normalität zustreben (Mayer-Ahuja 2011: 5f.). Schließlich werden für die Beschreibung von Teilhabezonen und Teilarbeitsmärkten z.T. die gleichen Indikatoren verwendet. Sowohl in kurzen Beobachtungszeiträumen (Alda/Bartelheimer 2008) als auch in Verlaufsanalysen für Lebensabschnitte (Schmidt 2012a, b; Buchholz/Blossfeld 2010) zeigt sich, dass Muster kontinuierlicher sozialversicherungspflichtiger Vollzeitbeschäftigung in erheblichem Umfang fortbestehen, während sich die Risiken von Arbeitslosigkeit, diskontinuierlicher und atypischer Beschäftigung in bestimmten Verlaufsmustern konzentrieren. Dieselbe Information kann als Merkmal einer Beschäftigungsposition und eines individuellen Erwerbsverlaufs dienen.

Zwischen beiden Forschungslinien lassen sich aber auch Unterschiede und Spannungsthemen ausmachen: Aus der Teilhabeperspektive ist Erwerbsbeteiligung Teil individueller Wohlfahrtsstrategien von Haushalten, während in der Segmentationsliteratur betriebliche Strategien, insbesondere der Versorgung mit qualifizierten Arbeitskräften (Lutz 2004) den praktischen und theoretischen Bezugspunkt bilden. In der einen Perspektive bildet der Erwerbsverlauf die maßgebliche Analyseeinheit, in der zweiten das betriebliche „Positionssystem". Die Ungleichheitsforschung hat größeres Interesse am sozialen Risikopotenzial externer sekundärer Arbeitsmärkte als an der Frage, ob „fachlich spezifizierte" Arbeitskraft eher in internen oder in berufsfachlichen Arbeitsmärkten verfügbar gemacht werden können. Schließlich besteht zwischen Beschäftigungssystemen und Teilhabezonen keine strenge Entsprechung. Erwerbsgesellschaftliche Teilhabe kann sowohl in geschlossenen Beschäftigungssystemen (Arbeitsplatzsicherheit) als auch über Betriebswechsel auf berufsfachlichen Arbeitsmärkten (Beschäftigungssicherheit) gelingen, wenn auch unter verschiedenen betrieblichen und institutionellen Voraussetzungen. Und umgekehrt kann stabile atypische, gering entlohnte Beschäftigung in internen sekundären Beschäftigungssystemen Teil einer dauerhaft prekären Lebensführung sein.

Versucht man, beide Forschungslinien aufeinander zu beziehen, stellt sich konzeptionell die Frage, wie weit Arbeitsmarktstruktur und Muster der Erwerbsbeteiligung überhaupt durch betriebliche Beschäftigungssysteme erklärt werden können, da die „fiktive" Ware Arbeitskraft wesentlich außerhalb des Betriebs sozial geformt wird und überbetriebliche Arbeitsmärkte an Bedeutung gewinnen. In vielen neuen, offenen Beschäftigungssystemen, etwa in der Zeitarbeit oder bei haushaltsnahen Dienstleistungen, bedeuten Betriebseffekte nicht mehr das gleiche wie im industriellen Großbetrieb, der gemessen an den Veränderungen in den Lebensweisen und im familien-, arbeitsmarkt- und bildungspolitischen Institutionensystem oft eher ein Ort der Stabilität, denn des Umbruchs ist. In methodischer Hinsicht wird viel auf den Versuch ankommen, betriebliche Beschäftigungssysteme und die Teilarbeitsmärkte, an die sie angeschlossen sind, anhand von Individualmerkmalen der Erwerbspersonen und ihrer Haushalte zu beschreiben.

2. TEILARBEITSMÄRKTE UND SOZIALE UNGLEICHHEIT – ÜBERLEGUNGEN ZU EINEM ARBEITSPROGRAMM

Potenzial und Grenzen betriebszentrierter Analyseansätze

Viele soziologische Analysen, so bemerken Köhler und Krause in diesem Band, klärten die Strukturen sozialer Ungleichheit, die von Veränderungen im Beschäftigungssystem ausgehen, nur unzureichend auf, da sie „auf Arbeitsmarkttheorie verzichten". Sie stellen jedoch zugleich fest, dass sich weder die Segmentierung des Beschäftigungssystems noch die soziale Absicherung der Lohnarbeit allein aus „Dynamik und Aggregation einzelbetrieblicher Problemlagen" erklären lassen. Daher gilt wohl auch umgekehrt, dass soziologische Arbeitsmarktforschung die Entwicklung sozialstrukturell ungleicher Teilhabemuster und wohlfahrtsstaatlicher Institutionen konzeptionell zu berücksichtigen hat.

Tatsächlich sind schon die Analysen des „Münchener Segmentationsansatzes" nie dabei stehen geblieben, Arbeitsmarktstrukturen endogen zu erklären, also ausschließlich aus der Interaktion zwischen Betrieb und Erwerbsperson. In den Analysen von Lutz (1987, 2004, 2007) spielen die gesamtwirtschaftliche Dynamik des fordistischen „Wohlfahrtskapitalismus" und das Zusammenwirken politischer Bedingungen (Tarifpolitik, Arbeitsrecht, Betriebsverfassung und Arbeitsmarktpolitik) mit betrieblichen Strategien eine entscheidende Rolle für die Entstehung „betriebszentrierter" Beschäftigungssysteme wie für die aktuelle Bedeutungszunahme externer Teilarbeitsmärkte. „Die Stärke des Ansatzes von Lutz besteht in der großen historischen und theoretischen Perspektive. [...] Er vermeidet damit die Engführungen einer rein mikroökonomischen Perspektive einerseits und ökonomiefreier makrosoziologischer Ansätze andererseits" (Köhler et al. 2010: 166). Lassen sich schon betriebszentrierte Beschäftigungssysteme nicht allein vom Betrieb her erklären, wäre Erwerbsarbeit auf externen, zwischenbetrieblichen Teilarbeitsmärkten nicht denkbar ohne starke Beiträge außerbetrieblicher Instanzen, die Lebensführung, Qualifikation und Mobilität ermöglichen. Köhler und Krause (2010: 407) sehen daher die Notwendigkeit, „die Beschäftiger- und die Beschäftigtenperspektive in einem komplexen Ansatz miteinander zu verbinden und auf die Dynamik wirtschaftsstruktureller und institutioneller Rahmenbedingungen zu beziehen". Zwingend wird eine solche konzeptionelle Erweiterung, will man segmentierte Arbeitsmarktstrukturen nicht nur erklären, sondern ihre sozialen Effekte, ihre „dekommodifizierenden" oder „rekommodifizierenden" Wirkungen analysieren.

Zunächst steht die betriebliche Arbeitskraftnachfrage einem Arbeitskraftangebot gegenüber, über dessen Art und Umfang Personen unter den Bedingungen ihres Lebenszusammenhangs entscheiden (vgl. Kap. VIII, Goedicke). In Paarhaushalten besteht grundsätzlich die Möglichkeit, zwischen verschiedenen Verdienermodellen zu wählen: vom klassischen Ernährermodell bis zum „adultworker"-Modell sind verschiedene Schattierungen möglich, die sich empirisch hauptsächlich durch die Intensität der weiblichen Erwerbsbeteiligung unterscheiden. Das Verdienermodell des Haushalts ist Ausdruck von Lebensführungsmustern, die Einstellungen und Werthaltungen der Haushaltsmitglieder wiederspiegeln – und auf die Betriebe nur bedingt Einfluss haben. Der Haushaltskontext bedingt jedoch Eigenschaften der angebotenen Arbeitskraft, mit denen Betriebe rechnen müssen/können: Mit der Zunahme der Frauenerwerbstätigkeit gewann beispielsweise eine Beschäftigtengruppe an Bedeutung, die bestimmte Formen von Flexibilität tolerieren konnte, diese aufgrund eingeschränkter Verfügbarkeit sogar wünschte oder für die aufgrund einer gesellschaftlich zugeschriebenen Alternativrolle „eine (zeitweise) Nichtbeteiligung am Arbeitsmarkt als normal und legitim gilt" (Offe/Hinrichs 1984: 71). Wie viel Arbeitskraft Personen in (Paar-)Haushalten anbieten, ist nicht allein durch Präferenz für Erwerbsarbeit an sich, sondern auch durch den *trade-off* zwischen Erwerbsarbeit und Sorgearbeit bestimmt.

Sowohl in der Jugendphase (Schmidt 2012b), wie in der Haupterwerbsphase (Hacket 2012) und im Altersübergang (Ebert/Trischler 2012) verändern die Lebensform und das Zusammenleben mit Kindern die Erwerbsmuster von Männern und Frauen. Es ergeben sich weitere *trade-offs*, mit denen Haushalte unterschiedlich umgehen (können oder müssen). Lebensverläufe entstandardisieren und differenzieren sich zum einen, weil Erwerbspersonen und Haushalte mehr Kontrolle über ihre Lebensführung gewinnen und erweiterte Wahlmöglichkeiten nutzen, zum anderen aber, weil sie den Unsicherheiten des Arbeitsmarkts stärker ausgesetzt sind. Gewählte und erzwungene Lebensverlaufsmuster äußern sich jedoch, betrachtet man nur den Erwerbsstatus, in den gleichen Übergangsereignissen oder Verlaufsmustern. Wie viel Teilhabe die Zugehörigkeit zu einem bestimmten Beschäftigungssystem zu einem gegebenen Zeitpunkt vermittelt, kann also nur im Zusammenhang des Lebensverlaufs, nach Möglichkeit unter Berücksichtigung „kontrafaktischer" Informationen über Erwerbswünsche und Lebensplanung, bewertet werden.

Doch die Struktur des Arbeitsmarktes ergibt sich weder allein aus dem Verhalten von Firmen, noch aus deren Interaktionen mit Personen in Haushalten. Das Feld, auf dem Angebot und Nachfrage aufeinander treffen, ist maßgeblich durch Institutionen vorstrukturiert, die nicht ausschließlich, aber hauptsächlich vom Staat vorgegeben werden (Fligstein 2002). Ohne sozialstaatliche Institutionen[3] könnte Arbeitskraft am Markt nicht dauerhaft angeboten werden. Auch der fordistische „Wohlfahrtskapitalismus" (Lessenich/Ostner 1998; Lutz 2007) beruhte nicht allein auf der Dominanz interner Arbeitsmärkte, sondern ebenso auf der Voraussetzung des Wohlfahrtsstaats. Die als „Dekommodifizierung" bezeichneten Sicherungseffekte ergaben sich dadurch, dass diese Institutionen mit typischen Beziehungen zwischen Betrieben und Beschäftigten zusammenwirkten.

Regulierung unterstützt jedoch nicht generell die Strategien von Betrieben oder Haushalten. Wie Mätzke (2008) deutlich macht, handelt der Staat nicht nur als Agentur von Einflussgruppen, sondern durchaus auch im Sinne eigener Interessen. Sowohl in der Arbeitsmarkt- und Sozialpolitik als auch in der Bildungs- und Familienpolitik wurden in den vergangenen Jahren weitreichende Veränderungen eingeleitet, die in der Summe einen Pfadwechsel des bundesdeutschen Kapitalismusmodells und der für dieses charakteristischen Arbeitsmarktbeziehungen bewirken können. Mit dem SGB II („HARTZ IV") wurde ein System der Mindestsicherung nach dem Fürsorgeprinzip nicht nur für Arbeitslose, sondern auch für diskontinuierliche Erwerbsbeteiligung und Beschäftigte im Niedrigeinkommensbereich etabliert. Das System der Grundsicherung für erwerbsfähige Hilfebedürftige hat somit externe sekundäre Teilarbeitsmärkte neu geschaffen oder zumindest ausgeweitet[4].

Damit entstehen Gegebenheiten, an denen Unternehmen ihre Personalstrategie ausrichten können – ohne dass sie darum zuvor eigens gebeten hätten. Das Konzept des „sozialen Produktionssystems" (Wittke 2009) argumentiert, dass solche „ermöglichende und beschränkende Bedingungen" in die Strategiewahl des Betriebes bzw. Unternehmens einfließen, diese also beeinflussen, ohne sie zu

---

3 Als Institutionen interessieren hier vor allem solche, die sanktionsbewehrte Regeln setzen oder Transferleistungen auslösen (also weniger Normen und Gebräuche).

4 Die Grundsicherung wirkt vor allem auf drei Wegen auf den Arbeitsmarkt ein: indem sie Niedriglohnbeschäftigung ermöglicht (Gewährung lohnergänzender Grundsicherungsleistungen: „in-work-benefits"), indem sie die Konzessionsbereitschaft bei der Arbeitsuche erhöht (Sanktionen, Zumutbarkeit- und Verfügbarkeitsbestimmungen) und indem sie atypische – nichtstandardisierte – Beschäftigung unterstützt (vgl. Bartelheimer 2010).

determinieren (Bartelheimer/Kädtler 2012: 74). Ein Beispiel sind hier auch die durch das „Zweite Gesetz für moderne Dienstleistungen am Arbeitsmarkt" im Jahre 2003 erweiterten Möglichkeiten geringfügiger Beschäftigung. Obwohl Existenzsicherung schwerpunktmäßig anderswo erfolgen muss, wurde der Druck erhöht, eine solche Beschäftigung aufzunehmen. Wie von Voss und Weinkopf (2012) ausgeführt, stellen ‚Minijobs' eine staatlich subventionierte Gelegenheitsstruktur dar, die Arbeitgeber als Exit-Option aus einem sonst stark regulierten System nutzen können.

Der Zusammenhang zwischen segmentierten Beschäftigungssystemen und ungleichen Chancen auf Erwerbsteilhabe ist also nur zu verstehen, wenn man drei Perspektiven zusammen denkt: die der Betriebe, der Erwerbspersonen in Haushalten und die des Institutionensystems. Erst in diesem *analytischen Dreieck* lassen sich sowohl die Wirkung von Arbeitsmarktsegmenten auf Teilhabe als auch die Größe dieser Segmente im Gesamtbeschäftigungssystem erklären. Jede der drei maßgeblichen Akteursgruppen handelt in Interaktion mit den beiden anderen, insofern als sie sich zu einer Situation verhält, die durch diese mit geschaffen wird.

Empirische Forschung zu Segmentation mit Individualdaten

Die empirische Umsetzung dieses Forschungsprogramms sieht sich im Hinblick auf die Wahl geeigneter Daten und die Operationalisierung von Teilarbeitsmärkten und Zuweisung zu Haushaltslagen einigen Herausforderungen gegenüber. Blickt man aus der Teilhabeperspektive auf den Arbeitsmarkt, ergeben sich Fragen, die weder aus Sicht des Betriebes noch auf der Ebene des Betriebes zu beantworten sind. Es wird deshalb hier vorgeschlagen, das Potential bestehender Mikrodatensätze in der Segmentationsforschung besser auszuschöpfen[5]: Aussagen über Entwicklungen des Gesamtbeschäftigungssystems – „Externalisierung", „Sekundarisierungsschub" oder über die „Koexistenz von internen und externen Märkten" – lassen sich nur mit quantitativ repräsentativen Daten überprüfen. Solche existieren eher auf Individual- als auf Betriebsebene.

---

5 Wie in Köhler et al. (2008) geschildert, wurden bereits Sekundärdatenanalysen der IAB-Beschäftigtenstichprobe und einer Erwerbstätigenbefragung von BIBB/BAuA durchgeführt. Eine weitere eigene Befragung erhob Sichtweisen von Erwerbspersonen zum Thema Arbeitsplatzsicherheit. Es wurde jedoch nicht versucht, mit diesen Daten Arbeitsmarktsegmente darzustellen und es fällt schwer, die Ergebnisse enger als nur interpretativ auf das Konzept der Teilarbeitsmärkte zu beziehen.

- Wie die Segmentierung des Beschäftigungssystems auf soziale Lagen und Ungleichheitsstrukturen wirkt, lässt sich überhaupt nur anhand von Individualdaten beantworten. Die Untersuchung dieser Fragen verlangt, dass Informationen über betriebliche Positionen von Erwerbspersonen mit Angaben zu Erwerbsbiografie und Haushalt verknüpft werden.
- Vergleichende Arbeitsmarktforschung kann den Einfluss erwerbsregulierender und wohlfahrtsstaatlicher Institutionen auf die Arbeitsmarktsegmentierung nur untersuchen, wenn nationale Beschäftigungssysteme nach den Größenverhältnissen ihrer Arbeitsmarktsegmente in ihrer historischen Entwicklung (d.h. in Zeitreihen oder über verschiedene Messzeitpunkte) dargestellt oder mit denen anderer Länder verglichen werden. Für solche Untersuchungen werden aber nur ausnahmsweise Betriebspanel zur Verfügung stehen.
- Nur aus der Individualperspektive kann man extern primäre von extern sekundären Teilarbeitsmärkten unterscheiden, da hierzu Übergangsrisiken eine Rolle spielen (s.u.). Nach einem Betriebswechsel kann der Beschäftigte aber aus Sicht des Betriebs nicht weiter beobachtet werden. Der erwerbsbiografische Kontext des Beschäftigungsverhältnisses erschließt sich nicht aus Sicht des Beschäftigers.
- Die Frage, ob und wie Personen von einem sekundären in einen primären Arbeitsmarkt gelangen, ist aus Teilhabesicht höchst wichtig. Aussagen über die Durchlässigkeit der Arbeitsmarktsegmente können allerdings nur auf Basis des Erwerbsverlaufes gemacht werden.

Die aufgeworfenen Forschungsfragen verlangen danach, Zuweisungs- und Aggregationsregeln aufzustellen, nach denen Arbeitsmarktsegmente anhand von Individualdaten beschrieben bzw. Personen ihnen zugeordnet werden. Ein Einstieg ist die von Köhler und Struck (2008: 14) eingeführte Matrix: In der horizontalen Dimension werden interne von externen Arbeitsmärkten über das Kriterium der Beschäftigungsdauer abgegrenzt. Erstere sind durch langfristige, letztere durch mittel- und kurzfristige Beschäftigungsdauern gekennzeichnet. In der Vertikalen unterscheidet sich das primäre vom sekundären Segment in erster Linie durch die höheren Einkommen und zweitens, sollte es zur Beendigung eines Beschäftigungsverhältnisses kommen, durch ein geringes Arbeitslosigkeitsrisiko beim Übergang in einen neuen Job und die Vermeidung von Einkommensverlusten beim Wechsel.

Diese konzeptionellen Vorgaben bedürfen konkreter Werte zur Grenzziehung. Als langfristig gilt ein Beschäftigungsverhältnis ab einer Dauer von zehn Jahren, als kurzfristig bei maximal zwei Jahren (vgl. Köhler et al. 2006: 26; Köhler/Loudovici 2008: 40). Wie Grotheer (2008a: 71ff.) anmerkt, ist die Rechtszensur von Verlaufsdaten für ein Aktualitätsproblem verantwortlich, dass dadurch verursacht wird, dass Informationen über lange Sequenzen grundsätzlich nur ex post verfügbar sein können. Dieses Problem greift besonders dann, wenn man ganze Erwerbsbiografien untersuchen möchte, was für die oben gestellte Frage nach der Mobilität zwischen Segmenten wünschenswert ist. Auf der Ebene des Einkommensniveaus ist es aus unserer Sicht sinnvoll, vom Bedarf zu abstrahieren und allein Erwerbslöhne zu berücksichtigen. Während man von unterdurchschnittlichen Löhnen als solchen unterhalb des mittleren Erwerbseinkommens sprechen könnte, zielt die gängige Definition des Niedriglohns auf Einkommen unterhalb von zwei Dritteln des Median. Das Beschäftigungsrisiko kann, wie gesagt, nur im Falle eines Erwerbsübergangs bestimmt werden. Es scheint sich noch keine Maßgabe etabliert zu haben, was genau als ‚gering' gelten kann. Es bietet sich die offizielle Definition friktioneller Arbeitslosigkeit (≤ 3 Monate) zur Orientierung an.

Die zu verwendenden Zuweisungsregeln müssen jedoch auch mit Blick auf die verfügbaren Daten bestimmt werden. Um Teilarbeitsmärkte mit Mikrodaten modellieren zu können, braucht man zunächst Erwerbsdaten im Zeitverlauf, und zwar möglichst so lange Sequenzen, dass auch der „langfristige" Verbleib im Betrieb dokumentiert werden kann. Über die Beschäftigungsdauer hinaus verlangen die eingeführten Konzepte aber auch Informationen zu Erwerbsübergängen (Dauer, ggf. Erwerbsstatus in dieser Phase) und zur Lohnhöhe (vor wie nach Betriebswechsel). Sollen Erwerbspositionen mit sozialen Lagen verknüpft werden, sind zudem Haushaltsinformationen (Zusammensetzung, Einkommensquellen, für mehrdimensionale Armutsmessung auch objektive und/oder subjektive Items zur Deprivation) notwendig.

In der Praxis zeigt sich derzeit noch, dass in jedem verfügbaren Datensatz immer nur eine Auswahl der relevanten Aspekte vorhanden ist. Man wählt zwischen zwei Übeln: bessere Daten zum Erwerbsverlauf gehen mit schlechteren Haushaltsinformationen einher und umgekehrt.

3. TEILARBEITSMÄRKTE, HAUSHALTSKONTEXT, ARMUTSRISIKO – EINE EXEMPLARISCHE ANALYSE

Im Folgenden wird exemplarisch versucht, unter den Datenrestriktionen der Längsschnittversion des EU-SILC-Datensatzes[6] für die Jahre 2005 bis 2008 die Segmentierung des Beschäftigungssystems verschiedener europäischer Länder anhand bestehender Mikrodatensätze zu beschreiben. Der Schwerpunkt der Analyse liegt auf der Wirkung der Lebensweise als moderierender Größe zwischen Teilarbeitsmarkt und Armutsrisiko. Die Daten bilden die Erwerbsbeteiligung auch in der Längsschnittversion nur für einen kurzen Zeitraum von maximal vier Jahren ab, und sie enthalten kaum Betriebsinformationen. Die relative Größe von Teilarbeitsmärkten kann mit den verfügbaren Sequenzen nicht genau genug bestimmt werden. Die dargestellten Ergebnisse werden daher nur vorsichtig interpretiert und sollen vor allem die methodischen Überlegungen zur Zuordnung von Personen zu Teilarbeitsmärkten illustrieren. Die zusätzliche Berücksichtigung des Institutionensystems würde den Rahmen dieses Beitrags sprengen.

Zuordnungsregeln bei unvollständiger Information

Grundlage der Analyse ist ein (nach Gewichtung repräsentatives) Sample[7] aller Personen, die im Beobachtungszeitraum, d.h. in den Jahren 2005 bis 2007[8], älter als 18 Jahre, aber nie in Rente waren und die mindestens einen Monat in abhängiger Beschäftigung zugebracht haben[9]. Das verwendete Sample umfasst 25.489 Beobachtungspersonen aus 16 Ländern; mit Ausnahme von Norwegen sämtliche

---

6 Die Auswertungen für diesen Beitrag entstanden im Rahmen der Arbeit am European Integrated Project CAPRIGHT, das im 6. EU-Forschungsrahmenprogramm gefördert wurde (www.capright.eu).
7 Extrahiert aus der Version 1 der Längsschnittdaten von 2005-2008, veröffentlicht am 1. August 2010.
8 Analysiert werden hier Sequenzen von drei Jahren. Die Erwerbs- und Einkommensinformationen beziehen sich jeweils auf das Jahr vor der aktuellen Erhebung (zuletzt 2008). Diese werden mit Informationen aus dem entsprechenden Erhebungsjahr kombiniert. Mit dem vorliegenden Datensatz war dies für die Jahre 2005 bis 2007 möglich. (Befragte bleiben maximal vier Jahre im rotierenden Panel des EU-SILC-Datensatzes.)
9 Wer also durchgehend selbstständig, arbeitslos oder inaktiv ist, ist aus Gründen des Forschungsthemas nicht im Sample vertreten.

EU-Mitgliedsstaaten[10]. Gewichtet repräsentiert das Sample eine Bezugsbevölkerung von 89.657.421 Personen (55,5% Männer, 44,5% Frauen). 24,9% der repräsentierten Erwerbspersonen sind im Beobachtungszeitraum mindestens einmal aus einem Beschäftigungsverhältnis ausgeschieden. 20% von ihnen waren in mindestens einem Jahr befristet, in Zeitarbeit oder als saisonale Arbeitskraft beschäftigt. 15,9% waren mindestens einen Monat lang inaktiv, 16,1% arbeitslos. 32,9% haben in wenigstens einem der drei Beobachtungsjahre ein Niedrigeinkommen bezogen.

Der so eingegrenzte Personenkreis wird der horizontalen Dimension der Segmentationsmatrix anhand der folgenden Zuweisungsregeln zugeordnet:

- Wer seine Stelle im Beobachtungszeitraum nicht verliert, wechselt oder neu beginnt, und nicht befristet, saisonal oder in Leiharbeit tätig ist, wird den internen Teilarbeitsmärkten zugerechnet.
- Wer eines dieser Kriterien erfüllt, wird zu den externen Teilarbeitsmärkten gezählt.

Diese Zuordnungsregeln beruhen auf pragmatischen Zugeständnissen an die beschränkten Analysemöglichkeiten des Datensatzes und führen zu systematischen Über- und Unterschätzungen. Aufgrund der kurzen Dauer der verfügbaren Sequenzen lassen sich geschlossene Beschäftigungssysteme nicht trennscharf von offenen mit mittleren Beschäftigungsdauern abgrenzen; sie werden mithin überschätzt (was im gegebenen Beobachtungszeitraum ‚intern' erscheint, könnte sich bei geringfügig längerer Beobachtung als ‚extern' herausstellen). Als externes Segment wird dagegen faktisch nur eine bestimmte Variante offener Beschäftigungssysteme erfasst, sogenannte marktvermittelte („market mediated") Systeme mit Beschäftigungsverhältnissen von unter drei Jahren.

Da Längsschnittinformationen in diesem Panel nur am aktuellen Rand (d.h. für die Beobachtungsjahre 2005 bis 2007) verfügbar sind, werden während des Beobachtungszeitraums neu begonnene Beschäftigungsverhältnisse mangels weiterer Informationen den offenen Beschäftigungssystemen zugeordnet. Einstiegspositionen, die theoretisch den Beginn einer dauerhaften Betriebsbindung in einem geschlossenen Beschäftigungssystem bedeuten, müssten retrospektiv anhand längerer Beobachtungen der Erwerbsverläufe bestimmt werden. Insofern

---

10 Deutschland ist nicht im Sample, denn deutsche Längsschnittdaten aus EU-SILC werden der Wissenschaft bislang aus „Vertraulichkeitsgründen" nicht zur Verfügung gestellt. Dies gilt auch für einige weitere Länder. Andere Länder wiederum sind wegen Problemen der Datenqualität nicht vertreten.

werden externe Teilarbeitsmärkte wiederum über- und interne unterschätzt. Um die Zuordnungsfehler zu minimieren, die sich aus der unvollständigen Messung der Beschäftigungsdauer ergeben, wird mit der Befristung eine vertragliche Komponente in die Operationalisierung aufgenommen (auch diese kann jedoch zur Überschätzung des externen Marktes beitragen, da eine Entfristung möglich ist).

In der vertikalen Dimension der Segmentierungsmatrix greift in erster Linie das Kriterium des Niedriglohns.

- Personen, deren Jahreseinkommen pro Monat der Erwerbstätigkeit in mindestens einem Beobachtungsjahr unter zwei Dritteln des Median der anderen Beschäftigten im selben Land liegt[11], werden dem sekundären Arbeitsmarktsegment zugeschlagen.
- Um das Kriterium der Beschäftigungssicherheit einzubeziehen, werden ferner alle Personen, die im Beobachtungszeitraum von drei Jahren zusammengenommen länger als drei Monate arbeitslos waren, dem sekundären Segment zugerechnet. (Die Gesamtdauer der Arbeitslosigkeit kann sich auf mehrere Episoden verteilen.)

Einkommensverluste nach Stellenwechsel können mit den verfügbaren Längsschnittdaten nicht sauber erfasst werden.

Teilarbeitsmärkte und ihre Besetzung

Insgesamt arbeitet gut die Hälfte der Bezugsbevölkerung im internen Arbeitsmarkt (51,4%). 41,3% arbeiten im primären, 10,1% im sekundären Segment. Im externen Arbeitsmarkt wurden 20,8% dem primären und 27,8% dem sekundären Segment zugewiesen. Wie Abbildung 1 zeigt, gibt es allerdings deutliche Länderunterschiede. Das Ausmaß des internen Arbeitsmarktes reicht von 46,0% der Beschäftigungsverhältnisse in Ungarn bis zu 68,3% in Slowenien. Auch Spanien, Polen und die Niederlande weisen einen größeren Anteil externer als interner Teilarbeitsmärkte auf. Der Anteil primärer interner oder externer Teilarbeits-

---

11 Teilzeit wird vereinfachend als halber Monat gezählt, auch wenn sie nicht notwendig genau die Hälfte des Arbeitsstundenaufkommens einer Vollzeittätigkeit bedeutet. Auch dies ist einer der Kompromisse, die mangels geeigneter Items im Längsschnittdatensatz einzugehen waren.

märkte reicht von 54,1% in Polen bis zu 70,8% in Italien. In keinem der untersuchten Länder überwiegen also sekundäre Teilarbeitsmärkte.[12]

---

12 Schaut man auf einzelne Segmente, ergibt sich für Belgien das größte (52,7%) interne primäre, gefolgt von Slowenien (52,6%) und mit einigem Abstand Italien (47,3%). Am anderen Ende der Verteilung liegt Ungarn (35,3%), gefolgt von Großbritannien (37,0%) und Polen (38,3%). Das externe primäre Segment ist am größten in der Slowakei (24,5%), in Großbritannien (23,7%) und Italien (23,5%), am kleinsten in Slowenien (10,1%), Polen (15,7%) und Österreich (16,5%). Das intern sekundäre hat seine Maxima und Minima in Estland (17,1%) und Italien (5,4%), das extern sekundäre in Polen (36,2%) und Belgien (20,3%).

Abbildung 1: Teilarbeitsmärkte nach Ländern

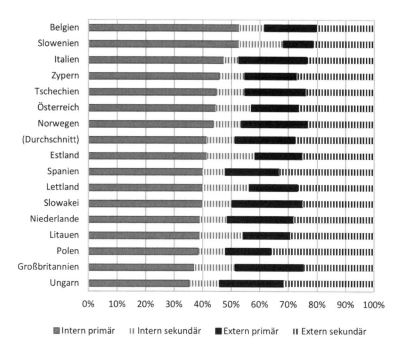

Quelle: Eigene Darstellung

Während sich Belgien mit einem großen intern primären (I1) Segment als noch stark „fordistisch" geprägt erweist, ist die polnische Arbeitsmarktstruktur konventionell in intern primäre und extern sekundäre (E2) Beschäftigungssysteme segmentiert, und Großbritannien als Arbeitsmarkt, der sowohl im externen Bereich ein bedeutendes primäres Segment (E1) aufweist als auch ein verhältnismäßig großes sekundäres Segment im internen Bereich (I2).

Haushaltskontexte

Wer stellt seine Arbeitskraft auf diesen Teilarbeitsmärkten jeweils zur Verfügung? Der generelle Frauenanteil in der *Bezugs*bevölkerung beträgt 44,5%. Sie sind damit in I1 (36,7%) und E1 (42,0%) unterrepräsentiert. In beiden sekundären Teilarbeitsmärkten liegt ihr Anteil höher (I2: 60,4%; E2: 52,0%). Tabelle 1 zeigt die Verteilungen je nach Haushaltskontext.

Tabelle 1: Haushaltszusammensetzung je nach Teilarbeitsmarkt und Geschlecht (in %)

Haushaltszusammensetzung	Anteil	I1	I2	E1	E2
Anteil insgesamt	(Zeile)	41,3	10,1	20,8	27,8
Alle Beobachtungspersonen					
Personen in Mehrverdienerhaushalten	69,4	68,3	71,3	71,2	69,1
	(Zeile)	40,6	10,4	21,3	27,6
Alleinverdiener mit Partner	12,5	14,2	12,7	11,3	10,9
	(Zeile)	46,8	10,3	18,8	24,1
Alleinverdiener ohne Partner	8,0	6,6	7,0	6,9	11,1
	(Zeile)	34,2	8,9	18,1	38,8
Personen ohne weitere Haushaltsmitglieder	10,1	11,0	9,0	10,7	9,0
	(Zeile)	44,6	9,0	21,9	24,5
Männer					
Personen in Mehrverdienerhaushalten	66,8	66,9	66,1	69,0	64,7
	(Zeile)	47,2	7,2	22,5	23,2
Alleinverdiener mit Partner	16,2	17,9	16,7	14,6	13,9
	(Zeile)	52,3	7,5	19,7	20,6
Alleinverdiener ohne Partner	6,4	4,7	6,9	6,0	10,1
	(Zeile)	34,1	7,8	20,4	37,8
Personen ohne weitere Haushaltsmitglieder	10,7	10,6	10,2	10,3	11,3
	(Zeile)	46,6	6,9	21,0	25,5
Frauen					
Personen in Mehrverdienerhaushalten	72,8	70,8	74,8	74,1	73,2
	(Zeile)	33,2	14,1	20,1	32,7
Alleinverdiener mit Partner	7,9	7,7	10,0	6,6	8,1
	(Zeile)	33,0	17,4	16,4	33,1
Alleinverdiener ohne Partner	9,9	9,9	7,0	8,2	12,0
	(Zeile)	34,3	9,8	16,3	39,6
Personen ohne weitere Haushaltsmitglieder	9,5	11,6	8,2	11,1	6,8
	(Zeile)	41,9	11,8	23,1	23,2

Quelle: Eigene Berechnungen

Da 69,4% aller Beobachtungspersonen in Mehrverdienerhaushalten leben, ist es nicht verwunderlich, dass Personen aus diesem Haushaltstyp in allen Teilarbeitsmärkten den jeweils größten Anteil haben. Der größte der Teilarbeitsmärkte ist I1 mit 41,3% an der Bezugspopulation. Während der Anteil der Mehrverdienerhaushalte (40,6%) dort knapp dem Erwartungswert entspricht, sind Alleinverdiener mit Partner mit 46,8% deutlich überrepräsentiert. Auch Personen aus Single-Haushalten sind überdurchschnittlich oft vertreten (44,6%). Von den Alleinverdienern ohne Partner, zu denen vor allem Alleinerziehende gehören, arbeiten nur 34,2% in I1. Es fällt dagegen die überstarke Präsenz dieser Gruppe in E2 auf. In E1 sind Personen in Mehrverdienerhaushalten und Singles leicht überrepräsentiert.

Alles in allem werden Polarisierungen aber erst sichtbar, wenn Geschlechterarrangements nicht durch Mittelwerte verdeckt werden. Erwerbstätige Frauen leben häufiger als erwerbstätige Männer in Mehrverdienerhaushalten (72,8% vs. 66,8%) und seltener mit einem Partner zusammen, der nicht selbst erwerbstätig ist (7,9% vs. 16,2%). Häufiger als Männer sind sie alleinverdienend ohne Partner (9,9% vs. 6,4%).

Genderarrangements, ob freiwillig gewählt oder durch Arbeitsmarkt und Betreuungsinfrastruktur erzwungen, können nur in Haushalten mit mehreren Erwachsenen zum Tragen kommen. Unterschiede zwischen Männern und Frauen sind daher in Paarhaushalten tendenziell ausgeprägter. Fast die Hälfte (47,2%) der Männer, aber nur ein Drittel (33,2%) der Frauen, die in Mehrverdienerhaushalten leben, arbeiten im internen primären Teilarbeitsmarkt (I1). In Partnerhaushalten mit Alleinverdiener/in gilt dies sogar für über die Hälfte der Männer (52,3%), dagegen wieder nur für ein Drittel der Frauen (33,0%). Bei der Beschäftigung im externen primären Segment (E1) sind die Anteile ausgeglichener, in der Tendenz aber auch wieder zum Vorteil der Männer. Frauen sind insbesondere dann in sekundären Teilarbeitsmärkten verortet, wenn sie nicht die einzigen Verdiener im Haushalt sind.

Bei den Bildungsabschlüssen (aus Platzgründen hier nicht dargestellt) zeigt sich in den externen Teilarbeitsmärkten eine stärkere Polarisierung nach primären und sekundären Segmenten als in den internen Arbeitsmärkten. Nach Berufsgruppen sind überdurchschnittlich viele Führungskräfte, Techniker und besonders Wissenschaftler dem primären Segment zugeordnet, und zwar auch dem externen Teilarbeitsmarkt. Es liegt nahe, diese Befunde als Hinweis auf berufsfachliche Arbeitsmärkte zu interpretieren.

Armutsgefährdung von Erwerbshaushalten

In der Bezugsbevölkerung leben 9,1% der Personen in armutsgefährdeten Haushalten (siehe Tabelle 2), d.h. mit einem verfügbaren Haushaltseinkommen unter der Armutsgrenze[13]. Personen in Mehrverdienerhaushalten sind durchschnittlich seltener (6,5%) betroffen als Haushalte mit einem Alleinverdiener oder Singlehaushalte (12,0%).

Tabelle 2: Armutsrisiko je nach Teilarbeitsmarkt und Geschlecht, (in %)[14]

		Teilarbeitsmarkt			
	Gesamt	I1	I2	E1	E2
Gesamt	9,1	2,1	11,8	4,4	22,2
Männer	9,6	2,6	15,9	5,0	25,8
Frauen	8,5	1,2	9,1	3,5	18,9
Personen in Mehrverdienerhaushalten					
Gesamt	6,5	1,3	8,5	2,9	16,1
Männer	6,5	1,3	13,1	3,0	18,4
Fraucn	6,4	1,1	5,8	2,9	14,2
Alleinverdiener/innen mit Partner					
Gesamt	18,0	7,0	21,6	11,3	43,1
Männer	20,2	8,2	28,9	13,3	54,0
Frauen	12,4	2,0	13,7	5,1	25,7
Alleinverdiener/innen ohne Partner					
Gesamt	14,8	1,7	11,3	8,3	30,1
Männer	12,1	1,0	3,6	6,4	26,9
Frauen	16,9	2,3	16,3	10,2	32,6
Personen ohne weitere Haushaltsmitglieder					
Gesamt	12,0	1,0	25,2	4,4	33,9
Männer	11,5	1,3	21,7	6,1	31,9
Frauen	12,6	0,3	28,1	2,1	37,1

Quelle: Eigene Berechnungen

---

13 60% vom Median des Nettoäquivalenzeinkommens (Bedarfsgewichtung des Haushaltseinkommens nach neuer OECD-Skala).

14 Erläuterungen: Anteil der Beobachtungspersonen mit verfügbarem Haushaltseinkommen unter der Armutsgrenze (in %). Alleinverdiener/innen ohne Partner schließen Alleinerziehende ein.

Differenziert man nach Teilarbeitsmärkten, so ergibt sich, dass das interne primäre Arbeitsmarktsegment (I1) wirkungsvoll gegen Armut abschirmt: nur 2,1% der Beobachtungspersonen, die diesem Segment zugeordnet sind und sogar nur 1,3% der hier arbeitenden Alleinverdiener leben in armutsgefährdeten Haushalten. Arbeit im externen primären Segment (E1) geht ebenso mit unterdurchschnittlichen Armutsraten einher. Allerdings liegen diese im Durchschnitt mit 4,4% schon bei gut dem Doppelten des internen Teilsystems (I1) und Alleinverdienerhaushalte mit Partner/in (11,3%) weisen in diesem Segment ein überdurchschnittliches Armutsrisiko auf. In beiden sekundären Arbeitsmarktsegmenten lassen sich durchweg deutlich höhere Armutsrisiken feststellen als in den primären, im externen Segment (22,2%) sind diese doppelt so hoch wie im internen (11,8%).

Diese Reihenfolge gilt für alle Haushaltstypen. In Mehrverdienerhaushalten ist das Armutsrisiko höher, wenn der Mann im sekundären Segment arbeitet. Bei Frauen begrenzt der Haushaltskontext, d.h. vor allem der Verdienst des Mannes, offenbar das prekäre Potenzial der sekundären Teilarbeitsmärkte. Für Männer hingegen steigt und fällt das Armutsrisiko mehr mit dem eigenen Einkommen. Für alleinverdienende Männer in Paarhaushalten ergibt sich im externen sekundären Teilarbeitsmarkt (E2) das höchste gemessene Armutsrisiko (54,0%). Für Personen ohne Partner (einschließlich Singlehaushalte) gilt das Gegenteil: hier sind Frauen, die in den sekundären Segmenten beschäftigt sind, stärker armutsgefährdet als Männer. Dies könnte damit erklärt werden, dass die Erwerbseinkommen von Frauen tendenziell niedriger sind, dass hier also eine geringere Erwerbsintensität oder/und eine Lohnspreizung innerhalb des sekundären Segments zum Tragen kommen. Bei allein verdienenden Frauen kann davon ausgegangen werden, dass der Partner häufiger ein Einkommen bezieht, das auf früherer Erwerbstätigkeit basiert.

Die unterschiedlichen Risiken können nicht ohne weiteres als Effekte von Teilarbeitsmärkten interpretiert werden. Sie könnten auch auf andere unbeobachtete Merkmale zurückzuführen sein. Grundsätzlich hängt es von den anderen möglichen Einkommensquellen des Haushalts ab, wie eng die Beziehung zwischen Niedrigeinkommen und Armut ist. Für diese Faktoren kann im Rahmen der verfügbaren Daten mittels einer Regressionsrechnung kontrolliert werden. Versuchsweise Analysen zeigen aber, dass die zentralen Befunde erhalten bleiben: Die Positionierung im segmentierten Arbeitsmarkt bewirkt einen signifikanten Unterschied für Armutsrisiken. Bei allen methodischen Einschränkungen spricht die exemplarische Analyse dafür, dass es auch in internen Arbeitsmärkten in erheblichem Umfang sekundäre Positionen gibt und dass dort für Beschäftigte ein hohes Prekaritätsrisiko im Haushaltszusammenhang besteht. Niedrigeinkommen in geschlossenen Beschäftigungssystemen (I2) bergen ein deutlich höheres prekäres Potential als die Beschäftigung im besseren Segment (E1) des polarisierten externen Arbeitsmarktes.

Zugleich bestätigt sich die Annahme, dass Risiken der Teilarbeitsmärkte im Haushalt diversifiziert werden. Der Effekt des Teilarbeitsmarkts ist bei allein verdienenden Erwerbspersonen besonders stark; bei mehreren Erwerbseinkommen ist der Effekt des Verdienermodells stärker. Frauen in Paarhaushalten geraten durch Erwerbstätigkeit im sekundären Segment seltener in eine prekäre Einkommensposition als Männer.

Zwischenfazit: Hohes Analysepotential von Mikrodaten

Obwohl sich diese exemplarische Analyse auf einen Datensatz stützte, mit dem sich die Konzepte des Segmentationsansatzes nur näherungsweise operationalisieren ließen, kann sie doch das hohe Analysepotenzial der hier vorgeschlagenen Vorgehensweise zeigen. Geeignete Mikrodaten aus Paneldatensätzen und valide Aggregationsregeln vorausgesetzt, lassen sich nationale Beschäftigungssysteme und die Teilarbeitsmärkte bzw. betrieblichen Beschäftigungssysteme, aus denen sie sich zusammensetzen, anhand von individuellen und Haushaltsmerkmalen der Erwerbspersonen, ggf. auch nach für sie typischen erwerbsbiografischen Verläufen beschreiben. So ließe sich zeigen, wie Erwerbshaushalte die mehr oder minder großen prekären Potenziale der verschiedenen Teilarbeitsmärkte bewältigen und welche Muster der Lebensführung sie in ihnen realisieren. Auf der Makroebene könnten Beschäftigungssysteme auf diese Weise in ihrer historischen Entwicklung oder über Konjunkturzyklen hinweg (diachron) und in international vergleichender Perspektive (synchron) analysiert werden. Auf dieser Grundlage ließen sich Zusammenhänge zwischen Beschäftigungssystem, sozialstrukturell verschiedenen Teilhabemustern und länderspezifischen institutionellen „Beschäftigungsordnungen" (Heidenreich 2004) untersuchen.

4. EINE ERWEITERUNG DER PERSPEKTIVE – KONZEPTIONELL UND POLITISCH

Die Segmentationstheorie war von Beginn an auch mit einem Interesse an der Erforschung von Ungleichheit aufgetreten. Dieser Beitrag hat dafür plädiert, Ungleichheitsforschung und soziologische Arbeitsmarktforschung stärker aufeinander zu beziehen, also bei der Analyse betrieblicher Beschäftigungssysteme die Lebenslage der Beschäftigten zu berücksichtigen und bei der Analyse individualisierter und sozialstrukturell ungleicher Teilhabemuster von den unterschiedlichen Bedingungen der Teilarbeitsmärkte auszugehen.

Neben konzeptionellen lassen sich auch politische Schlussfolgerungen ziehen. Die Segmentationsforschung macht deutlich, dass die zu erwartende demografische Entwicklung nicht überall eine verbesserte Marktmacht der Erwerbspersonen als Anbieter von Arbeitskraft zur Folge haben wird. Es werden daher auch in Zukunft politische Strategien notwendig sein, die das prekäre Potential von Erwerbsarbeit abfangen. Es wurde in diesem Beitrag auf die europäische Diskussion um Flexicurity hingewiesen. Sie ist in erster Linie keine wissenschaftliche, sondern eine normativ-politische; so erklären sich einige analytische Blindstellen, zu denen unseres Erachtens die in diesem Buch vorgelegten Überlegungen und Befunde Aufklärung leisten können.

Die in der Flexicurity-Debatte fraglos vertretene Vorstellung, Arbeitsmarktsegmentation *an sich* müsse und könne erfolgreich bekämpft werden, erscheint aus segmentationstheoretischer Sicht naiv. Hinter dieser Idee steht – neben einer neo-klassischen Arbeitsmarktutopie – eine überholte Vorstellung von Segmentierung (Köhler/Loudovici 2008), nach der im internen Arbeitsmarkt die guten Arbeitsplätze sind und im externen die schlechten, sodass mehr Gerechtigkeit herrschen würde, wenn bestimmte Beschäftigtengruppen davon abgehalten würden, Mechanismen sozialer Schließung (vgl. Kap. IV, Giesecke/Groß) für sich zu nutzen. Die erarbeiteten Befunde zeigen hingegen, dass es sowohl in internen als auch in externen Arbeitsmärkten gute wie schlechte Positionen gibt. Die Segmentierung zwischen intern und extern gehört also nicht zu den Spaltungslinien, die die Politik in jedem Falle bekämpfen müsste[15]. Es fragt sich zudem, ob dies überhaupt möglich wäre. Das Argument einer Koexistenz von Teilarbeitsmärkten (vgl. Kap. I, Köhler/Krause) wird von den empirischen Ergebnissen dieses Artikels gestützt. Wir gehen davon aus, dass dieser Zustand ein Ergebnis des Zusammenspiels der Arbeitsmarktakteure ist. Es ist nicht realistisch, dass nur staatliche Regulierung für Segmentierung verantwortlich sei und dieser z.B. durch Lockerung des Kündigungsschutzes abhelfen könne.

Es wird in der Flexicurity-Diskussion zutreffend davon ausgegangen, dass es keine einheitliche Strategie für alle Länder geben kann, denn die etablierten Arbeitsmarktinstitutionen, die Probleme im Arbeitsmarkt sowie die politisch gewollten Regulierungsziele sind national unterschiedlich. Jedes Land ist daher angehalten, im Rahmen der Offenen Methode der Koordinierung eine eigene

---

15 Ein Abbau von sozial nicht wünschbarer Segmentierung (die z.T. institutionell sogar gefördert wird, siehe Teil 4), namentlich zwischen primären und sekundären Teilarbeitsmärkten, soll damit natürlich nicht in Abrede gestellt werden.

Vorgehensweise zu definieren. So wie Europa von einer Vielfalt von Kapitalismen und von Wohlfahrtsstaaten gekennzeichnet sei, werde es auch „varieties of flexicurity" (Wilthagen 2008: 5) beinhalten. Diese Verständigung ist richtig, aber irreführend. Die Segmentationsforschung hat gezeigt, dass es Segmentierung unterhalb der Ebene des nationalen Beschäftigungssystems gibt, so wie auch der Betrieb kleinere Einheiten von Beschäftigungssystemen beinhaltet. Es stellt sich als Bestandteil einer länderspezifischen Strategie deshalb die Aufgabe, eine *gemischte Flexicurity-Strategie* zu fahren, d.h. parallel mehrere – auf die jeweiligen Risiken der Teilarbeitsmärkte abgestimmte – Flexicurity-Regime in einem Land zu installieren[16]. Die Idee, man könne einzelne Länder als Beispiele für kohärente Flexicurity-Modelle heranziehen, ist somit eine Fiktion. Die häufige Rede vom „Goldenen Dreieck" der dänischen Flexicurity, die auch aus anderen Gründen zu kritisieren ist (vgl. Barbier 2007), suggeriert eine homogene Flexicurity-Politik auf Landesebene. Vielmehr muss es aber innerhalb eines Landes eine „variety of flexicurity" geben, um auf die spezifischen Risiken in den jeweiligen Segmenten zu reagieren. Dieses Desiderat ergibt sich ebenso für die Flexicurity-Forschung[17].

---

16 Dabei ist auch zu berücksichtigen, dass Beschäftigte schon aufgrund ihres Haushaltskontexts unterschiedliche Möglichkeiten mitbringen, flexible Arbeit anzubieten ohne von Armut betroffen zu werden, vgl. Lehweß-Litzmann (2012b).

17 Wie bei Lehweß-Litzmann (2012a: 264f) deutlich wird, kann man Flexicurity im deutschen Beschäftigungssystem kaum ohne eine Vorstellung von Segmentierung analysieren.

IV. Soziale Schließung und die Strukturierung externer Arbeitsmärkte

JOHANNES GIESECKE UND MARTIN GROSS

1. EINLEITUNG

Wie entstehen Teilarbeitsmärkte mit hoher Fluktuation, warum breiten sie sich in jüngerer Zeit aus und wie sind sie zu bewerten? Die Theorie sozialer Schließung bietet eine gute Basis zur Beantwortung dieser Fragen. Externe Teilarbeitsmärkte entstehen im Zuge von Schließungskonflikten, wobei die Interessen der beteiligten Konfliktparteien, ihre Ressourcenausstattung und die institutionellen Rahmenbedingungen der Konfliktsituation über Umfang und Art der resultierenden Teilarbeitsmärkte entscheiden. Externe Teilarbeitsmärkte breiten sich aus, weil im Zuge der Globalisierung das Interesse einiger involvierter Konfliktparteien daran zugenommen hat und der begleitende institutionelle Wandel die Öffnung von Teilarbeitsmärkten erleichtert hat. Die Bewertung externer Arbeitsmärkte fällt ambivalent aus: Einerseits können sie ungerechtfertigte Privilegien geschlossener Positionen abbauen, andererseits höhlen sie wichtige Schutzmechanismen gerade für die schwächsten Gruppen am Arbeitsmarkt aus. Im Folgenden werden zunächst die Grundzüge der Schließungstheorie erläutert, dann ihre Sichtweise auf externe Teilarbeitsmärkte beschrieben und schließlich die Erklärungsskizze zu deren Ausweitung näher ausgeführt.

2. GRUNDGEDANKE: DIE PRIVILEGIERUNG GESCHLOSSENER POSITIONEN

Die Theorie der „geschlossenen Positionen" (Sørensen 1983) fußt auf dem Grundgedanken, dass die Beschränkung des Zugangs zu Positionen erhebliche Konsequenzen für die Struktur sozialer Ungleichheit hat. So sind geschlossene Erwerbspositionen dadurch gekennzeichnet, dass Arbeitnehmer die Kontrolle über die Besetzungsdauer dieser Position innehaben. Sie können selbst entscheiden, wann sie die Position wieder verlassen und (können) nicht von ihrem Arbeitgeber entlassen werden. Schließungen gibt es aber auch im Bereich selbständiger Arbeit. Hier sichert die Ausschließung der Konkurrenz vom Marktzutritt (etwa durch Niederlassungsregeln) die Nachfrage nach der angebotenen Leistung (Murphy 1988). Grundsätzlich ist „Schließung" ein kontinuierlicher Begriff: Positionen können mehr oder weniger geschlossen und mit entsprechend deutlicheren oder weniger deutlichen Bevor- oder Benachteiligungen verbunden sein. Weder die völlig offene Position, wo etwa Arbeitnehmer stündlich für ihre Leistungen bezahlt würden und keinerlei Anspruch auf eine Folgebeschäftigung hätten, noch die völlig geschlossene Position, in der Arbeitnehmer trotz völliger Leistungsverweigerung nicht entlassen werden können, dürften existieren[1]. Wenn im Folgenden dichotom von „offen" versus „geschlossen" geredet wird, so ist das nur als sprachliche Vereinfachung zu betrachten.

Grundsätzlich sind damit geschlossene Positionen solche, die sich durch eine hohe Beschäftigungssicherheit auszeichnen. Diese Beschäftigungssicherheit stellt sich aus Sicht der Positionsinhaber als in hohem Maße wünschenswert dar: Sie sichert die Einkommensströme und damit das Lebenseinkommen der Positionsinhaber ab und trägt gleichzeitig dem psychischen Bedürfnis nach langfristiger Sicherheit Rechnung. Darüber hinaus aber erlauben es geschlossene Positionen den Inhabern, ihre tatsächliche Arbeitsleistung von dem gezahlten Lohn zu entkoppeln. Während das Produktivitätstheorem der neoklassischen Arbeitsmarkttheorie (vgl. z.B. Franz 1991) annimmt, dass die Entlohnung von Arbeitnehmern immer der Grenzproduktivität entspricht (überproduktive und damit unterbezahlte Arbeitnehmer suchen sich eine neue Stelle; unterproduktive und damit überbezahlte Arbeitnehmer werden entlassen), ermöglicht die Beschäftigungssicherheit in geschlossenen Positionen den Positionsinhabern, mit ihrem Produktivitätsniveau unterhalb des an die Stelle gebundenen Lohnsatzes zu bleiben. Sie werden in diesem Sinne überbezahlt und der eingestrichene Mehrlohn stellt eine

---

1 Gleichwohl kommen durch das Beamtenrecht geschützte Positionen dem Idealtypus der völlig geschlossenen Position sehr nahe.

„Rente" dar (Sørensen 2000a; Sørensen 2000b). Die langfristige Sicherheit der Beschäftigung und das damit einhergehende Potential zur Generierung von Renten[2] können insgesamt also als Privilegien geschlossener Positionen betrachtet werden.

Grundsätzlich sind Schließungsbeziehungen als duale, asymmetrische Beziehungen zu begreifen. Auf der einen Seite gibt es die Ausschließenden, die die Macht haben, andere vom Zugang zu Positionen auszuschließen und von dieser Ausschließung profitieren. Auf der anderen Seite befinden sich die Ausgeschlossenen in einer inferioren Position mit entsprechenden Benachteiligungen. Empirisch sind die Verhältnisse allerdings wesentlich komplexer. Zum einen betreffen die Bevor- und Benachteiligungen, die aus Schließungsbeziehungen resultieren, nicht nur die an der Schließungsrelation unmittelbar Beteiligten. Gelingt es zum Beispiel Arbeitnehmern, rigide Kündigungsschutzregeln durchzusetzen, so betrifft das nicht nur unmittelbar sie selbst und die Arbeitgeber, sondern auch die Arbeitsuchenden, denen der Zugang zur Erwerbsarbeit dadurch erschwert wird (Lindbeck/Snower 1988). Schließungsrelationen haben aber möglicherweise auch Auswirkungen auf die Konsumenten, wenn und insofern die Unternehmen aufgrund einer monopolistischen Marktstellung – einer Art übergreifenden Schließungsprozesses – potentielle Gewinneinbußen durch höhere Produktpreise doch vermeiden können (Renten aus geschlossenen Positionen führen zu einer Minderung des Unternehmensgewinns). Sie betreffen schließlich auch die Steuerzahler, die für Sozialleistungen der Arbeitsuchenden aufkommen müssen. Zum anderen sind Positionen in der Regel in vielfältige Schließungsbeziehungen eingebunden. Die Positionen von hochqualifizierten Arbeitnehmern können beispielsweise über ein Schließungspotential verfügen, wenn der Zugang zu diesen Positionen über Bildungszertifikate reglementiert und beschränkt ist. Ein solches Schließungspotential kann durch den Erwerb spezifischen Humankapitals in der Erwerbskarriere noch verstärkt werden. Die Beschäftigung kann wiederum in befristeten oder unbefristeten Positionen stattfinden, was dann Auswirkungen auf das Schließungspotential der Bildungszertifikate hat.

Kompliziert wird die Angelegenheit dadurch, dass es Allianzen zwischen Gruppen geben kann, die Positionen zu Lasten Dritter schließen. So sind in Ar-

---

2 Damit ist nicht gesagt, dass dieses Potential auch genutzt wird. Inhaber geschlossener Positionen können etwa aus intrinsischen Gründen (Freude an der Arbeit, zu erreichendes Prestige etc.) motiviert sein, eine Arbeitsleistung zu erbringen, die gar über dem von Ihnen erwarteten Produktivitätsniveau liegt. Gleichwohl ist das *Potential* zur Rentengenerierung als solches als Eigenschaft einer geschlossenen Position zu betrachten, die aus Sicht des Positionsinhabers in hohem Maße wünschenswert ist.

beitsbereichen, die hohes spezifisches Humankapital erfordern, sowohl Arbeitnehmer als auch Arbeitgeber an langfristigen Arbeitsbeziehungen interessiert, um die Investitionen in das spezifische Humankapital sicherzustellen. Dies mündet in „composite rents" (Sørensen 2000a: 1545), die erwirtschaftet werden können und zwischen Arbeitnehmern und Arbeitgebern aufgeteilt werden, wenn und insoweit die produzierten Güter eine monopolistische Stellung des Unternehmens auf dem Gütermarkt erlauben[3].

3. GRUNDELEMENTE DER SCHLIESSUNGSTHEORIE

Die Schließungstheorie beinhaltet sechs wesentliche Grundelemente, die die Aspekte geschlossener Positionen umfassen.

Erstens ist die Schließungstheorie eine *Handlungstheorie*. Da Schließungen Privilegien verschaffen, werden die an Schließungsrelationen beteiligten Akteure Strategien verfolgen, um Positionen zu schließen und damit Renten zu erzielen („rent-generating actions", Sørensen 2000a) bzw. werden die Gegenpole der Schließungsbeziehungen versuchen, Positionen zu öffnen und Rentenpotentiale zu zerstören. So sind etwa Gewerkschaften bemüht, die Beschäftigungssicherheit ihrer Mitglieder zu erhöhen und suchen dies in Verhandlungen zu erreichen, welche möglicherweise durch Handlungen der Mitglieder (Streiks) unterstützt werden. Die Arbeitgeberseite ist hingegen bemüht, solche Sicherheiten zu unterminieren[4].

---

3 Aus humankapitaltheoretischer Sicht entstehen hier gar keine Renten, da die langfristigen Beschäftigungsverhältnisse lediglich die Rentabilität des spezifischen Humankapitals sichern. Es gilt aber die gleiche Bemerkung wie in Fußnote 2: Ob und inwieweit Renten tatsächlich realisiert werden, ist im Einzelfall zu untersuchen. Die Beschäftigungsstabilität bietet aber ein Potential der Rentengenerierung. Mit diesem Risiko müssen Unternehmen leben, wenn sie langfristige Beschäftigungsgarantien geben – und sie können es eingehen, wenn sie keine übermäßige Konkurrenz auf dem Produktmarkt befürchten müssen.

4 Die Schließungstheorie ähnelt in Teilen der ökonomischen Insider-Outsider-Theorie. Zentrales Anliegen der Insider-Outsider-Theorie in der Version von Lindbeck und Snower (Lindbeck/Snower 1988) ist es allerdings zu erklären, wie und warum strukturelle bzw. unfreiwillige Arbeitslosigkeit entsteht. Dabei legt die Theorie den Fokus auf die Handlungen der sich in Erwerbsarbeit befindlichen Personen, welche im Vergleich zu den Erwerbslosen über Marktmacht in Form von Fluktuationskosten (turnover costs) verfügen und diese auch zu ihrem eigenen Vorteil einsetzen, indem sie er-

Zweitens ist es immer Ziel dieser Handlungen, Schließungsprozesse zu *institutionalisieren* (resp. entsprechende Institutionalisierungen zu zerstören). Erst wenn die Schließungsprozesse in stabile institutionelle Strukturen münden, können dauerhaft positionale Renten erzielt werden. Sind Schließungsprozesse allerdings erst einmal institutionalisiert (ist etwa eine Beschäftigungssicherung in der Betriebsvereinbarung festgehalten), können weitere Personen (neu eingestellte Beschäftigte) in den Genuss der Privilegien geschlossener Positionen kommen, ohne selbst etwas dafür tun zu müssen.

Drittens gibt es zwei grundsätzliche *Mechanismen*, die Inhaber geschlossener Positionen zur Erzielung von Renten ausnutzen können: Informationsasymmetrien und Monopole (Sørensen 2000a). *Informationsasymmetrien* resultieren aus dem Kontrollproblem beim Einsatz der Arbeitskraft. Wenn Arbeitgeber die Produktivität der Arbeitnehmer nicht kontrollieren können, weil sie z.B. nicht genau wissen, wie die Produktivität der Arbeitnehmer überhaupt einzuschätzen ist, können Arbeitnehmer durch (unentdeckte) Leistungszurückhaltung zu Renten gelangen (dieses Phänomen wird in der ökonomischen Literatur auch unter dem Begriff des „shirking" diskutiert, siehe z.B. Akerlof/Yellen 1986). Einerseits können solche Informationsasymmetrien in Minderleistungen der Arbeitnehmer und damit in Renten resultieren, wenn diese Minderleistungen vom Arbeitgeber nicht entdeckt werden. Andererseits schützt Spezialwissen tendenziell vor Entlassung, selbst wenn Leistungszurückhaltungen entdeckt werden. Der potentielle Verlust „spezifischen" Humankapitals könnte den Produktionsablauf bedrohen. *Monopole* verhindern, dass Konkurrenten die eigenen Beschäftigungsmöglichkeiten übernehmen und schaffen dadurch Beschäftigungssicherheit und Rentenpotentiale. Monopolbildungen können sehr vielfältige Formen annehmen; etwa können Lizensierungssysteme die Ausübung beruflicher Tätigkeiten an bestimmte Zertifikate binden oder Kündigungsschutzregeln den Zugang von konkurrierenden Arbeitnehmern zum Betrieb erschweren. Monopole funktionieren auch dann, wenn die Kontrolle der Produktivität uneingeschränkt möglich ist. Das Monopol verhindert die Ersetzung unproduktiver Arbeitnehmer auch bei bekannter Minderproduktivität und nicht vorhandenem Spezialwissen und ermöglicht auf diese Weise Renten.

---

folgreich versuchen, ihre Löhne über dem markträumenden Lohn zu halten. Strukturelle Arbeitslosigkeit entsteht aus dieser theoretischen Sichtweise demnach aus dem individuellen bzw. kollektiven (z.B. im Falle von gewerkschaftlichen Aktivitäten) Streben der Erwerbstätigen nach Löhnen, die über dem Äquivalent ihrer Produktivität liegen, sowie der Macht, solche Löhne tatsächlich auch durchsetzen zu können.

Viertens hängen diese beiden Schließungsmechanismen eng mit zwei grundsätzlichen *Modi* der Schließung zusammen: Schließungsprozesse können *individualistisch* oder *kollektivistisch* sein (Parkin 1983). Die Ausnutzung von Informationsasymmetrien kann ganz auf individueller Ebene verlaufen; ein Arbeitnehmer mit wichtigem Spezialwissen kann Renten für sich alleine erzielen. Individualistische Schließungsmechanismen sind daher eng an die Akkumulation von Humankapital gebunden: Unklarheiten über das Leistungsniveau und die Leistungsbereitschaft bestehen vor allem in anspruchsvolleren beruflichen Tätigkeiten. Die Etablierung von Monopolen wiederum kann in der Regel nur durch kollektive Handlungsweisen durchgesetzt werden; die Durchsetzung des Kündigungsschutzes etwa resultierte aus lang anhaltenden kollektiven Aktionen.

Fünftens können unterschiedlichste *Ressourcen* als Mittel („rent-generating assets", Sørensen 2000a: 1538) zur Schließung von Positionen eingesetzt werden. Spezifisches Humankapital ist als Mittel geeignet, da Beschäftigte im Zuge individualistischer Schließungspraktiken die damit verbundenen Informationsasymmetrien ausnutzen können. Für einen großen Teil der abhängig Beschäftigten stellt es sicher das wichtigste Schließungsmittel dar. Ansonsten lassen sich aber auch Patente, ökonomisches Kapital und andere Ressourcen als Mittel zur Schließung von Positionen nutzen, sei es durch Errichtung von Informationsasymmetrien oder durch die Errichtung von Monopolen.

An dieser Stelle ist noch einmal die enorm hohe Bedeutung von Institutionalisierungsprozessen für die soziale Schließung zu unterstreichen. Ressourcen können erst dann zur Schließung eingesetzt werden, wenn sie in institutionalisierte Schließungspraktiken eingebettet sind. Bildungsabschlüsse generieren beispielsweise nur dann Renten, wenn sie mit so genannten credentialistischen Allokationsregeln verbunden werden (z.B. der so genannte „Meisterzwang" im Handwerk, Niederlassungsregelungen sowie Begrenzung der Ausbildungsplätze für Mediziner). Ohne solche institutionalisierten Schließungspraktiken kann man nur Marktrenditen erzielen und die können auch für hohe Bildungsabschlüsse recht gering sein (Musiker und andere Kreativberufe in selbständiger Arbeit). Ökonomisches Kapital wird erst durch das Recht auf Besitz zum Ausschließungsmittel (Parkin 1979)[5], das sich zudem durch künstliche oder natürliche Monopole (z.B. Hausbesitz in der Innenstadt) verstärken lässt.

Sechstens ist letztlich eine „Schließung von oben" (nach Parkin: „Ausschließung", Parkin 1983) von einer Schließung „von unten" (Usurpation) zu unter-

---

5 Allerdings lässt sich die Kontrolle über ökonomisches Kapital auch anders als mit privatwirtschaftlichen Besitztiteln institutionalisieren, wie die Geschichte so genannter „sozialistischer" oder „kommunistischer" Gesellschaften zeigt.

scheiden. Während das Schließungspotential „von oben" auf (bereits) stark institutionalisierten Schließungspraktiken und dem Einsatz machtvoller Mittel beruht (z.B. höhere Manager: Nutznießer von Informationsasymmetrien durch spezifisches Humankapital bei gleichzeitig umfangreichen, institutionell abgesicherten Entscheidungsbefugnissen) ist die „Schließung von unten" auf solidarisches Handeln angewiesen (also auf kollektivistische Schließungspraktiken), das eine deutlich fragilere Machtbasis darstellt (Trittbrettfahrerproblem bei gewerkschaftlich organisierten kollektiven Verhandlungen etc.).

4. DIE ANALYSEEBENEN VON SCHLIESSUNGSPROZESSEN

Grundsätzlich sind Schließungsprozesse auf der *Mikroebene* relevant: Die Frage, ob ein Arbeitnehmer in einer geschlossenen Position arbeitet und daher Renten erzielen kann oder nicht, ist prinzipiell für jeden einzelnen Arbeitnehmer resp. für jede einzelne Arbeitsstelle zu untersuchen. Es ist davon auszugehen, dass der Schließungsgrad von Positionen innerhalb von Aggregaten, also Betrieben, Unternehmen, Branchen etc. erheblich variiert. Innerhalb derselben Branche, desselben Betriebes, derselben Abteilung können für gleiche berufliche Tätigkeit gleichzeitig offene und geschlossene Positionen existieren. Gleichwohl ist ebenfalls davon auszugehen, dass die Variation zwischen Öffnung und Schließung in Aggregateinheiten nicht zufällig erfolgt und diese sich insgesamt als eher offen oder eher geschlossen charakterisieren lassen. Dabei können sich diese Aggregate auf der *Mesoebene* befinden (Schließungsgrad von Betrieben, Abteilungen in Betrieben, Branchen etc.) oder gar auf der *Makroebene* angesiedelt sein (Vergleich von Schließungsgraden von Arbeitsmarktsegmenten oder gar von Arbeitsmärkten im internationalen Vergleich).

Trotz der Vielfältigkeit der Schließungsprozesse lassen sich u.E. vier hauptsächliche Ebenen unterscheiden, die als Ordnungsrahmen für die Analyse von Schließungsprozessen dienen können.

- *Die Job-Ebene*. Auf der Mikroebene lassen sich mit Hilfe von Charakteristika individueller Arbeitsstellen offene versus geschlossene Jobs unterscheiden. So gelten befristete Arbeitsstellen, Leiharbeit oder andere „atypische" Arbeitsbeziehungen gegenüber dem „Normalarbeitsverhältnis" generell als offener, wenn und insoweit die Besonderheit des atypischen Arbeitsverhältnisses die Beschäftigungssicherheit untergräbt (Giesecke 2006; Giesecke/Groß 2007).
- *Die Berufsebene*. Hier stehen als Akteure Angehörige bestimmter Berufsgruppen im Mittelpunkt des Geschehens, die Renten in erster Linie durch Monopo-

lisierung zu erzielen suchen. Paradigmatische Beispiele sind die Freien Berufe, die erstens den *Zugang* (credentialistische Allokationsregimes, stark variierend mit Bildungssystemen, Groß 2000) und zweitens das *Leistungsangebot* durch entsprechende Berufsausübungsbegrenzungen (z.b. „Licensing") zu monopolisieren versuchen, um das Arbeitsangebot künstlich zu verknappen. Die Schließungsstrategien fallen dementsprechend vor allem kollektivistisch aus (Murphy 1988, Weeden 2002).
- *Die Ebene von Organisationen.* Hier sind Formen der Schließung gemeint, die auf institutionalisierte Schließungspraktiken in Organisationen beruhen. Das können z.b. Senioritätsregeln bei der Besetzung von Positionen oder auf Betriebsebene vereinbarte Beschäftigungssicherungen sein. Vor allem profitiert hier aber das Unternehmensmanagement, das i.d.R. einerseits Informationsasymmetrien ausnutzen kann, anderseits über nicht hintergehbare institutionalisierte Entscheidungsbefugnisse verfügt, die eine hohe Kontrolle der Positionsbesetzung ermöglichen. Hier kommen vielfach individualistische Schließungsprozesse zum Tragen.
- *Die Ebene des Arbeitsmarktes.* Hier werden institutionelle, oft gesetzliche Regelungen, herangezogen, um Arbeitsmarktsegmente oder, im internationalen Vergleich, ganze Arbeitsmärkte als offen vs. geschlossen zu charakterisieren. Diese resultieren häufig aus kollektivistischen „Schließungen von unten", welche die Situation derer verbessern sollen, die weder über eine berufliche noch eine organisationale Basis potentieller Schließungen verfügen. Hauptakteure sind hier die Gewerkschaften und Berufsverbände, aber auch politische Parteien, die vor allem monopolisierende Schließungsregeln durchzusetzen suchen: Kündigungsschutz und kollektive Tarifvereinbarungen sind die resultierenden Formen der Schließung.

Die verschiedenen Ebenen sind nicht unabhängig voneinander. Gesetzliche Rahmenregelungen des Arbeitsmarktes ermöglichen resp. verhindern die Entstehung befristeter Jobs oder die Installation von Betriebsräten auf Unternehmensebene; auch ist etwa die Frage, ob die Befristung eines Jobs überhaupt als Indikator für eine offene Position zu verstehen ist, von diesen Rahmenbedingungen abhängig. In einem Arbeitsmarkt, in dem „hire and fire" unbeschränkt möglich ist, haben unbefristete im Vergleich zu den befristeten Arbeitsstellen keine erhöhte Beschäftigungssicherheit. Inwieweit eine Befristung als Öffnung zu verstehen ist, hängt auch vom Berufsfeld ab. Im IT-Bereich sind auf Dauer gestellte Beschäftigungen in demselben Unternehmen möglicherweise gar nicht erwünscht, weil der Wechsel zwischen Unternehmen eine Konkurrenz der Arbeitgeber verursacht, die Spezialisten mit entsprechendem Fachwissen ein höheres

Einkommen beschert als eine dauerhafte Anstellung. Hier findet die Schließung auf der Berufsebene statt, während die Jobcharakteristika bedeutungslos sind.

Zu betonen ist allerdings, dass die *Betriebe auch* jenseits der Analyse betriebsspezifischer Schließungspraxen *als Analyseeinheiten* von Schließungsprozessen eine besondere Rolle spielen. Im Betrieb treffen die individuellen und kollektiven Akteure aufeinander, die die Schließung bzw. Öffnung von Positionen vorantreiben wollen und versuchen ihre Interessen durchzusetzen. Daraus resultiert eine betriebliche Beschäftigungspolitik, in der sich die vier Schließungsebenen bündeln. Neben organisationsspezifischen Schließungsmechanismen kommen grundsätzliche Entscheidungen der Betriebsleitung über die Art der eingesetzten Jobs zum Tragen (z.B. befristete oder unbefristete Arbeitsverträge etc.), wobei berufsspezifische Anforderungen wie auch generelle institutionalisierte Regelungen des Arbeitsmarktes zu berücksichtigen sind.

5. EXTERNE ARBEITSMÄRKTE UND OFFENE BEREICHE DES ARBEITSMARKTES

Der Begriff des „externen Arbeitsmarktes" entstammt der Segmentationstheorie, wo er insbesondere durch die Arbeiten von Doeringer und Piore (Doeringer/ Piore 1985[1971]; Piore 1978) bekannt geworden ist. Während auf externen Arbeitsmärkten die Bedingungen des freien Marktes herrschen, sind „interne" Arbeitsmärkte eben von den freien Märkten abgeschottet. Interne Arbeitsmärkte bestehen aus in Karriereleitern angeordneten, strukturell klar definierten Positionen, wobei die Allokation von Personen auf diese Positionen und ihre Entlohnung durch institutionalisierte Regeln gesteuert wird.

Die Unterscheidung zwischen internen und externen Arbeitsmärkten korrespondiert eng mit der Unterscheidung primärer und sekundärer Arbeitsmärkte: Die primären Arbeitsmärkte bestehen aus Arbeitsstellen mit anspruchsvollen Tätigkeiten, die gut entlohnt werden und sich durch stabile Beschäftigung auszeichnen, während die unsteten Jobs des sekundären Arbeitsmarktes lediglich Basisqualifikationen erfordern und schlecht entlohnt sind. Im Wesentlichen scheinen Doeringer und Piore interne Arbeitsmärkte mit primären und externe Arbeitsmärkte mit sekundären gleichzusetzen. Die beiden Konzeptpaare unterliegen aber sehr unterschiedlichen Begriffslogiken. „Primäre" und „sekundäre" Arbeitsmärkte sind eher deskriptive Konzepte: Was primär oder sekundär ist, entscheidet sich im Wesentlichen über bestimmte Merkmale der Arbeitsstellen (bzw. über die Merkmale der sie besetzenden Personen: So ordnen Doeringer und Piore bestimmte soziale Schichten bestimmten Arbeitsmarktsegmenten zu).

Die Unterscheidung zwischen „internen" und „externen" Arbeitsmärkten setzt hingegen am Allokationsprozess selbst an: Der marktgesteuerten Zuordnung von Personen auf Positionen im externen Arbeitsmarkt wird ein institutionell geregelter im internen Arbeitsmarkt entgegengesetzt.

Als Klassifizierungsinstrument ist eine simple Unterscheidung des Arbeitsmarktes in zwei Bereiche etwas krude. Doeringer und Piore haben zwar selbst noch „obere" und „untere" Teilbereiche des primären Arbeitsmarktsegments unterschieden. Die Segmentationsliteratur zeichnet sich aber durch Versuche aus, feinere Schemata zu entwickeln, die eine differenziertere Erfassung von Mobilitätsschranken auf dem Arbeitsmarkt ermöglichen soll (Althauser 1989; Althauser/Kalleberg 1990; Carroll/Mayer 1986; Kalleberg 1988; Sakamoto/Chen 1991; Stinchcombe 1979). Im Allgemeinen werden dabei die unterschiedlichen Allokationsmechanismen interner vs. externer Arbeitsmärkte mit den unterschiedlichen Qualitäten primärer vs. sekundärer Arbeitsmärkte kombiniert. Eine Grundform, entwickelt im Rahmen des „Münchner Segmentationsansatzes" (Blossfeld/Mayer 1988; Köhler/Krause 2010: 392ff.; Sengenberger 1987), unterscheidet dabei Segmentationsbereiche. Der (betriebs-)interne Arbeitsmarkt und der externe berufsfachliche Arbeitsmarkt bilden gemeinsam das primäre Arbeitsmarktsegment, sekundäre Jobs finden sich nur extern auf dem „Jedermanns-Arbeitsmarkt". Ähnlich unterteilen Althauser und Kalleberg interne Arbeitsmärkte in „firmeninterne" und „berufsinterne" Arbeitsmärkte (Althauser/Kalleberg 1981). Die „berufsinternen" Arbeitsmärkte sind durchaus mit häufigen Wechseln zwischen Arbeitgebern verbunden und stellen aus betrieblicher Sicht externe Arbeitsmärkte dar; gleichwohl zeichnen sie sich durch eine sichere Beschäftigung in einem bestimmten Beruf aus.

Die enge Verbindung der Schließungstheorie zu den Segmentationsansätzen ist unübersehbar. Man kann die frühen Entwürfe der Schließungstheorie (Sørensen 1983) u.E. als eine Systematisierung der Theorie interner Arbeitsmärkte betrachten. Die institutionalisierten Allokations- und Entlohnungsregeln in internen Arbeitsmärkten lassen sich als Mechanismen der Schließung von Positionen verstehen und die Grenzen zwischen internen und externen Arbeitsmärkten als Grenzen zwischen Bereichen offener und geschlossener Positionen. „Primäre" und „sekundäre" Arbeitsmärkte knüpften dann entsprechend an den Folgen der Schließung für Mobilitäts- und Entlohnungschancen spezifischer Arbeitnehmergruppen an.

Im Vergleich zu den Segmentationsansätzen bietet die Theorie der Schließung allerdings einige entscheidende Vorzüge. Zuallererst zeichnet sie sich durch eine theoretische Stringenz aus, die den Segmentationsansätzen fehlt. Die Definition interner Arbeitsmärkte durch institutionalisierte Allokationsregeln wurde keineswegs konsequent durchgehalten. Bisweilen werden die Grenzen interner Arbeitsmärkte nahezu mit Betriebsgrenzen gleichgesetzt (so lassen sich u.E. Köhler/Krause 2010 zumindest streckenweise verstehen), der Indikator „Betriebsgröße" erhält gelegentlich definitorischen Rang (Blossfeld/Mayer 1988) oder die Qualitäten „guter Jobs" (theoretisch allenfalls eine *Folge* der institutionalisierten Allokationsmechanismen) werden zu charakteristischen Merkmalen interner Arbeitsmärkte. Was geschlossene Positionen sind, ist hingegen klar: Es sind die Positionen, in denen die Arbeitnehmer die Kontrolle über die Besetzung ausüben. Ebenfalls klar ist, was daraus folgt: privilegierte Beschäftigungsbedingungen. Damit erlaubt die Schließungstheorie eine deutlich besser begründete Einteilung des Arbeitsmarktes in unterschiedliche Bereiche. Dazu bieten sich zwei Herangehensweisen an.

Empirisch lassen sich Arbeitsmarktbereiche nach ihrer *Beschäftigungsstabilität* unterteilen. Da in geschlossenen Positionen nur freiwillige Mobilität stattfinden kann, sind geschlossene Bereiche stabiler als offene, in denen neben freiwilligen Kündigungen eben auch unfreiwillige Entlassungen (oder unfreiwillige Terminierungen befristeter Beschäftigungen) stattfinden[6]. Damit ist die Beschäftigungsstabilität selbst ein zentraler Indikator geschlossener Positionen und für die mit der Schließung einhergehenden Privilegien. Dabei lassen sich drei Aspekte der Stabilität unterscheiden: Eine hohe *betriebliche Stabilität* bedeutet, dass ein Arbeitnehmer dauerhaft in seiner Arbeitsstelle verbleiben kann. Eine hohe *berufliche Stabilität* indiziert die sichere und damit wahrscheinlich auch rentengenerierende Ausübung desselben Berufs, wobei durchaus zwischen verschiedenen Arbeitgebern gewechselt werden kann. Eine hohe *Erwerbsstabilität* impliziert eine sichere Beschäftigung, auch wenn das unter Umständen mit wechselnden beruflichen Tätigkeiten verbunden sein kann.

Ganz offensichtlich stehen diese Varianten der sicheren Beschäftigung in einem hierarchischen Verhältnis. Der Verbleib im gleichen Betrieb impliziert i.d.R. den Verbleib im Beruf und beides den Verbleib in Beschäftigung. Dementsprechend erwarten wir, dass die betriebliche Stabilität auch das größte und die Erwerbsstabilität ein vergleichsweise geringes Potential zur Rentengenerie-

---

6 Freiwillige Mobilität kann allerdings stattfinden. Damit sind auch Systeme (stark) geschlossener Positionen nie vollständig stabil, da Arbeitnehmer ja die Besetzung ihrer Positionen kontrollieren, sie also nach Belieben auch verlassen können. Unter der Annahme, dass sich die Mobilitätsneigung seitens der Arbeitnehmer nicht systematisch zwischen offenen und geschlossenen Positionen unterscheidet, deutet eine höhere Beschäftigungsstabilität auf eine höhere Beschäftigungssicherheit und damit auf geschlossene Positionssysteme hin.

rung impliziert. So ist es auch kein Wunder, dass sich Untersuchungen zu geschlossenen Positionen vor allem mit der betrieblichen Stabilität beschäftigen. Dabei läuft man aber Gefahr, die Privilegierung berufsstabiler Positionen zu übersehen und auch erwerbsstabile Arbeitnehmer haben noch vorteilhafte Beschäftigungsbedingungen im Vergleich zu denjenigen, die sich mit häufigen und längeren Phasen der Erwerbslosigkeit abfinden müssen.

Theoretisch müssen in erster Linie die *institutionellen Rahmenbedingungen* aufgezeigt werden, die die Schließung von Positionen implementieren. So lassen sich die (betriebs-)internen Arbeitsmärkte des „Münchner Modells" weiter unterteilen, etwa nach Jobmerkmalen, die eine Öffnung bzw. Schließung von Arbeitsverhältnissen nach sich ziehen. Während „berufsfachliche" Arbeitsmärkte im Rahmen von Segmentationstheorien in erster Linie nach Qualifikationsmerkmalen abgegrenzt werden, weist die Schließungstheorie darauf hin, dass der Charakter von Arbeitsverhältnissen in diesem Arbeitsmarktsegment auch stark von berufsspezifischen Regulierungssystemen (wie Niederlassungsregeln, Handwerksverordnungen etc. (Weeden 2002)) bestimmt sind, was weitere Unterteilungen erlaubt. Und nicht jeder Job im unqualifizierten „Jedermanns-Arbeitsmarkt" ist auch ungeschützt. Die Einbeziehung von Schließungsprozessen auf der Ebene arbeitsmarktrechtlicher Regulierungsbereiche und vor allem auf der Job-Ebene selbst (beide Ebenen werden in den gängigen Segmentationsansätzen höchst stiefmütterlich behandelt), ermöglicht auch eine Ausdifferenzierung des externen-sekundären Segments. Neben den wirklich offenen Positionen mit entsprechend instabiler Beschäftigung ihrer Inhaber (etwa befristet beschäftigte unqualifizierte Arbeitskräfte, die je nach Bedarf eingestellt werden) finden sich auch innerhalb von Berufen stabil Beschäftigte (befristet Beschäftigte höherer Qualifikation in bestimmten Berufen, die im Rahmen von „Projektarbeit" zwischen Betrieben häufig wechseln) und erwerbsstabile Beschäftigte (Personen, die gerade durch häufige Wechsel ihrer beruflichen Tätigkeit einen kontinuierlichen Erwerbsverlauf erreichen können).

Es bietet sich also an, statt der unklaren Einteilungen von Arbeitsmärkte in „interne" und „externe" oder „primäre" und „sekundäre" Arbeitsmärkte eine Einteilung in Bereiche geschlossener und offener Positionen vorzunehmen, wobei die institutionellen Rahmenbedingungen auf allen vier Ebenen beachtet werden können. Unterliegt eine gegebene Position gesetzlichen Schutzmechanismen, wie Kündigungsschutzregelungen, gesetzlich definierten Ausbildungsvorschriften oder Niederlassungsverordnungen? Gibt es berufliche Schutzmechanismen, die ähnliche Regelungen treffen, wenn sie auch nicht ganz die Wirkungskraft gesetzlicher Verordnungen erreichen? Gibt es einen starken Betriebsrat, klar definierte Mobilitätskanäle oder ähnliche organisationale Elemente, die

die Beschäftigung im Betrieb sichern und die Entlohnung regeln? Welche vertraglichen Vereinbarungen auf der individuellen Ebene regeln Beschäftigungsdauer und Entlohnung?

Die Berücksichtigung aller dieser Charakteristika der institutionellen Rahmenbedingungen ließe eine sehr feine Unterteilung des Arbeitsmarktes in Bereiche eher offener oder eher geschlossener Positionen zu. Das dürfte aber kaum möglich, vielleicht noch nicht einmal wünschenswert, sein. Vielmehr bietet die Schließungstheorie das „Rüstzeug", mit dem je nach untersuchter Fragestellung eine geeignete Einteilung des Arbeitsmarktes nach unterschiedlichen Kriterien und je nach Zahl und Abstufung der Kriterien in nahezu beliebiger Feinheit möglich ist. Die Literatur zu „atypischen Beschäftigungsverhältnissen" zielt auf die Jobebene (Giesecke 2006; Giesecke/Groß 2005; Giesecke/Groß 2007), klassische Studien der Ungleichheitssoziologie, insbesondere klassenanalytisch ausgerichtete, zielen eher auf die Berufsebene (Erikson/Goldthorpe 1992; Goldthorpe 2000; Parkin 1979), Betriebsstudien konzentrieren sich auf die Organisationsebene (Brüderl et al. 1991; Preisendörfer 1987; Rosenbaum 1979). Je nach gewählter Ebene erhält man einen anderen Blick auf den Arbeitsmarkt und eine andere Einteilung desselben nach offenen und geschlossenen Bereichen: Klassenbasierte Studien heben die Privilegierung der gehobenen Dienstklasse im Vergleich zu den unqualifizierten Arbeitern hervor, Studien zur Arbeitsmarktflexibilisierung beleuchten die Benachteiligung der offenen atypischen Beschäftigungsverhältnisse im Vergleich zu den geschlossenen Normalarbeitsverhältnissen, Betriebsstudien untersuchen die benachteiligte „Peripherie" im Vergleich zur „Kernbelegschaft".

Die Schließungstheorie ermöglicht damit einen sehr differenzierten Blick auf den Arbeitsmarkt, ohne jedoch in eine deskriptive Beliebigkeit zu verfallen. Bei aller Variabilität der gewählten Indikatoren verliert sie das eigentliche Ziel nicht aus dem Blick: die Identifizierung von Regelungssystemen, die eine Öffnung bzw. Schließung von Positionen beinhalten und damit privilegierte bzw. benachteiligte Positionen auszeichnen. Das differenziertere deskriptive Potential ist aber nur ein Vorzug der Schließungstheorie. Der andere, möglicherweise weit wichtigere liegt in ihrem Potential zur Erklärung der Entstehung von Bereichen geschlossener resp. offener Positionen und damit zur Erklärung der Entstehung resp. Erhaltung externer Teilarbeitsmärkte.

6. Wie entstehen externe Teilarbeitsmärkte?

Ein wesentlicher Vorzug der Schließungstheorie gegenüber Segmentationsansätzen und verwandter Theorien liegt darin, dass sie die Etablierung externer Teilarbeitsmärkte als Bereiche offener Positionen u.E. besser erklären kann als Segmentationsansätze und verwandte Theorien. Schließungsrelationen sind grundsätzlich dynamisch angelegt, da hier entgegengesetzte Interessen gegenüberstehen. Die Profiteure der Schließungsbeziehungen wollen die Schließung aufrechterhalten bzw. vertiefen, die Benachteiligten wollen sie abbauen. Diese konflikthafte Situation resultiert i.d.R. in einem institutionellen Arrangement (das eben auch einen Anteil offener Positionen auf externen Teilarbeitsmärkten implizieren kann), das aber grundsätzlich fragil ist und schnell durch eine Änderung der Umstände gestört werden kann. Für den Verlauf der Schließungskonflikte sind drei Faktoren ausschlaggebend: das *Interesse* der Akteure an der Öffnung resp. Schließung von Positionen, die den Akteuren zur Verfügung stehenden *Ressourcen* und die *institutionellen Rahmenbedingungen*. Diese drei Faktoren entscheiden darüber, ob und wie stark sich die Akteure in Schließungskonflikten engagieren und welche Handlungsstrategien sie dafür wählen[7].

1. Was das *Interesse* der involvierten Akteure angeht, liefert die Schließungstheorie selbst das stärkste Motiv. Langfristige Sicherheit und die daraus resultierenden Möglichkeiten, Renten zu generieren, bieten den Kandidaten für potentiell geschlossene Positionen eine starke Motivation, sich für die Schließung von Beziehungen einzusetzen; ihre Gegenpole haben entsprechend starke Interessen, sich der Schließung von Positionen zu widersetzen. Nicht umsonst sieht Sørensen in der Schließungstheorie die einzig mögliche Basis einer Klassentheorie Marx'scher Prägung. Sie liefert die Begründung strukturell erzeugter und in diesem Sinne „objektiver", Interessen und kann daher als Ausgangspunkt einer Theorie strukturell induzierten sozialen Handelns dienen (Sørensen 2000b). Daraus folgt, dass Arbeitnehmer grundsätzlich an internen Teilarbeitsmärkten interessiert sind und versuchen werden, externe Teilarbeitsmärkte zu vermeiden; umgekehrt wollen Arbeitgeber Renten möglichst zerstören und damit externe Teilarbeitsmärkte soweit als möglich etablieren.

---

7 Der Einfachheit halber werden im Folgenden als hauptsächliche Akteursgruppen „Arbeitgeber" und „Arbeitnehmer" unterschieden. Es sollte aus den vorangegangenen Ausführungen aber klar geworden sein, dass je nach institutionellen Rahmenbedingungen und Ressourcenabstufungen problemlos weitere Differenzierungen dieser Gruppen erfasst werden können.

Doch gibt es beidseitig Variationen in diesen Interessenlagen. Seitens der *Arbeitnehmer* ist durchaus denkbar, dass einige Gruppen nicht übermäßig an Positionen im betriebsinternen Arbeitsmarkt interessiert sind – sei es, weil sie die Vorteile geschlossener Positionen aufgrund ihrer Lebenssituation schlicht nicht benötigen oder weil sie auf berufsinterne Arbeitsmärkte zurückgreifen können. Arbeitnehmergruppen, die typischerweise ein (vergleichsweise!) geringes Interesse haben, eine betriebliche geschlossene Position zu besetzen und sich mit den nicht immer einfachen Erwerbssituationen in *offenen* Positionen zufrieden zu geben, finden sich in den sogenannten „kreativen Berufen" (vgl. Manske 2010). Das Erlernen eines künstlerischen Berufs bietet zumindest einige Chancen auf eine marktliche Verwertung des erworbenen Humankapitals, darüber hinaus eine nicht zu unterschätzende intrinsische Befriedigung der Berufsausübung. Das scheint insbesondere für die jüngeren Vertreter dieser Gruppe Anreiz genug zu sein, sich mit den eher unsteten Erwerbsaussichten in dieser Sparte zufrieden zu geben. Entscheidenden Einfluss auf die Interessenlage seitens der Arbeitnehmer hat auch ihre aktuelle Position im Lebensverlauf: Ein sicheres Einkommen ist beispielsweise für Familienversorger in den mittleren Jahren wichtiger als für junge Arbeitsmarkteinsteiger, die nur für sich selbst zu sorgen haben.

Andere Arbeitnehmergruppen geben sich mit externen Arbeitsmärkten zufrieden, weil sie zumindest durch *berufsinterne* Arbeitsmärkte abgesichert sind. So sind z.B. Angehörige professioneller und semiprofessioneller Berufe im medizinischen Bereich – Ärzte, Krankenschwestern, Pfleger etc. - durchaus Kandidaten für die geringer geschützten Bereiche im Betrieb und zahlreiche Umstrukturierungen im medizinischen Sektor zielen darauf, die grundsätzliche Austauschbarkeit des Personals für Einsparungen zu nutzen, was sich auch in zunehmend instabiler Beschäftigung (resp. erhöhter Fluktuation) und sich verschlechternden Arbeitsbedingungen in diesem Bereich bemerkbar macht. Aber sind die Angehörigen dieser Berufe dem Markt damit schutzlos ausgeliefert? Keineswegs, wie gerade das Beispiel der Ärzte zeigt: Sie verfügen nach wie vor über wirkungsvolle Praktiken, die Marktkonkurrenz einzudämmen. Dazu gehören Ausbildungsvorschriften, Zulassungsverordnungen und ähnliche Schließungsmechanismen, die zwar eine Verschärfung der Konkurrenz nicht vollständig verhindern, sicher aber eindämmen konnten. Dazu aber sind kollektivistische Handlungsstrategien nötig: Es bedarf der permanenten Lobbyarbeit der berufsständischen Vertretungen, um ein weiteres Aufweichen beruflicher Schließungspraxen zu verhindern. Ähnliches gilt für die medizinischen Semi-Professionen, die hier jedoch weit weniger erfolgreich sind.

Dass auch *Arbeitgeber* an der Schließung von Positionen interessiert sein können, wird insbesondere von den Vertretern des „Neoinstitutionalismus" (Williamson 2000) betont. Der Grundgedanke ist hier, dass eine umfassende Koordination wirtschaftlicher Tätigkeiten durch den Tausch auf freien Märkten aufgrund anfallender Transaktionskosten (Nienhüser 2005; Williamson 1998) nicht realisiert werden kann. Eine vollständige Spezifizierung von Verfügungsrechten über Güter und Dienstleistungen ist aufgrund asymmetrischer Informationsverteilungen und divergierender Interessen der Tauschpartner nicht möglich. In der Folge müssen Koordinationsmechanismen gefunden werden, die unter Vermeidung bzw. Minimierung der Transaktionskosten die entstehenden Probleme der Entscheidung unter Unsicherheit und der Motivation gelöst werden.

So entsteht überhaupt erst das Unternehmen (Coase 1937). Arbeitgeber und Arbeitnehmer legen in einem recht unspezifizierten Arbeitsvertrag den Tausch Lohn gegen das allgemein gehaltene Verfügungsrecht des Arbeitgebers über die Arbeitskraft des Arbeitnehmers fest. Damit wird der Koordinationsmechanismus „Markt" gegen einen streng hierarchischen Koordinationsmechanismus ersetzt: Der Arbeitnehmer übernimmt die Rolle eines „agent", der sich gegen eine entsprechende Kompensation den Anweisungen des „principal" unterwirft (Coleman 1990; Eisenhardt 1989). Der Transaktionskostenansatz kann nicht nur zur Erklärung der Entstehung des Unternehmens an sich, sondern auch zur Erklärung langfristiger Beziehungen in Unternehmen, also zur Entstehung interner Arbeitsmärkte bzw. Bereiche geschlossener Positionen, herangezogen werden: Die Langfristigkeit der Beziehung sichert eine effiziente Koordination wirtschaftlicher Tätigkeit, da sie erst die Voraussetzungen schafft, die Informations- und Motivationsprobleme unter Minimierung anfallender Transaktionskosten lösen zu können (Sesselmeier/Blauermel 1997: 184-217).

Verstärkt wird dieses Argument durch das Argument der Spezifität von Produktionsfaktoren (insbesondere des Humankapitals), das schon in der „Urform" der Humankapitaltheorie wichtig war (Becker 1964) und insbesondere die Anfänge der Segmentationstheorie prägte (Doeringer/Piore 1985[1971]; Piore 1978). Danach sind in Bereichen, die hohe Investitionen in betriebsspezifisches Humankapital erfordern, auch die Arbeitgeber an langfristigen Arbeitsbeziehungen interessiert, was zu einer engen Verknüpfung betriebsspezifischen Humankapitals mit firmeninternen Arbeitsmärkten führt. Zum einen dienen firmeninterne Arbeitsmärkte ja gerade zur Ausbildung, also zur Erzeugung betriebsspezifischen Humankapitals. Zum anderen sind die Betriebe daran interessiert, die getätigten Ausbildungsinvestitionen auch zu erhalten. Anders ausgedrückt: Sowohl Arbeitgeber als auch Arbeitnehmer haben in diesem Fall ein Interesse an der langfristigen Beschäftigung – was entsprechend zur Schließung von Positionen führt[8]. Typischerweise wird solches Humankapital in der industriellen Produktion mit komplexen Fertigungsanlagen benötigt, die extern rekrutierte Fachkräfte (i.e. Arbeitnehmer mit ohnehin schon hohem berufsspezifischen Humankapital, s.u.) im Betrieb noch weiterbilden. Aber auch in der Kreditwirtschaft, dem Versicherungsgewerbe und ähnlichen Bereichen ist oft viel betriebliche Erfahrung nötig, um Aufgaben adäquat erfüllen zu können. Im hohen Schließungspotential jobspezifischen Humankapitals dürfte ein wesentlicher Grund dafür liegen, warum im Branchen, die besonders stark auf jobspezifisches Humankapital angewiesen sind (z.B. industrielle Produktion, Kredit- und Versicherungsgewerbe), betriebsinterne Arbeitsmärkte eine besonders wichtige Rolle spielen, was sich etwa in den vergleichsweise geringen Befristungsquoten in diesen Bereichen bemerkbar macht (Statistisches Bundesamt 2010).

Damit liefern die ökonomischen Arbeitsmarkttheorien wie der Neoinstitutionalismus und die Humankapitaltheorie ein starkes arbeitgeberseitiges Motiv, sich auf die Schließung von Positionen einzulassen: Sie erlauben eine effizientere Steuerung der Produktion als der Marktmechanismus in Systemen offener Positionen. Da Arbeitnehmer offensichtlich ohnehin an der Schließung interessiert sind, sind Schließungsprozesse einvernehmlich und ubiquitär zu finden. Das Argument der Schließungstheorie verhält sich allerdings völlig konträr dazu: Geschlossene Positionen sind die Quelle von Ineffizienzen, da Arbeitnehmer in geschlossenen Positionen Renten erwirtschaften können; die Schließung von Positionen erfolgt daher nur auf ihr Betreiben und ruft Widerstände seitens der Arbeitgeber und entsprechende Konflikte hervor.

Welche Position hat nun Recht? Wie so oft, liegt die Wahrheit hier zwar nicht in der Mitte, aber beide Aspekte spielen eine gewichtige Rolle. Sicherlich sind geschlossene Positionen deshalb so weit verbreitet, weil sie eine effiziente

---

8 Köhler und Krause sehen vor dem Hintergrund neoinstitutionalistischer Arbeitsmarkttheorien das humankapitaltheoretische Argument „asset specifity" als nahezu überholt an (Köhler/Krause 2010). Wir würden an dieser Stelle dafür plädieren, den analytischen Blick auf das Humankapital nicht zu verlieren. Zwar ist es sicherlich so, dass Probleme der Informationsasymmetrie und der Kontrolle bzw. Motivation von Arbeitnehmern im Vordergrund der oben genannten Argumentation stehen, doch spielt hier auch das Humankapital eine entscheidende Rolle: So sind gerade die Inhaber hohen spezifischen Humankapitals nur schwer zu überwachen, was aus Sicht der Schließungstheorie dieses Humankapital zur wichtigen Ressource im Kampf um die Schließung von Positionen macht.

Organisation der Produktion ermöglichen und ihre Einrichtung seitens der Arbeitgeber daher toleriert, wenn nicht gar veranlasst wird. Gleichzeitig ist es aber auch richtig, dass geschlossene Positionen eine Machtbasis zur Generierung positionaler Renten darstellen, sodass das Kalkül der effizienten Produktion keineswegs aufgehen muss.

Die Betonung der Effizienz auch nicht-marktlicher Steuerung lässt die ökonomischen Arbeitsmarkttheorien in vielen Fällen die Risiken übersehen, die mit der Schließung von Positionen einhergehen und blendet Arbeitnehmerinteressen und mögliche Konflikte um soziale Schließungen völlig aus. Aus dieser Perspektive konnte sie zwar die Etablierung interner Arbeitsmärkte in weiten Bereichen der Ökonomie erklären, scheint aber von der zunehmenden Flexibilisierung von Arbeitsmärkten und damit von der Etablierung, Aufrechterhaltung und gar der Verbreitung externer Teilarbeitsmärkte etwas irritiert zu sein. Warum werden externe Arbeitsmärkte zur Rekrutierung der Arbeitskräfte aufrechterhalten, wenn die internen so effizient sind? Umgekehrt hat die Schließungstheorie eine einfache Antwort auf die Frage, warum instabile Beschäftigung sich zunehmender Beliebtheit gerade der Arbeitgeber erfreut, bleibt aber die Antwort schuldig, warum interne Arbeitsmärkte sich so weit verbreiteten – sogar in Ökonomien mit nur geringer institutioneller Regelungsdichte.

Zusammenfassend lässt sich damit festhalten, dass Arbeitnehmer ein recht eindeutiges Interesse an der Schließung von Positionen haben – sie sind für sie generell vorteilhaft. Allerdings dürfte die Vehemenz, mit der sie dieses Interesse verfolgen, variieren – vor allem mit ihrer persönlichen Lebenssituation, die im Zuge einer angestrebten „work-life-balance" auch einmal den Verzicht auf eine sichere Beschäftigung nahelegen kann. Für die Arbeitgeber ist die Schließung von Positionen eine zweischneidige Angelegenheit – sie kann zu Effizienzgewinnen durch Vermeidung von Transaktionskosten führen, aber auch zu Effizienzverlusten aufgrund möglicher Renten seitens der Arbeitnehmer.

2. Die *Ressourcenausstattung* der Akteure ist von enormer Bedeutung für die Fragen, ob Akteure sich in Schließungskonflikten engagieren und welche Strategie sie dafür einschlagen. Für die Arbeitgeberseite ist der Besitz an ökonomischem Kapital die wichtigste Ressource der Schließung[9]. Kollektive Akteure (auf Arbeitgeber- wie auf Arbeitnehmerseite) finden ihre wichtigsten Ressourcen in den institutionellen Rahmenbedingungen (siehe nächster Abschnitt), die viel-

---

9 Parkin hat pointiert darauf hingewiesen, dass ökonomisches Kapital als Ressource der Schließung fungiert (Parkin 1979; Parkin 1983). Dieser Umstand ist für Klassentheorien selbstverständlich, wird in Arbeitsmarkttheorien hingegen so gut wie gar nicht thematisiert.

fältige Formen annehmen können. Für individuelle Akteure auf der Arbeitnehmerseite sind diese Rahmenbedingungen zwar auch bedeutsam, ihr persönlicher Handlungsspielraum hängt aber ganz entscheidend von ihrer Humankapitalausstattung ab.

Im vorigen Abschnitt wurde schon darauf hingewiesen, dass Besitzer von (insbesondere spezifischem) Humankapital ein erhöhtes Interesse an längerfristigen Arbeitsbeziehungen haben, da sich die Humankapitalinvestitionen nur in langfristigen Arbeitsbeziehungen auszahlen können (und die Arbeitgeber sich durchaus aus dem gleichen Motiv heraus auf solche Beziehungen einlassen). Gleichzeitig führen die Besitzer umfangreichen Humankapitals in der Regel auch solche Tätigkeiten aus, in der Informationsasymmetrien besonders stark ausgeprägt sind – gerade die Ergebnisse anspruchsvoller Tätigkeiten sind in der Regel nur schwer messbar, sodass eine für den marktgesteuerten Tausch notwendige Produktivitätskontrolle kaum möglich ist und dadurch einen Spielraum für opportunistisches Verhalten eröffnet. So folgt schon aus den transaktionskostenorientierten ökonomischen Ansätzen, dass umfangreiches (spezifisches) Humankapital mit langfristigen Arbeitsbeziehungen, also der Schließung von Positionen, einhergeht.

Auch hier eröffnet die Schließungstheorie eine zusätzliche Perspektive. Während die ökonomische Theorie wiederum ein Effizienzargument zur Erklärung der Schließung von Positionen heranzieht (Humankapitalinvestitionen müssen sich amortisieren), stellt die Schließungstheorie in Rechnung, dass Arbeitnehmer durch die Schließung zusätzliche Renten erwirtschaften wollen, und begreift die Humankapitalausstattung der Arbeitnehmer als eine Ressource, mit der dieses Interesse auch gegen ein eventuell widerstrebendes Interesse seitens der Arbeitgeber durchgesetzt werden kann.

Dabei lassen sich Arbeitnehmergruppen nach Menge und Art ihres Humankapitals (kein nennenswertes Humankapital; allgemeines, betriebsspezifisches, berufsspezifisches Humankapital) unterscheiden, die mit unterschiedlicher Verhandlungsmacht unterschiedliche Schließungsstrategien einschlagen können (individualistisch: sich unverzichtbar machen im Betrieb; kollektivistisch: Etablierung credentialistischer Allokationsregimes für bestimmte Berufe etc.), wobei Konflikte auch zwischen den verschiedenen Arbeitnehmergruppen nicht ausgeschlossen sind (etwa wenn die Kernbelegschaft eine Verbesserung der Situation der Peripherie verhindert).

3. Hinsichtlich der *institutionellen Rahmenbedingungen* wurde schon darauf hingewiesen, dass Institutionalisierung und Schließung Hand in Hand gehen. Insbesondere Schließungspraktiken, die auf der Errichtung von Monopolen beruhen, bedürfen einer institutionellen Verankerung, um dauerhaft wirksam sein

zu können. Vor allem die kollektiven Akteure in der Arena sind daher permanent damit beschäftigt, entweder Schließungspraktiken institutionell zu verankern oder die Renten, die aus ihnen resultieren, zu erhöhen. Für beide Strategien finden sich zahllose Beispiele: Gewerkschaften versuchen in kollektiven Lohnverhandlungen die Renten ihrer Mitglieder zu steigern, zugleich auch ihre Beschäftigung zu sichern (i.e. ihre Positionen zu schließen). Berufsverbände versuchen mit einer ganzen Palette von Aktivitäten das Arbeitskraftangebot relativ zur Nachfrage zu verknappen und damit berufliche Stabilität und Übermarktlöhne zu erreichen usw.

Es gilt aber auch umgekehrt: Institutionen (und damit auch: schon institutionalisierte Schließungspraktiken) bieten selbst wieder Ressourcen für Schließungspraktiken und zwar für individuelle wie für kollektive Akteure. Die hohe Effizienz medizinischer Lobbyarbeit beruht nicht zuletzt auf der tiefen gesetzlichen Verankerung ihrer professionellen Schließungspraktiken. Ein Streik lässt sich umso besser durchführen, je stärker die Gewerkschaft aufgestellt ist. Die Ausnutzung von Informationsasymmetrien in einem Job mit hoch spezialisiertem Wissen gelingt umso besser, je stärker dieser Job durch Kündigungsschutzregeln gesichert ist.

Zusammenfassend lässt sich sagen, dass die Schließungstheorie die Erklärung der Entstehung externer Teilarbeitsmärkte im Vergleich zu den ökonomischen Arbeitsmarkttheorien vorantreiben kann. Der wesentliche Gesichtspunkt dabei ist, dass Schließungen nicht (notwendigerweise) effizient sind, sondern im Gegenteil zu Ineffizienzen führen (können), da geschlossene Positionen es ihren Inhabern erlauben, Renten zu erwirtschaften. Daraus ergibt sich erstens eine asymmetrische Interessenskonstellation zwischen Arbeitnehmern und Arbeitgebern: Während Arbeitnehmer generell an Schließungen interessiert sind, sind es die Arbeitgeber eher nicht. Gleichwohl sind beidseitig Abstufungen möglich und in der Regel gegeben: Arbeitnehmer können aufgrund ihrer Lebenssituation mehr oder weniger stark an der Schließung interessiert sein; Arbeitgeber können Schließungen sogar selbst initiieren, da diese effizient sein können (resp. dafür gehalten werden). Damit sind sowohl harmonierende wie konfligierende Interessenslagen möglich. Entscheidend ist die Einschätzung der Arbeitgeberseite über die Effizienz von Schließungen, die im Einzelfall betrachtet werden muss. Zweitens kommt es *im Konfliktfall* auf die Durchsetzungsfähigkeit der jeweiligen Interessen an. Diese hängen wesentlich von der Ressourcenausstattung der beteiligten Akteure und von den institutionellen Rahmenbedingungen ab. Auch wenn die Arbeitgeberseite Schließungen vermeiden bzw. abbauen will, sind Arbeitnehmer durch kollektive Aktionen und durch die Mobilisierung ihrer individuellen (Humankapital-)Ressourcen möglicherweise in der Lage, ihre Schließungsinteressen durchzusetzen.

Was die Prognosefähigkeit der Schließungstheorie hinsichtlich der Etablierung externer Teilarbeitsmärkte im Anwendungsfall angeht, ist sie beliebig skalierbar: Man kann versuchen, Interessenslagen, Ressourcenausstattungen und Institutionelle Rahmenbedingungen für große Aggregate (z.B. Branchen) zu bestimmen, mit entsprechend vagen Voraussetzungen oder sehr spezifisch für kleine Einheiten (z.B. Betriebe). Dabei dürfte es im konkreten Fall gelegentlich schwierig sein, zu exakten Voraussagen zu kommen, da einige Parameter (Produktivitäten von Arbeitnehmern in geschlossenen vs. offenen Positionen, mögliche Renten etc.) den beteiligten Akteuren meist selbst nicht bekannt sind. Das ändert aber nichts daran, dass die Annahmen über diese Parameter handlungswirksam werden und dass die Schließungstheorie den meisten ökonomischen Ansätzen einen Schritt voraus ist, da sie mögliche Ineffizienzen geschlossener Positionen berücksichtigt. Damit sind die Einrichtung und Aufrechterhaltung externer Märkte aus schließungstheoretischer Sicht alles andere als überraschend; die Schließungstheorie hat eher Probleme damit, die weite Verbreitung geschlossener Positionen zu erklären.

7. DIE AUSBREITUNG EXTERNER TEILARBEITSMÄRKTE

In jüngerer Zeit wird konstatiert, dass interne Arbeitsmärkte abgebaut und externe Arbeitsmärkte ausgebaut werden. Auch wenn sich diese Entwicklung empirisch differenzierter darstellt (Giesecke/Heisig 2010), deutet doch einiges darauf hin, dass es gerade größere Unternehmen sind, die den Ausbau der Randbelegschaft aus Leiharbeitern und befristet Beschäftigten vorantreiben, unter anderem um ihre Kernbelegschaft besser vor den Folgen zunehmender Marktschwankungen und anderer ökonomischer Unsicherheiten schützen zu können. Und wie auch immer externe Teilarbeitsmärkte genau aussehen: sie sind die Bereiche, in denen sich solche instabilen Beschäftigungsformen finden lassen. Aus Sicht der Schließungstheorie ist diese Ausbreitung nicht schwer zu erklären. Zum einen hat sich sowohl seitens der Betriebe als auch der Arbeitnehmer die Motivation verstärkt, externe Teilarbeitsmärkte einzurichten bzw. sich mit ihnen zu arrangieren, zum anderen haben sich die institutionellen Rahmenbedingen so gewandelt, dass dies auch leichter möglich ist.

Hinsichtlich der Arbeitgebermotivation zur Einrichtung externer Arbeitsmärkte wird in der Regel auf den zunehmenden Wettbewerb in Produkt- und Arbeitsmärkten im Zuge der Globalisierung verwiesen (vgl. Erlinghagen/Knuth

2005). Das zwinge die Betriebe zur Flexibilisierung ihrer Produktionsabläufe, um sich einer immer höheren Volatilität der Produktnachfrage anpassen zu können. Darüber hinaus erfordere die zunehmende Konkurrenz auch Kosteneinsparungen. Zunehmende Konkurrenz auf den Märkten bedeutet ja nichts anderes als einen Verlust vormaliger Monopolstellungen – damit entfällt für Betriebe die Möglichkeit, Renten in Produktmärkten zu erwirtschaften, die damit auch nicht mehr mit der Belegschaft geteilt werden können. Es ergibt sich die von unternehmerischer Seite formulierte Notwendigkeit, ihrerseits Renten von Arbeitnehmern zu zerstören – und damit auch deren Grundlage, das stabile Beschäftigungsverhältnis. Für den öffentlichen Dienst ergibt sich ein ähnliches Argument – man muss nur „Kostendruck auf Produktmärkten" durch „Kostendruck angesichts leerer öffentlicher Kassen" ersetzen.

Der gestiegene Flexibilitätsdruck hat sich auch erheblich auf die institutionellen Rahmenbedingungen des Arbeitsmarktes ausgewirkt. Mehrfache gesetzliche Änderungen haben es erleichtert, flexible Beschäftigungsformen in den Betrieben einzusetzen (Giesecke 2006). Die Verhandlungsmacht von Gewerkschaften ist erheblich gesunken; sie leiden nicht nur an Mitgliederschwund, sondern mussten sich angesichts der verschärften Wettbewerbsbedingungen den Flexibilisierungserfordernissen der Betriebe anpassen, was sich beispielsweise in der abnehmenden Bindungswirkung von Flächentarifverträgen äußert. Nicht nur, dass immer weniger Arbeitnehmer solchen Tarifverträgen überhaupt unterliegen, diese werden auch zunehmend mit Öffnungsklauseln versehen. Auch die institutionelle Regelungsdichte der beruflichen Stabilität hat abgenommen. Sogar die strikten Regulierungen der freien Berufe sind angesichts der Europäischen Harmonisierung der Arbeitsmärkte gelockert worden (Herrmann 2007). Diese „De-Institutionalisierung" der Arbeitsmärkte, also der Nachfrage, wird flankiert durch entsprechende Tendenzen seitens des Arbeitsangebots. So hat die Bildungsexpansion ein Überangebot hochqualifizierter Arbeitskräfte geschaffen, für die es in den Mobilitätskanälen interner Arbeitsmärkte schlicht keinen Platz mehr gibt – und die sich dementsprechend in beruflich strukturierten Arbeitsmärkten zu platzieren suchen. Das kann in klar regulierten berufsinternen Arbeitsmärkten gelingen, aber zunehmend sind auch hochqualifizierte Arbeitskräfte auf eher offene Beschäftigungsformen verwiesen.

Schließlich lässt sich auch die Individualisierung privater Lebensformen als De-Institutionalisierungstendenz des Arbeitskraftangebots nennen, die die Nachfrage nach eher flexiblen Arbeitsformen erhöht. Gerade die zunehmende Erwerbsbeteiligung der Frauen verstärkt den Bedarf an flexiblen Beschäftigungsverhältnissen, die es erlauben, Anforderungen von Beruf und Familie zu vereinen (Hoff et al. 2005).

Damit steht der gestiegenen Motivation seitens der Betriebe externe Teilarbeitsmärkte verstärkt einzurichten, eine gestiegene Motivation der Arbeitnehmer entgegen, Arbeitsstellen in diesen auch zu akzeptieren. Die Veränderung der institutionellen Rahmenbedingungen vergrößert darüber hinaus die Möglichkeiten der Betriebe, solche externen Teilarbeitsmärkte auch gegen den Willen der Arbeitnehmer durchzusetzen, während deren Möglichkeiten, sich auf kollektiver Ebene gegen unsichere Beschäftigungsformen zu wehren, abnimmt. Auf individueller Ebene sind die Möglichkeiten, offene Positionen zu vermeiden, nach wie vor durch die individuelle Humankapitalausstattung geprägt.

So ist es nicht verwunderlich, dass externe Teilarbeitsmärkte insgesamt eine Verbreitung erfahren. Allerdings ist zu unterstreichen, dass hinter der Verbreitung externer Märkte zwei sehr unterschiedliche Prozesse stehen. Zum Teil findet „nur" eine Verschiebung von Schließungspraktiken statt. So kann es sein, dass bestimmte Positionen den innerbetrieblichen Schutz der Festanstellung verlieren. Für den Positionsinhaber kann das aber den Tausch mit einer anderen Form der Stabilität, insbesondere der beruflichen Stabilität, bedeuten. So impliziert etwa das Outsourcen der Lohnbuchhaltung nicht, dass Lohnbuchhalter als solche der Unbill eines völlig ungeschützten Marktes ausgesetzt sind. Zum Teil besteht diese Ausbreitung aber in der Öffnung von Positionen, mit allen Nachteilen, die das für die Positionsinhaber hat, wobei eben zwei Öffnungstendenzen parallel ablaufen: Es finden sich zunehmend Stellen in Jedermanns-Arbeitsmärkten wieder, die für die Arbeitnehmer ohnehin keinerlei Vorteile mit sich bringen. Gleichzeitig werden auch die Positionen in berufsinternen Arbeitsmärkten zunehmend instabiler.

8. BEWERTUNG

Die Bewertung der Etablierung resp. der Ausbreitung externer Märkte ist diffizil, da hier verschiedene Gesichtspunkte auseinandergehalten werden müssen, die leider oft miteinander vermengt werden. Grundsätzlich ist die Frage, ob denn die Öffnung von Positionen – die mit der Ausbreitung externer Teilarbeitsmärkte verbunden ist – aus Sicht der Positionsinhaber vorteilhaft erscheint, zu unterscheiden von der Frage, ob aus Sicht normativer Überlegungen die Öffnung resp. Schließung von Positionen als legitim erscheint oder nicht.

Hinsichtlich der ersten Frage hat die Schließungstheorie eine klare Rationale: Je offener eine Position ist, desto schlechter ist das für den Positionsinhaber. Die Schließung von Positionen bringt Privilegien mit sich und diese sind umso größer, je besser die Kontrolle der Positionsinhaber über die Besetzung ihrer Position ist. Insofern sind externe Teilarbeitsmärkte für Arbeitnehmer entschieden nachteilig. Gleichwohl muss in Rechnung gestellt werden, dass flexible, und damit offene, Positionen auch Vorteile für die Positionsinhaber bieten können, etwa eine größere Zeitsouveränität, eine verbesserte „work-life-balance" usw. Man darf aber nicht die individuell zu entscheidende Interessensabwägung der Vor- und Nachteile flexibler Positionen mit der Bewertung der strukturellen Implikationen von Positionstypen verwechseln. Und was Letzteres betrifft, sind offene Positionen generell benachteiligt.

Die normative Bewertung geschlossener resp. offener Positionen fällt hingegen ambivalenter aus. Geschlossene Positionen sind vorteilhaft, weil sie Renten erzeugen können; Renten sind aber Entlohnungsbestandteile, die nicht durch Leistungsäquivalente gedeckt sind. Eine nicht „leistungsgerechte" Entlohnung ist aber nach dem weitgehend akzeptierten „Equity"-Prinzip sozialer Gerechtigkeit nicht legitim. Insofern würde die Verbreitung von externen Teilarbeitsmärkten die Legitimität sozialer Ungleichheit erhöhen.

Eine solche Betrachtungsweise übersieht aber, dass an Schließungsrelationen immer zwei Parteien beteiligt sind, die beide versuchen, ihre Renten zu maximieren. So würde beispielsweise die völlige Öffnung von Arbeitnehmerpositionen nicht einfach einen „freien Markt" schaffen, sondern einen Markt, der durch das Schließungsmittel „ökonomisches Kapital" dominiert wird – auf dem dementsprechend die Arbeitnehmer ausgebeutet würden. Schließungsmechanismen sind unter diesem Gesichtspunkt auch Schutzmechanismen, die die unterlegene, auf usurpatorische Schließungsstrategien angewiesene, Partei gegen die Ausbeutung der „von oben" ausschließenden Partei schützt[10].

Unter diesem Gesichtspunkt kann die Schließung von Positionen also durchaus gerechtfertigt sein. Gegenseitige Schließungsbemühungen können in Entlohnungshöhen resultieren, die einem hypothetischen „freien Markt"-Lohn durchaus entsprechen – so dass trotz der Schließung von Positionen gar keine Renten entstehen. Ob sich das in konkreten Fällen tatsächlich so verhält oder nicht, ist leider kaum feststellbar, da die Produktivität unter Bedingungen des freien Marktes eine rein hypothetische, nicht messbare Größe darstellt.

Begreift man allerdings die Ausbreitung externer Teilarbeitsmärkte als Resultat von Konflikten um Renten in geschlossenen Positionen, dessen Ausgang

---

10 Oder wie es Johannes Berger in seiner Zusammenfassung der Schließungstheorie aus ungleichheitstheoretischer Perspektive ausdrückt: Zwar entsteht soziale Ungleichheit nur durch Marktbeschränkungen, also Schließungsprozessen, aber eine „Welt ohne Handelsbeschränkungen ist keine bessere Welt als eine mit Handelsbeschränkungen, nur eine andere" (Berger 2004: 370).

wesentlich von den Ressourcen der beteiligten Konfliktparteien abhängt, muss jedoch befürchtet werden, dass gerade die, die den Schutz geschlossener Positionen bedürfen, diesen nicht aufrechterhalten können. Das Risiko, in die völlig offenen Bereiche der externen Märkte abzusinken, trifft nun gerade die, die kein Humankapital oder institutionelle Ressourcen haben und die damit schlicht nicht in der Lage sind, ihre Interessen durchzusetzen. Damit allerdings steht die Legitimität sich Ausbreitender externer Teilarbeitsmärkte durchaus in Frage.

V. Bedingungen und Grenzen marktförmiger Beschäftigungsbeziehungen
Eine Exploration offener
betrieblicher Beschäftigungssysteme

ALEXANDRA KRAUSE

1. EINLEITUNG

In den letzten Jahren sind einige segmentationstheoretische Studien über die Umbrüche des deutschen Arbeitsmarktes entstanden (Struck 2006; Köhler et al. 2008; Lehndorff et al. 2009), denen nicht nur die Arbeitsmarkt-, sondern auch die Ungleichheitsforschung Aufmerksamkeit geschenkt hat. Der Prozess der Arbeitsmarktflexibilisierung hat die Beschäftigungsverhältnisse in vielfacher Hinsicht verändert, sowohl endogen als auch extern-numerisch über die betriebliche Nutzung flexibler Vertragsformen und einen erhöhten Personalaustausch. Bei der Deutung dieses Prozesses steht die Ungleichheitsforschung vor einer Herausforderung: während zahlreiche Facetten des Flexibilisierungsprozesses von den Beschäftigten selbst auch im Hinblick auf neue Erwerbs- und Lebensformen als Autonomiegewinn erlebt werden, sind z.B. im Bereich der Leiharbeit oder auch der geringfügigen Beschäftigung prekäre Lagen entstanden, die neue Ungleichheitssegmente markieren.

Indem sie davon ausgehen, dass die Struktur und Dynamik von Arbeitsmärkten nur durch die Berücksichtigung horizontaler und vertikaler Segmentationslinien fassbar wird, unterscheiden Segmentationsansätze genuin zwischen der Heterogenität von Arbeitsmarktstrukturen und sich auf dieser Basis entwickelnden Ungleichheitslagen im Erwerbssystem (Köhler/Krause 2010). Mit steigender Kontingenz makrosozialer Kontexte erfahren Betriebe als intermediäre Quelle sozialer Ungleichheit eine Bedeutungszunahme (Struck 2005). Eine weitere Stärke dieser Ansätze ist daher darin zu sehen, dass sie die Segmentierung des Arbeitsmarktes von der betrieblichen „Beschäftigungspolitik" (Nienhüser 2006) her in den Blick nehmen. Betriebe konstituieren den sozialen Raum, in dem Erwerbspositionen unmittelbar geschaffen, ausgestaltet und abgebaut werden (Osterman 1987). Erst über die Analyse des Gestaltungsspielraums betrieblicher Personalpolitik unter ähnlichen sektoralen und arbeitsmarktstrukturellen Bedingungen wird die Heterogenität der Beschäftigungsverhältnisse jenseits großer makrostatistischer Trends sichtbar. So können dann auch die Bedeutung und Grenzen von Arbeitsorganisationen für die Entwicklung der Ungleichheitsstruktur bestimmt werden (Hummell 2007; Lengfeld 2007).[1]

Im Rahmen des Teilprojektes B2 „Betrieb und Beschäftigung im Wandel" im SFB 580 wurde der Segmentationsansatz für eine Reihe von Analysen eben dieser Heterogenität betrieblicher Beschäftigungssysteme fruchtbar gemacht (Struck 2006; Struck/Schröder 2006; Köhler et al. 2008). Zu den zentralen Befunden des Projektes gehört der Nachweis, dass die Heterogenität betrieblicher Personalpolitik in der Tat hoch ist und weiter zunimmt. Betriebe setzen je nach Tätigkeitsbereich unterschiedliche Formen der Arbeitsflexibilisierung ein und weisen daher in der Regel auch unterschiedliche Beschäftigungssysteme auf, von denen der klassische betriebsinterne Arbeitsmarkt nur einen möglichen Typ konstituiert. Seit Ende der 1990er Jahre ist auch ein makrostatistisch gesehen moderater Rückgang der Verweildauern von Beschäftigten im Betrieb zu beobachten (Grotheer 2008a,b).

Mit der Beschäftigungsstabilität greift dieser Beitrag einen zentralen Indikator des Segmentationsansatzes auf, um das Verhältnis zwischen horizontaler und vertikaler Arbeitsmarktspaltung für offene betriebliche Beschäftigungssysteme zu explorieren. Steigende Finanzmarktabhängigkeit und intensivierter globaler Wettbewerb sowie die kurzfristige Finanzierungspraxis und Privatisierungen im öffentlichen Dienst haben den Druck auf die fixen Personalkosten aus betrieblicher Sicht erhöht. Zahlreiche Arbeitsmarktexperten gehen davon aus, dass diese

---

1 In dieser Linie liegen Studien, die in den letzten Jahren unter Nutzung der Betriebsdaten des IAB entstanden sind und den Wandel von Erwerbsrisiken in Abhängigkeit von Betriebszugehörigkeiten untersuchen. Gerade im Hinblick auf die relevanten betrieblichen Mechanismen ist die geringe Wahrnehmung der Arbeits- und Betriebssoziologie durch die quantitative Forschung allerdings bedauerlich. In den letzten beiden Jahrzehnten haben betriebssoziologische Studien zahlreiche Facetten der Arbeitsmarktflexibilisierung für ausgewählte Branchen und Beschäftigtengruppen bereits intensiv erforscht.

Entwicklung auch die Marktöffnung betrieblicher Beschäftigungssysteme weiter begünstigt (Kap. VI). Obwohl Personalverantwortliche immer wieder die Reibungsverluste von Personalwechseln hervorheben, finden sich flexible Beschäftigungsverhältnisse in vielen betrieblichen Bereichen, und zwar sowohl in Form von Leiharbeit in den Niedriglohnbereichen des produzierenden und Dienstleistungsgewerbes, die im Sinne des Segmentationsansatzes zu den „bad jobs" gehören (Kap. I), als auch in der Unternehmensberatung, wo eine hohe Personalfluktuation als Teil des Anreizsystems aus strategischen Motiven gewollt ist und deren Erwerbspositionen im primären Arbeitsmarktsegment zu verorten sind.

Soziologisch betrachtet hat die Stabilität von Beschäftigungsverhältnissen zwei Dimensionen. Sinkende betriebliche Verweildauern führen aus Sicht der Beschäftigten dazu, dass individuelle Planungssicherheit in geringerem Ausmaß als bisher aus stabiler betrieblicher Zugehörigkeit gewonnen werden kann. Stattdessen gewinnen individuelle Karriereentscheidungen an Bedeutung. Diese können zwar riskant erscheinen, müssen allerdings nicht notwendigerweise auch als prekär wahrgenommen werden – so gibt es Tätigkeitsbereiche, in denen Betriebswechsel ein Merkmal typischer Karriereverläufe sind. In dem Maße wie Betriebswechsel häufiger werden, können darüber hinaus auch weniger standardisierte Lebensentwürfe an Akzeptanz gewinnen (Kap. VIII). Sofern diese Wechsel mit hohen Einkommens- und Arbeitslosigkeitsrisiken verknüpft sind, kann die Instabilität der Beschäftigung aber auch als prekär erscheinen. In der Tat können sozialstrukturelle Analysen zeigen, dass sich hinter der im internationalen Vergleich nach wie vor hohen durchschnittlichen Beschäftigungsstabilität am deutschen Arbeitsmarkt (Rhein 2010) heterogene Entwicklungen verbergen, die mit deutlichen Risikozunahmen im Bereich der Geringqualifizierten auf der einen und Risikoabnahmen z.B. für hochqualifizierte westdeutsche Berufseinsteiger auf der anderen Seite verbunden sind (Grotheer 2008b; Buchholz/Blossfeld 2009; Giesecke/Heisig 2010).

Anhand einer qualitativen Studie untersucht dieser Beitrag daher betriebliche Tätigkeitsbereiche mit einem regelmäßigen Austausch zum externen Arbeitsmarkt hin, um aus einer segmentationstheoretischen Perspektive (a) die Ursachen und Grenzen offener betrieblicher Beschäftigungsverhältnisse zu explorieren und (b) zu prüfen, inwieweit eine konsequente Unterscheidung zwischen der Dimension individueller Planungsunsicherheit und Prekarität die Perspektive der Beschäftigten innerhalb des Segmentationsansatzes stärken und einen sinnvollen

Anschluss an die Ungleichheitsforschung herstellen kann.[2] Der Beitrag fokussiert auf Tätigkeitsbereiche mit berufsfachlichen respektive akademischen Qualifikationsanforderungen in zwei personenbezogenen Dienstleistungsbranchen: im Weiterbildungssektor sowie in der Gesundheits- und Pflegebranche. Es handelt sich um wissensintensive Wachstumsbranchen, die zugleich unter hohem Finanzierungsdruck stehen und in den letzten Jahren massive Restrukturierungen durchlaufen haben. Der Beitrag geht in drei Schritten vor: Der erste Abschnitt entwickelt den segmentationstheoretischen Hintergrund und die forschungsleitenden Fragen der qualitativen Studie; der folgende Abschnitt dokumentiert und interpretiert die empirischen Befunde und im dritten Schritt werden die Grenzen des empirischen Materials sowie weiterer empirischer Forschungsbedarf formuliert und Rückschlüsse auf einige blinde Flecken der Segmentationstheorie gezogen.

2. MARKT UND ORGANISATION ALS STEUERUNGSPRINZIPIEN BETRIEBLICHER BESCHÄFTIGUNGSSYSTEME

Betriebliche Beschäftigungspolitik aus segmentationstheoretischer Perspektive

Die Segmentationsforschung untersucht die unterschiedlichen Positionssysteme, über die Personen in betriebliche oder überbetriebliche Teilarbeitsmärkte integriert werden. Ausgangspunkt ihrer Analysen ist die Beobachtung, dass die betriebliche Beschäftigungspolitik den Aufbau, Einsatz und Abbau von Personal mit unterschiedlichen Strategien bearbeiten kann. Die Funktionsweise der empirisch unterscheidbaren Teilarbeitsmärkte führt sie dann auf die jeweils dominanten Regeln der Allokation, Gratifikation und Qualifikation zurück. Als grundlegende Steuerungsmodi unterscheidet sie das Prinzip der Organisationssteuerung von dem der Marktsteuerung (Doeringer/Piore 1971; Lutz 1987; Sengenberger 1987). Lutz und Sengenberger haben für den deutschen Arbeitsmarkt die Entwicklung betriebsinterner und berufsfachlicher Arbeitsmärkte nachgezeichnet und gezeigt, dass eine hohe Beschäftigungsstabilität in der Stammbelegschaft

---

2 Der Beitrag nutzt qualitative Experteninterviews in 38 ausgewählten Betriebsstätten des im Rahmen des B2-Teilprojekts „Betrieb und Beschäftigung im Wandel" im SFB 580 an der Universität Jena durchgeführten Betriebspanels.

durchaus mit einem flexiblen Rand vereinbar ist, der die Personalkosten erheblich senkt, ohne die Funktionsweise des betriebsinternen Arbeitsmarktes zu beeinträchtigen. Für berufsfachliche Teilarbeitsmärkte konnten sie umgekehrt zeigen, wie eine standardisierte berufliche Qualifikation z.B. im Handwerk auch bei häufigen Betriebswechseln eine überbetriebliche Beschäftigungssicherheit herstellt.

Während betriebsinterne Märkte, so die klassische Annahme, vornehmlich auf interne Anpassungsmodi zurückgreifen, werden auf berufsfachlichen Teilarbeitsmärkten und solchen mit einfachen Qualifikationsanforderungen primär Instrumente der externen Personalanpassung eingesetzt. Gerade angesichts der jüngsten Arbeitsmarktentwicklung erscheint diese Klassifikation zu einfach, können doch Betriebe beide Formen der Personalanpassung vielfältiger kombinieren. Bereits Atkinson erweitert den Blick auf die betrieblichen Kombinationsmöglichkeiten interner und externer Flexibilität (Atkinson 1984), und auch Kalleberg bezieht diesen Gedanken auf die betriebliche Beschäftigungspolitik zurück (Kalleberg 2003). Da Organisations- und Marktsteuerung qualitativ verschiedene Steuerungsmodi darstellen, sind der Kombination interner und externer Instrumente der Personalanpassung jedoch auch klare Grenzen gesetzt. So sind interne Personalanpassungen durch die gezielte Weiterbildung der Beschäftigten aus betrieblicher Sicht z.B. nur unter der Voraussetzung lohnend, dass die Beschäftigten wenigstens mittelfristig im Betrieb verbleiben oder entsprechende Rückzahlungsvereinbarungen geschlossen wurden. Insgesamt wird daher der Zusammenhang zwischen stabiler Beschäftigung und interner Flexibilität sowie hoher Fluktuation und externer Flexibilität immer wieder hervorgehoben (Sengenberger 1990; Gerlach u.a. 2001).

Im Gegensatz zur strukturalistischen Tradition der Segmentationsforschung wählen institutionenökonomische Ansätze einen mikrotheoretischen Zugang zur Analyse des Arbeitsmarktgeschehens. Neben der Humankapitaltheorie bieten vor allem die Transaktionskostentheorie und der Prinzipal-Agent-Ansatz eine Reihe mikroökonomischer Erklärungen der allokativen Effizienz langfristiger Beschäftigungsbeziehungen an. Diese Theorien beanspruchen, Arbeitsmarktinstitutionen wie das Normalarbeitsverhältnis endogen aus dem ökonomischen System selbst erklären zu können. Mit ihrem akteurszentrierten Zugang können sie betriebliche Beschäftigungspolitiken vom Interessenhandeln der Personalentscheider her begründen und gehen damit von der relativen Autonomie betrieblicher Beschäftigungsbeziehungen aus.

Köhler und Struck haben den Segmentationsansatz durch den systematischen Bezug auf die Ansätze der neo-institutionalistischen Personal- und Arbeitsökonomik akteurstheoretisch fundiert und begreifen betriebliche Beschäftigungssysteme als Strategien, mit denen Betriebe zwei grundlegende Bezugsprobleme der Personalpolitik bearbeiten: (a) auch bei hoher Diskontinuität im Arbeitsvolumen die *Verfügbarkeit* qualifizierten Personals sicherzustellen sowie (b) dessen *Leistungsbereitschaft* zu gewährleisten, und zwar auch auf Positionen, die komplexe und schwer zu kontrollierende Tätigkeiten erfordern (Kap. I; Struck 2006; Struck/Köhler 2008).

Marktförmige betriebliche Beschäftigungssysteme

Aus segmentationstheoretischer Sicht sind offene betriebliche Beschäftigungssysteme Positionssysteme mit instabiler, also kurz- und mittelfristiger Beschäftigung sowie Einkommen, die mit der überbetrieblichen Arbeitsmarktlage variieren. Mit dem regional und fachlich begrenzten Teilarbeitsmarkt stehen sie in regelmäßigem Austausch (Kap. I). Die Zunahme flexibler Beschäftigungsverhältnisse mit kurz- oder mittelfristiger Dauerperspektive im Zuge der Re-Kommodifizierung von Arbeit gilt mittlerweile als unstrittig. Über das Ausmaß einer allgemeinen Öffnung betrieblicher Beschäftigungssysteme herrscht allerdings weniger Einvernehmen (Kap. VI und VII), da offene Beschäftigungssysteme spezifische betriebliche und überbetriebliche Bedingungskonstellationen voraussetzen. Ansonsten würden Betriebe, in denen die (Kosten-)Vorteile flexibler Beschäftigung die negativen Auswirkungen im Bereich Verfügbarkeit und Leistung nicht aufwiegen, Bindungsstrategien suchen und das Beschäftigungssystem wieder schließen.

Die Analyse offener betrieblicher Beschäftigungssysteme steht insofern vor der Aufgabe zu erklären, wie Betriebe die beiden Bezugsprobleme Verfügbarkeit und Leistung (im Sinne von Qualifikation, Motivation und Kooperation der Beschäftigten) herstellen, auch wenn die Mitarbeiter lediglich kurz- oder mittelfristig im Betrieb verbleiben. Im Bereich einfach qualifizierter Arbeit, die durch eine hohe Austauschbarkeit der Arbeitskraft gekennzeichnet ist, sind diese Voraussetzungen dann gegeben, wenn der entsprechende Arbeitsmarkt einen strukturellen Überschuss aufweist und die betrieblichen Entlassungskosten aufgrund des Einsatzes flexibler Arbeitsverträge gering sind. Durch die niedrige Lohnhöhe ist in diesen Bereichen sowohl hohe unfreiwillige als auch freiwillige Fluktuation plausibel. Für einzelne Bereiche wurde die betriebliche Personalpolitik in diesem Segment bereits gut herausgearbeitet, so zum Beispiel von Voss-Dahm für den Bereich des Servicepersonals im Einzelhandel (Voss-Dahm 2006, 2009) und von Holst für den Einsatz von Leiharbeit (Holst 2009, 2010).

Anspruchsvoller wird die segmentationstheoretische Analyse, wenn man komplexe wissensintensive Tätigkeitsbereiche in den Blick nimmt. Im Hinblick auf das Verfügbarkeitsproblem sind offene Beschäftigungssysteme durch häufige Grenzprozesse mit dem überbetrieblichen Teilarbeitsmarkt gekennzeichnet. Das wirft zunächst die Frage auf, wie die Rekrutierung und Einarbeitung des Personals gewährleistet werden kann. Darüber hinaus können Qualifikationsbedarfe bei kurzen Verweildauern auch nur bedingt durch interne Weiterbildung gedeckt werden. Im Hinblick auf das Leistungsproblem richtet sich die Frage zugespitzt dann darauf, wie die Leistungsbereitschaft der Mitarbeiter sichergestellt werden kann, auch wenn das Versprechen eines sicheren Arbeitsplatzes kein Bestandteil des Tauscharrangements ist (Kap. VIII). Darüber hinaus darf regelmäßige Fluktuation die Kooperation innerhalb des Tätigkeitsbereiches nicht gefährden.

Ungleichheitstheoretisch anschlussfähig wird der Segmentationsansatz, wenn er auch die Bezugsprobleme der Beschäftigten in den Blick nimmt. Allgemein formuliert besteht deren zentrales Bezugsproblem darin, Beschäftigungssicherheit herzustellen (Köhler/Krause 2010). Spätestens in der Analyse offener betrieblicher Beschäftigungssysteme muss die Segmentationsforschung daher auch die Beschäftigtenperspektive berücksichtigen, um ein stabiles Arbeitskräfteangebot erklären zu können: endogen kann die Beschäftigungsbeziehung trotz beschränkter Dauer lediglich im Hochlohnbereich, z.B. bei Experten und Managern, Beschäftigungssicherheit schaffen. Bei arbeitnehmerinduzierter Fluktuation im Bereich „guter Jobs" können wir davon ausgehen, dass die Beschäftigten eine überdurchschnittlich hohe überbetriebliche Beschäftigungssicherheit haben. In anderen, arbeitgeberinduzierten offenen Beschäftigungssystemen kann die Instabilität des Beschäftigungsverhältnisses bei den Beschäftigten einerseits individuelle Planungsunsicherheit verursachen und andererseits auch als prekäre Inklusion ins Erwerbssystem erfahren werden (Castel/Dörre 2009; Pelizzari 2009). Der nächste Abschnitt stellt die Befunde einer empirischen Studie vor, die diese Fragen im Bereich der Weiterbildung und der Krankenpflege exploriert hat.

3. EMPIRISCHE BEFUNDE – OFFENE BETRIEBLICHE BESCHÄFTIGUNGSSYSTEME IM WEITERBILDUNGS- UND GESUNDHEITSSEKTOR

Meine empirischen Analysen nutzen leitfadengestützte Experteninterviews zum Thema Personalfluktuation, die im Herbst 2010 und Frühjahr 2011 in ausgewählten Betriebsstätten des B2-Betriebspanels geführt wurden.[3] Aus der im Jahr 2009 erhobenen vierten und letzten Welle (*N=362*) wurden Betriebsstätten ausgewählt, die im Telefoninterview bereits Auskunft über Tätigkeitsbereiche mit hoher Personalfluktuation gegeben hatten (*N=94*). In 38 dieser Betriebsstätten und zwei ergänzend ausgewählten Fällen, die nicht der ursprünglichen Panelstichprobe entstammten, wurden dann die leitfadengestützten Experteninterviews durchgeführt. Die Fallauswahl für die qualitative Studie folgte dem Prinzip des dimensionalen Samplings und sollte eine möglichst hohe Heterogenität offener betrieblicher Beschäftigungssysteme im Vergleich Ost- und Westdeutschlands ermöglichen (vgl. Köhler/Loudovici 2008: 38).[4]

In Rahmen dieser Stichprobe war es nicht möglich, die Vielfalt offener betrieblicher Beschäftigungssysteme aus allen zehn Wirtschaftszweigen der Panelstichprobe abzubilden. Die Fallauswahl wurde daher auf den Vergleich personen- und unternehmensbezogener Dienstleistungen fokussiert, repräsentiert durch Betriebsstätten aus der Gesundheits- und Pflegebranche, aus der Weiterbildungsbranche sowie den Bereichen Unternehmensberatung und Software. Als Kontrastfälle dienten vier Betriebsstätten aus der chemischen Branche und ausgewählte Fälle aus anderen Dienstleistungsbereichen. Offene betriebliche Be-

---

3 Schwerpunkt der seit 2002 in vier Wellen realisierten telefonischen Befragung war es, das jeweils dominante Steuerungsprinzip zu rekonstruieren, mit dem Betriebe die Verfügbarkeit und Leistungsbereitschaft ihres Personals in geschlossenen und offenen betrieblichen Beschäftigungssystemen sicherstellen. Zu diesem Zweck wurden Personalverantwortliche bzw. Geschäftsführer aus rund 800 Betriebsstätten befragt. Mit dem Ziel einer inhaltlichen Generalisierung wurden zehn Wirtschaftszweige in die Fallauswahl einbezogen, die zusätzlich nach Betriebsgröße und Region quotiert wurde (Schröder et al. 2008; Krause 2011).

4 Die telefonischen Interviews wurden im Sommer und Herbst 2009 durchgeführt. Aufgrund der Finanzmarkt- und Wirtschaftskrise wurde ein zusätzlicher Fragenblock in den CATI-Fragebogen aufgenommen, in dem die Interviewpartner angeben sollten, in welchem Ausmaß ihre eigene Betriebsstätte von der Krise betroffen war und welche Personalstrategien zur Krisenbewältigung eingesetzt wurden. Im Hauptteil des Fragebogens sollten sich die Befragten dann durchgängig auf September 2008 beziehen. In den qualitativen Experteninterviews wurde die Krise noch einmal thematisiert, um eine möglichst hohe Kontrolle für verzerrende Effekte der Krisensituation auf die Angaben der Experten zu gewinnen.

schäftigungssysteme finden sich in allen Wirtschaftszweigen und dort z.B. häufig im Vertrieb.[5]

Den folgenden Analysen liegen zehn Interviews in Weiterbildungseinrichtungen, davon sechs in Ostdeutschland, und sechs Interviews in Pflegeeinrichtungen, davon drei in Ostdeutschland, zugrunde (vgl. Anhang 1). Befragt wurden sowohl öffentliche als auch private Anbieter. Um die Angaben der Personalverantwortlichen über die Bezugsprobleme der Beschäftigten in diesem Tätigkeitsbereich abzusichern und die Beschäftigtenperspektive zu stärken, wurden in den befragten Betriebsstätten auch ausgewählte Beschäftigteninterviews ($N=8$) und drei zusätzliche Beschäftigteninterviews geführt.[6]

In der Gesundheits- und Pflegebranche wurden die Tätigkeitsbereiche der Krankenpfleger und -schwestern sowie der Physiotherapeuten mehrfach als Bereiche mit hoher Fluktuation benannt. Hierbei handelt es sich um zwei hoch institutionalisierte, gewerkschaftlich zugleich aber schwach organisierte Bereiche des auch insgesamt schwach organisierten Gesundheits- und Pflegesektors. In beiden Tätigkeitsbereichen gelten Fachkräfte als knapp mit steigender Tendenz hin zum strukturellen Fachkräftemangel. Die Analyse fokussiert auf den Bereich der stationären Krankenpflege.

In der Weiterbildungsbranche konzentrierten sich die Angaben der befragten Personalverantwortlichen auf Dozenten und Sozialarbeiter. Die institutionelle Regulierung dieser beiden Tätigkeitsbereiche durch Berufsverbände ist geringer

---

5   In der CATI-Befragung wurden die Interviewpartner darum gebeten, die Bereiche ihres Betriebs zu nennen, in denen die Mitarbeiter typischerweise nicht länger als fünf Jahre verbleiben. Aufgrund unseres Forschungsinteresses an Tätigkeitsbereichen mit berufsfachlichen oder akademischen Qualifikationsanforderungen wurde bei Mehrfachnennungen im Rahmen einer vorgegebenen Quotierung nach Qualifikationsgruppen eine Zufallsauswahl des im Interview dann thematisierten Tätigkeitsbereichs getroffen. Aus den resultierenden 94 Fällen wurden in 38 Fällen vertiefende qualitative Experteninterviews geführt. Eine Stichprobenbeschreibung, ein Überblick über die wichtigsten Befunde und eine Diskussion ihrer Generalisierbarkeit finden sich in den SFB-Mitteilungen 40 des SFB 580.

6   Die Ergänzung der betrieblichen Perspektive durch Beschäftigteninterviews konnte aufgrund beschränkter zeitlicher Ressourcen nicht in allen Fällen realisiert werden, in denen die Personalverantwortlichen dazu bereit waren, den Kontakt zu einem Mitarbeiter des Tätigkeitsbereiches herzustellen. Wir haben uns daher darauf konzentriert, alle relevanten Tätigkeitsbereiche in Ost und West abzudecken. Darüber hinaus können wir unsere Befunde durch weitere während der Projektlaufzeit unabhängig vom B2-Betriebspanel erhobene Beschäftigteninterviews absichern.

als im Pflegesektor, und der gewerkschaftliche Organisationsgrad ist ebenfalls gering. Während im Bereich der Dozenten ein struktureller Arbeitskräfteüberschuss herrscht, gilt die Arbeitsmarktlage für Sozialarbeiter noch als ausgeglichen, wobei gegenwärtig ein zunehmender Fachkräftemangel vor allem an Führungskräftenachwuchs thematisiert wird. In beiden Branchen sind demnach gerade wissensintensive Tätigkeitsprofile, in denen hohe Anforderungen an die Qualifikation, Kooperation und Motivation der Mitarbeiter gestellt werden, durch eine hohe Fluktuation gekennzeichnet. Die Schwerpunkte des Interviewleitfadens dokumentiert Anhang 2.[7]

Ziel der Befragung war es, theoriegenerierende Experteninterviews durchzuführen (Bogner/Menz 2009). Im Vordergrund unseres Interesses stand das Prozesswissen der Experten, d.h. ihre Kenntnis der relevanten Handlungsabläufe, aus denen wir die Dynamik des jeweiligen offenen betrieblichen Beschäftigungssystems rekonstruieren konnten. In einigen der Interviews war es möglich, auch das Deutungswissen des Experten über die impliziten Beschäftigungskontrakte im offenen Beschäftigungssystem zu rekonstruieren. Die Interviews wurden mit MAXQDA kodiert und anhand von Fallprofilen ausgewertet. Die folgende Ergebnisdarstellung kontrastiert drei Typen offener Beschäftigungssysteme, die sowohl auf arbeitgeber- als auch arbeitnehmerinduzierter Fluktuation beruhen.

Freie Mitarbeit und Befristung im Weiterbildungssektor

Im Jahr 2004 wurden für den deutschen Weiterbildungssektor ca. 1.350.000 Beschäftigungsverhältnisse geschätzt, von denen knapp drei Viertel Verträge mit Honorarkräften oder Selbständigen ausmachten.[8] Das entsprach etwa 650.000

---

7   Für die Befragung von Kontrastfällen, in denen der Bereich der Krankenpflege mit einem geschlossenen Beschäftigungssystem gefahren wird, wie auch für die Beschäftigteninterviews konnten wir auf die bewährten Erhebungsinstrumente der im Rahmen des B2-Projektes früher bereits geführten Experten- und Beschäftigteninterviews zurückgreifen.

8   Alle statistischen Angaben beziehen sich auf den Weiterbildungssektor im erweiterten Sinne, der auch Weiterbildungsangebote in den Bereichen Umschulung, außerbetriebliche Berufsausbildung, Berufsvorbereitung, Eingliederungsmaßnahmen, berufliche Rehabilitation von Behinderten, Beratung/Coaching von Existenzgründern sowie spezielle Maßnahmen für sozial Benachteiligte einschließt. Bei den ostdeutschen Trägern entfiel 2004 etwa ein Drittel des Kursangebots auf Weiterbildungsangebote im weiteren Sinne. Weiterbildungsaktivitäten an Hochschulen wurden nicht berücksichtigt.

Beschäftigten in ca. 18.800 Weiterbildungseinrichtungen, allerdings inklusive der 3.500 Außenstellen der knapp 1.000 Volkshochschulen. Das Personal ist im Schnitt hochqualifiziert: fast dreiviertel der Beschäftigten haben eine pädagogische Qualifikation, und ebenso viele sind akademisch qualifiziert. Auch 80% der Honorarkräfte haben einen akademischen und knapp 40% einen pädagogischen Abschluss. Fast zwei Drittel aller Beschäftigten waren als Honorarkraft und nur etwa 3% in Befristung tätig. Es gibt überwiegend kleine Träger am Markt (knapp 60% der Einrichtungen haben bis zu 20 Lehrende); in den 11% der Träger mit mehr als 100 Lehrenden sind allerdings fast zwei Drittel des Lehrpersonals tätig. Neben den Firmenkunden stellen die Bundesagentur für Arbeit und die Kursbeiträge privater Teilnehmer die wichtigste Finanzierungsgrundlage dar (WSF 2005).

Der Weiterbildungssektor hat insbesondere durch die „Hartz"-Reformen massive Anpassungsprozesse durchlaufen, da die Bundesagentur für Arbeit die Nachfrage nach Weiterbildungsangeboten erheblich reduziert hat. Allein zwischen 2002 und 2004 nahmen die Weiterbildungsträger umfangreiche interne und externe Personalanpassungsmaßnahmen vor. Seit Mai 2009 existiert ein Branchentarifvertrag Weiterbildung, der insbesondere Mindestlöhne regelt, bislang allerdings noch nicht allgemeinverbindlich gilt.

Dozenten als freie Mitarbeiter

Im klassischen Segment der Berufsaus- und weiterbildung geht die hohe Fluktuation auf die diskontinuierliche Arbeitsnachfrage der Träger zurück. Der Bedarf an Dozenten wechselt regelmäßig mit dem Kursangebot und wird im Gros über die freie Mitarbeit externer Dozenten gedeckt. Die Form der Wissensvermittlung über Kurse setzt keine längerfristige Kundenbindung voraus, da der Lernprozess mit dem Ende des Kurses abgeschlossen ist. Solange der Kursleiter einen geeigneten Ersatz findet, kann er einen Dozenten nach Abschluss seines Kurses relativ friktionslos ersetzen. Allerdings geben alle befragten Personalverantwortlichen an, mit einem Dozentenstamm von etwa zwei Dritteln zu arbeiten, da die je nach Institution pro Semester oder am Ende des Jahres erfolgende Kursplanung andernfalls zu aufwendig wäre.

Obwohl die Schwankungsbreite statistischer Angaben über den Weiterbildungssektor noch immer relativ hoch ist (Dietrich 2007), geben die hier ausgewählten allgemeinen Informationen einen Orientierungsrahmen, der für die Branche als repräsentativ gelten kann.

Als Rekrutierungskanal nutzen sie primär ihre Dozentendatei, die durch Initiativbewerbungen laufend Neuzugänge gewinnt, sowie ihr regionales Netzwerk mit anderen Anbietern. In Bereichen mit allgemeinerem Kursangebot, wie z.B. Sprachen, ist ein Überschuss an Dozenten verfügbar. Da die freien Dozenten im Rahmen des Kursplanes flexibel einsetzbar sein müssen, ist der Rekrutierungsradius räumlich begrenzt. Für spezialisierte Kurse werden Dozenten gegen ein höheres Honorar vereinzelt überregional verpflichtet.

Generell ist der Einarbeitungsaufwand gering, weil die Dozenten ihr Kursmaterial selbst vorbereiten und auf Basis der mittlerweile allgemein etablierten Teilnehmerbefragungen auch ihre Einarbeitung mit einem hohen Maß an Autonomie selbst vollziehen. Dort wo Dozenten berufsfachliches Praxiswissen vermitteln sollen, wie z.B. bei den Handwerkskammern, konstatieren die befragten Personalverantwortlichen vor allem fehlende pädagogische Qualifikation als Problem. Da die Einarbeitung aufwendiger ist, streben sie in diesem Bereich auf Basis der freien Mitarbeit dann durchaus langfristige Bindungen an. Die Weiterbildung der Dozenten wird in der Regel durch die Form der freien Mitarbeit selbst sichergestellt: diejenigen, die sich längerfristig im Dozentenstamm etablieren möchten, haben ein großes eigenes Interesse daran, ihr Kursangebot aktiv an die Wünsche der Institution und Teilnehmer anzupassen, z.B. in Form von Aufbaukursen, die über mehrere Semester angeboten werden. Das Kursangebot wird daher permanent „nachverhandelt"; zugleich erwarten die Personalverantwortlichen, dass sich die Dozenten selbst weiterbilden, und nutzen deren Bedürfnis nach individueller Planungssicherheit als Hebel für die Aktualisierung und Erweiterung des Kursangebots.

Die Leistungsbereitschaft ihrer Dozenten kontrollieren die Träger über die im Rahmen des Qualitätsmanagements mindestens ein Mal pro Kurs durchgeführten Teilnehmerbefragungen sowie informelles Feedback der Teilnehmer relativ einfach. Das Lehrmaterial wiederum ist durch das Angebot der Fachverlage in vielen Bereichen standardisiert. Wenn ein Kurs wenig Anklang findet, unterscheiden die befragten Kursplaner durchaus zwischen dem Einfluss mangelnder Nachfrage und den Lehrqualitäten der Dozenten selbst: in der Regel bekommen diese eine weitere Chance, die für den Träger selbst keinen großen Aufwand darstellt.

Dieses auf einer hohen Diskontinuität im Kursangebot beruhende Beschäftigungssystem stellt auch im Dozentenstamm keine Einkommenssicherheit her. Als zentrale Motivation geben Personalverantwortliche und Dozenten die Freude an der Wissensvermittlung an. Es ist dennoch recht stabil, weil die überwiegende Mehrheit der Dozenten einen anderen Haupterwerb hat und es ein auf Nebenerwerbstätigkeit basierendes offenes Beschäftigungssystem darstellt.[9] Während im Bereich der Volkshochschulen nach wie vor viele Lehrer tätig sind, ist die Lehrtätigkeit für die Kammern auch für Selbständige attraktiv. Zu Beginn der Selbständigkeit nutzen sie den daraus erzielten Reputationsgewinn und geben die Lehrtätigkeit dann tendenziell wieder auf, wenn die Selbständigkeit erfolgreich und die Auftragslage gut ist. Da die Träger selbst ein Interesse daran haben, einen Dozentenstamm mit wenigstens mittelfristiger Beschäftigungsperspektive zu halten, ist die individuelle Planungssicherheit der Dozenten immer wieder Gegenstand. Diese beteiligen sich aktiv an der Weiterentwicklung des Kursangebots, etwa ein Drittel verlässt den Bereich allerdings auch regelmäßig wieder.

Hauptberufliche Dozenten benötigen ein Netzwerk mehrerer Institutionen, um ihr Einkommen zu sichern und müssen in der Regel ein hohes Maß an zeitlicher Flexibilität aufbringen, um ihren eigenen Kursplan zu füllen – inklusive regelmäßiger Abend- und Wochenendangebote. Vor allem in Bezug auf die Alterssicherung wird die Prekarität ihrer Lage häufig thematisiert. In der Gegenwart versuchen sie ihre Planungssicherheit durch eine intensive Teilnehmerbetreuung zu erhöhen, da Fortsetzungsangebote und Empfehlungen als wichtigste Quellen der Auftragsakquise gelten. Sie konstatieren allerdings eine Diskrepanz zwischen dieser als instrumentell wahrgenommenen Kundenbetreuung und einer Teilnehmerbetreuung, die ihrer Rolle als qualifizierte Experten entspräche. Das Verhältnis zum Kursplaner wird tendenziell als paternalistisches Abhängigkeitsverhältnis empfunden, das in einem starken Kontrast zur formalen Qualifikation und bisherigen Berufserfahrung der hauptberuflichen Dozenten steht: trotz hohen Einsatzes und hoher Flexibilität bleibt ihre Erwerbslage prekär.

Befristete Projektarbeit in der Sozialarbeit

Ein zweiter Typ offener Beschäftigung wurde im Bereich der Sozialarbeit für öffentliche Auftraggeber untersucht. Hier verdankt sich die hohe Fluktuation pri-

---

9 In unserem Sample geben die befragten Personalverantwortlichen einhellig an, dass maximal 5%, z.T. sogar nur 1% der freien Mitarbeiter hauptberuflich als Dozent tätig seien. Branchenweit war im Jahr 2004 allerdings knapp die Hälfte der Weiterbildungsdozenten durchaus auch auf das Einkommen aus der Lehrtätigkeit angewiesen und gab an, dass es von großer bzw. existenzieller Bedeutung sei (WSF 2005). In unserem Sample wurden hier vor allem die Handwerksberufe genannt. Die individuelle Bedeutung des Einkommens und auch der Anteil derjenigen, die angaben, den Job vor allem deshalb angenommen zu haben, weil sie ihn benötigten, war in Ostdeutschland höher als in Westdeutschland.

mär der projektförmigen Finanzierungsstruktur: die in der Regel Vollzeit erwerbstätigen Sozialarbeiter werden nicht weiterbeschäftigt, wenn ein Projekt endet und keine Anschlussfinanzierung eingeworben werden konnte. Die kleinen Träger stellen ihren hohen Personalanpassungsbedarf in diesem Bereich fast ausschließlich durch die Vertragsform der Befristung sicher. Nicht nur das Arbeitsvolumen, sondern auch das Leistungsangebot der Träger hat an Diskontinuität gewonnen und wird im Unterschied zu früheren Spezialisierungen und Expertisen von ihnen selbst als „Bauchladen" wahrgenommen. Kleine Träger müssen sich im Wettbewerb permanent neu aufstellen, was die Personalfluktuation befördert hat. Ihre Kapazitäten sind zu gering, um in Kooperation mit Firmen neue Produkte zu kreieren, so dass sie eine steigende Abhängigkeit von den Ausschreibungen der BA oder anderer öffentlicher Auftraggeber konstatieren.

Die Träger rekrutieren vorwiegend über die Bundesagentur für Arbeit, eigene Stellenausschreibungen und Empfehlungen anderer regionaler Träger. Mit Ausnahme der Träger in strukturschwachen Regionen nehmen die Befragten gegenwärtig noch keinen Fachkräftemangel wahr. Die Einarbeitung ist unter den Bedingungen zeitlicher Befristung belastend, für beide Seiten zugleich aber auch Routine, da nicht nur die relativ hohe Fluktuation, sondern auch der multifunktionale Einsatz der Mitarbeiter in diesem Bereich der Branche üblich ist. Weiterbildung wird regelmäßig wahrgenommen und von Trägern wie Mitarbeitern zunehmend auch strategisch auf die zukünftig zu erwartenden Ausschreibungen der öffentlichen Fördereinrichtungen ausgerichtet. Weil die Arbeitsbelastung stetig gestiegen ist, stellt es in der Personalplanung allerdings eine Herausforderung dar, während der Weiterbildungszeiten Personalersatz zu organisieren. Die Weiterbildungskosten können zum Teil auf die Mitarbeiter externalisiert werden; außer beim Führungskräftenachwuchs werden für erfolgreiche Weiterbildungsteilnahmen keine Gehaltserhöhungen angeboten.

Auch in diesem offenen Beschäftigungssystem nehmen die Befragten aufgrund der Dokumentationspflicht gegenüber den Fördereinrichtungen kein Leistungs- und Kontrollproblem wahr. Externe Kontrollen durch die Fördereinrichtungen selbst und Teilnehmerbefragungen kommen hinzu. Darüber hinaus ist das Engagement der Mitarbeiter in der Regel sehr hoch: weil immer das Risiko besteht, sich bei einem anderen Träger in der Region bewerben zu müssen, stellt das Arbeitszeugnis für die befristeten Mitarbeiter eine wichtige Ressource dar. Wenn ein Träger entscheiden muss, wer geht, weil nicht alle Mitarbeiter weiterbeschäftigt werden können, wird neben der Qualifikation auch die Einstellung zum Träger selbst zum Auswahlkriterium. Bessere Chancen haben Mitarbeiter, die sich in der Vergangenheit aktiv an der Akquise neuer Projekte und einer entsprechenden Entwicklung der eigenen Qualifikationsvoraussetzungen beteiligt haben. Insgesamt ist also nicht nur die Leistungskontrolle hoch, sondern auch der betrieblich geforderte Leistungseinsatz. Personalverantwortliche und Beschäftigte heben hervor, wie wichtig die hohe Identifikation der Sozialarbeiter mit ihrem Beruf ist, um diesen Anforderungen stand zu halten.

Die Befristung wird bereits im Einstellungsgespräch offensiv thematisiert, „denn man muss mit Befristungen leben können, wenn man sich bei einem Weiterbildungsträger bewirbt." (W:O4). Hier unterscheiden sich dann allerdings die Strategien der von uns befragten Betriebsstätten. Einer der Träger nutzt die räumliche Nähe zu einer großen Universität und rekrutiert regelmäßig neue Universitätsabsolventen. Diese sind in der Regel maximal ein Jahr befristet, suchen in dieser Zeit regional oder überregional nach einem besseren Job und verlassen den Träger dann wieder. Die übrigen Träger haben ein großes Interesse an einer langfristigen Bindung ihrer befristeten Mitarbeiter. Vor diesem Hintergrund wird die Dauer der Befristung zum entscheidenden Faktor, und hier hat sich in den letzten Jahren ein Lernprozess vollzogen: aus Sicht der Beschäftigten muss eine Befristung mindestens ein Jahr währen, um genügend Planungssicherheit zu bieten. Zugleich erleben es die Mitarbeiter als Sicherheit zu wissen, dass Bewegung im Markt ist: „und es kommen immer mal wieder Projekte. Das macht es halt schon einfacher" (W:O4).

Die Entlohnung ist gerade bei kleinen Trägern in peripheren Lagen unterdurchschnittlich. Die Tatsache, dass kein allgemeinverbindlicher tariflicher Mindestlohn existiert, führt in diesen Regionen aufgrund fehlender Alternativen nur vereinzelt zu Wechseln in unbefristete Stellen im öffentlichen Dienst. Die im akademischen Feld unterdurchschnittliche Entlohnung wird in den strukturschwachen und peripheren Regionen unseres Samples mit niedrigen Durchschnittseinkommen und hoher (Langzeit-)Arbeitslosigkeit zwar als niedrig, nicht aber als prekär wahrgenommen. Dort, wo es die regionale Lage zulässt, findet sich allerdings eine regelmäßige freiwillige Fluktuation aus der Branche oder zumindest aus der Befristung hinaus.

Beschäftigteninduzierte Fluktuation in der Pflegebranche

Insgesamt arbeiteten im Jahr 2010 laut statistischem Bundesamt rund 4,8 Mio. Beschäftigte im Gesundheitssektor, von denen 2,8 Mio. sozialversicherungspflichtig beschäftigt waren. Das entspricht mehr als 10% aller sozialversicherungspflichtig Beschäftigten. Über 80% des Gesundheitspersonals war in ambulanten sowie stationären und teilstationären Einrichtungen tätig (RKI 2009). Die Zahl der Beschäftigten in Gesundheits- und Pflegeberufen ist zwischen 2000 und 2010 um ca. 20% gestiegen. Insbesondere ist eine Zunahme von Pflegekräften und Physiotherapeuten zu beobachten (BA 2011). Erstere stellen mit rund 750.000 Beschäftigten auch die größte Gruppe innerhalb der sozialversicherungspflichtig Beschäftigten. Vollzeitarbeitsplätze wurden eher abgebaut bei gleichzeitiger Zunahme von Teilzeitstellen und geringfügiger Beschäftigung. Von den 2,8 Mio. sozialversicherungspflichtig Beschäftigten waren rund 900.000 in Teilzeit tätig. Neben der guten konjunkturellen Lage wird auch der demografische Wandel als Grund für den starken Rückgang der Arbeitslosenzahlen in der Branche benannt. Die dynamische Entwicklung schlägt sich auch in der Zahl der gemeldeten offenen Stellen in diesem Bereich nieder. Im Jahr 2010 waren es mit jahresdurchschnittlich gut 40.000 Stellen so viele Vakanzen wie noch nie. Insbesondere hat die Nachfrage nach Pflegepersonal zugenommen, für das auch eine hohe Fluktuation zu verzeichnen ist (Behrens et al. 2007).[10]

Im Bereich der stationären Krankenpflege konnten wir ein offenes Beschäftigungssystem identifizieren, das auf einer hohen Wechselbereitschaft der Beschäftigten selbst basiert. Ausschlaggebend dafür sind die hohen betrieblichen Anforderungen an die zeitliche Verfügbarkeit des Personals: die Belastung durch lange Arbeitszeiten, Schichtarbeit und Bereitschaftsdienste wird als hoch empfunden. Zudem liegt der Frauenanteil in dieser Branche bei knapp 75%, so dass die zeitlichen Flexibilitätsanforderungen des Betriebs überdurchschnittlich häufig mit familiären Verpflichtungen kollidieren. Ihr Anteil an den Teilzeitbeschäftigten beläuft sich auf über 90%.[11] Aufgrund der Schichtdienste und der Rufbereitschaft wäre die Belastung durch Pendelmobilität bereits bei kurzen Entfernungen zu hoch. Die befragten Personalverantwortlichen versuchen daher, die Rekrutierung von Fachpersonal über eigene Fachschulen oder durch enge Kooperationsbeziehungen zu regionalen Schulen zu gewährleisten. Aufgrund der hohen Leistungsanforderungen in diesem Tätigkeitsbereich wird auch bei großer Fachkräfteknappheit in der Region auf eine gute Ausbildung und hohe Weiterbildungsbereitschaft geachtet.

Für den erfahrenen Mitarbeiterstamm stellt die Einarbeitung der Neuzugänge eine große Belastung dar. Obwohl die Tätigkeitsanforderungen im Rahmen des Qualitätsmanagements standardisiert wurden, gilt der damit verbundene Aufwand aufgrund der insgesamt hohen Arbeitsbelastung als problematisch – zumal die älteren Beschäftigten in diesem Bereich immer wieder neue Kollegen einarbeiten müssen. Die betriebliche Weiterbildung wird im Allgemeinen über einen

---

10 Bei Pflegefachkräften lag die Vakanzzeit neu zu besetzender Stellen bei 105 Tagen im Vergleich zu durchschnittlich 66 Tagen (BA 2011).

11 Allerdings hat sich auch die Teilzeitbeschäftigung von Männern in dieser Branche seit 2000 mehr als verdoppelt, während sie bei Frauen um 67% angestiegen ist (BA 2011).

Jahresplan geregelt, und die Weiterbildungskosten werden vollständig vom Haus getragen. Bei umfangreicheren Fortbildungen werden Rückzahlungsvereinbarungen geschlossen für den Fall, dass der Mitarbeiter zeitnah zu einem anderen Haus wechselt. Aufgrund der Teamstruktur der Zusammenarbeit, der hohen Dokumentationspflicht gegenüber dem medizinischen Dienst der Krankenkassen und der Rückmeldung durch die Patienten selbst gelten die Leistungsbereitschaft und -kontrolle auch bei regelmäßiger Fluktuation als gesichert.

Aus Sicht der Beschäftigten ist die individuelle Planungssicherheit hoch und ihre Erwerbslage nicht prekär. In Regionen mit einer hohen Dichte an Einrichtungen müssen die Personalverantwortlichen daher aktiv auf die Belange der Beschäftigten eingehen, um die Fluktuation zu senken. Der Arbeitsplatz und das Einkommen sind sicher, so dass die Reputation der Häuser zum entscheidenden Faktor wird. Für das Pflegepersonal lassen sich die Arbeitsbelastungen nur bedingt finanziell ausgleichen – selbst wenn die Häuser einen größeren finanziellen Spielraum hätten. Stattdessen müssen sie den mehrheitlich weiblichen Beschäftigten Perspektiven für die Vereinbarkeit von Beruf und Familie aufzeigen können. Ein weiterer Faktor sind Angebote zur beruflichen Weiterbildung, die dann allerdings zweischneidig gesehen werden: sie erhöhen für die Beschäftigten zumindest mittelfristig auch den Anreiz, sich auf dem externen Arbeitsmarkt zu bewerben.

Allerdings ist die Wechselbereitschaft sowohl im Bereich der Krankenpflege als auch der Physiotherapie auf eine Phase des Lebenslaufs konzentriert: in Ballungsräumen wechseln Beschäftigte in beiden Bereichen zu Beginn der Karriere häufiger, um sich weiter zu qualifizieren, und der nächste Übergang in Inaktivität ist dann die Phase der Familiengründung. Anders als früher kehren weibliche Beschäftigte heute wesentlich häufiger und schneller ins Erwerbsleben zurück, wenn auch nicht mehr als Stationsschwestern, sondern durch einen Wechsel in artverwandte Berufe, die zeitlich weniger belastend sind. Die Häuser versuchen aktiv, Berufsrückkehrer durch Teilzeitangebote zu binden. Insgesamt führt regionale Arbeitskräfteknappheit zum Versuch einer aktiven Schließung des Beschäftigungssystems. Da damit das strukturelle Grundproblem dieses Tätigkeitsbereichs, d.h. die gesunkene Personalkapazität bei steigender Arbeitslast, nicht gelöst werden kann, sucht das Personalmanagement andere Wege.

Offene Beschäftigungssysteme zwischen betriebs- und marktförmiger Steuerung

Alle drei explorierten Beschäftigungssysteme können als marktförmig gelten, denn Personalaufbau und -abbau werden primär über das Wechselspiel von Angebot und Nachfrage vollzogen. Zwar geben die befragten Personalverantwortlichen aus dem Bereich der Weiterbildungsdozenten an, mit einem informellen Dozentenstamm zu arbeiten, der auf Grundlage der freien Mitarbeit mittel- bis langfristig für die Institution tätig ist;[12] letztlich können sie das Marktrisiko diskontinuierlicher Kursnachfrage jedoch relativ problemlos auf die Dozenten verlagern: ab einer gewissen Untergrenze an Teilnehmern finden Kurse einfach nicht statt. Umgekehrt können auch mittel- und langfristige freie Mitarbeiter die Institution ohne Nachteil wieder verlassen, da sie überwiegend nebenberuflich als Dozenten tätig sind und der Wechsel zu anderen Institutionen mit vorteilhafterem Angebot in diesem Tätigkeitsbereich als Arbeitsmarktstrategie allgemein anerkannt ist. Beschäftigungssicherheit gewinnen sie mehrheitlich durch ihren Hauptberuf.

Im Bereich der befristeten Sozialarbeit betonen die Träger auch im Beschäftigungsverhältnis selbst immer wieder das Interesse an der langfristigen Bindung ihrer Mitarbeiter. Für das hohe Engagement der Sozialarbeiter nicht nur innerhalb der laufenden Projekte, sondern auch in der Akquise neuer Förderungsmöglichkeiten scheint dieses Versprechen nicht unerheblich zu sein. Dennoch bleibt auch dieses Beschäftigungssystem im Kern marktförmig strukturiert: in dem Moment, wo der befristete Vertrag ausläuft und keine weitere Maßnahmendeckung da ist, muss der betreffende Mitarbeiter unabhängig von seiner Erwerbs- und sonstigen Lebenslage wieder gehen. Im Bereich der stationären Krankenpflege beruht die marktförmige Struktur des Beschäftigungssystems schließlich auf der hohen Wechselbereitschaft der Beschäftigten selbst. Vor dem Hintergrund des gegenwärtigen Fachkräftemangels beobachten vor allem jüngere Beschäftigte aktiv den regionalen Arbeitsmarkt und gehen, wenn eine benachbarte Klinik bessere Arbeitsbedingungen anbietet. Sowohl die individuelle Planungssicherheit als auch die überbetriebliche Beschäftigungssicherheit des Krankenpflegepersonals ist hoch.

Allerdings weisen die drei Beschäftigungssysteme auch betriebsförmige Elemente auf, die der Marktöffnung Grenzen setzen und in den ersten beiden Typen die individuelle Planungssicherheit der Beschäftigten wieder ein Stück weit erhöhen, wenn auch auf Basis der marktförmigen Struktur. Im Bereich der Weiterbildungsdozenten ist es der Dozentenstamm, den die Institution aus planerischen Gründen vorhält. Im Bereich der befristeten Sozialarbeit sind gerade die kleinen Träger auf die aktive Kooperation und hohe Leistungsbereitschaft der Mitarbeiter angewiesen. Im Gegenzug müssen sie ihr Interesse an der Weiterbe-

---

12 In peripheren Regionen sprechen die befragten Kursplaner sogar davon, dass es im Dozentenstamm eigentlich keine Fluktuation gebe (W:W1; W:W3; W:O2).

schäftigung der Mitarbeiter glaubhaft signalisieren, in der Regel durch zahlreiche informelle Mitarbeitergespräche und hohes Weiterbildungsengagement. Darüber hinaus nutzen sie ihr regionales Netzwerk nicht nur für die Rekrutierung neuen Personals, sondern auch, um freigesetzte Mitarbeiter „unterzubringen" (W:O5). Auch in den befragten Kliniken gilt eine erfahrene und bewährte Stammbelegschaft als unabdingbar, um die hohe Fluktuation aufzufangen. Je akuter der Personalmangel ist und je näher Verrentungen im Personalstamm rücken, desto größer ist die personalpolitische Aktivität der Häuser, um langfristige Bindungsstrategien zu entwickeln. Sowohl zuverlässige Rekrutierungskanäle über Ausbildungsbeteiligungen als auch flexible Arbeitszeitmodelle werden in diesem Bereich als notwendiges Angebot an die Mitarbeiter betrachtet, um das Beschäftigungssystem wieder stärker zu schließen.

4. FAZIT

Insgesamt hat sich der gewählte Zugang bewährt, um die Heterogenität offener Beschäftigungssysteme in den untersuchten Branchen aus der Wechselwirkung zwischen der jeweiligen Eigenlogik der Bezugsprobleme eines Tätigkeitsbereiches und überbetrieblichen Bedingungsfaktoren zu erschließen. Bereits früh wurde die eigenständige Bedeutung der räumlichen Dimension in der Segmentationsliteratur hervorgehoben (Morrison 1990; Kapitel XIII). Die regionale Arbeitsmarktlage hat sich in dieser Studie auch als zentrale Bedingung eines stabilen offenen Beschäftigungssystems erwiesen – und zwar unabhängig davon, ob es sich um arbeitgeber- oder arbeitnehmerinduzierte Wechsel handelt. Darüber hinaus hat sich die Betriebsgröße als zentrale Bedingung individuell wahrgenommener Planungssicherheit erwiesen. In dieser „black box" der Größe verbergen sich sowohl interne Netzwerke und Weiterbildungsangebote als auch die Reputation der Einrichtung. So haben größere Anbieter einen erweiterten Spielraum, um am Markt Alleinstellungsmerkmale zu entwickeln. Mitarbeiter großer Einrichtungen haben auch in offenen Beschäftigungssystemen eine höhere Arbeitsplatzsicherheit und im Falle eines Wechsels relativ gute Chancen auf dem externen Arbeitsmarkt. Im Falle arbeitnehmerinduzierter Fluktuation können große Anbieter mehr Ressourcen einsetzen, um Anreize für langfristige Beschäftigungsbeziehungen zu setzen, was dann allerdings tendenziell wieder zur Schließung des Beschäftigungssystems führt.

Die vorgestellten Analysen beziehen sich auf wissensintensive personenbezogene Serviceleistungen. Für den Bereich der wissensintensiven unternehmensbezogenen Dienstleistungen können wir aus zwei Gründen abweichende Typen offener betrieblicher Beschäftigungssysteme vermuten: aufgrund der hohen Standardisierung und Dokumentationspflicht der Tätigkeiten hat das Leistungsproblem in den hier untersuchten Beschäftigungssystemen wider Erwarten keinen Einfluss auf die betriebliche Beschäftigungspolitik. Im Bereich der komplexen und zum Teil schwierig zu kontrollierenden unternehmensbezogenen Dienstleistungen ist davon auszugehen, dass sowohl das Leistungsproblem als auch die Notwendigkeit langfristiger und persönlicher Kundenbindungen das Ausmaß der Öffnung beschränken. Für die in dieser Studie explorierten offenen Beschäftigungssysteme bleibt zu fragen, wie sich der Fachkräftemangel auf die Ausgestaltung der Personalpolitik auswirken wird. Auch hier ist zu vermuten, dass es eher große Träger sein werden, die ihre Mitarbeiter entfristen, um sie dauerhaft zu binden und das Beschäftigungssystem auf diese Weise wieder schließen.

Mit der erweiterten Perspektive, die auch die Dimensionen der individuellen Planungssicherheit und sozialen Integration als Bezugsprobleme der Beschäftigten einbezieht, wurde die Anschlussfähigkeit des im zweiten Abschnitt vorgestellten segmentationstheoretischen Erklärungsmodells an die Ungleichheitsforschung ausgelotet. In den untersuchten Bereichen mit arbeitgeberinduzierter Fluktuation verfolgen die Beschäftigten mit wenigen Ausnahmen aktive und zeitintensive Strategien, um ihre individuelle Planungssicherheit zu steigern. Weiterbildungsinvestitionen spielen dabei eine zentrale Rolle, aber auch die regelmäßige Beobachtung des regionalen Arbeitsmarktes. Allerdings variiert die Bedeutung der Weiterbildungsinvestitionen erheblich mit dem betrieblichen Beschäftigungssystem selbst. In einigen Bereichen ist ein über die gesetzlich vorgegebenen Weiterbildungsnachweise hinaus gehendes Weiterbildungsengagement zur notwendigen Bedingung geworden, um im Pool der verfügbaren kurzfristigen Mitarbeiter zu verbleiben. Eine finanzielle Rendite können die Mitarbeiter darüber nicht erzielen und sie werden in unterschiedlichem Ausmaß zudem an den Weiterbildungskosten beteiligt.

Im Bereich der Pflegekräfte suchen die befragten Häuser nach Wegen, den Spielraum tariflicher Regelungen für individuelle Lohnerhöhungen unterhalb einer höheren Eingruppierung zu vergrößern, um auf diese Weise Anreize für Weiterbildungsaktivitäten zu setzen. Während diese Anreize für Berufseinsteiger im Rahmen ihrer individuellen Karriereplanung durchaus attraktiv sind, erweisen sie sich im Stammpersonal allerdings als unzureichend. Die hier Beschäftigten sehen keine Notwendigkeit, sich angesichts einer bereits hohen Arbeitsbelastung und regulären Weiterbildungsintensität auch noch in den betrieblich gewünschten Bereichen fortzubilden, da ihre Arbeitsplatzsicherheit hoch ist. Insgesamt variieren die beobachteten betrieblichen Weiterbildungsarrangements im Hinblick auf die individuelle Planungssicherheit und die betriebliche Rendite erheblich und weisen auf weiteren Forschungsbedarf über den unterschiedlichen Wert von Bildungsinvestitionen in verschiedenen Bereichen des gesellschaftlichen Beschäftigungssystems hin (Warhust et al. 2004). Eben diese Diskrepanz zwischen der hohen Qualifizierung der Weiterbildungsdozenten und ihrer niedrigen und unsteten Einkommenslage wurde von Betrieben und Betroffenen gleichermaßen als prekär wahrgenommen. Insgesamt konstatieren Personalverantwortliche und Beschäftigte allerdings vor allem Probleme individueller Planungsunsicherheit.

Während Anne Goedicke in diesem Band die Notwendigkeit darlegt, das Bezugsproblem der Beschäftigten weiter zu fassen als lediglich über die Dimensionen der Arbeitsplatz- und Einkommenssicherheit, weisen die Fallanalysen auf die Notwendigkeit hin, über einen tausch- oder ressourcentheoretisch begründeten Ansatz hinauszugehen (Silbereisen/Pinquart 2008; Kap. VIII) und auch die Ebene gesellschaftlicher Deutungsmuster und deren Relevanz für die Akzeptanz offener Beschäftigungssysteme in den Blick zu nehmen (Dubet 2008; Sachweh 2010). Nicht nur in Bezug auf die überbetrieblichen Rahmenbedingungen, sondern auch auf die impliziten normativen Kontrakte zwischen Betrieben und Beschäftigten weist gerade der systematische Vergleich ost- und westdeutscher Träger auf die Bedeutung von Lernprozessen sowie auf die Kontingenz der vorherrschenden Legitimationsmuster hin. So zeigt sich im Kontrast von Ost und West z.B., dass die Unsicherheit befristeter Beschäftigung in den ostdeutschen offenen Beschäftigungssystemen in viel höherem Maße als Normalität erlebt wird.

Eine Analyse betrieblicher Beschäftigungspolitik kann den ungleichheitstheoretischen Zugang nicht ersetzen. Im Gegenteil können Peter Bartelheimer und René Lehweß-Litzmann in diesem Band zeigen, auf welche Weise die Segmentationsforschung an die Analyse von Haushaltsarrangements und wohlfahrtsstaatlicher Sicherungen rückgebunden werden muss, um repräsentative Aussagen über Chancen und Risiken sozialer Teilhabe treffen zu können (Kap. III). Da die Ungleichheitsforschung in den letzten Jahren vermehrt eingefordert hat, systematischer zwischen neuen Heterogenitäten und sich daraus entwickelnden Ungleichheitslagen zu unterscheiden, indem sie stärker auf die relevanten Ungleichheitsmechanismen fokussiert (Diewald/Faist 2011), kann eine segmentationstheoretische Perspektive allerdings als Ansatz dienen, diesen Anspruch für die relevanten Mechanismen in der betrieblichen Beschäftigungspolitik einzulösen.

ANHANG

Anhang 1: Fallauswahl im Weiterbildungs- und Pflegesektor

	Pflegebranche	Weiterbildungsbranche
Ost-deutschland	P:O1 (Krankenpflege) P:O2 (Krankenpflege/Physiotherapie)* P:O3 (Krankenpflege)	W:O1 (Unterricht) W:O2 (Unterricht) W:O3 (Unterricht) W:O4 (Sozialarbeit)* W:O5 (Sozialarbeit)
West-deutschland	P:W1 (Physiotherapie)* P:W2 (Krankenpflege) P:W3 (Krankenpflege)	W:W1 (Unterricht/-Sozialarbeit)* W:W2 (Unterricht/-Sozialarbeit) W:W3 (Unterricht)* W:W4 (Unterricht)*

*Betriebsstätten, in denen zusätzlich mindestens ein Beschäftigteninterview im Tätigkeitsbereich geführt wurde.

Quelle: Eigene Darstellung

Anhang 2: Leitfadengestützte Experteninterviews mit Personalverantwortlichen bzw. Geschäftsführern

1. Betriebliche Bezugsprobleme	• Verfügbarkeitsproblem (Problemdiagnose, Bewältigungsstrategien, institutionelle und arbeitsmarktstrukturelle Rahmenbedingungen) • Leistungsbereitschaft und Leistungskontrolle (Problemdiagnose, Bewältigungsstrategien, institutionelle und arbeitsmarktstrukturelle Rahmenbedingungen)
2. Bezugsprobleme der Beschäftigten	• Beschäftigungssicherheit (Einkommen, Weiterbildung) • typische Karriereverläufe • implizite Erwartungen an stabile Beschäftigung
3. Vergleich der offenen und geschlossenen betrieblichen Tätigkeitsbereiche	• Ursachen der Fluktuation in offenen Tätigkeitsbereichen • Ursachen der Stabilität in anderen Tätigkeitsbereichen • Bisherige Entwicklungsdynamik des offenen Tätigkeitsbereiches und der betrieblichen Personalstruktur insgesamt • Entwicklungsprognose, geplante Strategiewechsel

Quelle: Eigene Darstellung

VI. Gefahrenzone Absatzmarkt?
Leiharbeit und die Temporalstrukturen der Flexibilisierung

HAJO HOLST

1. EINLEITUNG

Der Arbeitsmarkt ist ein besonderer Markt – und das nicht nur, weil das auf ihm gehandelte Gut untrennbar mit seinen Trägerinnen und Trägern verbunden ist, sondern auch, weil die Nachfrage nach Arbeitskraft mehr oder weniger direkt von den Entwicklungen auf anderen Märkten abhängig ist. Kapitalistische Betriebe kaufen die Ware Arbeitskraft, um die mit Hilfe ihrer Nutzung gefertigten oder gehandelten Güter mit Gewinn zu veräußern. Folgerichtig steht die einzelbetriebliche Nachfrage auf dem Arbeitsmarkt immer in Beziehung zu den Geschehnissen auf den relevanten Absatz- und Faktormärkten. So banal diese Feststellung auf den ersten Blick auch klingen mag – sie stellt etablierte disziplinäre Grenzziehungen in Frage. Denn während sich die Arbeitsmarktsoziologie intensiv mit sozialer Ungleichheit und den Wechselwirkungen zwischen betrieblichen Beschäftigungsstrategien und der Arbeitsmarktentwicklung auseinandergesetzt hat (Abraham/Hinz 2005; Köhler et al. 2008), wurde die Analyse von Marktstrategien, Angebotsstrukturen und Prozessen der Preisbildung weitgehend den Wirtschaftswissenschaften überlassen (Beckert 2011; Fley 2008). Die Ausblendung der Dynamik auf den Absatzmärkten hat Folgen für die Art und Weise, wie die betrieblichen Beschäftigungsentscheidungen typischerweise von der soziologischen Forschung konstruiert werden: Quantität und Qualität des betrieblichen Arbeitskräftebedarfs werden zu exogenen Größen gemacht und als bekannt vorausgesetzt. Das Verfügbarkeitsproblem, neben dem Leistungsabruf im Arbeitsprozess die zweite zentrale Herausforderung der betrieblichen Beschäftigungspolitik, beschränkt sich somit auf die Deckung eines quantitativ und qualitativ gegebenen Bedarfs zu möglichst günstigen Preisen (Köhler/Krause 2010: 405ff.; Köhler/Loudovici 2008). Allerdings – und dies ist der Ausgangspunkt dieses Beitrags – wird mit der Konzentration auf die Schnittstelle zwischen Betrieb und Arbeitsmarkt die Entscheidungssituation, in der sich die Betriebe befinden, in einer Art und Weise konstruiert, die mit Blick auf die Temporalität wirtschaftlichen Handelns kaum den Realitäten entspricht. Unternehmerisches Handeln stellt immer auch eine riskante Wette auf eine heute noch ungewisse Zukunft dar (Baecker 1991; Vogl 2010). Auf Gewinn oder Kapitalvermehrung ausgerichtetes wirtschaftliches Handeln wird grundsätzlich durch einen besonderen Zukunftsbezug charakterisiert. Ob eine in der Gegenwart getätigte wirtschaftliche Entscheidung die sie motivierenden Gewinnerwartungen tatsächlich einlösen kann, entscheidet sich erst zu einem zukünftigen Zeitpunkt (Windolf 2005; Neckel 1988). Durch den expliziten Bezug auf die Zukunft wird zwangsläufig Ungewissheit in die Entscheidungssituationen eingeführt. Die künftigen Gegenwarten, in denen sich die im Hier und Jetzt getroffenen Entscheidungen bewähren müssen, entziehen sich schließlich trotz elaborierter Prognosetechniken einer präzisen Vorausberechnung (Shoemaker 2002; Gausemeier et al. 1998). Da die Nachfrage kapitalistischer Betriebe nach Arbeitskraft letztlich eine aus den Erwartungen an das künftige Geschehen auf den Absatz- und Faktormärkten abgeleitete Nachfrage darstellt, prägt die Zukunftsungewissheit auch die betrieblichen Beschäftigungsentscheidungen. Entscheidungstheoretisch stellt sich deswegen die Frage, *wie Betriebe in ihren Beschäftigungsentscheidungen die unmittelbar aus dem Zukunftsbezug kapitalistischen Wirtschaftens erwachsende Ungewissheit bearbeiten und die mit ihr verbundenen Risiken für die eigenen Gewinnziele adressieren.*

Im Folgenden wird die These vertreten, dass sich seit den Krisen der 1970er Jahren ein substanzieller Wandel im betrieblichen Umgang mit den aus der Zukunftsungewissheit resultierenden Risiken vollzieht. Insbesondere in stilbildenden und marktmächtigen Großbetrieben des verarbeitenden Gewerbes wird der bis dato vorherrschende reaktive Modus sukzessive durch einen prospektiven Ansatz ersetzt, der nicht nur die aus der Ungewissheit resultierenden Risiken, sondern auch die Zukunftsungewissheit selbst zum Gegenstand der betrieblichen Planung macht. In den veränderten Temporalstrukturen des betrieblichen Flexibilisierungshandelns drückt sich der Versuch des Managements aus, einen flexiblen, enger an die unmittelbaren Nachfragebedingungen auf den Absatzmärkten gekoppelten Modus der Arbeits-Zeit-Nutzung durchzusetzen. Allerdings zeigen die hier präsentierten Befunde zum prospektiven Einsatz von Leiharbeit, dass auch ein vorausschauender Umgang die aus der Zukunftsungewissheit resultierenden Risiken gewinnorientierter Entscheidungen letztlich nicht eliminieren kann. Durch die strategische Nutzung von Leiharbeit gelingt es den untersuchten Großbetrieben des verarbeitenden Gewerbes zwar einen Teil der Gewinn- und Profitrisiken zu externalisieren und auf nachgeordnete Akteure – hier: die Verleihfirmen und deren Beschäftigten – abzuwälzen. Zugleich resultiert der auf künftige, in der Gegenwart nicht hinreichend prognostizierbare Absatzrückgänge gerichtete Leiharbeitseinsatz jedoch auch in einer Vergegenwärtigung und Internalisierung der Zukunftsungewissheit. Die veränderten Temporalstrukturen des Flexibilisierungshandelns erzeugen damit nicht nur neue Risiken für die Betriebe und die Arbeitenden, zugleich wandelt sich auch der ökonomische Charakter der Beschäftigungsentscheidungen: Sie werden tendenziell zu Investitionsentscheidungen, die an ihrem Beitrag zum künftigen Markterfolg des Betriebs gemessen werden.

Entwickelt wird diese Argumentation in folgenden Schritten: Im Anschluss an wirtschafts- und organisationssoziologische Erkenntnisse wird zunächst der Zukunftsbezug gewinnorientierten wirtschaftlichen Handelns und die daraus resultierende spezifische Form der Ungewissheit eingeführt (2). Anschließend wird anhand arbeits- und arbeitsmarktsoziologischer Befunde die Neuausrichtung betrieblichen Flexibilisierungshandelns von reaktiver Anpassung zur prospektiven Entwicklung von Anpassungsfähigkeit diskutiert (3). Die Folgen der veränderten Temporalstrukturen werden am Beispiel der strategischen Nutzung von Leiharbeit untersucht. In einem ersten Schritt wird der Übergang von einem reaktiven, gegenwartsorientierten zu einem in die Zukunft gerichteten, vorausschauenden Einsatz von Leiharbeitenden anhand einer Typologie betrieblicher Nutzungsformen ausgeleuchtet (4), bevor dann die Nebenwirkungen und Risiken der strategischen Nutzung von Leiharbeit analysiert werden (5). Den Abschluss bilden eine Bilanz der Ergebnisse und ihre Einordnung in die arbeitsmarktsoziologische Forschung (6).[1]

---

1   Frühere Fassungen des Beitrages wurden auf dem Workshop „Offene Beschäftigungssysteme – Betriebliche Personal- und individuelle Arbeitsmarktstrategien" des DFG-Sonderforschungsbereichs 580 und im Forschungskolloquium des Fachbereichs Sozialwissenschaften der Universität Osnabrück vorgestellt. Neben Alexandra Krause und Christoph Köhler sei den Teilnehmerinnen und Teilnehmern beider Veranstaltungen für ihre wertvollen Anmerkungen und Hinweise gedankt.

2. ZUKUNFTSUNGEWISSHEIT ALS GRUNDBEDINGUNG UNTERNEHMERISCHEN HANDELNS

Unternehmerisches Handeln – definiert als auf Gewinn und Kapitalvermehrung ausgerichtete wirtschaftliche Praktiken – stellt immer auch eine riskante Wette auf eine heute noch ungewisse Zukunft dar (Baecker 1991; Vogl 2010). Hierin unterscheiden sich die auf den Fernhandel von Gewürzen, Textilien und Salpeter spezialisierten Handelsgesellschaften des 17. Jahrhunderts (Fulcher 2009: 7ff.) nicht von den Automobilherstellern des 20. und 21. Jahrhunderts. Ob eine Expedition in eine entlegene Region, die Investition in neue Fertigungsanlagen oder die Entwicklung neuer Produkte den erwarteten wirtschaftlichen Erfolg mit sich bringt, wird sich grundsätzlich erst in der Zukunft zeigen. Für alles auf Gewinn orientierte wirtschaftliche Handeln gilt, dass in der Gegenwart Geld eingesetzt wird, um in der Zukunft – mit Luhmann (1989: 12): in einer künftigen Gegenwart – über ein Mehr an Geld zu verfügen (Neckel 1988: 474f.). Der *explizite Zukunftsbezug* kapitalistischen Wirtschaftens tritt schon in Marxens Formel G-W-G' deutlich zu Tage. Akkumulation als Triebkraft des Kapitalismus basiert auf dem Einsatz einer bestimmten Menge an Kapital (G) zum Zeitpunkt X, mit der expliziten Erwartung, zu einem späteren Zeitpunkt Y nicht nur das eingesetzte Kapital zurückzuerhalten, sondern zusätzlich noch ein gewisses Extra-Quantum (G') (Marx 1989: 165). Und auch in Webers (2010) Skizze des Bedürfnisaufschubs nimmt das dem Kapitalismus eigene Spiel mit der Zukunft eine exponierte Stellung ein. Der Unternehmer versagt sich, so die These des „asketischen Sparzwangs", der Befriedigung aktueller Bedürfnisse, um mit den in der Gegenwart nicht genutzten Ressourcen Gewinne zu erwirtschaften, über die er in der Zukunft verfügen kann.

Durch die besondere Temporalität allen auf Gewinn ausgerichteten wirtschaftlichen Handelns wird unweigerlich *Ungewissheit* in die unternehmerischen Entscheidungssituationen eingeführt (Bourdieu 1999: 180f.; Beckert 1995) – und zwar unabhängig davon, ob und in welchem Ausmaß diese von den Akteuren subjektiv wahrgenommen und aktiv in den eigenen Praktiken adressiert wird. Die Zukunft ist grundsätzlich offen. Trotz der Entwicklung elaborierter mathematisch-probabilistischer Methoden und Prognosetechniken entzieht sie sich – und damit auch die künftigen Entwicklungen kapitalistischer Märkte – einer exakten Vorausberechnung (schon Keynes 1937: 213f.). Verantwortlich für die Offenheit der Zukunft ist das potenziell unberechenbare Verhalten kapitalistischer Akteure. Die vom einzelnen Akteur vorgefundenen Marktverhältnisse stellen schließlich keine abstrakte Größe dar, sondern sind das Ergebnis der strategischen Interaktionen der Marktteilnehmer, die versuchen, die künftigen Angebots- und Nachfragestrukturen in ihrem Sinne zu beeinflussen. Zwar erbringen die Basisinstitutionen Geld, Warenform, Markt und Recht erhebliche Strukturierungsleistungen für das kapitalistische Wirtschaftssystem (North 1992), trotzdem besteht in jeder Situation die Möglichkeit, dass ein Akteur als „Revolutionär der Wirtschaft" (Schumpeter 1952: 130) auftritt und auf der Suche nach neuen Gewinnchancen etablierte Lösungen in Frage stellt und gewachsene Marktstrukturen erschüttert (Streeck 2009: 240f.). Verstärkt wird der ungewissheitsproduzierende Effekt individuellen Gewinnstrebens noch durch die Reflexivität des Wirtschaftsgeschehens: Der zukünftige Erfolg in der Gegenwart formulierter Strategien ist nicht nur vom gegenwärtigen Handeln anderer Akteure abhängig, sondern auch von ihren zukünftigen – heute damit noch unberechenbaren – Reaktionen auf die eigenen Entscheidungen (als „doppelte Kontingenz", Ganßmann 2007). Zwar zeigt die Allgegenwart kalkulatorischer Praktiken, dass nicht nur Banken, Rating-Agenturen und Unternehmen, sondern auch Organisationen des öffentlichen Sektors, Verbände, Vereine und private Haushalte permanent versuchen, die mittel- und langfristigen ökonomischen Effekte gegenwärtiger Entscheidungen abzuschätzen (Kalthoff 2011; Vormbusch 2007). Gleichwohl lässt sich nicht nur auf den Finanzmärkten weder das Verhalten der Konkurrenten noch das der Nachfrager mit Gewissheit vorhersagen (Buchanen/Vanberg 2008; Arnoldi 2009). Produktinnovationen, Markteintritte von neuen Anbietern, veränderte Kundenbedürfnisse und Nachfragerückgänge sind nur drei der Gefahren, die auf den Absatzmärkten auf die individuellen Gewinnerwartungen lauern – und die sich trotz intensiver Bemühungen auch von marktmächtigen Akteuren ex-ante niemals vollständig kontrollieren lassen (Windolf 2005: 27ff.).

Die aus dem expliziten Zukunftsbezug resultierende Ungewissheit hat ambivalente Auswirkungen auf die Akteure. Sie ist sowohl *Vehikel als auch Gefahr für die individuellen Gewinnerwartungen*. Einerseits gehört die Zukunftsungewissheit zu den Voraussetzungen von Innovation, Gewinn, Wachstum und damit auch Profit (Deutschmann 2007; Schumpeter 1993). Auf Märkten, die dem neoklassischen Ideal vollständiger Transparenz, Informationssymmetrie und stabiler Gleichgewichtspreise entsprechen, existiert langfristig kein Profit (Knight 1921; Braudel 1990). Andererseits ist die Zukunftsungewissheit jedoch auch für die unvermeidlich auftretenden Schadensfälle kapitalistischer Wirtschaftens verantwortlich (Aglietta 2000: 27). Denn auf Gewinn bzw. Kapitalvermehrung gerichtete Entscheidungen sind – mit Luhmann (1991: 21) – zwangsläufig „Entscheidungen [...], mit denen man Zeit bindet, obwohl man die Zukunft nicht hinreichend kennen kann; und zwar nicht einmal die Zukunft, die man durch die eigenen Entscheidungen erzeugt." Zwar sind die Chancen, die eigenen Wetten auf die Zukunft erfolgreich durchzubringen, ungleich verteilt (Fligstein 2001: 67ff.;

Bourdieu 2000), letztlich kann jedoch kein Akteur darüber Gewissheit haben, dass sich die Märkte tatsächlich entsprechend der eigenen, in der Gegenwart formulierten Erwartungen entwickeln werden. Selbst in der Vergangenheit erfolgreichen und mit Marktmacht ausgestatteten Unternehmen droht durch Veränderungen der Nachfragestrukturen, Markteintritte neuer Konkurrenten oder auch Produkt- und Verfahrensinnovationen ein Verfehlen der eigenen Gewinnerwartungen und eine Entwertung des eingesetzten Kapitals (Fulcher 2009). Unternehmerische Entscheidungen sind – das ist die Quintessenz des Vorangegangenen – aufgrund ihres expliziten Zukunftsbezugs notwendig riskant. Die Bandbreite der ihnen anhaftenden Risiken reicht von zwar nicht mit mathematischer Präzision prognostizierbaren, aber zumindest subjektiv identifizierbaren Risiken bis hin zu solchen, die, wie radikale Innovationen, in der Gegenwart nicht einmal benennbar sind.

3. DIE TEMPORALSTRUKTUREN DER FLEXIBILISIERUNG – VON REAKTIVER ANPASSUNG ZU PROSPEKTIVER ANPASSUNGSFÄHIGKEIT

Die Zukunftsungewissheit stellt eine unentrinnbare Bedingung aller auf Gewinn und Kapitalvermehrung ausgerichteten wirtschaftlichen Praktiken dar. Wie diese Ungewissheit und die aus ihr resultierenden Risiken von den Akteuren jedoch subjektiv wahrgenommen und in konkreten unternehmerischen Entscheidungen adressiert werden, ist kontingent (Milliken 1987). Im Folgenden wird gezeigt, dass sich der dominante Modus der Risikobearbeitung in stilbildenden Großbetrieben des verarbeitenden Gewerbes seit den Krisen der 1970er Jahre tendenziell gewandelt hat. Durch den Einsatz von Szenario-Techniken, Methoden der Zukunftsforschung und verschiedenen Formen des Risikomanagements versuchen vor allem Großbetriebe, die in der zwangsläufig ungewissen Zukunft liegenden Risiken gegenwärtiger Strategien prospektiv zu adressieren. Dadurch verschieben sich die dominanten Temporalstrukturen betrieblichen Flexibilisierungshandelns: Die in der Vergangenheit primär gegenwartsorientierten, reaktiven Anpassungsmaßnahmen werden sukzessive eingebettet in eine prospektiv angelegte Entwicklung der Anpassungsfähigkeit der Betriebs- und Unternehmensorganisation. Anstatt die Folgen wirtschaftlicher Schadensfälle rein reaktiv zu bearbeiten, versucht das Management die Flexibilität der Arbeitssysteme zu steigern, um – so das Leitbild – auf alle in der Zukunft auf den Absatzmärkten lauernden Gefahren für die eigenen Gewinnerwartungen adäquat reagieren zu können. Ziel des prospektiven Flexibilisierungshandelns ist – bei aller Heterogenität der betrieblichen Strukturen, der Diversität der Arbeitsformen und den Ungleichzeitigkeiten wirtschaftlicher Entwicklungen – die Durchsetzung eines flexiblen Modus der Arbeits-Zeit-Nutzung, durch den die Nutzung der dem Betrieb zur Verfügung stehende Gesamtarbeitskraft unmittelbar an die Nachfragebedingungen auf den Absatzmärkten gekoppelt wird.

Fordistische Unternehmenssteuerung – Langfristplanung und reaktive Anpassungen

In den Nachkriegsjahrzehnten setzten sich zumindest in den großbetrieblich geprägten Teilen der Industrie *Produktionssysteme* durch, die auf die Großserienfertigung standardisierter Güter ausgerichtet waren. Die relativ starren Produktionssysteme ermöglichten zwar kaum kurzfristige Veränderungen der Fertigungsmenge oder der Produktmerkmale, gewährleisteten im Gegenzug jedoch technisch-organisatorische Effizienzsteigerungen und Kostensenkungen (Kuhlmann 2004). Die Investitions- und Produktionsplanung war nicht zuletzt aufgrund der hohen Kapitalintensität langfristig ausgelegt: Angesichts hoher Wachstumsraten setzte sich zumindest für kurze Zeit die Überzeugung durch, dass sich der Kapitalismus politisch domestizieren ließe und die Zukunft berechenbar war (Lutz 1984). Vor dem Hintergrund der relativ starren gesetzlichen Arbeitszeitregulierung und dem Einsatz der Interessenvertretungen für eine Normierung der Arbeitszeit resultierten die dominanten tayloristischen Rationalisierungskonzepte in einem spezifischen Modus der *Arbeits-Zeit-Nutzung*. Zwar zählt das Ziel, jedes einzelne bezahlte „Zeitatom" produktiv nutzen zu wollen, zu den Grundkonstanten kapitalistischer Arbeitsrationalisierung. Wie aber die Nutzung der Arbeitszeit mit ihrer Entlohnung synchronisiert wird, ist von zahlreichen betriebsinternen und -externen Faktoren abhängig. Der in fordistischen Großbetrieben lange Zeit dominante Synchronisationsmodus setzte dabei stärker an der Seite der Nutzungszeit an. Die Elastizität der im Rahmen der Einsatzplanung festgelegten, mehr oder weniger präzise eingegrenzten und mit Hilfe der „Stechuhr" kontrollierten Arbeitszeiten der Beschäftigten war relativ gering (Kratzer/Sauer 2007). Stattdessen wurden unproduktive Leerlaufzeiten durch die technisch-organisatorische Optimierung der betrieblichen Abläufe reduziert und damit der Produktionsausstoß bei in ihrer Dauer und Lage weitgehend fixierten Arbeitszeiten maximiert.

Charakteristisch für den fordistischen Großbetrieb waren vergleichsweise stabile, von Normalarbeitsverhältnissen dominierte *Beschäftigungsstrukturen*. Die dekommodifizierend wirkende Regulierung des Arbeitsmarktes schränkte die Möglichkeiten der Betriebe ein, nicht-standardisierte Beschäftigungsverhältnisse einzusetzen (Esser et al. 1983); zugleich kämpften die Interessenvertretungen für stabile Arbeitsverhältnisse. Auch aufgrund des Arbeitskräftemangels der Nachkriegsjahrzehnte genossen zumindest die qualifizierten Belegschaften der Großbetriebe ein hohes Maß an Beschäftigungssicherheit (Gerstenberger et al. 1969; Mendius et al. 1987). Das aufgrund der stabilen wirtschaftlichen Entwicklung bis zu den Krisen der 1970er Jahre nur in Einzelfällen erforderliche *betriebliche Flexibilisierungshandeln* blieb überwiegend reaktiv und gegenwartsorientiert. Zwar versuchten vor allem marktmächtige Großunternehmen durch die Errichtung von Marktzutrittsbarrieren und die aktive Beeinflussung der Nachfrage steuernden Einfluss auf die zukünftige Entwicklung ihrer Absatzmärkte zu nehmen und somit die Ungewissheit der künftigen Marktentwicklung zu begrenzen (Fligstein 2001: 67ff.); der Umgang mit den – aufgrund der stabilen Wachstumsentwicklung allerdings eher seltenen – Schadensfällen gewinnorientierten Wirtschaftens hatte jedoch primär reaktiven Charakter. Auf Nachfragerückgänge unter das geplante Niveau wurde zunächst mit der Ausweitung der Lagerbestände reagiert, bei anhaltenden Absatzproblemen wurden die Arbeitszeiten verkürzt oder gar die Belegschaft durch direkten und indirekten Personalabbau reduziert. Erhöhte Auftragseingänge resultierten aufgrund der Starrheit der fordistischen Produktionssysteme und Arbeitskräfteknappheit zumeist in einer Verlängerung der Lieferzeiten. Nur in Ausnahmefällen konnte der Ausstoß durch temporäre Einstellungen und Schichtvervielfachungen kurzfristig erhöht werden (Köhler/Sengenberger 1983).

Post-fordistische Unternehmensführung – Flexible Arbeits-Zeit-Nutzung und prospektive Anpassungsfähigkeit

Mit den wirtschaftlichen Turbulenzen der 1970er Jahre gerieten nicht nur der gesellschaftliche Steuerungsoptimismus der Nachkriegsjahrzehnte in die Krise, in den Reaktionen vieler Großunternehmen deutete sich auch eine Verschiebung der Temporalstrukturen betrieblichen Flexibilisierungshandelns an: von den primär reaktiven Anpassungen der Nachkriegszeit zur *prospektiven Anpassungsfähigkeit*. Angesichts der in zahlreichen Wirtschaftszweigen existierenden Überkapazitäten wurden die Absatzmärkte selbst von marktmächtigen Großunternehmen wieder als relevante Gefahrenzonen für die eigenen Gewinnerwartungen wahrgenommen (Dombois 1976; Schultz-Wild 1978). Aus den anhaltenden Absatzproblemen wurde in vielen Führungsetagen ein auf den ersten Blick relativ simpler, langfristig jedoch folgenreicher Schluss gezogen: Wenn sich die Entwicklungen der Absatzmärkte nicht mehr mit Gewissheit prognostizieren, geschweige denn steuern lassen, dann müssen sich die Betriebe und ihre

Belegschaften schneller an die unberechenbaren Entwicklungen der Märkte anpassen können (Altmann et al. 1982; Tacke 1997). Durch die Umkehrung des Verhältnisses von Produktions- und Marktökonomie wurde die Anpassungsfähigkeit der Betriebs- und Unternehmensorganisation zu einer Schlüsselressource im Umgang mit den aus der Zukunftsungewissheit resultierenden Profit- und Gewinnrisiken. Auch wenn eine „vorausschauende" Unternehmenssteuerung und Personalpolitik, die in der Gegenwart die Voraussetzungen für eine schnelle und friktionslose Bearbeitung künftiger Absatzrückgänge schafft (Posth 1975), zunächst noch eine Zukunftsvision blieb: In den Krisen der 1970er Jahre wurde der Grundstein für einen veränderten Umgang mit den wirtschaftlichen Risiken gelegt, die aus dem Zukunftsbezug gewinnorientierten Wirtschaftens resultieren.

Die Veränderung der *Produktionssysteme* seit den 1970er Jahren ist von der arbeitssoziologischen Forschung intensiv diskutiert worden. Angesichts der Turbulenzen auf den Absatzmärkten und der fortschreitenden Ausdifferenzierung der Kundenbedürfnisse erwiesen sich die auf die Großserienfertigung standardisierter Güter ausgerichteten fordistischen Produktionssysteme und tayloristischen Rationalisierungskonzepte als zu starr (Harvey 1991). Sukzessive wurden die Variantenvielfalt erhöht und die betrieblichen Abläufe stärker an die Absatzmärkte gekoppelt – bis hin zum Ideal eines strikt absatzgesteuerten Produktionssystems, in dem nur noch Güter gefertigt werden, die bereits eine zahlungskräftige Nachfrage gefunden haben (Durand 2007; Freyssenet 2009). Zugrunde liegt den bis heute anhaltenden – und seit den 1990er Jahren durch den Druck der Finanzmarktakteure deutlich beschleunigten (Chesnais 2004; Dörre/Brinkmann 2005) – Restrukturierungsbemühungen der Versuch des Managements, einen neuen flexiblen Modus der *Arbeits-Zeit-Nutzung* durchzusetzen. Konzentrierten sich die tayloristischen Rationalisierungskonzepte auf eine Maximierung des Outputs bei gegebenen Entlohnungszeiten, zielt die flexible Nutzung der dem Betrieb intern wie extern zur Verfügung stehenden Gesamtarbeitskraft auf eine Anpassung der Entlohnungszeiten an die Nachfrage auf den Absatzmärkten. Lage, Dauer und Rhythmus der entlohnten Arbeitszeit werden – so zumindest das Leitbild – instantan an die vorab nicht mit Gewissheit berechenbaren Entwicklungen auf den Absatzmärkten angepasst (Durand 2007). Das tayloristische „immer schneller, immer mehr" wird damit ergänzt durch die Kontrolle über den Rhythmus der Arbeitszeit. Ohne die Heterogenität und Ungleichzeitigkeiten der betrieblichen Praxis in Abrede stellen zu wollen: Tendenziell sollen – das ist der ökonomische Kern der flexiblen Arbeits-Zeit-Nutzung – nur noch jene „Zeitatome" gekauft und entlohnt werden, deren betriebliche Nutzung bereits in der Gegenwart durch die Nachfrage auf den Absatzmärkten gedeckt ist.

Der veränderte Modus der Arbeits-Zeit-Nutzung hat auch Folgen für die Temporalstrukturen des *betrieblichen Flexibilisierungshandelns*. Die prinzipiell kaum berechenbaren und damit in ihrem Eintreten zumindest langfristig nicht verlässlich prognostizierbaren Nachfrageschwankungen lassen sich kaum noch – zumindest nicht ohne größere Kosten – rein reaktiv bearbeiten. Stattdessen versuchen die Betriebe, durch verschiedene Flexibilisierungspraktiken prospektiv die Anpassungsfähigkeit ihrer Arbeitssysteme zu erhöhen. Arbeitszeitkonten ermöglichen die quantitative Anpassung der Arbeitszeiten der eigenen Belegschaften an die Nachfrage auf den Absatzmärkten (Groß/Seifert 2010; Haipeter/-Lehndorff 2004), zugleich steigert die im internationalen Vergleich hohe funktionale Flexibilität der Arbeitskräfte die Reagibilität auf qualitative Nachfrageschwankungen. Damit ziehen die gewandelten Temporalstrukturen des Flexibilisierungshandelns auch Veränderungen in den *Beschäftigungsstrukturen* nach sich. Insbesondere in den Bereichen geringer qualifizierter und vom Management als strategisch kaum relevant eingeschätzter Arbeiten fällt die „Make-or-Buy"-Entscheidung spätestens seit den 1990er Jahren immer häufiger in Richtung Outsourcing und Offshoring aus. Die Fertigungstiefe hat sich in fast allen Branchen des verarbeitenden Gewerbes deutlich reduziert, in der Automobilindustrie beträgt sie gegenwärtig nur noch rund 30 Prozent (Honkapohja/-Westermann 2009: 124). Zugleich wächst, ermöglicht durch die sukzessive Deregulierung des Arbeitsmarkts seit den 1980er Jahren, die Bedeutung nichtstandardisierter Beschäftigungsverhältnisse. Anfangs in den gering qualifizierten Randbelegschaften konzentriert, sind Befristungen, Teilzeit und vor allem Leiharbeit längst auch in den Kernbereichen der Großbetriebe des verarbeitenden Gewerbes angekommen (Köhler/Sengenberger 1983; Nienhüser/Baumhus 2002).

Der veränderte Umgang mit den auf den Absatzmärkten lauernden Gefahren bringt vielfach eine *„Entdeckung" der Zukunft* und ihrer Ungewissheit mit sich. Auch die unternehmerischen Entscheidungen, die von Betrieben in den 1950er und 1960er Jahren getroffen wurden, stellten objektiv betrachtet riskante Wetten auf eine ungewisse Zukunft dar – die grundlegende Ungewissheit der Zukunft und die sich aus ihr ergebenen Risiken für die Marktstrategien waren jedoch zumindest in den Beschäftigungsentscheidungen von Großbetrieben subjektiv kaum präsent. In dem Maße, in dem die Absatzmärkte wieder spürbar zu Gefahrenzonen für die betrieblichen Gewinnziele wurden, hat sich dies jedoch gewandelt. Vor allem im hier untersuchten weltmarktorientierten verarbeitenden Gewerbe wurden seit den späten 1970er Jahren Angestelltenstäbe eingerichtet, deren Hauptaufgabe darin besteht, künftige Entwicklungen auf den relevanten Absatz- und Faktormärkten vorwegzunehmen (Bradfield et al. 2005: 797ff.; Gausemeier et al. 1998). Die in Anschlag gebrachten Methoden der Zukunftsforschung reflektieren die Offenheit der Zukunft: Die in jeder Gegenwart angelegten „multiple futures" (Shoemaker 2002) werden mit Hilfe von Szenario-Techniken auf ein Set von wahrscheinlichen relevanten Zukünften reduziert, die dann wiederum die Grundlage der strategischen Produktions-, Investitions- und Personalplanung, aber auch des prospektiven Flexibilisierungshandelns bilden (Ruff 2006).

4. DER EXTERNE ARBEITSMARKT IM BETRIEB – FUNKTIONSWANDEL VON LEIHARBEIT

In den folgenden Abschnitten wird den Folgen des Prospektivwerdens betrieblichen Flexibilisierungshandelns am Beispiel der Nutzung von Leiharbeit nachgegangen.[2] Zusammen mit verschiedenen Instrumenten der Arbeitszeitflexibilisierung (Groß/Seifert 2010) und befristeten Beschäftigungsverhältnissen (Hohendanner 2010) gehört Leiharbeit – insbesondere in den hier untersuchten Großbetrieben des verarbeitenden Gewerbes – zu den festen Bestandteilen einer flexiblen Arbeits-Zeit-Nutzung (Kap. VII, Promberger; Crimman et al. 2009). Seit der Reform des Arbeitnehmerüberlassungsgesetzes (AÜG) 2003 und dem Wegfall der Überlassungshöchstdauer ist Leiharbeit zu einer regulären personalpolitischen Option geworden, auf den die Betriebe neben Festanstellungen zurückgreifen können (Holst et al. 2008). Zugleich stellt Leiharbeit für die Einsatzbetriebe – unabhängig vom jeweiligen Nutzungsmotiv – eine spezifische Form des Zugriffs auf den externen Arbeitsmarkt dar. Die von den Verleihfirmen zur Verfügung gestellten Arbeitskräfte repräsentieren eine disponible Arbeitskraftreserve, auf die jederzeit zurückgegriffen werden kann – und zwar sowohl ohne

---

2   Der Beitrag setzt an den Ergebnissen verschiedener Forschungsprojekte an, die in den letzten Jahren am Lehrstuhl für Arbeits-, Industrie- und Wirtschaftssoziologie der Friedrich-Schiller-Universität Jena (Prof. Dr. Klaus Dörre) durchgeführt wurden. Neben dem Verfasser waren Ingo Matuschek, Oliver Nachtwey und Tom Urban an den Erhebungen beteiligt. Das Projekt „Funktionswandel von Leiharbeit" basiert auf zwölf Betriebsfallstudien aus der Metall- und Elektroindustrie, für die jeweils Repräsentanten des Managements, Mitglieder des Betriebsrats, Vorgesetzte, Festangestellte und Leiharbeitende interviewt wurden (n=79) (Holst et al. 2009; Holst 2010). Im Rahmen des BMBF-Vorhabens „Externe Flexibilität und interne Stabilität im Wertschöpfungssystem ‚Automobil'" wurden drei weitere, parallel angelegte Intensivfallstudien durchgeführt (n=122) (Dörre/Holst 2009; Holst/Matuschek 2011).

größere zeitliche Verzögerungen als auch ohne finanzielle Verpflichtungen für die Zukunft. Die Personalleiterin eines global operierenden Maschinenbauunternehmens macht deutlich, dass der Rückgriff auf Leiharbeit den Personalaustausch mit dem externen Arbeitsmarkt erleichtert und beschleunigt:

„[Leiharbeit stellt, HH] zum einen eine kurzfristige Entlastung für die Bereiche dar, weil die Leute häufig schneller zur Verfügung stehen, als wenn wir jemanden von außen einstellen. [...] Zum anderen ist es natürlich auch so: Wenn eine Abschwächung kommt, dann können wir über dieses Instrument [...] die Mitarbeiterzahl wieder sozialverträglich [sic!] für uns reduzieren."

Durch die Kooperation mit den Verleihfirmen reduzieren die Einsatzbetriebe die bei Personalübergängen zwischen Betrieb und Arbeitsmarkt auftretenden Transaktionskosten (Such-, Informations- und Kündigungskosten). Der Kündigungsschutz greift in der Verleihfirma, in den Einsatzbetrieben fallen selbst bei einer vorzeitigen Beendigung des Einsatzes keine formalen Kündigungskosten an. Zudem übernehmen die Verleihfirmen die Rekrutierung neuer Mitarbeiter und tragen, indem sie den Einsatzbetrieben eine gewisse unentgeltliche Probezeit einräumen, das Eignungsrisiko. Von den Einsatzbetrieben müssen nur die tatsächlich geleisteten Arbeitsstunden entlohnt werden, auch das Krankheitsrisiko tragen die Verleiher.

Die sich seit den 1970er Jahren vollziehende Verschiebung der Temporalstrukturen des betrieblichen Flexibilisierungshandelns zeigt sich auch in der betrieblichen Nutzung von Leiharbeit. Übersicht 1 präsentiert eine Typologie von Nutzungsformen, die neben der Auswertung internationaler Forschungsliteratur auf umfangreichen eigenen Erhebungen beruht. Differenzierungskriterium der drei Idealtypen *Ad-Hoc Einsatz, Flexibilitätspuffer* und *strategische Nutzung* ist das Motiv, das von den Einsatzbetrieben mit dem Rückgriff auf das Flexibilisierungsinstrument Leiharbeit verfolgt wird – und damit indirekt der Zeitbezug. Während die beiden klassischen Formen Ad-Hoc Einsatz und Flexibilitätspuffer reaktive Anpassungen an gegenwärtige Probleme repräsentieren, drückt sich in der strategischen Nutzung der Versuch aus, die Anpassungsfähigkeit der Unternehmens- und Betriebsorganisation prospektiv mit Blick auf künftige Absatzschwankungen zu entwickeln. In der Tabelle sind zudem die wichtigsten Merkmale der Form des Leiharbeitseinsatzes in den Fallbetrieben abgebildet: Einsatzdauer, Leiharbeitsquote und die Reichweite. Zwischen der Form und der Funktion besteht jedoch nur eine lose Kopplung, entscheidend für die Typenbildung sind die Intentionen des Managements (ausführlich: Holst et al. 2009; Holst 2010).

Übersicht 1: Nutzungsformen von Leiharbeit

	Ad-Hoc Einsatz	Flexibilitäts-puffer	Strategische Nutzung
Funktion des Flexibilisierungsinstruments Leiharbeit			
Flexibilität	Personalersatz (Suchkosten)	Schwankungen des Auftragsvolumens (Rekrutierungskosten)	„Sicherheitsnetz" für die Profitabilität (Entlassungskosten) *plus* Lohnkosten
Zeitbezug	gegenwartsorientiert (reaktive Anpassung)	gegenwartsorientiert (reaktive Anpassung)	zukunftsorientiert (prospektive Anpassungsfähigkeit)
Dominante Form des Leiharbeitseinsatzes in den Fallbetrieben			
Leiharbeitsanteil	Minimal	mittel bis hoch (>5%)	mittel bis hoch (in der Regel >10%)
Reichweite	Punktuell	begrenzt auf Randbelegschaft	umfassend in allen Arbeitsbereichen
Dauer	Temporär	Temporär	verstetigt

Quelle: Eigene Darstellung

Die historisch älteste Form des Leiharbeitseinsatzes ist der *Ad-Hoc Einsatz*. Bei dieser Form wird Leiharbeit eingesetzt, um die Stabilität der betrieblichen Abläufe trotz der krankheits- oder urlaubsbedingten Abwesenheit von Stammkräften zu gewährleisten. Im Vergleich mit einer direkten Rekrutierung vom externen Arbeitsmarkt reduziert der Einsatz von Leiharbeitenden die Suchkosten des Einsatzbetriebs. Die Selektion potenzieller Arbeitskräfte wird von den Verleihfirmen übernommen. Als entscheidend für die Lösung des Verfügbarkeitsproblems erweist sich die „Passfähigkeit" der Leiharbeitskräfte. Soll das Ziel des Leiharbeitseinsatzes – die Stabilisierung der betrieblichen Abläufe – erreicht werden, müssen die über die Verleihfirmen rekrutierten Arbeitskräfte nicht nur über die passenden Qualifikationen und Fertigkeiten verfügen, sondern sich auch

„harmonisch" in die Belegschaft des Einsatzbetriebs einfügen (Walter 2005; Theodore/Peck 2002: 466ff.).

Auch die zweite klassische Nutzungsform, der *Flexibilitätspuffer*, ist strikt gegenwartsorientiert. Die numerische Flexibilität der Leiharbeit dient der Anpassung an einen unerwarteten Anstieg des Auftragsvolumens, der mit den eigenen Personalkapazitäten nicht mehr abgedeckt werden kann (Kalleberg 2003: 157; Promberger et al. 2006: 92ff.). Da die Verleihfirmen die Selektion und Rekrutierung potenzieller Arbeitskräfte übernehmen, reduzieren sich für die Einsatzbetriebe vor allem die Such- und Einstellungskosten. Aufgrund des in der Regel kurzfristig und zudem häufig hohen Arbeitskräftebedarfs stellt die Verfügbarkeit einer ausreichenden Menge an einsatzbereiten Leiharbeitenden den Kern des von den Verleihfirmen zu lösenden Verfügbarkeitsproblems dar. Nur wenn die Verleihfirmen den Einsatzbetrieben in kürzester Zeit Leiharbeitskräfte in ausreichender Anzahl zur Verfügung stellen können, kann der Produktionsausstoß in den Einsatzbetrieben ohne größere zeitliche Verzögerung erhöht werden.

Die jüngste Nutzungsform ist die *strategische Nutzung*, durch die der externe Arbeitsmarkt faktisch dauerhaft in den Einsatzbetrieb integriert wird (Carnoy et al. 1997; Beaud/Pialoux 2004). Während das Flexibilisierungsinstrument Leiharbeit in den beiden klassischen Nutzungsformen ein reaktives Anpassungsinstrument darstellt, mit dem die Einsatzbetriebe auf gegenwärtige Probleme – Personalausfall oder Auftragsanstieg – reagieren, verschiebt sich bei der strategischen Nutzung der Zeitbezug: Die zukünftigen Gewinne bzw. Profite werden zur Zielgröße des Leiharbeitseinsatzes (Dudenhöffer/Büttner 2006):

„Das, was ich vorhin ansprach, dieses Bauchgefühl, was man hat: es kommen halt vielleicht auch mal wieder andere Zeiten und dann bin ich nicht flexibel genug aufgestellt, darauf zu reagieren, indem ich halt einfach meine Mitarbeiterzahlen anpasse, weil mir das Kündigungsschutzgesetz es nicht ermöglicht. Ich glaube, dieses Quäntchen Sicherheit erkaufen wir uns über die Leiharbeit." (Personalleiter, Maschinenbau)

In allen Fallbetrieben wird ein gewisser Anteil an Leiharbeitenden – Leiharbeitsquoten von 30 oder 40 Prozent sind im Untersuchungssample keine Seltenheit – in der Gegenwart fest in die Belegschaft integriert, um im Falle unerwarteter Auftragseinbrüche die Personalkosten schnell reduzieren zu können. Analytisch heißt dies: Durch die strategische Nutzung von Leiharbeit reduzieren die Einsatzbetriebe ihre „quasi-fixen Personalkosten" (Oi 1962).

5. Nebenwirkungen und Risiken der strategischen Nutzung von Leiharbeit – Vergegenwärtigung und Internalisierung der Zukunftsungewissheit

Um das prospektive Flexibilisierungshandeln gezielt auf die Gefahren auszurichten, die auf den Absatzmärkten für die eigenen Gewinnziele lauern, werden in allen Fallbetrieben erhebliche Anstrengungen unternommen, die für die künftigen Absatzchancen relevanten Marktentwicklungen vorwegzunehmen. Allerdings zeigt die Analyse, dass sich die Zukunft trotz des Einsatzes moderner Szenario-Techniken letztlich einer mathematisch exakten Vorausberechnung entzieht. Dadurch resultiert die strategische Nutzung von Leiharbeit nicht nur in einer Abwälzung zumindest eines Teils des Kapazitätsrisikos auf die Verleihfirmen und ihre Beschäftigten. Zugleich wird die grundlegende Ungewissheit der Zukunft vergegenwärtigt und internalisiert – mit erheblichen Nebenwirkungen und Risiken. Zum einen wandeln sich der ökonomische Charakter der Beschäftigungsentscheidungen und der Modus der internen Bewertung von Arbeit, zum anderen werden neue, gewissermaßen sekundäre Risiken produziert.

Nebenwirkungen – Futurisierung der Beschäftigungsentscheidungen und Inwertsetzung von Arbeit

An der strategischen Nutzung der Leiharbeit wird ein unentrinnbares Grundproblem prospektiven Flexibilisierungshandelns sichtbar. Trotz intensivster Anstrengungen und des Einsatzes moderner Prognosemethoden bleibt die Zukunft – und damit auch Ausmaß und Richtung der Entwicklung der relevanten Absatzmärkte – letztlich unberechenbar. Um aus der potentiell unendlichen Anzahl möglicher Zukünfte die für die Produktions- und Beschäftigungsplanung relevanten Zukünfte herausfiltern zu können, arbeiten die meisten Fallbetriebe mit verschiedenen Formen sogenannter Bandbreiten-Szenarien („Worst-Case"- „‚Best-Case"- und „Most-Likely"-Szenarien):

„Gründlich planen, dass man genau so raus kommt in der Zukunft, das kann man nicht mehr, dafür ist die Welt zu komplex. Aber man kann auch nicht sagen: ‚Die Welt ist so komplex, dann plane ich halt nicht mehr.' Dann können Sie so einen großen Laden nicht steuern. Also müssen Sie realistische Bandbreiten aufzeigen und dann im Unternehmen die Flexibilität schaffen, um sich in diesen Bandbreiten zumindest zu bewegen, damit man nicht, wenn es irgendwo mal hustet alle gleich umkippen, sondern dass man schon nach oben und unten abfedern kann. [...] Deswegen arbeiten wir mit Szenarien." (Manager, Automobil)

Da die künftigen Entwicklungen auf den Absatzmärkten letztlich nicht berechenbar sind, kann auch der Umfang der Leiharbeitsnutzung nicht auf einer kalkulierenden Entscheidung im engeren Sinne basieren. Wie im obigen Verweis auf das „Bauchgefühl" angedeutet, geht die Größe der Stammbelegschaft – und damit die „untere Linie" der Personalpolitik – vielmehr auf eine Managemententscheidung zurück, die die Zukunft eher antizipiert denn berechnet, sich nicht selten an Managementmoden orientiert und von internen Machtkalkülen beeinflusst wird.

Trotz – oder sogar aufgrund – des Verzichts auf einen Objektivitätsanspruch hat die institutionalisierte Verwendung von Szenarien strukturverändernde Kraft: Die Reflektion über die künftigen Entwicklungen der Absatzmärkte und über das Risiko der unternehmerischen Entscheidungen werden fest in den betrieblichen Beschäftigungsentscheidungen verankert. Dadurch erhöht sich zum einen die interne Autonomie des Managements gegenüber den Interessenvertretungen der Arbeitenden:

„Wenn die Realität von der Planung abweicht, dann sagen sie [das Management, HH]: ‚Wir konnten den Faktor, der zur Abweichung von der Planung führt, damals nicht erkennen'. [...] Wir als Betriebsrat können das überhaupt nicht einschätzen." (Betriebsrat, Maschinenbau)

Zwar erweisen sich Szenarien rückblickend durchaus als mehr oder weniger zutreffend – aber eben erst in der Zukunft. Da sie jedoch gar nicht erst den Anspruch erheben, die Zukunft exakt vorauszuberechnen, entziehen sich die Szenarien – und damit auch die auf ihrer Grundlage getroffenen Beschäftigungsentscheidungen – letztlich einer Falsifikation. Zum anderen wird durch die sich in der Omnipräsenz von multiplen Szenarien materialisierende Vergegenwärtigung und Internalisierung der Zukunftsungewissheit auch der grundlegende *Charakter der Beschäftigungsentscheidungen* modifiziert. Denn letztlich können sich weder das Personalmanagement noch die Interessenvertretungen dem Zwang zur permanenten Reflektion über die künftigen Marktaussichten entziehen: „Wir stellen erst wieder ein, wenn sich der Markt stabilisiert hat." (Betriebsrat, Automobil). In der Vergangenheit primär technische, von langfristigen Investitionsentscheidungen und Produktionsprogrammen abgeleitete Entscheidungen, werden die Beschäftigungsentscheidungen durch die Kopplung an die zwangsläufig ungewissen künftigen Marktaussichten somit sukzessive selbst in

Investitionsentscheidungen transformiert, die nach ihren künftigen Gewinn- oder Renditebeiträgen bewertet werden: „Eine Festanstellung ist hier eine Investition für 30 Jahre." (Management, Automobil)

Damit schiebt das Prospektivwerden des betrieblichen Flexibilisierungshandelns auch einen Wandel in der *internen Bewertung von Arbeit* an. Vermittelt über die Ausrichtung der Beschäftigungsentscheidungen an den künftigen Marktaussichten wird Arbeit von einem kostenverursachenden Produktionsfaktor, dessen Steuerung primär gegenwartsorientierten Effizienzkalkülen unterliegt, zu einem Investitionsgut, in das nur noch dann direkt investiert wird, wenn die – unter Einbeziehung der ungewissen Marktentwicklungen – in der Zukunft erwarteten Erträge über jenen alternativer Investitionsmöglichkeiten liegen. Im Prozess der Inwertsetzung von Arbeit kommt der strategischen Nutzung von Leiharbeit eine wesentliche Rolle zu, eröffnet sich durch die besondere Konstruktion der Leiharbeit doch die Möglichkeit einer Preisfestsetzung von Arbeit, die jenseits der in der Vergangenheit verbindlichen Flächen- oder Haustarifverträge liegt:

„Bei den Handarbeiten, den einfachen Tätigkeiten, ist nun einfach mal der Aufwand höher, denn Handarbeit ist nun einmal teuer. Es ist betriebswirtschaftlich teuer und da haben wir gesagt, da müssen wir auf Leiharbeiter zurückgreifen." (Betriebsrat, Energietechnik)

Gerade im hier untersuchten verarbeitenden Gewerbe sind die Tarifverträge der Leiharbeit längst zu einem impliziten Bestandteil der Flächentarifverträge geworden. Informell stellen sie eine abgesenkte Lohnebene dar, auf die zurückgegriffen werden kann, wenn der zu erwartende Erlös auf den Absatzmärkten den Rückgriff auf den Flächentarifvertrag in den Augen der Akteure nicht rechtfertigt.

Risiken – Instabilitäten im Arbeitsprozess und Festlegungen in der Anpassungsfähigkeit

Die Ökonomisierung der Beschäftigungsentscheidungen gehört zu den Nebenwirkungen der strategischen Nutzung von Leiharbeit. Zugleich ist der vorausschauende Rückgriff auf das Flexibilisierungsinstrument jedoch auch mit neuen, gewissermaßen sekundären Risiken für die Betriebe verbunden. Die Zukunftsoffenheit des Leiharbeitseinsatzes führt dazu, dass sich die Art der Einbindung der Leiharbeitenden in die Arbeitsprozesse der Einsatzbetriebe deutlich von anderen Nutzungsformen unterscheidet. Während die Leiharbeitskräfte traditionell randständige Tätigkeiten mit kurzen Anlernzeiten übernehmen (Köhler/Sengenberger 1983; Nienhüser/Baumhus 2002), sind sie bei der strategischen Nutzung mehr oder weniger fest in die betrieblichen Arbeitsprozesse integriert. Sie verrichten tendenziell die gleichen Arbeiten wie die Stammbeschäftigten und das zudem häufig in gemischten Teams. Formal wird im Arbeitsprozess aufgrund des – wenn auch nur auf Widerruf – verstetigten Einsatzes kein Unterschied zwischen Stammbeschäftigten und Leiharbeitenden gemacht: „Sie müssen die gesteigerte Ausbringung ja durch den Tag bringen." (Vorgesetzter, Maschinenbau) Bei der Berechnung der Produktivität und anderer Output-Kennziffern zählen die Leiharbeitenden genauso zur Kopfzahl wie die direkt Beschäftigten des Einsatzbetriebs.

Freilich kann die formale Gleichstellung im Arbeitsprozess die Statusunterschiede innerhalb der Belegschaft nicht verdecken. Die Leiharbeiterinnen und Leiharbeiter sind sich ihrer Verletzlichkeit bewusst: „Als Leiharbeiter bist Du hier auch ganz schnell weg." (Leiharbeiter, Automobil) Neben den Disziplinierungseffekten, die aus den Statusunterschieden resultieren und die in vielen Betrieben in Kauf genommen, in Einzelfällen sogar gezielt befördert werden (Holst et al. 2009; Dörre 2011), führt der prospektive Einsatz von Leiharbeit – das zeigt sich in allen Fallbetrieben – auch ein *Moment* der Instabilität in die Arbeitsprozesse ein. Denn trotz der formalen Gleichstellung der Leiharbeitenden in den Arbeitsprozessen ist die vergegenwärtigte und internalisierte Zukunftsungewissheit nicht nur in den Beschäftigungsentscheidungen, sondern auch im Arbeitsalltag permanent präsent:

„Vor allem haben wir immer die Unsicherheit: Geht er oder geht er nicht? Dann lernt man den ein, baut auf den und er kriegt auch seinen Job und plötzlich ist er weg. Das sehe ich immer als Druck. [...] Der kann morgen wieder weg sein. Und dann stehen wir da und haben wieder ein Riesenproblem." (Vorgesetzter, Maschinenbau)

Neben der ungewollten Abwanderung eingearbeiteter Leiharbeitskräfte droht die vergegenwärtigte und internalisierte Zukunftsungewissheit auch in Form von Konflikten zwischen und innerhalb von Belegschaftsgruppen sowie Motivationsverlusten durch enttäuschte Übernahmehoffnungen permanent in die Arbeitsprozesse der Gegenwart einzubrechen (Forde 2001: 637; Purcell et al. 2004: 709f.; als Kostensteigerung: Nielen/Schiersch 2011). Die informelle Stabilisierung des formal Instabilen gehört zu den Aufgaben, die den Vorgesetzten aus der auf die ungewisse Zukunft gerichtete Nutzung der Leiharbeit erwachsen: „Sie müssen permanent zwei verschiedene Gruppen motivieren." (Vorgesetzter, Automobilzulieferer)

Parallel wird der primär kostengetriebene prospektive Einsatz von Leiharbeit zu einem *Risiko* für die Anpassungsfähigkeit des Betriebs an heute noch ungewisse künftige qualitative Marktentwicklungen. Der auf Dauer gestellte und über Kennzahlen der finanzialisierten Unternehmenssteuerung institutionalisierte Leiharbeitseinsatz beinhaltet immer auch die Gefahr, die funktionale Flexibilität der Belegschaft zu beschneiden – und damit auch die unter Umständen überlebenswichtige Fähigkeit des Betriebs, auf qualitative Veränderungen auf den Absatzmärkten wie technologische Neuerungen, Produktinnovationen oder veränderte Kundenbedürfnisse reagieren zu können. Da ihr Einsatz – entsprechend der Funktion der Leiharbeit – jederzeit beendet sein kann, scheuen die Einsatzbetriebe größere Investitionen in die Qualifizierung der Leiharbeitenden. Folgerichtig sind diese in den meisten Fallbetrieben nur partiell in die betrieblichen Aus- und Weiterbildungssysteme eingebunden. Im Vergleich mit den Festangestellten weisen sie deswegen in der Regel eine geringere Polyvalenz auf, sodass zumindest bei hohen Leiharbeitsanteilen die funktionale Flexibilität der Belegschaft beschnitten wird. Noch prägnanter tritt dieses Problem in den Angestelltenbereichen zu Tage, deren Arbeit nach denselben Kennzahlen der finanzialisierten Unternehmenssteuerung gesteuert wird wie die Fertigungs- und Montagearbeit. Aufgrund des hohen Anteils an externen Arbeitskräften in seiner Abteilung stellt eine IT-Führungskraft fest: „Wir sind hier teilweise im Blindflug unterwegs."

6. Fazit

Ausgangspunkt des Beitrags war die Frage, wie die Betriebe in ihren Beschäftigungsentscheidungen die für kapitalistisches Wirtschaften charakteristische Zukunftsungewissheit verarbeiten und die aus ihr resultierenden Risiken adressieren. Anhand zentraler arbeits- und arbeitsmarktsoziologischer Befunde wurde gezeigt, dass sich seit den Krisen der 1970er Jahren ein *Wandel in den dominanten Risikobearbeitungsstrategien* vollzieht. Ausgehend von der Überzeugung, dass die Absatzmärkte nach einer Phase relativer Stabilität und Prosperität wieder zu Gefahrenzonen für die eigenen Gewinnziele geworden sind, verschieben sich vor allem in den hier untersuchten stilbildenden und marktmächtigen Großbetrieben aus dem verarbeitenden Gewerbe tendenziell die Temporalstrukturen betrieblichen Flexibilisierungshandelns. Statt wie in der Vergangenheit mit reaktiven Anpassungen von Arbeitsinhalten, Arbeitszeiten, Entgelten und Belegschaftsgrößen die bereits eingetretenen negativen Folgen der Unberechenbarkeit der Absatzmärkte rein kompensatorisch zu bearbeiten, zielt das betriebliche Flexibilisierungshandeln heute stärker auf die prospektive Entwicklung der Anpassungsfähigkeit der Organisation. Durch die gezielte Entwicklung von Arbeitszeitkonten, der Polyvalenz der Belegschaft sowie den Rückgriff auf befristete Arbeitsverträge und externe Arbeitskräfte sollen die Voraussetzungen dafür geschaffen werden, dass der Betrieb auf alle Risiken, die in der Zukunft auf den unberechenbaren Absatzmärkten lauern (könnten), so reagieren kann, dass diese die eigenen Gewinnziele nicht oder zumindest nur eingeschränkt gefährden. Organisationssoziologisch steht das Paradigma der Anpassungsfähigkeit somit für den Versuch, den Möglichkeitsraum der Zukunft in den Organisationsstrukturen der Gegenwart abzubilden.

Allerdings – das zeigen auch die hier präsentierten Befunde – kommt das Ziel, das mit dem Prospektivwerden des betrieblichen Flexibilisierungshandelns verfolgt wird, einer *Quadratur des Kreises* gleich. Faktisch setzt eine gezielt auf die Zukunft gerichtete Entwicklung der Anpassungsfähigkeit der Betriebs- und Unternehmensorganisation eine Ressource voraus, auf deren Abhandenkommen das Prospektivwerden des Flexibilisierungshandeln eigentlich zu antworten sucht: ein Mindestmaß an gesichertem Wissen über die Zukunft. Organisationale Anpassungsfähigkeit beruht letztlich auf Festlegungen, die in der Zukunft zwar bestimmte Reaktionsweisen erleichtern und beschleunigen, andere jedoch erschweren, verlangsamen und zum Teil sogar blockieren. Am Beispiel der strategischen Nutzung von Leiharbeit wurde dieses Dilemma deutlich: So gelingt es dem Management zwar durch die zum Teil äußerst umfangreiche Leiharbeitsnutzung die Elastizität der Personalkosten zu erhöhen und einen Teil der Marktrisiken zu externalisieren; ein „Sicherheitsnetz" im engeren Sinne, das die eigenen Gewinnziele gegen *alle* künftigen Entwicklungen auf den Absatzmärkten absichert, kann der kostenzentrierte Rückgriff auf Leiharbeit jedoch nicht darstellen. Die im Vergleich mit den Festangestellten in der Regel geringere funktionale Flexibilität der Leiharbeitenden stellt mit Blick auf die Anpassungsfähigkeit an nicht-prognostizierbare qualitative Verschiebungen auf den Absatzmärkten ein Risiko dar. Die rein auf die Elastizität künftiger Personalkosten zielende strategische Nutzung von Leiharbeit erweist sich gewissermaßen als „blind" gegenüber radikalen Innovationen oder kurzfristigen Veränderungen der Kundenbedürfnisse. Im Ergebnis resultiert der Versuch, vorausschauend mit künftigen Risiken umzugehen, auch in einer Vergegenwärtigung und Internalisierung der Zukunftsungewissheit – und damit in neuen Risiken für die Betriebe und ihre Beschäftigten. Um keine Missverständnisse zu provozieren: Eine prospektive Bearbeitung der Zukunftsrisiken der eigenen Entscheidungen erscheint angesichts der wachsenden Volatilität der Märkte selbst für marktmächtige Großunternehmen unausweichlich zu sein. Allerdings stellen nicht nur die Marktstrategien der Betriebe riskante Wetten auf die Zukunft dar, auch der Umgang mit der

Ungewissheit selbst ist riskant – und zwar nicht nur für nachgeordnete Akteure, auf die Risiken transferiert werden, sondern auch für die Betriebe selbst.

Auch für die arbeitsmarktsoziologische Forschung stellen die präsentierten Befunde eine Herausforderung dar – zeigt sich an ihnen doch, dass die konzeptionelle Engführung der Beschäftigungsentscheidungen auf die Schnittstelle zwischen Betrieb und Arbeitsmarkt den realen Entscheidungssituationen nur noch eingeschränkt entspricht. Die Annahme eines quantitativ und qualitativ gegebenen Arbeitskräftebedarfs basiert auf einem gewissen „methodologischen Fordismus". In der Ausblendung der Absatzmärkte und ihrer Dynamik aus der Analyse der betrieblichen Beschäftigungsentscheidungen lebt die historisch spezifische Konfiguration der fordistischen, großbetrieblichen Unternehmenssteuerung – charakterisiert durch Massenproduktionssysteme, langfristige Planungshorizonte und stabile Belegschaftsstrukturen – faktisch bis heute weiter. Auch wenn sich der skizzierte flexible Modus der Arbeits-Zeit-Nutzung aufgrund des Stabilitätsbedarfs der Produktionssysteme, der von der arbeitsmarktpolitischen Regulierungen gesetzten Grenzen, des Widerstands der Interessenvertretungen und des Eigensinns der Subjekte nirgends in Reinform durchsetzen wird: Das angestrebte Prospektivwerden des Flexibilisierungshandelns bringt eine stärkere Kopplung der betrieblichen Beschäftigungsentscheidungen an die Absatzmärkte mit sich. Zugleich – und das ist ein in der Debatte um die „Vermarktlichung" von Arbeit und Beschäftigung bislang vernachlässigter Aspekt (Sauer 2005; Neckel et al. 2004) – verschieben sich auch ihre Temporalstrukturen. In den untersuchten Fallbetrieben sind die Beschäftigungsentscheidungen immer auch auf die Zukunft ausgerichtet. Die Orientierung der Entscheidungen an den Absatzmärkten *und* ihre Ausrichtung auf die ungewisse Zukunft hat strukturverändernde Folgen: In der Phase der fordistischen Unternehmenssteuerung vorwiegend technische Umsetzungen von in der Vergangenheit getroffenen langfristigen Investitions- und Produktionsentscheidungen, werden die Beschäftigungsentscheidungen im Kielwasser des prospektiven Umgangs mit den Zukunftsrisiken tendenziell selbst zu auf die Zukunft gerichteten Investitionsentscheidungen, die sich nicht mehr ausschließlich an den Erfordernissen des Produktionssystems und der Lage auf dem externen Arbeitsmarkt orientieren, sondern systematisch auch die auf den Absatzmärkten lauernden Gefahren für die Gewinnziele des Betriebs zu reflektieren haben.

VII. Eine Strategie oder viele Strategien?
Zur Polyvalenz flexibler Beschäftigungsformen im betrieblichen Einsatz am Beispiel der Leiharbeit

MARKUS PROMBERGER

Flexible Beschäftigung[1] ist auf dem Vormarsch. Sie stellt noch keineswegs die Mehrheit der Beschäftigungsverhältnisse, ist aber nicht mehr allzu weit davon entfernt[2]. Dies ist nach immerhin mehr als drei Jahrzehnten wissenschaftlicher und politischer Debatten um die Erosion des Normalarbeitsverhältnisses mehr denn je eine Herausforderung für die Arbeitspolitik. Leiharbeit stellt dabei, ungeachtet ihrer bisherigen numerischen Begrenztheit auf weniger als eine Million Beschäftigte, einen Kristallisationspunkt der politischen Auseinandersetzungen um flexible Beschäftigung dar: Einerseits werden ihr außergewöhnliche Kräfte zur Heilung des Arbeitsmarktes und zur betrieblichen Flexibilisierung zugeschrieben (Bender 1997; Klös 2000; zuletzt und schon vorsichtiger Spermann 2011), andererseits wird in ihr eine Erhöhung des Prekaritätsrisikos für die Betroffenen und eine Bedrohung gesellschaftlicher Standards von Arbeit, ja ein Ri-

---

[1] Im Folgenden werden die Termini *flexible Beschäftigung, atypische Beschäftigung* und *prekäre Beschäftigung* mit teilweise überlappenden, teilweise unterschiedlichen Bedeutungshorizonten benutzt. Ersteres bezeichnet Beschäftigungsverhältnisse, die leicht begonnen oder beendet werden können. *Atypische Beschäftigung* meint Arbeitsverhältnisse, die vom Normalarbeitsverhältnis abweichen. *Prekäre Beschäftigung* zielt auf Beschäftigungsverhältnisse, die gegenüber dem Normalarbeitsverhältnis erhöhte Risiken für Arbeitnehmer aufweisen.

[2] Das tatsächliche Ausmaß der atypischen Beschäftigung ist umstritten. Zur ausführlichen Diskussion dieser Sachverhalte siehe den Bericht des Sachverständigenrates 2008.

siko der Desintegration der Arbeitsgesellschaft gesehen. Der folgende Beitrag möchte zeigen, dass verschiedene Strategiemuster den Einsatz von Leiharbeit prägen, mit jeweils unterschiedlicher Rolle der Leiharbeit im betrieblichen Flexibilisierungskonzert und mit gewissen Unterschieden hinsichtlich der Risiken und Chancen für die betroffenen Arbeitnehmer. Auf dieser Basis sollen Schlüsse auf die tatsächliche arbeits- und flexibilitätspolitische Rolle der Leiharbeit gezogen werden.

1. LEIHARBEIT UND BETRIEBLICHE FLEXIBILISIERUNG IN DER KRITISCHEN DISKUSSION

Einen prominenten Platz in der kritischen Diskussion zur Leiharbeit[3] nehmen die Thesen von Klaus Dörre, Hajo Holst und anderen (Holst et al. 2009; Holst 2010; zuletzt Kap. VI, Holst) ein: Mittels eines Sets von intensiven Fallstudien vor allem in der Metall- und Elektroindustrie diagnostizieren die Autoren einen Funktionswandel der Leiharbeit. Sie definieren ihn als Übergang von einer punktuellen, auch reaktiven Nutzung der Leiharbeit mit dem Zweck der ad hoc-Kompensation von Personalausfällen, oder als temporärer Flexibilitätspuffer, zu einer strategischen Nutzung. Letztere umfasst einmal Herstellung von Anpassungsfähigkeit zur Bewältigung von Unsicherheit in der Zukunft und zum anderen arbeitspolitische Ziele, wie das Unterlaufen des Kündigungsschutzes, den systematischen Ersatz von Stamm- durch Randbelegschaft, Lohn- und Flexibilitätsdruck auf die Stammbelegschaft mit dem Zweck einer arbeitspolitischen Disziplinierung (Holst 2009) und das Aufbrechen etablierter Machtgefüge der betrieblichen *industrial relations*.

Ein begrifflicher und ein historischer Einwand seien kurz skizziert: Zunächst fällt der hoch angesetzte, sehr spezifische Strategiebegriff auf: Der strategische Umgang mit Leiharbeit sei prospektiv und langfristig orientiert, alle anderen Umgangsformen mit Leiharbeit situativ, reaktiv (Kap. VI, Holst). Hingegen genügen etwa für Habermas die Erfolgsorientierung und der Bezug auf soziale Situationen für die Definition von strategischem Handeln (Habermas 1981; vgl. auch Piwinger/Zerfass 2007). In der aufgeklärten Betriebswirtschaftslehre ist die Dekonstruktion des Strategiebegriffs weit fortgeschritten; so fasst etwa Mintzberg (1978; 1985) Strategie schlicht als Muster im Strom der Entscheidungen und macht auf die emergenten, nicht intendierten Anteile von Strategien aufmerksam. Mit einem solchen Ansatz kann jeder Versuch der Lösung des nicht

---

[3] Für einen ausführlicheren Literaturüberblick siehe Promberger (2012).

nur in der nachindustriellen Wirtschaft bestehenden, sondern spätestens seit Marx bekannten Unsicherheitsproblems[4] durch das Handeln von Organisationen als strategisch betrachtet werden. Anders gesagt, reaktives Handeln und Anpassungshandeln ist ebenso strategisches Handeln wie die Schaffung von prospektiven Anpassungsmöglichkeiten.

Historisch kann bezweifelt werden, ob, wie Holst (2012) meint, das Novum nachfordistischer betrieblicher Produktionsregimes darin besteht, prospektiv Anpassungsfähigkeit herzustellen, anstatt nur anzupassen. So lässt sich eine prospektive Herstellung von Anpassungsfähigkeit[5] auch an verschiedenen Beispielen aus der fordistischen Ära identifizieren; genannt seien die arbeitspolitischen Ziele des Taylorsystems, wie die Bewältigung komplexer Produktionsaufgaben mit hochgradiger Arbeitszerlegung, die damit verbundene Verringerung von Produzentenmacht und die Herstellung eines effizienten „Jedermann-Arbeitsmarkts" (Taylor 1917; 1947; Braverman 1974). Weitere Beispiele sind: die von Henry Ford zwar nicht erfundene, jedoch erfolgreich propagierte und umgesetzte Stabilisierung von Absatzmärkten durch die Entdeckung des Arbeiters als Konsumenten; die produktivitäts- und konsensstabilisierende Arbeitszeitpolitik progressiver Unternehmer wie Ernst Abbe; die intentionale Abkehr der Unternehmer vom strikten Achtstundentag ab etwa 1923, die mit der allmählichen Zustimmung der Gewerkschaften das für Jahrzehnte in Deutschland dominante Flexibilisierungs- bzw. Anpassungssystem der Mehrarbeit möglich machte (Hinrichs 1988; Promberger 2005). Die Erzeugung von Anpassungsfähigkeit scheint mithin kein exklusives Charakteristikum der postfordistischen Ära zu sein. Auch wenn sich über die historisch-politischen Bedingungen und Entwicklungen der Erosion des Normalarbeitsverhältnisses weiter trefflich streiten und schreiben ließe, sei damit an dieser Stelle genug gesagt und auf die Literatur verwiesen (Bosch 1986; 2001; Seifert 2004; Promberger 2012: 16-30).

Das Hauptargument der folgenden Darstellung ist empirisch: Es gibt nicht nur eine strategische, sondern viele strategische Nutzungsformen von Leiharbeit. Dabei ist die primäre Frage nicht, welche Strategien sich dabei finden lassen, sondern welche Nutzungsformen sich – durchaus als Resultat strategischer Entscheidungen – herausbilden, wie dadurch betriebliche Flexibilität organisiert wird und wie dies die Chancen und Risiken der Beschäftigten beeinflusst. Des-

---

4 Vgl. ausführlich Reese-Schäfer (2005).
5 Die Kriterien von Anpassungsfähigkeit scheinen hingegen einem historischen Wandel zu unterliegen. Erhöhte Anpassungsfähigkeit durch Effizienzgewinn könnte als Leitmotiv der tayloristischen, durch Flexibilitätszuwachs als eines der nachtayloristischen Betriebsorganisation aufgefasst werden.

halb soll nun der Versuch unternommen werden, mittels einer Typisierung der Einsatzbetriebe von Leiharbeit auf Basis von 61 Kurzfallstudien in Einsatzbetrieben sowie repräsentativen Analysen mit dem IAB-Betriebspanel und seinen rund 16.000 befragten Betrieben weitere Facetten des Einsatzes von Leiharbeit, der betrieblichen Flexibilisierung und eines möglichen Strategiewandels betrieblicher Beschäftigung zu identifizieren[6]. Die Untersuchung wurde von 2002-2010 mit Förderung der Hans-Böckler-Stiftung und der Bundesagentur für Arbeit durchgeführt[7].

2. EINE TYPOLOGIE DER VIELFALT: GEMÄSSIGTE VARIANTEN

Im Rahmen der Studie konnten über eine Kombination von quantitativer Clusteranalyse mit qualitativen Fallstudien für Betriebe mit Leiharbeit fünf verschiedene Konstellationen aus betrieblichen Merkmalen und Rahmenbedingungen einerseits und Einsatzzahlen von Leiharbeit und anderen Flexibilisierungsinstrumenten andererseits identifiziert werden[8]. Bei der Typenbildung ging es um das innerbetriebliche Wechselspiel von Leiharbeit, anderen Flexibilisierungsinstrumenten, betrieblichen Situationskontexten und Motiven der Akteure, um daraus Befunde für die Bedeutung von Leiharbeit und Randbelegschaftskonzepten zu gewinnen. Hier zunächst die Typen im Überblick:

---

6   Zur Typenbildung mit quantitativen und qualitativen Daten vgl. Promberger (2011).
7   Zu Untersuchungsdesign und Methodik vgl. Promberger (2012). An der Studie waren neben dem Verfasser zeitweise beteiligt: Lutz Bellmann, Matthias Klemm, Stefan Theuer, Frank Sowa, Simon Schramm und Christoph Dreher.
8   Die Zahlenangaben zur Binnenstruktur der Typen entstammen einer Clusteranalyse von 2003. Ausschnittsweise Replikationen für 2004 und 2005 ergaben keine nennenswerten Änderungen.

Übersicht 1: Typologie der Nutzerbetriebe von Leiharbeit

Typ 1	Flexible Kleinbetriebe	Einzelne Leiharbeiter ergänzen kleinbetriebstypische informelle Flexibilität
Typ 2	Konservative Großbetriebe	Wenig Leiharbeit am unteren Rand des Qualifikationsspektrums, Dominanz interner Flexibilität, Einsatz punktuell, kompensatorisch oder bei Auftragsspitzen, betriebskulturelle Restriktionen gegenüber Leiharbeit.
Typ 3	Großbetriebe mit multiplen Randbelegschaften	Ausgeprägte, kontinuierlich gehaltene flexibelprekäre Randbelegschaften, Leiharbeit nicht dominant.
Typ 4	Extremnutzer	Hochgradig diverse Einsatzmuster und Strategien, ein Teilsegment besteht aus großen industriellen Hochlohnbetrieben mit hohem Fertigungsanteil und dauerhaft umfangreichen Einsatz von Leiharbeit.
Typ 5	Der balancierte Mittelbetrieb	Gleichmaß interner und externer Flexibilität, letztere mit Leiharbeit. Auch hier betriebskulturelle Restriktionen.

Typ 1: Flexible Kleinbetriebe

Im ersten Typ finden sich kleine Nutzerbetriebe (<49 Beschäftigte) mit schwankender Auslastung, die Leiharbeit als Teil des Flexibilitätspuffers einsetzen, gestreut über alle Branchen. Der durchschnittliche Anteil von Leiharbeitern ist zwar mit 13-14% je Nutzerbetrieb ausgesprochen hoch. Dies lässt sich jedoch durch die geringe Betriebsgröße erklären, bei der bereits einzelne Leiharbeiter einen hohen Anteil an der Gesamtbeschäftigung ausmachen. Die Verbreitung von Überstundenarbeit und Arbeitszeitkonten in den Betrieben des Typs 1 ist für Leiharbeitsbetriebe unterdurchschnittlich, jedoch weit überdurchschnittlich für Kleinbetriebe. Leiharbeit und Zeitkonten treten häufig gleichzeitig auf. Der Inklusionsgrad der Kontenregelungen[9] – ein Indikator für stammbelegschaftsgestützte Flexibilisierung - ist nicht auffällig niedriger oder höher als in anderen Betrieben mit Leiharbeit. Aus der Tatsache, dass der Anteil der Betriebe mit unvorhersehbaren Schwankungen der Produktion bei diesem Typus mit rund 20%

---

9   Der Inklusionsgrad der Kontenregelungen ist der Anteil der Beschäftigten, die an Arbeitszeitkonten partizipieren.

deutlich über dem Mittelwert aller Cluster liegt, lässt sich folgern, dass in diesen Kleinbetrieben das Instrument der Leiharbeit zusätzlich bzw. gemeinsam mit der Arbeitszeitflexibilisierung vor allem eingesetzt wird, um den hohen, extern verursachten Flexibilitätsbedarf zu decken. Ansonsten entsprechen die Kennzahlen im Typ 1 weitgehend dem, was man für Betriebe dieser Größe erwartet: Entwickelte formale Arbeitsbeziehungen, wie sie durch Tarifbindung oder Existenz eines Betriebsrates indiziert werden, sind eher selten, die tatsächliche Ausbildungsbeteiligung ist mit 5% der Betriebe vergleichsweise hoch. Folgendes Fallbeispiel charakterisiert den Typus.

Fallbeispiel: Die *Chemie GmbH* ist ein kleines Unternehmen, das Zulieferprodukte für die Auto- und andere Industrien herstellt. Die gegenwärtige wirtschaftliche Situation wird als sehr gut eingestuft, die Mitarbeiterzahl wächst. Gut 40 Mitarbeiter sind im gewerblichen Bereich tätig. Seit 25 Jahren setzt das Unternehmen Leiharbeiter in der Fertigung ein – als Angelernte. Die Zahl der Leiharbeiter im Betrieb hat sich im Jahresdurchschnitt auf fünf bis sechs Leiharbeiter innerhalb von zwei Jahren verdoppelt. In der Hauptsaison würden wochenweise zehn Leiharbeiter eingesetzt. Als Gründe für den Einsatz werden die wiederkehrende saisonale Spitze von Mai bis Oktober sowie auftragsbezogene Flexibilitätsanforderungen genannt. Im Gegensatz zur früheren Personalpolitik werden heute bei höherer Auslastung keine neuen Mitarbeiter eingestellt, sondern Leiharbeitskräfte eingesetzt, die dann zwischen sechs Wochen und sechs Monaten im Betrieb sind. Übernahmen kommen dann vor, wenn ein Stamm-Mitarbeiter in Ruhestand geht, jedoch nur wenn der Leiharbeiter eine „wirklich gute Kraft" ist. Leiharbeit ist somit ein – wenn auch nachrangiges – Rekrutierungsinstrument genutzt. Als mittelständisches Unternehmen habe man, so das Management, den Vorteil „schnell reagieren" zu können. Ohne Flexibilität stelle sich kein Erfolg ein. Daher würden in Notsituationen Überstunden von der Stammbelegschaft eingefordert sowie eine zweite Schicht eingeführt. Da die eigene Personaldecke häufig nicht ausreicht, wird das Instrument der Leiharbeit zusätzlich genutzt – sowohl temporär als auch permanent.

Insgesamt lassen sich die Einsatzbetriebe des Typs 1 als vergleichsweise konsolidierte Kleinbetriebe mit hohem, extern bedingtem Flexibilisierungsbedarf und knapp kalkulierter Personaldecke beschreiben, die ein breites Spektrum an Flexibilisierungsmitteln nutzen. Leiharbeit ist für Betriebe dieses Typs eine komplementäre Maßnahme zur zeitbezogenen Flexibilisierung mittels Arbeitszeitkonten und Überstunden. Der Einsatz von Leiharbeit beschränkt sich im Wesentlichen auf Un- und Anlerntätigkeiten. Der Kostendruck, aber auch die Passgenauigkeit der Dienstleistungen der Verleiher führt dazu, dass die extrem kurzfristig entstehenden Flexibilitätsprobleme nicht mit einem innerbetrieblichen

Personalüberhang, sondern mit Leihkräften abgedeckt werden. Interessanterweise spielen Überlegungen zum Kündigungsschutz bei den befragten Managementvertretern dieser Betriebe keine besondere Rolle. Auch liegt das Gros der Betriebe dieses Typus sowohl in der quantitativen wie in der qualitativen Untersuchung hinsichtlich der Beschäftigtenzahl deutlich über den Schwellenwerten des Kündigungsschutzgesetzes. Eine Ausweitung der Leiharbeit würde hier noch mehr Flexibilität schaffen, wird aber nicht angestrebt.

Typ 2: Konservative Großbetriebe

Der zweite Typus enthält ausschließlich Großbetriebe des verarbeitenden Gewerbes (mehr als 499 Beschäftigte) in Westdeutschland. Sie zeichnen sie sich durch einen konservativen Einsatz von Leiharbeit aus. Der Anteil der Leiharbeiter ist mit 3% unterdurchschnittlich, jedoch mehr als doppelt so hoch, wie im Folgenden, ebenfalls großbetrieblichen Typ 3. Die hohe Bedeutung der arbeitspolitischen Institutionen Tarifbindung und Betriebsrat entsprechen den mit Größen- und der Branchenstruktur dieses Betriebstyps einhergehenden Mustern. Weithin dominieren arbeitszeitbezogene Flexibilisierungsmethoden – Überstunden und Zeitkonten mit hohem Inklusionsgrad. Randständige, prekaritätsgefährdete Gruppen machen insgesamt maximal ein Siebtel der Belegschaft aus.

Der Anteil der Betriebe mit vorhersehbaren Schwankungen (16%) ist im Typ 2 zwar im Vergleich aller Typen der kleinste, überschreitet jedoch den Wert für alle Großbetriebe im verarbeitenden Gewerbe (9%) deutlich. Die Betriebe mit unvorhersehbaren Schwankungen sind im Typus der großen industriellen Einsatzbetriebe mit 19% nicht nur deutlich häufiger als in allen Großbetrieben des verarbeitenden Gewerbes (14%); Typ 2 hat auch den zweitgrößten Anteil solcher Betriebe im Vergleich über alle Typen. Ein erheblicher Teil der Betriebe des Typs 2 sieht sich also Schwankungen der Auslastung ausgesetzt, von denen ein Gutteil unvorhersehbar ist und deshalb schwerer durch Einstellungen befristeter Kräfte aufgefangen werden kann.

Leiharbeit ist in den konservativen Großbetrieben ein nachrangiger, jedoch nicht ganz unwichtiger Bestandteil der Flexibilität, auch wenn der Hauptakzent auf zeitlicher Flexibilisierung liegt. Leiharbeit und andere Formen flexibler Beschäftigung schließen sich hier nicht aus, sondern werden nebeneinander praktiziert. Einzelne Fallstudien legen jedoch nahe, dass Leiharbeit und andere beschäftigungsbezogene Flexibilisierungsformen in Betrieben dieses Typs jeweils unterschiedliche funktionale Rollen innehaben. So kann Leiharbeit in der Produktion eine Pufferfunktion bei hoher Kapazitätsauslastung erfüllen, parallel zu Instrumenten wie Überstunden und Gleitzeit, während in der Verwaltung die Arbeitszeitverlängerung von Teilzeitbeschäftigten und die betriebsorientierte Gleitzeitnutzung das Hauptinstrument der Kapazitätsvariation ist und nur kurz- bis mittelfristige Personalausfälle – Urlaubs-, Krankheits- oder Mutterschaftsvertretungen – durch den Einsatz von Leiharbeit kompensiert werden.

Fallbeispiel: Die *Werkzeugbau GmbH* ist ein traditionsreiches Familienunternehmen und der größte Arbeitgeber einer süddeutschen Region. Weltweit sind knapp 3.000 Mitarbeiter beschäftigt, am untersuchten Standort arbeiten 2/3 davon. Hergestellt werden nach Maß angefertigte Werkzeugmaschinen vor allem für Automobilindustrie und Zuliefererfirmen. Die Werkzeugbau GmbH versteht sich als Arbeitgeber mit sozialer Verantwortung für seine Mitarbeiter, von denen im Gegenzug Loyalität, Disziplin, Ordnung, Sauberkeit und Pünktlichkeit erwartet werden.

Das Fallbeispiel belegt gut die motivationalen Hintergründe eines zurückhaltenden Umgangs mit Leiharbeit, wie sie für Einsatzbetriebe dieses Typs charakteristisch sind: Die Arbeitgeberverantwortung für die Region und im Unternehmen bedingt einerseits einen gewissen Druck zum Aufbau einer Randbelegschaft und beschränkt diesen Weg gleichzeitig. Weder das ‚hire-and-fire' der eigenen Belegschaft noch der exzessive Einsatz von Leiharbeit kommen für ein sozial verantwortliches, traditionsreiches Familienunternehmen in Frage – das sich diese soziale Verantwortung auch leisten kann. Das Einsatzspektrum der Leiharbeit reicht bis in den unteren Rand der Facharbeitertätigkeiten im Produktionsbereich. Leiharbeitseinsätze in der Werkzeugbau GmbH sind gesucht – auch lokale Gewerkschaftsvertreter berichten, dass die Arbeitsbedingungen gut sind, immer wieder Übernahmen in die Stammbelegschaft vorkommen und die Leiharbeiter dies eher als Chance wahrnehmen, einen Einstieg bei einem guten Arbeitgeber zu finden.

3. EINE TYPOLOGIE DER VIELFALT: VARIANTEN MIT FLEXIBLEN RANDBELEGSCHAFTEN

Während die beiden vorangestellten Typen externe Flexibilisierung eher moderat nutzen, finden sich bei den drei folgenden Varianten duale Beschäftigungsstrukturen.

Typ 3: Großbetriebe mit multiplen Randbelegschaften

In diesem Typ von Einsatzbetrieben finden sich ausschließlich große Dienstleistungsbetriebe. Bemerkenswert ist der selbst gegenüber den konservativen Betrieben des Typs 2 deutlich kleinere Anteil bei den Leiharbeitnehmern (1%). Demgegenüber findet sich hier jedoch eine starke Akzentuierung anderer flexibler Beschäftigungsformen, so dass sich hier beachtliche Randbelegschaften mit kleinen Leiharbeiteranteilen finden. Zwar ist der Anteil der Betriebe mit Überstunden vergleichsweise hoch (98%), der Anteil der Betriebe mit Zeitkonten hingegen ist deutlich kleiner – sowohl im Vergleich zu den anderen Einsatztypen als auch zu anderen Betrieben gleicher Größe und Branche. Das gleiche gilt für den Inklusionsgrad der Kontenregelungen: Er beträgt im Durchschnitt nur 67% je Betrieb im Typ 3, der Mittelwert aller Typen liegt – ähnlich wie in der Gesamtwirtschaft – bei 83%. Der durchschnittliche Anteil der geringfügig Beschäftigten liegt bei 4%, der Anteil der befristet Beschäftigten ist mit 9% der größte in allen Typen, genauso wie der Anteil der Teilzeitkräfte mit 20%. Dies lässt sich durch die Branchenzusammensetzung dieses Typs erklären, die überwiegend einen Mix aus Handel und Reparatur, Verkehr und Nachrichtenübermittlung, Kredit- und Versicherungsgewerbe (30%) und Dienstleistungsbranchen (zusammen 69%) repräsentiert.

Der hohe Frauenanteil von durchschnittlich 45% ist dienstleistungstypisch. Trotz eines Hangs zum *flexible staffing* wird Leiharbeit im Typ 3 vergleichsweise gering genutzt, Befristungen und Teilzeitarbeit sind weit häufiger vertreten. Das Verhältnis Leiharbeiter zu befristeten Beschäftigten beträgt 1:9, das zu Teilzeitarbeitnehmern gar 1:20.

Fallbeispiel: Die *Software AG* ist ein international tätiges Unternehmen mit mehreren 1000 Mitarbeitern in Deutschland. Flexibilität wird zunächst über Vertrauensarbeitszeit, jedoch bei zunehmender Arbeitsbelastung der Stammbelegschaft über flexible Beschäftigungsformen hergestellt. Hier spielen befristete Mitarbeiter, Diplomanden, Werkstudenten und Praktikanten eine nicht unerhebliche Rolle. Leiharbeit wird kaum genutzt, die Nutzungsquote liegt unter 2% – doch am untersuchten Standort macht dies immerhin noch 30-50 Personen aus. Einsätze von Leiharbeitern werden „sehr budgetabhängig" veranlasst, etwa wenn das Personalbudget ausgeschöpft ist und Sachmittel noch zur Verfügung stehen. 1/3 der Leihkräfte ist hochqualifiziert, die übrigen sind Hilfskräfte für Dateneingabe, Belegsortierung usw. Der durchschnittliche Verrechnungssatz lag 2004 bei 24 € in der Stunde. Sofern möglich, werden einmal eingesetzte Leiharbeiter erneut angefordert. Wenn Leiharbeitskräfte sich eignen und Bedarf vorhanden ist, werden sie als Befristete übernommen. Im Jahr 2010 hat sich der Betrieb völlig aus der Nutzung von Leiharbeit zurückgezogen; Imagegründe wie auch der Einfluss des Betriebsrats spielten hierbei eine Rolle.

Die Einsatzbetriebe des Typus 3 können als Protagonisten einer wissensintensiven, wirtschaftsnahen Dienstleistungsproduktion aufgefasst werden, in denen eine *starke Differenzierung der Bindung der Beschäftigten an das Unternehmen* zu beobachten ist – um den Beschäftigungskern herum gruppiert sich eine heterogene Randbelegschaft: Selbständige Experten auf Honorarbasis, die trotzdem überwiegend oder ausschließlich im Hause tätig sind, Befristete – nicht selten Akademiker und andere Fachkräfte im Berufseinstieg – aber auch das ganze Spektrum der *Generation Praktikum* bildet sich in der Randbelegschaft ab, wobei Übernahmekarrieren im Sinne einer langsamen Bewegung von der Peripherie ins Zentrum des Betriebs durchaus vorkommen – von der Leiharbeit über Befristung in die Stammbelegschaft. Auch die Betriebe des Typs 3 sind in der Regel wirtschaftlich konsolidiert. Das Prekaritätsrisiko für Leihkräfte bleibt vergleichsweise hoch, denn die Übernahmen in die Stammbelegschaft sind selten genug, um eine Chance für viele Randbelegschaftsmitglieder zu sein, häufig genug, um entsprechende Wünsche wachzurufen – eine Widersprüchlichkeit, mit der der Betriebsrat regelmäßig konfrontiert ist, wenn sich Leiharbeiter an ihn wenden und nach Übernahmechancen fragen. Werkstudenten und akademische Praktikanten haben gegenüber den Leiharbeitern überdies bessere Chancen auf einen regulären Arbeitsplatz. Prekarität beschränkt sich in den Randbelegschaften dieses Typs nicht auf Geringqualifizierte, sondern zieht sich über SachbearbeiterInnen mit qualifizierter Ausbildung im dualen System bis hin zu akademischen Berufseinsteigern – und Leiharbeit ist hier nur ein kleiner Teil der möglichen Formen dieser Prekarität.

Typ 4: Extremnutzer von flexibler Beschäftigung und Leiharbeit

Der Einsatz flexibler Beschäftigungsformen und der damit einhergehende Aufbau von Randbelegschaften lässt sich noch deutlicher im Typ 4 ausmachen. Der Typus unterscheidet sich vom vorangegangenen auch dadurch, dass die Betriebe kleiner und wirtschaftlich oft weniger saturiert sind. Es dominieren Betriebe mittlerer Größe mit 50 – 499 Beschäftigten (93% aller Betriebe des Typs 4 in Westdeutschland, 75% Ost sind dieser Größenklasse zuzurechnen), daneben sind noch einige wenige Großbetriebe (7% West, 25% Ost) zu finden. Die Branchenstreuung ist breit, ähnlich dem Typ 1, wobei jedoch ein gewisser Überhang des nichtindustriellen Spektrums festzustellen ist: Handel und Reparatur, Verkehr und Nachrichtenübermittlung, Kredit- und Versicherungsgewerbe und Dienstleistungen haben hohe Anteile. Der durchschnittliche Leiharbeiteranteil unterschreitet zwar den Gesamtdurchschnitt aller Typen geringfügig (4% West, 5% Ost) – doch dies ist nur ein stichtagsbezogener Durchschnittswert: Ausreißer nach oben sind in diesem Typus am häufigsten, ebenso kann mit dem hohen Anteil vorhersagbarer Auslastungsschwankungen eine saisonal stark erhöhte Nachfrage nach Leiharbeit einhergehen, die im erhobenen Stichtagswert nicht zwingend aufscheint. Einen hohen betrieblichen Anteil atypischer Beschäftigung haben alle. Vergleichsweise hoch fallen die Anteilswerte der geringfügigen und befristeten Beschäftigten aus, augenfällig ist auch ein Anteil von 15% bei den Teilzeitarbeitskräften. Je nachdem, wie man die versicherungspflichtige Teilzeitbeschäftigung einordnet, haben diese Betriebe im Schnitt einen Randbelegschaftsanteil von etwa 1/3 der Gesamtbelegschaft. Jedes dritte Belegschaftsmitglied hat damit einen befristeten oder leicht reversiblen Arbeitsvertrag (Leiharbeiter, Befristete, Geringfügige), kann mit dem Entgelt seinen Lebensunterhalt nur eingeschränkt erwirtschaften (Geringfügige, Aushilfen, Teilzeit mit geringer Stundenzahl, Leiharbeiter in den unteren Lohngruppen), oder riskiert unterdurchschnittliche soziale Absicherung bei Arbeitslosigkeit und Rente (Geringfügige, Aushilfen, Teilzeit mit höherer Stundenzahl). Man kann also bei aller Vorsicht von hohen Prekaritätsrisiken in den Randbelegschaften des Typs 4 sprechen.

Anders als beim vorangegangenen Typus 3 fällt der höhere Anteil von Betrieben mit Arbeitszeitänderungen (13%) auf. Demgegenüber sind die Anteilswerte für Betriebe mit Überstunden (93%) und Arbeitszeitkonten (71%) unterdurchschnittlich, der Inklusionsgrad der Konten ist in diesem Cluster hingegen durchschnittlich (83%). Der hohe Anteil von Betrieben mit vorhersehbaren Schwankungen der Auslastung (31%) gegenüber dem kleinen Anteil mit unvorhersehbaren Schwankungen (8%) legt die Folgerung nahe, dass Betriebe dieses Typs mehrheitlich einen einigermaßen planbaren Flexibilitätsbedarf haben, wie er etwa im Saisongeschäft üblich ist. Leiharbeit hat dabei eine ergänzende Funktion zu anderen beschäftigungsrelevanten und zeitlichen Flexibilisierungsinstrumenten, sie ist knapp gleichbedeutend mit der befristeten Beschäftigung.

Die überwiegend planbaren Schwankungen der Produktion können durch den massiven Einsatz von befristet und geringfügig Beschäftigten sowie mit Teilzeitkräften und dem Einsatz von Leiharbeitern aufgefangen werden. Durch den geringen Anteil an Betrieben mit unvorhersehbaren Schwankungen der Produktion muss davon ausgegangen werden, dass nicht kurzfristige Flexibilität, sondern leidlich planbare Flexibilitätsbedürfnisse die deutliche Aufteilung der Belegschaft in Stamm- und Randpersonal begründen. Letzteres kann dann auch stärker aus Teilzeitbeschäftigten mit verlängerbaren Arbeitszeiten, aus Befristungen und aus geringfügig Beschäftigten bestehen. Auch arbeitspolitische Erwägungen und Kostenstrategien spielen dabei – wie die Fallstudien zeigen – eine nicht zu unterschätzende Rolle.

Fallbeispiele: Die *Fracht GmbH,* die *Paket AG,* sowie *zwei Reinigungsbetriebe* zeigen eindeutig kostenpolitische Motive beim Einsatz von Randbelegschaften. Sie operieren auf regionalen Märkten mit „gnadenloser Preiskonkurrenz"; ihre Marktposition lässt sich nur unter Einsatz von billiger Arbeit halten. Dies kann – neben Leiharbeit – durch Teilzeitbeschäftigte geschehen, deren faktische Stundenzahl variiert. Sie kosten bei geringer Auslastung deutlich weniger als bei Kapazitätsspitzen, weshalb viele ‚Überstunden' und viel Teilzeitbeschäftigung gleichzeitig anfallen. Dies geschieht durch Schüler, StudentInnen, Hausfrauen mit geringfügigen, teils befristeten Beschäftigungsverhältnissen, die rechtzeitig vor Beginn eines größeren Auftrages gesucht, zeitgenau eingestellt und nach Ende des Auftrags wieder entlassen werden. Sie arbeiten als angelernte Reinigungskräfte, Fahrer, Lader, Sortierer, KommissioniererInnen für wenig Geld. Personalverantwortliche in diesen Betrieben kommen im Interview ungefragt darauf zu sprechen, dass sie mit dem Einsatz von Aushilfen und Leiharbeitern tarifliche Entgeltstrukturen unterlaufen können.

Die *Automobilzuliefer AG,* die *Fahrzeugbau GmbH,* die *Gießerei GmbH* und einige andere Betriebe stehen für eine zweite Variante des Typs 4: Klassische Metallbetriebe, die an stark globalisierte Wertschöpfungsketten angebunden sind und sich durch flexible Zeitregimes im Angestelltenbereich und flexible Beschäftigung in der Fertigung vor den Schwankungen der globalen Branchenkonjunktur schützen. Nach den Rezessionen 1992/93 und 2000 haben sich die betrieblichen Sozialbeziehungen mehr und mehr dualisiert. Schutzinstrumente (Standortsicherungsabkommen) für die höherqualifizierte Stammbelegschaft, die so klein gehalten wird, dass sie trotz mancher Konzessionen relativ unbeschadet durch die Krisen kommt, flexibilisiert-prekäre Randbelegschaften mit viel Leiharbeit, die in manchen manuellen Fertigungsbereichen schon den Löwenanteil der Beschäftigten stellen und in der Rezession schlichtweg gehen müssen. Einst das Rückgrat von Gewerkschaftsorganisation und Tarifpolitik, zwangen Kostensenkungsdruck, shareholder-orientierte Rechnungslegungspflichten (Senkung der Personalkosten), arbeitspolitische Imperative der Konzernzentralen und globale Standortkonkurrenz diese Betriebe aus der Kultur des Normalarbeitsverhältnisses hinaus und in breite Akzeptanz und Praxis von prekären Flexibilisierungsformen hinein. Die Fallstudienbetriebe von Holst et al. (2009) weisen in einiger Hinsicht ähnliche Merkmale auf.

Eine weitere Variante des Typs 4 ist charakterisiert durch äußerst kurzzeitige, dabei extrem hohe Leiharbeiteranteile, die jedoch im Jahresmittel oder bei ungünstiger Lage eines Erhebungsstichtags kaum mehr auffallen. Im Saisongeschäft der handwerksähnlichen Betriebe dieses Typs finden sich vor allem Facharbeiter und qualifiziert angelernte Kräfte als Leiharbeiter wieder, in der Gastronomie Aushilfskräfte mit einschlägiger beruflicher Vorerfahrung, auch Betriebe mit spezialisierten Wartungsdienstleistungen finden sich hier.

Beim Kernsegment der Intensivnutzer wurde Leiharbeit dauerhaft im gewerblichen Bereich in einer Intensität von 10% bis 30% der Belegschaft genutzt, fallweise auch darüber. Anders als bei den vorübergehenden Extremnutzern handelt es sich bei den permanenten Extremnutzern primär um langfristig angelegte Kostensenkungsstrategien: So dient hier Leiharbeit zur Umgehung der im Einsatzbetrieb üblichen Tarifbedingungen sowie zur langfristigen Flexibilitätssicherung, etwa um Standortfragen offen zu halten oder um auf Branchenzyklen flexibel reagieren zu können. Automobilzulieferer oder andere lohnintensive und ggf. stark exportabhängige Teile des verarbeitenden Gewerbes mit einer Dominanz einfacher manueller Fertigungstätigkeiten sind die Heimat dieser Strategie, die in Gestalt des On-Site-Managements ganzer Betriebsteile mit Leiharbeit eine auffällige organisationale Ausdrucksform gefunden hat. Im Dienstleistungssektor konstituieren sich die Extremnutzer vor allem außerhalb der wissens- oder technologieintensiven Branchen in arbeitsintensiven Firmen, die eher Jedermann-Qualifikationen nachfragen: Gebäudereinigung, Callcenter, Verpackungs- und Konfektioniertätigkeiten. Auch hier sind Kostensenkung und Flexibilität die Einsatzmotive, letztere allerdings eher mit dem Ziel einer einfachen Reversibilität des Beschäftigungsvolumens im Falle des Auftragsrückgangs. Wie nicht zuletzt die Rezession im Gefolge der Finanzkrise 2008 und dem sofortigen Rückbau der Leiharbeit in den großen Industrie- und Dienstleistungsbetrieben gezeigt hat, sind diese Jobs hochgradig prekär.

Typ 5: Der balancierte Mittelbetrieb

Zu diesem Typus gehören fast ausschließlich Mittelbetriebe aus dem verarbeitenden Gewerbe. Hier dominiert zeitliche Flexibilisierung deutlich gegenüber flexibler Beschäftigung. Parallelen zum Typ 2, der ebenfalls aus – wenn auch größeren – Betrieben des verarbeitenden Gewerbes besteht, sind unübersehbar. Im direkten Vergleich zum anderen, auch stark mit Mittelbetrieben besetzten Typ 4 fällt dagegen der deutlich höhere Anteil von Betrieben mit Arbeitszeitkonten und Überstunden auf. Es handelt sich also um einen Einsatztyp, bei dem interne Flexibilisierungsmaßnahmen ein stärkeres Gewicht haben. Der Einsatz von Leiharbeit ist bei den ostdeutschen Betrieben dieses Typs unterdurchschnittlich, bei den westdeutschen durchschnittlich, verglichen mit den anderen Typen. Bei den Arbeitsbeziehungen sind Tarifbindung und Betriebsräte deutlich häufiger anzutreffen als im Gesamtdurchschnitt aller Typen, was sich durch die traditionell hohe Tarifgebundenheit mittelgroßer Betriebe des produzierenden Gewerbes in Westdeutschland erklären lässt. Auch hier bestehen Hinweise auf eine „Managementkultur", für die Prekarisierungs- und Spaltungsprozesse der Belegschaft in größerem Umfang nicht vorstellbar sind. *Fallbeispiel:* Die *Großanlagen GmbH*, Teil einer Unternehmensgruppe, hat rund 400 Beschäftigte am untersuchten Standort in Ostdeutschland, sie stellt – wie sich der Geschäftsführer ausdrückt – „maßgeschneiderte" Geräte und Anlagen für Tiefbau, Bergbau und verwandte Einsatzgebiete her. Fast 4/5 des Ertrags werden im Exportgeschäft erwirtschaftet. 2/3 sind Angestellte – Planer, Entwickler, Konstrukteure, Zeichner, Bauleiter, Meister, 1/3 gewerbliche Beschäftigte – Metallfacharbeiter, teils mit Sonderqualifikationen.

Zur Flexibilisierung praktiziert das Unternehmen hoch flexible Arbeitszeitkonten, auch im gewerblichen Bereich. Hinzu kommen gelegentlich befristete Beschäftigte, sowie ein intensives Zukaufgeschäft von Leistungen, die im Unternehmen zu einem Zeitpunkt nicht selbst erbracht werden. Dabei kann es sich um den Zukauf von Vorprodukten handeln, aber auch um das Outsourcing von Ingenieurleistungen. Im Anlagenbau und der Anlagenwartung, dem Hauptgeschäft, werden in arbeitsintensiven Phasen Leiharbeiter in Ergänzung der Stammbelegschaft eingesetzt, oft auch außer Haus. Neue Leiharbeiter werden erst im Unternehmen erprobt, teils in speziellen Prüfungen, bevor sie zu kritischen Einsätzen gehen, bei denen die betriebsüblichen Sonderqualifikationen aktuell abgefordert werden. Keineswegs alle Leiharbeiter bestehen diese Erprobung. Ein Nebenerwerb des Unternehmens ist der Betrieb einer Anlage zur Oberflächenveredelung, in der Teile für die Automobilindustrie bearbeitet werden; hier herrscht Massenfertigung im Zweischichtbetrieb. Die rund 10 Anlagenfahrer dieses Betriebsteils sind Facharbeiter aus der Stammbelegschaft, die 20 Einleger und Abnehmer sind Hilfsarbeiter, die von Verleihfirmen kommen. Im Zeitverlauf schwankt der Leiharbeiteranteil zwischen 3% und 8%, bezogen auf die gewerblichen Arbeitnehmer. Leiharbeit kommt in Einzelfällen auch bei den Ingenieuren vor. Leiharbeit gilt im Betrieb als wichtiges, jedoch vor allem punktuell eingesetztes Flexibilisierungsmittel neben anderen, bei stark an Großaufträgen und deren Verlaufsrhythmus orientierten Schwankungen der Auslastung. Hohe Qualifikationen und hohes Erfahrungswissen verbinden die Stammbelegschaft wie auch die eingesetzten Leiharbeiter, die immer wieder für die *Großanlagen GmbH* arbeiten. Der Betrieb beschäftigt gute Leiharbeiter auch mal ohne aktuellen Bedarf einige Wochen im Haus, um sie für den nächsten großen Einsatz verfügbar zu halten. Typisch ist der gemeinsame Einsatz von Leiharbeitern und Stammbelegschaft in Arbeitsgruppen und Montageteams außer Haus, wobei kollegial Hand in Hand gearbeitet wird. Übernahmen aus Leiharbeit in die Stammbelegschaft wurden im Interview nicht thematisiert, weder Existenz noch Interventionen eines Betriebsrats kommen zur Sprache. Der Betrieb ist tarifgebunden, bildet umfangreich aus und agiert in einem teils noch in DDR-Zeiten gewachsenen Netz lokaler Arbeitsmarkt- und Sozialbezüge, das auch etliche Verleihfirmen einschließt.

Betriebe dieses Typs zeichnen sich damit durch die eindeutige Dominanz zeitbezogener Flexibilität aus. Leiharbeit wird als komplementäres, mit den anderen beschäftigungsbezogenen Flexibilisierungsmaßnahmen gleichwertiges, insgesamt jedoch untergeordnetes Instrument genutzt, um Schwankungen abzufedern. Grundsätzlich gilt für die ostdeutschen Betriebe dieses Typs dasselbe, mit einem etwas höheren Leiharbeiteranteil, häufigerem Auslandsbesitz und einer – verglichen mit anderen ostdeutschen Einsatzbetrieben von Leiharbeit – überdurchschnittlichen Bedeutung von Tarifbindung und Betriebsrat. Qualitative Befunde und Berechnungen aus dem IAB-Betriebspanel zeigen, dass es sich bei ostdeutschen Betrieben dieses Typs häufiger als im Westen um Konzernbetriebe handelt, die personalpolitische Vorgaben der ‚Mutter' anwenden.

4. Schlüsse, Entwicklungen und Konsequenzen

Groß wie klein – nahezu jeder Leiharbeitsbetrieb praktiziert stets das komplette Spektrum an Flexibilisierungsmaßnahmen – doch der Schwerpunkt liegt bei vier von fünf Typen auf der internen, zeitlichen Flexibilität, weisen sie doch einen hohen Anteil von Betrieben mit Zeitkonten, Überstunden und versicherungspflichtiger Teilzeitarbeit auf. Verbreitung und Nutzungsintensität flexibler Zeiten sind damit selbst bei den Nutzern von Leiharbeit deutlich höher als entsprechende Vergleichszahlen flexibler Beschäftigung. Generell zeichnen sich in Westdeutschland sogar diejenigen Betriebe, die Leiharbeit einsetzen, regelmäßig durch ein gleichzeitiges Vorkommen zeitbezogener Flexibilisierungsformen aus. Dieses Phänomen wird in der Literatur als typisch deutscher Vorrang interner gegenüber externen Flexibilisierungsmaßnahmen diskutiert (Dragendorf et al. 1988; Hall/Soskice 2001; Krause/Köhler 2011). Auch wenn dieses Muster in zweien der hier identifizierten Betriebstypen gebrochen ist (Typ 3 und 4), scheint es immer noch eine gewisse Persistenz zu besitzen.

Dennoch zeigen die Fallstudien, dass bestimmte Betriebe – und hier liegt die Verbindung zu den Arbeiten von Hajo Holst und Kollegen – unter nun angebbaren Bedingungen tatsächlich mehr und mehr Beschäftigungskonzepte praktizieren, die höhere Prekaritätsrisiken mit sich bringen als das klassische oder das neuartige, stärker zeitlich flexibilisierte Normalarbeitsverhältnis. Geht man über die vorangestellte mehrdimensionale Analytik hinaus und fokussiert vor allem auf die Nutzung flexibler Beschäftigungsverhältnisse so beginnen sich in den Mittelbetrieben von 50-499 Beschäftigten *drei übergeordnete Grundmuster* abzuzeichnen, die bei Großbetrieben dann in Reinkultur auftreten.

- Eines – vor allem im verarbeitenden Gewerbe praktiziert – setzt vor allem auf zeitbezogene Flexibilisierungsmaßnahmen alten oder neuen Typs. Dies kann allerdings auch die Arbeitszeitvariation von sozialversicherungspflichtigen Teilzeitbeschäftigten mit einschließen und daher gewisse, nicht sehr ausgeprägte Randbelegschaftskomponenten beinhalten; es lässt sich als *gemäßigtes industrielles Nutzungsmuster* bezeichnen. Leiharbeit und andere deutlicher prekäre Beschäftigungsformen spielen hier keine allzu große Rolle – auch wenn sie vorkommen, so beim Typ 2 und Typ 5.
- Das zweite Muster setzt in stärkerem Maße auf flexible Beschäftigung, wobei wiederum Leiharbeit eine Haupt- oder Nebenrolle spielen (Typ 3). Betriebe aus Handel, Finanzen und anderen Dienstleistungsbranchen sind die Protagonisten dieser Nutzungskonstellationen von Leiharbeit. Wegen der Heterogenität der Branchen lassen sich Typ 3 und ein Teil von Typ 4 noch am ehesten als *nichtindustrielle Flexibilisierungskonstellationen* beschreiben.
- Wenn der Einsatz von Leiharbeit sich zu einer extremen Nutzungsform mit dauerhaft oder regelmäßig hohen Leiharbeiteranteilen verdichtet (Teile des Typ 4), so lässt sich von *Intensivnutzung oder Extremnutzung* sprechen. Traditionelle, mittlerweile globalisierte Kernbetriebe des industriell organisierten verarbeitenden Gewerbes mit starken (zyklischen) Schwankungen, hoher Lohnintensität und einfacherer gewerblicher Arbeit, aber auch Callcenter finden sich in dieser Konstellation.

Hinsichtlich Arbeitsbedingungen und Übernahmewahrscheinlichkeit unterscheiden sich die Arbeitsrealitäten für Leiharbeiter extrem, *Intensivnutzer* und Betriebe mit *nichtindustriellen Flexibilisierungskonstellationen* bergen dabei das größte Risikopotenzial für die betroffenen Beschäftigten und die soziale Kohäsion im Betrieb. Und diese Nutzungsformen nehmen quantitativ zu. So ist zu sehen, dass die Zahl der Betriebe mit intensiver Nutzung der Leiharbeit wächst (vgl. Übersicht 2, auch Brehmer/Seifert 2008), insbesondere im Segment der größeren Betriebe.

Übersicht 2: Nutzungsintensität von Leiharbeit 1998-2008, Betriebe mit mindestens 150 Beschäftigten und mehr als 2 Leiharbeitern

Nutzungsintensität		Betriebe mit ≥ 150 Beschäftigten, Anteil in %				
	Anteil Leiharbeiter je Betrieb in %	1998	2002	2003	2004	2008
Gering	bis zu 5	66,4	72,4	66,1	68,8	56,4
Mäßig	über 5 – 10	21,1	19,4	23,1	16,8	17,3
Stärker	über 10 – 20	8,5	7,1	6,9	11,2	15,5
Intensiv	mehr als 20	4,0	1,1*	3,9	3,3	10,9
	Gesamt	100,0	100,0	100,0	100,0	100,0

IAB-Betriebspanel 1998-2008, Berechnungen: Promberger. *: Wegen geringer Zellenbesetzung nicht interpretierbar

Der Anstieg der Intensivnutzung von Leiharbeit hat sich nicht auf Kosten anderer atypischer Beschäftigungsformen vollzogen, auch hat ‚nur' in jedem vierten Nutzerbetrieb eine Verdrängung regulärer Beschäftigung stattgefunden (vgl. Promberger 2012). Vieles deutet hingegen darauf hin, dass das Beschäftigungswachstum von Leiharbeitsbetrieben in den Prosperitätsjahren 2005-2008 zunehmend über reagible Randbelegschaften, also über intensivierten Einsatz flexibler Beschäftigungsformen organisiert wurde. So zeigt Übersicht 3, dass das Wachstum der flexiblen Beschäftigung die Zunahme der Zahl ihrer Nutzerbetriebe deutlich, im Falle der Leiharbeit massiv übersteigt. Die Wirtschafts- und Finanzkrise 2009 hat hier im Übrigen nur eine vorübergehende Zäsur ausgelöst. Nach der Krise wurde das vormals erreichte Niveau schnell wieder erreicht, allerdings bislang nicht überschritten (vgl. Krause/Köhler 2011).

Übersicht 3: Wachstum der betrieblichen Konzentration atypischer Beschäftigungsformen 2004-2008

	Leiharbeiter/innen	Befristete	Teilzeitbeschäftigte
Wachstum Beschäftigte: N % von 2004	+391.260 +138%	+714.819 +39%	+1.676.143 +20%
Zahl Nutzerbetriebe: N % von 2004	+14.949 +21%	+22.679 +7%	+167.293 +13%

IAB-Betriebspanel 2004 und 2008, Berechnungen: Promberger

Der Stellenwert von Leiharbeit und anderen atypischen Beschäftigungsformen hat also zugenommen, gerade auch in großbetrieblichen Kontexten. Die Dualisierung betrieblicher Arbeitsbedingungen, Beschäftigungsverhältnisse und Risiken für Arbeitnehmer schreitet also gegenwärtig fort. Dabei zeigt sich überdies, dass das betriebliche Flexibilisierungsgeschehen in den einzelnen Arbeitsmarktsegmenten unterschiedlich verläuft und verschiedene Formen annimmt. Arbeitszeitflexibilisierung über Konten findet sich eher bei mittel bis höher privilegierten, Beschäftigungsflexibilität bei geringer privilegierten Arbeitnehmern – bei verwischten und dynamischen Grenzen, etwa durch Werkvertragsarbeit von Hochqualifizierten, Leiharbeit für Jungingenieure und qualifizierte Immigranten, befristete Teilzeitarbeit für Nachwuchswissenschaftler. Krause/Köhler (2011) haben explizit auf die Dynamik und Fluidität solcher „dynamischen" Segmentationsprozesse hingewiesen.

Mit der starken Zunahme flexibel-prekärer Beschäftigungsformen in Großbetrieben auch im verarbeitenden Gewerbe ist Beschäftigung unterhalb der Standards des Normalarbeitsverhältnisses im Herzen der Arbeitsgesellschaft angekommen und stellt deren Muster von Teilhabe und Sozialpartnerschaft in Frage. Ob die hiermit benannten Entwicklungsprozesse weiter voranschreiten oder möglicherweise zurückgeschraubt werden können, muss gegenwärtig offen bleiben.

Deutliche Befunde unserer Studie verweisen auf abnehmenden Grenznutzen, komparative Nachteile, Restriktionen und Kontraindikationen eines allzu intensiven Einsatzes von Leiharbeit. Hierzu gehören Imagenachteile wie im Beispiel des ‚konservativen Großbetriebs', die langfristig kostenmäßige Überlegenheit anderer Flexibilisierungsformen wie im Typ der ‚Großbetriebe mit multiplen Randbelegschaften', erfolgreicher Widerstand der Interessenvertretungen (Promberger 2012), alternative differentielle oder sektorale Flexibilisierungskulturen wie etwa die Dominanz von Kontenregelungen für hochqualifizierte Mitarbeiter oder Arbeit auf Abruf in Einzelhandel und Gastronomie, Nachteile für die betriebliche Wissensökonomie wie fehlendes betriebliches Erfahrungswissen der Leiharbeiter und zunehmende Wissenszurückhaltung der Stammbeschäftigten bei zunehmendem Leiharbeiteranteil, oder Kontraindikation bei vertrauensintensiven Tätigkeiten in betrieblichen Kernbereichen (Finanzen, Controlling, Personal, Management), wo ein Transfer von betrieblichem Erfahrungswissen zu späteren Entleihern und potenziellen Konkurrenten ausgesprochen unerwünscht ist. Es stellt sich überdies die Frage, ob Leiharbeit nicht vor allem in arbeitgeberdominierten oder stark intransparenten Arbeitsmärkten reüssieren kann und konnte. Für balancierte oder arbeitnehmerdominierte transparente Märkte sind über einen Lohnabschlag bezahlte *intermediaries* wie die heutigen Verleihunternehmen theoretisch wenig plausibel; entsprechend schwer tun sich Verleiher im Segment akademisch qualifizierten technischen Personals; fraglich ist beispielsweise auch, ob sich das Verleihgeschäft im qualifizierten Pflegebereich ohne Arbeitsmigranten mit rechtlichen Zugangsbarrieren und kulturell niedrigeren Lohnerwartungen halten könnte. Auch darf nicht vergessen werden, dass rund 96% aller Betriebe in Deutschland – mögen es auch eher die kleineren sein – keinen Gebrauch von Leiharbeit machen[10], sowie dass ein erheblicher Anteil der Einsatzbetriebe auch wieder längerfristig aus der Leiharbeit aussteigt[11] Sicher hat Holst (2012) recht, wenn er argumentiert, dass der Finanzmarktkapitalismus und seine ‚shareholder value'-Ideologie dazu beitragen, dass der Faktor Arbeit in den letzten 20 Jahren unter deutlichen Anpassungsdruck geraten ist. Doch mindestens ebenbürtige Beiträge hierzu haben die strukturbedingten Krisen auf dem Arbeitsmarkt 1974-2003 geleistet, die einen dauerhaften Überhang geringqualifizierter Erwerbsloser erzeugt und die Marktmacht der Arbeitnehmer geschwächt haben (vgl. auch Raithel/Schlemmer 2009); auch die zunehmenden Verlagerungsprozesse einfacher Industriearbeit in süd-, ost- und außereuropäische Weltregionen haben den Druck auf den Faktor Arbeit erhöht. Beides wurzelt mehr im tayloristisch-fordistischen Produktions- und Regulierungsmodus und seinen immanenten Widersprüchen[12] sowie in der seit den 1970ern wieder einsetzenden Globalisierung[13] als im Finanzmarktkapitalismus der 1990er und 2000er Jahre[14].

---

10 2008: 96,5% (Promberger 2012).
11 1998-2003 waren dies 40 % (Promberger 2012).
12 Hier wäre etwa an den durch Entwicklungshilfe mitfinanzierten Export industrieller Investitionsgüter in sogenannt unterentwickelte Länder seit den späten 1960ern zu denken. Dadurch wurden vorherige Subsistenz- und Kolonialökonomien, später auch

Überdies gibt es in Deutschland immer noch viele Betriebe, deren direkte Finanzmarktabhängigkeit vergleichsweise gering ist (vgl. Faust et al. 2011), so dass es sich bei Art und Form der Flexibilisierung durchaus partiell um Managementmoden handeln kann – mit etwas Phantasie lassen sich Boltanski/Chiapello (2003) auch so lesen; auch empirisch bestehen Verdachtsmomente hierfür (Promberger et al. 2002). Ebenso kann der erfolgreichen Lobbyarbeit der Verleihbranche an der Spitze der arbeitspolitischen Entscheidungsgremien ein Beitrag zur wachsenden Akzeptanz dieser Arbeitsform zugeschrieben werden. Auf jeden Fall verläuft der unbestreitbare gegenwärtige Druck auf den Faktor Arbeit, wie er von makropolitischen und -ökonomischen Zusammenhängen generiert wird, hoch differentiell; große geschützte Segmente stehen hoch prekären Segmenten gegenüber; die Trennungslinien sind dabei keineswegs starr, sondern im Zeitverlauf hoch veränderlich. Die Mittel dieses Drucks sind – neben Lohnbewegung, Formwandel und Erosion der Institutionen der Arbeitsgesellschaft – die flexibel-prekären Beschäftigungsformen, unter denen die Leiharbeit eher einen Spezialfall als einen Leittypus darstellt. Das Hauptproblem der Leiharbeit liegt auf einer anderen Ebene: Anders als (längerdauernde) Befristungen in Wissenschaft, Industrie und öffentlichem Sektor, geringfügige Beschäftigung im Reinigungsgewerbe und Einzelhandel, Arbeit auf Abruf in der Gastronomie, Werkverträge für Ingenieure und Kleinstunternehmertum im Transportgewerbe unterhöhlt Leiharbeit das arbeits- und sozialpolitische ‚Modell Deutschland' dort, wo es entstanden ist und wo lange sein Kraftzentrum, die arbeitspolitische Machtbasis seiner Institutionen von Mitbestimmung, Tarifautonomie bis Normalarbeits-

---

staatssozialistische Regulationsmodelle durch eine Art sekundären industriellen Frühkapitalismus ersetzt, der dann seit den 1990er Jahren in der Lage war, auf etlichen Massengütermärkten die fordistischen Wohlfahrtsökonomien in den Arbeitskosten zu unterbieten, während dort der Fortbestand fordistisch-korporatistischer Institutionen und Kulturen eine Anpassung der Kosten für einfachere industrielle Arbeit verhindern konnte. Als weitere, nachfrageseitige Erklärungsfaktoren für den Arbeitskräfteüberhang 1975-2005 müssen Rationalisierung und die Friktionen der Tertiarisierung herangezogen werden: Die dem fordistischen Produktionsmodell inhärente Arbeitszerlegung und Ökonomie der Skalenerträge sind ebenfalls Bedingung und Triebkraft der Rationalisierung, die dann wiederum zum eklatanten Rückgang einfacher Arbeitsplätze im sekundären Sektor führt.

13 In der Wirtschaftsgeschichte überwiegt die Auffassung, dass Globalisierung gar nicht so neu ist, sondern ein seit mehreren Jahrhunderten andauernder Prozess mit Verzögerungen und Unterbrechungen (z.B. Osterhammel/Petersson 2007).

14 Vgl. die Argumentationen von Burkart Lutz (1984) und Dieter Sauer (2004).

verhältnis lag: In den Großbetrieben des verarbeitenden Gewerbes. Damit geht es arbeitspolitisch vor allem um zwei Fragen: Wie ist es zu schaffen, den nachfordistischen Kapitalismus zu zähmen und die Lebenschancen von Arbeitnehmern zu sichern? Inwieweit wird es in diesem Zusammenhang sozialen und politischen Organisationen gelingen, sich gemeinsam mit der neu aufbrechenden, sich neu differenzierenden Arbeitnehmerschaft für das wirtschaftliche und politische Projekt einer sozial integrierten nachfordistischen Arbeitsgesellschaft einzusetzen?

VIII. Wer akzeptiert kurzfristige Organisationsbindungen?
Offene Beschäftigungssysteme aus tauschtheoretischer Sicht

ANNE GOEDICKE

1. EINLEITUNG

Die sozialwissenschaftliche Forschung stellt erhebliche Veränderungen im deutschen Beschäftigungssystem fest[1]. In einer segmentationstheoretischen Perspektive lässt sich der Wandel zum einen als Umstrukturierung interner Arbeitsmärkte beschreiben, deren Sicherheitsversprechen Betriebe zunehmend an Erfolgskriterien des Marktes und die flexible Verfügbarkeit von Arbeitskräften knüpfen (Köhler/Struck 2008: 19; Struck et al. 2007). Zum anderen verschieben sich Segmentationslinien auf dem Gesamtarbeitsmarkt. Bei nachlassender Dominanz interner Arbeitsmärkte wachsen vor allem im sekundären, aber auch im primären Segment Beschäftigungsbereiche mit hohem Personalumschlag (Köhler/Struck 2008: 17ff.).

Segmentationstheoretische Studien haben sich bisher vor allem auf betriebsstrategische, bildungsökonomische und institutionalistische Argumentationen gestützt. Wenig Interesse fand dagegen, wie die Anbieter von Arbeitskraft die Strukturierung von Teilarbeitsmärkten aktiv beeinflussen (Pfau-Effinger 2004: 106, 109f.), so dass „das Arbeitskräfteangebot, also die Interessen und Orientierungen der Beschäftigten, [...] nur durch stark vereinfachende Annahmen und

---

[1] U.a. Diewald/Sill 2004; Erlinghagen/Knuth 2004; Giesecke/Heisig 2010; Grotheer 2008a, b.

daher weitgehend als Black Box in die Erklärung eingehen" (Köhler/Krause 2010: 406; Kap. V, Krause). Betriebsstrategisch lässt sich der erhöhte Arbeitskräfteumschlag auf dem Gesamtarbeitsmarkt insbesondere über neue Flexibilitäts- und Sicherheitsbedarfe vieler Arbeitsorganisationen begründen, die zur Lockerung der Bindung an Arbeitskräfte, Kapitalgeber und räumliche Umwelten führen (Köhler/Loudovici 2008: 58). Eine aktive Gestaltung von Unternehmensgrenzen (Minssen 2000; Picot 2003; Sydow/Duschek 2000), der Ausbau von Anpassungskapazitäten an Umweltveränderungen und die Re-Justierung betriebsinterner Anerkennungs-, Koordinations- und Kontrollmodi (Moldaschl/Sauer 2000; Voswinkel 2000a) sind zentrale Felder betrieblicher Rationalisierungsstrategien geworden. Unternehmen reagieren damit auf Anforderungen des internationalen Wettbewerbs, auf die institutionellen Bedingungen des Finanzmarktkapitalismus (Windolf 2005; Beyer 2006) und auf den Umbau wohlfahrtsstaatlicher Institutionen (Lessenich 2008). Um betriebliche Strategien temporärer Beschäftigung nachhaltig verfolgen zu können, müssen sich Arbeitsorganisationen jedoch auf ein quantitativ hinreichendes und zeitlich stabiles Reservoir an rekrutierbaren Arbeitskräften verlassen. Sie müssen zu jedem Zeitpunkt über „passendes" Personal verfügen können, dessen Leistungsfähigkeit und -bereitschaft gesichert werden kann (Köhler/Loudovici 2008: 57f.).

Dieses Verfügbarkeitsproblem ist in der Segmentationsforschung durchaus als Funktionsbedingung bestimmter Teilarbeitsmärkte präsent gewesen. Es ist aber primär makrosoziologisch als Qualifikationsproblem, als Problem von Arbeits- und Fachkräftevolumina und unausgewogenen Angebots-Nachfragerelationen auf Teilarbeitsmärkten, z.B. aufgrund demografischer Entwicklungen, diskutiert worden (u.a. Lutz 1987: 204ff.; Lutz et al. 2000). *Ich vertrete dagegen die These, dass sich das Arbeitsangebot von Arbeitnehmern wesentlich auch im Rahmen ihrer privaten Lebensverhältnisse konstituiert. In diesen privaten Lebensverhältnissen, in Auseinandersetzung mit Lebenspartnern und Familienmitgliedern, gleichen Frauen und Männer betriebliche Beschäftigungsangebote mit ihren eigenen Erwerbswünschen, beruflichen Ambitionen, Karriereorientierungen und Verfügbarkeiten ab.*

Der folgende Beitrag begründet, dass sich ein genaueres Verständnis der Entwicklung offener Beschäftigungssysteme gewinnen lässt, wenn auch die Erwerbsstrategien der Arbeitnehmer und die Funktionalität von Erwerbsarrangements für sie selbst und ihr soziales Umfeld in den Blick genommen werden. Für dieses Anliegen mangelt es sowohl an empirischen Studien als auch an Theorieangeboten. Daher werde ich auf der Basis konzeptioneller Argumente Hypothesen zur Verfügbarkeit von Arbeitskräften für offene Beschäftigungssysteme, d.h.

für Tätigkeitsbereiche mit kurz- und mittelfristiger Beschäftigung und entsprechend hohem Personalumschlag (Köhler/Krause 2010: 398f.), entwickeln.

Meine Überlegungen entfalte ich in vier Schritten. Der folgende Abschnitt rekapituliert, wie die Theorie betrieblicher Beschäftigungssysteme (Köhler/Loudovici 2008; Köhler/Krause 2010; Schröder et al. 2008) die Erwerbsorientierungen und Ansprüche von Arbeitnehmern in temporärer Beschäftigung thematisiert. Segmentationsphänomene auf dem Gesamtarbeitsmarkt werden in dieser konzeptionellen Erweiterung der Segmentationstheorie(n) konsequent auf die Ebene innerbetrieblicher Tätigkeitsbereiche zurückgeführt. Betriebliche Beschäftigungssysteme sind Teilmengen von Arbeitsplätzen und -kräften innerhalb von Arbeitsorganisationen, in denen bestimmte Zuordnungen von Personal zu Stellen institutionalisiert sind. Als Mobilitätsraum grenzen sie sich so von anderen innerbetrieblichen Tätigkeitsbereichen ab und stehen in spezifischen Austauschbeziehungen zu organisationsexternen Arbeitsmärkten (Köhler/Loudovici 2008: 37). Unterschiedliche Beschäftigungssysteme lassen sich als spezifische Lösungen der sogenannten „Bezugsprobleme" der Arbeitsvertragsparteien verstehen. Arbeitgeber haben demnach insbesondere „die Verfügbarkeit und die Leistungsbereitschaft des Personals bei flexiblem Anpassungsbedarf" (Köhler/Krause 2010: 387) zu sichern, Arbeitnehmer dauerhaft ihre Existenz über den Verkauf ihrer Arbeitskraft (ebd.). In einem zweiten Schritt begründe ich, dass die Bezugsprobleme von Arbeitnehmern weiter gefasst werden sollten. Mit einem tauschtheoretischen Ansatz[2] wird dann eine konzeptionelle Möglichkeit vorgeschlagen, das Interaktionssystem zwischen Arbeitgebern und Arbeitnehmern zu beschreiben und die segmentationstheoretische Black Box des Arbeitskräfteangebotes durch Akteure zu füllen. Aus diesen Überlegungen werden schließlich Hypothesen zu privaten Konstellationen gewonnen, die Arbeitskräfteangebote für temporäre Beschäftigung generieren.

---

2 Dieses tauschtheoretische Konzept wurde im DFG-Projekt „BEATA – Beschäftigungsverhältnisse als sozialer Tausch" entwickelt. Als Verbundprojekt 2006-2010 an den Universitäten Duisburg-Essen (Lehrstuhl Prof. Hanns-Georg Brose) und Bielefeld (Lehrstuhl Prof. Martin Diewald) angesiedelt, richtete sich dieses Forschungsvorhaben auf Wechselwirkungen von betrieblichen Personalpolitiken mit privaten Lebensverhältnissen von Arbeitnehmern (vgl. u.a. Goedicke et al. 2007). Da Organisationen mit hohem Personalumschlag aus verschiedenen Gründen im Sample nur sehr eingeschränkt repräsentiert sind, wird hier auf den Theorierahmen, nicht aber auf empirisches Material aus BEATA zurückgegriffen. (Lehrstuhl Prof. Hanns-Georg Brose und Lehrstuhl Prof. Martin Diewald

2. Einkommen und Einkommenssicherheit bei kurzfristiger Beschäftigung - Bezugsprobleme von Arbeitnehmern

Die Theorie betrieblicher Beschäftigungssysteme (Köhler/Loudovici 2008; Köhler/Krause 2010; Schröder et al. 2008) erweitert die neoklassische Prämisse, dass Lohnanreize das Arbeitsangebot auf Arbeitsmärkten bestimmen: Erwerbspersonen müssen *dauerhaft* das Problem ihrer Existenzsicherung lösen[3] und suchen daher Einkommen *und* Beschäftigungssicherheit (Köhler/Krause 2010: 387ff.). Die Maximierung des Entgelts in der Gegenwart und die zeitübergreifende Sicherung eines stabilen Einkommensflusses aus abhängiger Beschäftigung werden als gleichrangige Bezugsprobleme gefasst. Beschäftigungssicherheit können Arbeitnehmer sowohl durch den Verbleib bei einem Arbeitgeber als auch durch Arbeitgeberwechsel ohne Erwerbsunterbrechung gewinnen, doch es liegt auf der Hand, das letzteres nicht immer gelingt. Mit der Öffnung von Beschäftigungssystemen verkürzen Arbeitgeber Beschäftigungsdauern und erhöhen Beschäftigungsrisiken. Nur ein Teil der Arbeitnehmer erhält bei diesen unsicheren Perspektiven zumindest gute Einkommen.

Zu den zentralen Erkenntnissen der Segmentationsforschung gehört, dass Organisationen kurzfristige oder stark schwankende Arbeitskraftbedarfe auf unterschiedliche Weise decken. Sekundäre Beschäftigungsbereiche mit hohem Personalumschlag rekrutieren demnach entlang zivilisatorischer Basisqualifikationen und können sich Arbeitskräfteüberschüsse in den unterschiedlichsten Bereichen des Gesamtarbeitsmarktes zu Nutze machen (vgl. Köhler/Loudovici 2008: 32). Unter bestimmten Bedingungen greifen Organisationen auf überbetriebliche Facharbeitsmärkte zurück, auf denen zertifizierte und zwischenbetrieblich anerkannte professionelle und berufliche Qualifikationen gehandelt werden. Zu der voraussetzungsvollen überbetrieblichen Konfiguration, die die daraus resultierenden primären offenen Beschäftigungssysteme trägt, gehören vor allem ein funktionsfähiges überbetriebliches System beruflicher Aus- und Weiterbildung und die Bereitschaft einer hinreichenden Anzahl von Arbeitsmarktakteuren in

---

3   Normativer Bezugspunkt der Segmentationstheorie sind abhängig erwerbstätige Vollzeit-Arbeitnehmer ohne alternative Einkommenschancen. Für Studierende mit Stipendien, „zuverdienende" Ehefrauen, Rentenbezugsberechtigte und andere Menschen mit zusätzlichen Versorgungschancen werden pauschal niedrigere Einkommens- und Sicherheitsansprüche angenommen, die sie als Potential für Randbelegschaften zu prädestinieren scheinen (dazu bereits kritisch Köhler/Grüner 1989).

zwischenbetrieblich transferierbare Qualifikationen zu investieren (Köhler et al. 2010; Lutz/Sengenberger 1974; Lutz 1987; Lutz 2007). Wenn sie Qualitätsprobleme der überbetrieblich zertifizierten Ausbildungsgänge wahrnehmen oder eine temporale Knappheit bestimmter Fachkräfte erleben bzw. erwarten (Lutz 2008), können Arbeitgeber sehr rasch wieder internalisierende Strategien der Fachkräftehortung verfolgen und damit auch Zugänge für externe Bewerber blockieren.

Was bedeutet das für Arbeitnehmer? Sie sind bekanntlich vor allem in sekundären offenen Beschäftigungsbereichen einer exzessiven Konkurrenz ausgeliefert, die nicht durch Fachbindungen oder Ausbildungsniveaus eingehegt wird. Ohne den Schutz überbetrieblicher Institutionen oder kollektiver Interessenvertretungen drohen geringe Entgelte. Sekundäre offene Beschäftigungsbereiche entschädigen nicht für die Beschäftigungsunsicherheit und bieten überwiegend „schlechte Arbeit" an, etwa niedrige Entlohnung, belastende Beschäftigungsbedingungen und fehlende berufliche Entwicklungsperspektiven. Weniger prekär ist die Situation in primären offenen Beschäftigungsbereichen. Dort wird die Kurzfristigkeit des Beschäftigungsversprechens bei einem Arbeitgeber durch gute Chancen kompensiert, anderswo neu eingestellt zu werden. Die berufsfachliche und professionspolitische Schließung von Ausbildungs- und Erwerbsgelegenheiten ermöglicht es Arbeitnehmern im Idealfall auch, überdurchschnittliche Einkommen zu erzielen. Allerdings muss sich dies im Einzelfall immer erst noch beweisen. Einer Gruppe hochqualifizierter Beschäftigter mit gesuchten Qualifikationen mag die Herstellung von Beschäftigungskontinuität zumindest zeitweilig unproblematisch erscheinen. Vielen Erwerbstätigen ist ein langfristiger Arbeitsplatz jedoch sehr wichtig und sie sorgen sich erheblich vor erwerbsbiografischer Diskontinuität (Bernhardt et al. 2007; Dörre et al. 2006; Pongratz/Voß 2003; Sander 2011).

Dies wirft die Frage auf, warum Arbeitnehmer kurzfristige Arbeitsverträge und Beschäftigungsunsicherheit akzeptieren sollten. Werden ausschließlich Einkommen und Beschäftigungssicherheit als Bezugsprobleme gesetzt, müssten offene gegenüber geschlossenen Beschäftigungsbereichen systematisch zweite Wahl bleiben. Beschäftigte wären nur wegen fehlender Alternativen in offenen Beschäftigungssystemen zu finden, z.B. weil ihnen durch Diskriminierung oder mangels Ressourcen der Zugang zu sicherer Beschäftigung versperrt bleibt oder weil ganze Tätigkeitsfelder alternativlos als temporäre Beschäftigung institutionalisiert sind. Warum lassen sich dann aber auch höher qualifizierte Arbeitskräfte auf diese Berufs- und Tätigkeitsfelder ein, selbst wenn nicht überdurchschnittlich entlohnt wird? Warum verbleiben Personen in den Medien- und Kulturberufen oder im Weiterbildungssektor, obwohl der Zeithorizont der Beschäftigungsverhältnisse dort so kurz ist (vgl. Köhler/Krause 2010: 405)? Warum gibt es keine massive Abstrommobilität aus den betreffenden Berufsfeldern, beispielsweise über berufliche Umschulungen? Zudem sollte es dann bei temporärer Beschäftigung hochproblematisch sein, die Leistungsbereitschaft von Arbeitnehmern zu sichern. Vor allem ihre nicht ex ante spezifizierbaren und schlecht beobachtbaren Beiträge – Kooperationsfähigkeit, kreatives Handeln und Gewährleistung (Deutschmann 2002: 41) – wären chronisch defizitär. In vielen Fachtätigkeiten in primären offenen Beschäftigungssystemen wird jedoch ständig mit solchen Beiträgen gerechnet und dass sie auch im sekundären Bereich geleistet werden, zeigen Studien einfacher Dienstleistungstätigkeiten (Vanselow 2007; Jaehrling 2004).

Was in der idealtypischen Zuspitzung der Bezugsprobleme von Arbeitnehmern auf Einkommen und Beschäftigungssicherung ausgeblendet wird, sind *Restriktionen bei der Beschäftigungssuche* und *alternative Präferenzen*, die erklären, warum Arbeitnehmer unter bestimmten Bedingungen trotz der damit verbundenen Unsicherheiten in offenen Beschäftigungssystemen verbleiben. Solche Voreinstellungen und Präferenzen jenseits verlässlicher Einkommensflüsse können in berufsbiographischen Projekten und erweiterten arbeitsinhaltlichen Ansprüchen von Arbeitnehmern begründet sein. Sie resultieren auch aus der Bindung von Arbeitnehmern an Menschen, Orte und Tätigkeitsbereiche jenseits der Erwerbsarbeit. Betrachtet man die Bedeutung von Erwerbstätigkeit im Haushaltskontext, so wird die idealtypische Zuspitzung der Bezugsprobleme auf Einkommensmaximierung und Beschäftigungssicherung in der Segmentationstheorie sicher am ehesten der Situation von Hauptemährern oder gar Alleinverdienern in Paaren ohne Kinder und in Familien mit zwei Elternteilen gerecht. Ihnen obliegt langfristig die Existenzsicherung für mehrere Personen und sie sind idealtypisch sowohl von Belastungen durch Familienarbeit als auch von Rücksichten auf Erwerbskarrieren der Partner weitgehend befreit. Normativ und empirisch verliert das traditionelle Ernährermodell jedoch an Boden. Bei Arbeitnehmern, die ihre Erwerbsarbeit mit Familienarbeit kombinieren oder auf die Karriere von Lebenspartnern Rücksicht nehmen (müssen), sind andere Beschäftigungspräferenzen zu erwarten.

3. EINE ERWEITERTE SICHT AUF DIE BEZUGSPROBLEME VON ARBEITNEHMERN

Arbeitsmärkte sind in soziale Beziehungen (Granovetter 1985) und in die Subsysteme moderner Gesellschaften (Hinz/Abraham 2005: 17) eingebettet. Neben ihrer Mitgliedschaft in Arbeitsorganisationen haben Beschäftigte andere Zugehörigkeiten und Engagements, die ihre Verfügbarkeit und ihre Präferenzen in Bezug auf Erwerbsarbeit beeinflussen. Veränderungen in den Umwelten von Arbeitsmärkten sind daher folgenreich für die Arbeitsmarktakteure. Insbesondere werden die Erwerbsorientierungen von Arbeitnehmern durch die Subjektivierung von Erwerbsarbeit, die Pluralisierung von Lebensformen und die De-Standardisierung von Lebensläufen nachhaltig verändert.

Jenseits des Lohnanreizes: erweiterte inhaltliche Ansprüche von Arbeitnehmern

Vor allem für qualifizierte Arbeitnehmer nehmen mit der Subjektivierung von Arbeit Anreizdimensionen jenseits von Einkommen und Beschäftigungssicherheit an Bedeutung zu. Mit arbeitskraftbezogenen Rationalisierungsstrategien (u.a. Kern/Schumann 1984; Kratzer 2003) greifen Arbeitsorganisationen seit den 1980er Jahren vermehrt auf die Individualität und Subjektivität ihrer Mitglieder zurück und delegieren angesichts der Unwägbarkeiten betrieblicher Rationalisierungsprozesse die Sorge um die Zukunft vermehrt an die Arbeitnehmer selbst. Mehr oder weniger strategisch beuten sie ein Handlungsvermögen aus, das sich aus biografischen Erfahrungsaufschichtungen, Handlungsmustern und Selbstbezügen der Subjekte auf vergangenes Handeln speist (Holtgrewe 2005: 344, 349). Für Arbeitnehmer ist dies ein zwiespältiger Prozess. Einerseits fordern sie Spielräume für selbstbestimmtes Arbeiten durchaus normativ ein (Baethge 1991), andererseits passen die Bedarfe der Arbeitsorganisationen an Subjektivität in der Regel nicht problemlos zu dem, was Arbeitnehmer nachhaltig anbieten wollen und können (Flecker/Hofbauer 1998). Auch Kompetenzentwicklung und Karriere stehen für Arbeitnehmer verstärkt unter der Maßgabe der Selbststeuerung (Voß/Pongratz 1998). Innerbetriebliche Aufstiege werden unsicherer (Blutner et al. 2002; Diewald/Sill 2004; Köhler/Krause 2010) und enger an individuelle Bewährung gekoppelt. Gleichzeitig kann ein aktives Angebotsverhalten Abhängigkeiten von Arbeitgebern reduzieren und Entscheidungsspielräume von Arbeitnehmern erweitern (vgl. Kap. IX, Pongratz). Beschäftigungsverhältnisse müssen sich für Arbeitnehmer also zunehmend vor erweiterten arbeitsinhaltlichen und kommunikativen Selbst- und Fremdansprüchen rechtfertigen und dabei dauerhafte Überlastungen vermeiden. Sie müssen natürlich auch in ihren längerfristigen Folgen für die Berufslaufbahn bedacht werden. Dabei geht es aber immer weniger um in Stellen festgeschriebene Karriereversprechen und –sicherheiten, sondern zunehmend um Bewährungschancen, die Erweiterung von Handlungsspielräumen, den Ausbau von Kompetenzen und die Vervielfältigung von Anschlussmöglichkeiten.

Jenseits der Hausfrauenehe: neue Formen familialer Arbeitsteilung

Massiv werden Erwerbsorientierungen durch den Wandel von Paarbeziehungen und Familien verändert. Nur noch eine Minderheit deutscher Paare lebt im klassischen Ernährermodell (Bothfeld 2005: 178). In Westdeutschland wird in mehr als jedem dritten Paarhaushalt und in fast der Hälfte der Paarhaushalte mit Kindern das modernisierte Ernährermodell (Pfau-Effinger 2000) realisiert, also eine Vollzeit-Teilzeit-Konstellation mit männlichem Hauptemährer (Brehmer et al. 2010: 14). Egalitäre Modelle doppelter Vollzeiterwerbstätigkeit waren nach SOEP-Daten von 2007 das am häufigsten gelebte Modell in ostdeutschen Paarhaushalten, auch mit Kindern. Doch auch in Ostdeutschland praktiziert mehr als jedes vierte Paar ein modernisiertes Ernährermodell (ebd.). Frauen werden zunehmend erwerbstätige Alleinerziehende oder Hauptverdienende (Klenner et al. 2011; Brehmer et al. 2010). In Westdeutschland hat die Müttererwerbstätigkeit auch mit kleineren Kindern in den letzten Jahren deutlich zugenommen (Geisler 2010). Dabei wächst das Gesamtarbeitsvolumen von Frauen langsamer als ihre Erwerbsbeteiligung, d.h. es kommt vor allem in Westdeutschland zu einer Umverteilung von Arbeit unter Frauen bei wachsenden Quoten für Teilzeitarbeit und geringfügige Beschäftigung (Bothfeld 2005; Dressel/Wanger 2008). Frauen möchten im Durchschnitt länger, Männer kürzer arbeiten als sie es tatsächlich tun (Holst 2009) und obwohl sich Väter verstärkt in der Familie engagieren wollen (Künzler/Walter 2001; Jurczyk/Lange 2009), ist Hausarbeit noch immer ungleich zwischen den Geschlechtern verteilt (Anger/Kottwitz 2009). Viele Paare und Familien belastet die Flexibilisierung und Entgrenzung von Erwerbsarbeit stark. Sie stellen sich die Frage, wie eine doppelte Erwerbsbeteiligung und vielleicht eine Doppelkarriere möglich ist und zugleich Familie und Partnerschaft gelebt werden können (Schier/Jurczyk 2007). Die Anreize, die der bundesdeutsche Wohlfahrtsstaat setzt, sind widersprüchlich. Einerseits werden traditionelle Familienmodelle immer noch finanziell begünstigt, andererseits setzt die Arbeitsmarktpolitik auf das Adult-Worker-Modell.

Jenseits des Normallebenslaufs: zeitliche Destandardisierung und gehäufte Statusveränderungen im Lebenslauf

Folgenreich für die Erwerbsorientierungen von Arbeitnehmern ist schließlich die Ablösung des sogenannten „fordistischen Lebenslaufregimes" (Diewald 2010; Mayer/Hillmert 2004), die sich seit mindestens zwei Jahrzehnten vielfach andeutet. Für junge Erwachsene haben sich wichtige Lebensereignisse wie der Auszug aus dem Elternhaus, der Erwerbseinstieg und die Familiengründung zeitlich entkoppelt (Konietzka 2010). Zwar verlieren soziale Bindungen nicht an Bedeutung, aber Eheschließungen und die Geburt von Kindern an Selbstverständlichkeit. Fortsetzungsfamilien machen einen erheblichen Anteil der Haushalte mit Kindern aus (Steinbach 2008) und Partnerschaftsverläufe pluralisieren sich (Brüderl 2004). Insbesondere durch Arbeitslosigkeit und flexibilisierte Beschäftigung sind Erwerbsverläufe diskontinuierlicher und risikobehafteter geworden (Blossfeld et al. 2008; Mayer/Hillmert 2004). Mehrfachausbildungen haben zugenommen und Bildung wird zunehmend parallel zu Erwerbsarbeit erworben (Hillmert/Jacob 2003). Einheitliche Muster der De-Standardisierung lassen sich jedoch noch nicht erkennen, vielmehr ein „Lebenslaufregime, das die individuelle Kontinuitätssicherung bei schwankender Erwartungssicherheit zum bestimmenden Merkmal hat" (Diewald 2010: 38).

Die skizzierten Entwicklungen tragen dazu bei, dass standardisierte Vollzeit-Normalarbeitsverhältnisse in betriebsinternen Arbeitsmärkten an Attraktivität einbüßen. Ohnehin brüchig gewordene Sicherheitsversprechen innerbetrieblicher Karrieren verlieren angesichts erhöhter Verpflichtungen zur Pflege des eigenen Arbeitsvermögens vielfach an Glanz. Doppelerwerbstätige Paare mit Kindern müssen sich in Bezug auf ihre Erwerbsarrangements und Lebensumstände ständig neu abstimmen (Moen/Yu 2000). Dies lässt neben den Chancen betriebsinterner Laufbahnen auch die Rigiditäten hervortreten, die Bindung an einen Arbeitgeber für eine Familie bedeutet. Häufigere Wechsel von familiären Situationen und Erwerbspositionen führen Arbeitnehmern vor Augen, dass die Ernte einer langen Selbstbindung an Arbeitsorganisationen möglicherweise auch aus privaten Gründen gar nicht mehr eingefahren werden kann.

Es spricht nun aber einiges dagegen, die Liste der postulierten Bezugsprobleme von Arbeitnehmern (vgl. Köhler/Loudovici 2008) einfach pauschal zu verlängern. Selbst wenn arbeitsinhaltliche Herausforderungen für einige Arbeitnehmer bedeutsamer sein mögen als die Sicherung eines bestimmten Einkommensniveaus, trifft dies für andere nicht zu. Erwerbsorientierungen wechseln mit der privaten Lebenssituation. Bewertungen von Beschäftigungsverhältnissen verändern sich auch unter dem Eindruck von Belastungen, Gratifikationen und der Qualität erlebter Sozialbeziehungen am Arbeitsplatz. Erwartungen von Arbeitnehmern an Beschäftigungsverhältnisse sind also uneinheitlich und zeitveränderlich. Sie lassen sich immer weniger verallgemeinern und Arbeitnehmern anhand leicht erfassbarer sozialstruktureller Merkmale zurechnen. Das spricht für einen Theoriezugang, der Arbeitnehmer als handlungs- und entscheidungsfähige Subjekte konzipiert und ihre Präferenzen nicht als externe und konstante Rahmenbedingungen setzt. Dafür wird im Folgenden ein tauschtheoretischer Zugang zu Beschäftigungsverhältnissen vorgeschlagen (vgl. Fußnote 2).

4. EINE TAUSCHTHEORETISCHE PERSPEKTIVE AUF BESCHÄFTIGUNGSVERHÄLTNISSE IN OFFENEN BESCHÄFTIGUNGSSYSTEMEN

Kontingenzen im Beschäftigungsverhältnis

Trotz der prinzipiellen Machtasymmetrie zwischen den Arbeitsvertragsparteien ist das betriebliche Beschäftigungsverhältnis eine soziale Beziehung mit doppelter Kontingenz: innerhalb bestimmter Grenzen unterwerfen sich Arbeitskräfte dem Direktionsrecht des Arbeitgebers, ohne dass die zu erbringenden Leistungen und die Bedingungen der Erwerbsarbeit ex ante genau spezifiziert wären. Arbeitsorganisationen sind ihrerseits mit dem Transformationsproblem konfrontiert, demzufolge die Umwandlung von Arbeitsvermögen in Arbeitsleistung nicht ohne freiwillige Eigenleistung der Arbeitnehmer gelingen kann. Verhaltenswissenschaftliche (Cyert 1963; March/Simon 1958), institutionenökonomische (Williamson 1985; Ouchi 1980) und mikropolitische Theorien (Crozier/Friedberg 1979) verweisen auf die dadurch entstehenden Möglichkeiten wechselseitiger Ausbeutung und opportunistischen Handelns. Die Vertragsparteien müssen die Unbestimmtheiten des Arbeitsvertrages durch institutionelle Rahmung und durch Beziehungsarbeit kompensieren. Dies kommt z.B. in Verhandlungssystemen zur Konfliktregelung, in inner- wie überbetrieblichen Regulierungen des Beschäftigungsverhältnisses oder in Versuchen der Einflussnahme auf Organisationskulturen zum Ausdruck und schlägt sich in betrieblichen Sozialordnungen (Kotthof 2000) nieder.

Ebenso wie Arbeitsorganisationen die Leistungsbereitschaft der Arbeitskräfte nur eingeschränkt prognostizieren können, sind Arbeitskräfte vor und während der Beschäftigung mit Unsicherheit über die Konzessionsbereitschaft und die Gegenleistungen der Arbeitsorganisation für die verausgabte Arbeitskraft konfrontiert. Betriebliche Beschäftigungsangebote unterscheiden sich aufgrund einer hohen Varianz betrieblicher Personalpolitiken und Rationalisierungsstrategien (u.a. Schumann et al. 1994; Moldaschl/Sauer 2000; Kratzer 2003; Abel et al. 2009) bei weitem nicht nur nach der Lohnhöhe und der Beschäftigungssicherheit, sondern z.b. auch im Hinblick auf Autonomiespielräume, Chancen für berufliche Entwicklung, Arbeitszeiten und Arbeitszeitflexibilitäten, Arbeitsbelastungen, Anerkennungschancen, die Qualität der Beziehungen zu Kollegen, Ansprüche auf Familienunterstützung oder Gesundheitsvorsorge. Allerdings werden einige dieser Dimensionen nur in einem Teil der Arbeitsorganisationen überhaupt thematisiert. Kurzfristige Beschäftigungsdauern sind nicht einheitlich mit diesen anderen Dimensionen der Beschäftigungsverhältnisse verknüpft.

Beschäftigungsverhältnisse als organisationsübergreifende Beziehungen sozialen Tauschs

Beschäftigungsverhältnisse lassen sich als *soziale Tauschbeziehungen* verstehen (Akerlof 1982; Coyle-Shapiro/Conway 2004; Cropanzano/Mitchell 2005; Parsons/Smelser 1956; Blau 1964; Voswinkel 2005a)[4]. Arbeitskräfte und Arbeitsorganisationen sind in vielfältige und komplexe Prozesse des Gebens und Nehmens eingebunden, wobei analytisch unterschiedliche Ebenen und Akteure in den Blick genommen werden können. Während March und Simon (1958) sowie die Forschung zum psychologischen Vertrag (Rousseau 1995; Conway/Briner 2005) und zum Organizational Citizenship Behavior (Organ 1988) Tauschbeziehungen zwischen individuellen Beschäftigten und der Arbeitsorganisation als Ganzes behandeln, stehen bei Blau (1964) und in der Forschung zu Leader-Member-Exchange (Liden et al. 1997) bzw. Team-Member-Exchange (Seers 1989; Seers et al. 1995) die Beziehungen von Beschäftigten zu Kollegen und Vorgesetzten im Vordergrund. Nienhüser (1998) und Crouch (1990) richten den Fokus dagegen auf kollektive Beschäftigungsbeziehungen innerhalb und außerhalb der Arbeitsorganisation. Tatsächlich überlagern sich in Arbeitsorganisationen Formen kollektiven und individuellen Tauschs. Dass die Interessen, Ressourcen und Machtausstattungen der beteiligten Akteure asymmetrisch sind,

---

4 Beschäftigungsverhältnisse erlauben, sich vom unmittelbaren Tit-for-tat ökonomischer Transaktionen zu entfernen und Reziprozität zu generalisieren. Die Segmentationsforschung hat vor allem auf Möglichkeiten zeitlicher Generalisierung, d.h. langfristige Horizonte des Gebens und Nehmens in internen Arbeitsmärkten, hingewiesen, während der Organisationskontext auch sachliche und soziale Generalisierungen von Tausch ermöglicht, d.h. innerbetrieblich Spielräume in Bezug auf Tauschpartner und Tauschgüter schafft (Voswinkel 2005a).

steht dabei außer Frage, nicht zuletzt auch aufgrund der Angebots-Nachfrage-Relationen am Arbeitsmarkt. Natürlich ist die individuelle Verhandlungsmacht von Arbeitnehmern unterschiedlich und unter nachgefragten hochqualifizierten Fachkräften größer als bei geringer qualifizierten Beschäftigten ohne Beschäftigungsgarantien. Dies kann jedoch durch kollektive Vertretung, z.b. über Betriebsräte, teilweise kompensiert werden und wird auch durch den Grad wechselseitiger Abhängigkeiten im Leistungsprozess modifiziert.

Der tauschtheoretische Zugang nimmt weniger singuläre Tauschakte, als vielmehr die für das Verständnis von Segmentationsphänomenen zentralen (längerfristigen) betrieblichen *Tauschbeziehungen* in den Blick. Spielräume für die Erwartungsbildungen und Aushandlungen zwischen Arbeitnehmern und Arbeitsorganisationen werden wesentlich durch die aktuelle betriebliche Institutionalisierung von Beschäftigungsverhältnissen abgesteckt. In der personalstrategischen Entscheidung für Beschäftigungssysteme und in den entsprechenden Personalpolitiken manifestieren sich bestimmte Voreinstellungen in Bezug auf legitime Tauschpartner, Interessen und Reziprozitäten und im Hinblick darauf, wie stark das betriebliche Geben und Nehmen der Explikation und Formalisierung bedürfe. So stellt eine langfristige Beschäftigung in offenen Beschäftigungssystemen eben kein anschlussfähiges Tauschinteresse dar. Je nach Segment und Beschäftigtengruppe können aber vielleicht Qualifizierungs- und Arbeitszeitwünsche oder Einkommensansprüche bedient werden. Diese sind dann im Rahmen der jeweiligen Tauschbeziehung (machtasymmetrisch!) verhandelbar. Gleiches gilt für die Frage, ob kurzfristig Beschäftigte Zugang zu bestimmten Serviceangeboten und Sozialleistungen haben.

Wichtig ist nun, dass Beschäftigte während ihres Beschäftigungsverhältnisses gleichzeitig in Tauschbeziehungen mit Ihren Lebenspartnerinnen bzw. -partnern und mit ihren Familien stehen. Sie leben oft mit Partnern und vielleicht mit Kindern zusammen. Sie pflegen generationenübergreifende Beziehungen zur Herkunftsfamilie und gegebenenfalls zu Kindern, die nicht mehr im Haushalt wohnen. Die im Kontext von Partnerschaften und Familien bestehenden Verpflichtungen und Ansprüche entscheiden maßgeblich darüber, welche Beschäftigungsverhältnisse eingegangen und aufrechterhalten werden und wie Arbeitnehmer mit beruflichen Herausforderungen umgehen. Ansprüche der Arbeitsorganisation, der Vorgesetzten und Kollegen müssen wiederum im Privatleben berücksichtigt werden. Beschäftigungsverhältnisse lassen sich daher als Sphären überspannende Tauschverhältnisse zwischen Paaren/Familien einerseits und Arbeitsorganisationen andererseits verstehen. Über Entscheidungen von Arbeitnehmern, über betriebliche Personalauswahl und über Anpassungs- und Sozialisationsprozesse entstehen Passungen zwischen bestimmten privaten Lebensformen und betrieblichen Beschäftigungsangeboten.

Ein Zwischenkommentar zu Tauschmodi und Tauschgütern

Dieser Theorierahmen wird zur Analyse der Erwerbsorientierungen von Arbeitnehmern in temporären Beschäftigungsverhältnissen vorgeschlagen, weil weder in der Familiensoziologie noch in der Arbeitssoziologie teilbereichsspezifische Theorien vorliegen, die die relevanten Tauschgüter und -beziehungen in Familie *und* Erwerbssphäre in direkt anschlussfähiger Weise beschreiben. Auf den ersten Blick unterscheiden sich die Sozialbeziehungen in Familien und Arbeitsorganisationen natürlich auch erheblich: Tauschbeziehungen in Arbeitsorganisationen gelten als machtasymmetrisch, ökonomisch orientiert und instrumentell, als hochgradig institutionalisiert und vorstrukturiert, familiale Tauschbeziehungen dagegen als egalitär, affektbasiert und konsumatorisch, schwach institutionalisiert und leicht verhandelbar. Auf den zweiten Blick ist eine solche idealtypische Charakterisierung der beiden Tauschsphären allerdings zu simpel (vgl. dazu Goedicke et al. 2007). Beispielsweise sind Familien keine machtfreien Räume und für Arbeitnehmer können die häuslichen Beziehungen sehr wohl instrumentellen Charakter annehmen, während die Suche nach Freundschaft an den Arbeitsplatz verlegt wird (Hochschild 1997).

Die möglichen Wechselbeziehungen zwischen den Tauschsphären Partnerschaft/Familie und Arbeitsorganisation sind daher vielfältig, sowohl in Bezug auf die Modi als auch auf die Inhalte des Tauschs. Vorliegende Studien zeigen, dass die Konkurrenz um Zeit und Aufmerksamkeit nicht die einzig mögliche Beziehung zwischen den Beanspruchungen in Beruf und Familie ist (Hochschild 1997; Rothbard 2001).[5] Auch Komplementärbeziehungen, die Kompensation fehlender Erfolgserlebnisse in einem Lebensbereich durch Erfolge in dem anderen oder Generalisierungen, d.h. Übertragungen von Erwartungen und Handlungsorientierungen zwischen den Lebensbereichen, sind Möglichkeiten des individuellen Umgangs mit den Anforderungen in Betrieb und Familie (Diewald 2003; Wendt et al. 2008; Diewald/Faist 2011). Die inhaltliche Vorab-

---

5 Selbst in Bezug auf die zunächst gut messbare und vergleichbare Ressource Zeit werden die Tauschverhältnisse zwischen Erwerbs- und Privatsphäre kompliziert, sobald Zeiten am Arbeitsplatz und in der Familie je nach ihrer Lage unterschiedlich bewertet werden. Zeitliche Verfügbarkeit am Nachmittag und frühen Abend ist für Eltern in der Regel wichtiger als Zeit für Familienarbeit im gleichen Umfang an Vormittagen (Klenner 2007: 171).

Spezifikation des Gebens und Nehmens im Beschäftigungsverhältnis gehört zu den ungelösten Aufgaben der Tauschtheorie (Coyle-Shapiro/Conway 2004: 19ff.) ebenso wie der Forschung zum psychologischen Vertrag (Conway/Briner 2005: Kap. 5) und der Anreiz-Beitrags-Theorie (z.B. Bartscher-Finzer/Martin 1998). Für das individuelle Handeln der Beschäftigten bietet die Theorie sozialer Produktionsfunktionen (Ormel et al. 1999) die Anregung, dass Individuen lebenssphärenübergreifend nach der Verwirklichung bestimmter Grundbedürfnisse streben, die sie auf verschiedenen Wegen erreichen können. Allerdings werden diese Bedürfnisse nach physischem und sozialem Wohlbefinden und die damit verbundenen Zwischenziele (vgl. Ormel et al. 1999; Lindenberg 2001) eben zum Teil jenseits der Erwerbsarbeit befriedigt und es fehlt an empirischen Erkenntnissen über die diesbezügliche Relevanz spezifischer Arbeitsplätze bzw. Beschäftigungsverhältnisse.

Eine Besonderheit sozialen Tauschs in Arbeitsorganisationen bleibt, dass Tauschgüter dort typischerweise in institutionalisierten Bündelungen auftreten und an bestimmte Arbeitsplätze gekoppelt sind. Beschäftigungsangebote sind aus betriebswirtschaftlichen, personalpolitischen und legitimatorischen Gründen nur sehr begrenzt verhandelbar. Sie werden typischerweise nicht auf Wunsch der Beschäftigten nach dem Cafeteria-Prinzip zusammengestellt, sondern müssen als Ganzes akzeptiert oder abgelehnt werden. Dies gilt vor allem dort, wo Beschäftigungsverhältnisse, z.B. durch kollektiven Tausch, stark institutionalisiert sind.

Sozialer Tausch in offenen Beschäftigungssystemen

In Beschäftigungsbereichen mit hohem Personalumschlag werden längerfristige Bindungsversprechen zwischen Organisationen und Beschäftigten einseitig oder wechselseitig vermieden. Dies kann personalwirtschaftlich bereits durch die Vertragsgestaltung signalisiert werden, wie es bei Befristungen, bei der Nutzung von Leiharbeit, bei freien Mitarbeitern und Praktikanten geschieht. Aber auch personalpolitische Instrumente der internen Vermarktlichung können die sogenannte „freiwillige" Mobilität von Arbeitnehmern fördern, insofern sie den externen Arbeitsmarkt als Vergleichsmaßstab dauerhaft präsent halten. Über eine projektförmige Organisation von Arbeit, über kennziffernbasierte Verfahren der Leistungsbewertung und über Entgelt- und Anerkennungsformen, die sich am Erfolg auf Märkten und Quasi-Märkten bemessen (Voswinkel 2000b), werden sowohl selbstverantwortliches Handeln im Betrieb als auch ein Arbeitskraftunternehmertum motiviert, das sich nicht von Betriebsgrenzen aufhalten lässt (vgl. dazu Kap. IX, Pongratz).

Temporäre Beschäftigungsverhältnisse bieten Arbeitnehmern eine verengte Palette von Tauschgütern, obwohl es immer noch um weit mehr als Entgelt und Beschäftigungssicherheit geht. Mit dem Schrumpfen des Zukunftshorizonts entfallen sowohl für Arbeitnehmer als auch für Arbeitgeber Möglichkeiten der zeitlichen Generalisierung, d.h. des Aufschubs von Gegenleistungen und des „Im-Unbestimmten-Haltens" der wechselseitigen Angebote. Mobilitätsbereite Arbeitskräfte werden langfristigen innerbetrieblichen Karriereangeboten, senioritätsbasierten Anreizen wie dem Gratifikationsaufschub in internen Arbeitsmärkten oder Reziprozitätsnormen zwischen unterschiedlichen Altersgruppen in der Belegschaft eher gleichgültig oder abweisend begegnen. Sie sind tendenziell auch weniger am langfristigen Geschäftserfolg interessiert. Für kündigungsbereite Arbeitsorganisationen entfallen andererseits Anreize, in die langfristige Erhaltung und Verbesserung des Arbeitsvermögens und des Engagements von Mitarbeitern zu investieren, d.h. auch in die langfristige Sicherung ihrer Qualifikation und Gesundheit. Nur für manche Arbeitnehmer werden die fehlenden Versprechen langfristiger Gegenleistungen monetär kompensiert. Eine schlichte ökonomische Transaktion wird aber auch temporäre Beschäftigung im betrieblichen Kontext nie. Selbst bei kurzer Beschäftigungsdauer wird mehr getauscht als Entgelt gegen die Verfügbarkeit von Arbeitskraft. So gibt es beispielsweise auch in offenen Beschäftigungssystemen nicht-monetäre Formen der Anerkennung, die aber eben nicht an Seniorität geknüpft sind. Exemplarisch wird dies z.B. von Untersuchungen interaktiver Dienstleistungsarbeit im Einzelhandel und Gastgewerbe gezeigt (Voswinkel 2005b).

Neben einer ganzen Palette nur langfristig zu realisierender wechselseitiger Leistungen und Leistungsversprechen entfällt in temporären Beschäftigungsverhältnissen außerdem das starke beidseitige Interesse an der Aufrechterhaltung der Beschäftigungsbeziehung. Es entfallen Anreize für Mitarbeiter, sich unter täglichen Mühen und Kompromissen die langfristige Kooperationsbereitschaft von Kollegen und die Unterstützungsbereitschaft von Vorgesetzten zu sichern. Es schwinden Bereitschaften, aber eben auch Notwendigkeiten für Beschäftigte, sich mit exzessiver Mehrarbeit, ausgedehnter Arbeitsplatzpräsenz und offensiv gezeigter Versetzungsbereitschaft am betrieblichen Beförderungswettstreit zu beteiligen. Aufwändige, aber nicht unmittelbar tätigkeitsrelevante Kennenlern- und Motivationsprogramme werden seitens der Organisation weniger angeboten, müssen durch die Beschäftigten aber eben auch weniger absolviert werden. Die Tauschpartner investieren weniger in eine gemeinsame Zukunft und damit entfallen auch die Nebeneffekte solcher Investitionen in der Gegenwart. Arbeitnehmer in offenen Beschäftigungsverhältnissen reisen „mit leichterem Gepäck"[6]. Dies kann als Integrationsverlust, aber auch als Autonomiegewinn gegenüber den Zumutungen innerbetrieblicher Karrieren wahrgenommen werden[7].

5. ENTSTEHUNGSKONTEXTE VON ARBEITSKRÄFTEPOTENTIALEN FÜR OFFENE BESCHÄFTIGUNGSSYSTEME

Die vorgestellten tauschtheoretischen Überlegungen ermöglichen nun, im Sinne empirisch überprüfbarer Hypothesen private und berufsbiografische Konstellationen abzuleiten, aus denen heraus Arbeitnehmer für temporäre Beschäftigungsverhältnisse zur Verfügung stehen und zwar sogar auch dann, wenn weder der Reservearmeemechanismus greift noch überdurchschnittlich entlohnt wird.

Familiale Kompensation von Beschäftigungsrisiken

Die Beschäftigungs- und Einkommensrisiken von Erwerbsverläufen in offenen Beschäftigungssystemen relativieren sich, wenn Beschäftigte im privaten Lebensumfeld auf Risikopuffer zurückgreifen können. Dies sind insbesondere sichere Beschäftigungsverhältnisse und/oder hohe Einkommen von Lebenspartnern oder materielle Rücklagen in der Familie. Auch sichere Arbeitsgelegenheiten im privaten Netzwerk zählen dazu, beispielsweise die Aussicht, jederzeit in einem von der Familie betriebenen Unternehmen unterkommen zu können. Doppelverdiener- und vor allem Doppelkarriere-Konstellationen sowie privates Vermögen und alternative Beschäftigungsmöglichkeiten erhöhen daher erwartbar die Akzeptanz temporärer Beschäftigung. Offene Beschäftigungssysteme profitieren dann von zusätzlichen familialen Einkommens- und Beschäftigungsressourcen und davon, dass die in privaten Beziehungen dominanten Regeln generalisierter Reziprozität diese als Sicherheitsnetz aufspannen (für Alleindienstleister dazu u.a. Betzelt 2008: 102ff; Witte 2007: 137).

---

6 Dies gilt natürlich nur, solange sie sich nicht intensiv um eine zeitliche Verlängerung oder Entfristung der Beschäftigung bemühen.

7 Für diese Anregung danke ich Alexandra Krause. Empirische Anschauungsfälle liefern biografische Interviews mit Zeitarbeitnehmerinnen (Wohlrab-Sahr 1993; Brose et al. 1994: 265).

Familiale Komplementärrollen

Bei Komplementärrollen-Arrangements tritt das familiale Umfeld nicht nur im Notfall, sondern dauerhaft in private Transaktionen ein, die temporäre Beschäftigungsverhältnisse erst ermöglichen. Tauschbeziehungen im privaten Umfeld – z.B. der Tausch von Familienarbeit der Frau gegen erarbeitetes Haushaltseinkommen des Mannes – verschieben die Akzeptanzschwelle von Erwerbspersonen gegenüber Beschäftigungsangeboten. Insbesondere Personen, die in ihrem privaten Umfeld keine Verpflichtungen als Hauptemährer haben, können ihre Ansprüche an Entlohnung und Beschäftigungssicherheit senken und als Arbeitskräfte für offene Beschäftigungssysteme zur Verfügung stehen.

Akzeptanz von Beschäftigungsrisiken oder schlechten Arbeitsbedingungen aufgrund eingeschränkter Verfügbarkeit für den Arbeitsmarkt

Beschäftigungsverhältnisse schnüren „Angebotspakete" und sie sind in ihren Einzeldimensionen nicht beliebig verhandelbar (vgl. Abschnitt 4). Die Bereitschaft von Erwerbspersonen, für offene Beschäftigungssysteme zur Verfügung zu stehen, kann man daher nicht nur aus individuellen Qualifikationsdefiziten, eingeschränkter Verdienstorientierung oder prinzipiell fehlenden langfristigen Beschäftigungsoptionen erklären. Vielmehr gibt es Personen, deren Erwerbsmöglichkeiten durch zeitliche oder räumliche Restriktionen so begrenzt sind, dass sie temporäre Beschäftigung akzeptieren (müssen). Typischerweise resultieren solche zeitlichen und räumlichen Einschränkungen aus Fürsorgeverpflichtungen im privaten Umfeld. So können beispielsweise die räumliche Nähe zur Wohnung, die Möglichkeit zur Heimarbeit oder die Beschränkung der Erwerbsarbeit auf bestimmte Wochentage so unverzichtbar sein, dass die Unsicherheiten temporärer Beschäftigung in Kauf genommen werden. Es ist in diesem Fall also die konkrete Passung bestimmter Merkmale des Beschäftigungsangebotes zu den privaten Bedarfen und den Arrangements familiärer Arbeitsteilung, die das Arbeitsangebot sicherstellt. Hier deuten sich Handlungsspielräume für betriebliche Personalpolitiken an, durch gezielte Familienunterstützung auch hochqualifizierte Arbeitskräfte für Beschäftigungsbereiche mit hohem Personalumschlag zu gewinnen.

Passung fehlender Organisationsbindung zu privaten Lebensplanungen

Die Bereitschaft, sich auf die Risiken offener Beschäftigungssysteme einzulassen, kann auch aus der Dynamik miteinander verwobener Lebensläufe und Erwerbsbiografien im Haushaltskontext resultieren. Wenn Paare auf eine gemeinsame Haushaltsführung Wert legen, verringern nicht abgeschlossene berufliche Karrieren des Lebenspartners und die Antizipation daraus resultierender künftiger räumlicher Mobilitätsanforderungen die Attraktivität eigener organisationsinterner Karrieren. Besonders anschaulich ist diese Situation in Partnerschaften von Expatriates. Auch fehlende Rückkehrabsichten in den Betrieb nach der Geburt eines Kindes oder absehbare Umzüge aus familiären Gründen, z.B. um Pflegeverantwortung zu übernehmen, entwerten langfristige betriebliche Beschäftigungszusagen. Dagegen können insbesondere primäre offene Beschäftigungssysteme, die Anschlussmöglichkeiten nach Erwerbsunterbrechungen oder Ortwechseln anbieten, familienbedingte Übergänge erleichtern.

Subjektive Bedeutsamkeit des Beschäftigungsangebotes aus inhaltlichen, sozialen oder karrierestrategischen Motiven

Die „Paketförmigkeit" von Beschäftigungsangeboten kann dazu führen, dass Erwerbspersonen ihre Ansprüche an Beschäftigungssicherheit und Entlohnung senken, wenn andere subjektiv bedeutsame Bedingungen erfüllt sind. Solche Bedingungen können Arbeitsautonomie und Arbeitsinhalte sein, aber auch die Selbstzurechnung zu einem bestimmten kulturellen oder politischen Milieu (vgl. die „risikoaffinen Postmaterialisten" in Köhler et al. 2009; Kap. XI, Apitzsch); für Alleindienstleister Betzelt 2008: 100ff.). In diesen Fällen kompensieren die mit der Beschäftigung einhergehenden Anerkennungs- und Integrationschancen sowie Arbeitsinhalte die Risiken des Beschäftigungsangebotes. Ein Spezialfall dieser Konstellation tritt in Karrieren auf, in denen bestimmte Arbeitserfahrungen, Organisationswechsel und Kompetenzentwicklungen als Vorbedingungen für attraktive Positionen gelten. In solchen Beschäftigungsfeldern müssen sich Arbeitnehmer im Wissen um Karrierestrukturen aktiv und selbstorganisierend, „arbeitskraftunternehmerisch" (vgl. Voß/Pongratz 1998) durch Phasen befristeter Vertragsverhältnisse und häufiger Arbeitgeberwechsel bewegen, bevor statushohe Positionen erreicht werden können. Auch dadurch werden Arbeitskräftereservoirs für offene Beschäftigungssysteme erzeugt, so beispielsweise für Stellen im universitären Mittelbau oder in Unternehmensberatungen, die als aussichtsreiches Sprungbrett in Managementkarrieren gelten. Zum Teil federn organisationsübergreifende Vergemeinschaftungen die Unsicherheiten dieser Beschäftigungsverhältnisse ab, indem sie Wertorientierungen und Anerkennungsverhältnisse erzeugen, die zu hoher Arbeitsplatzmobilität passen. Ein Beispiel dafür sind Reputationsmechanismen in der Scientific Community.

6. FAZIT

Ob sich der gegenwärtige Trend einer Zunahme von Beschäftigungsbereichen mit hohem Personalumschlag (vgl. Köhler/Struck 2008) fortsetzt, ist angesichts des demografischen Wandels und prognostizierter Fachkräfteengpässe ungewiss. Denn gerade für offene Beschäftigungssysteme könnte die Rekrutierbarkeit geeigneter und leistungsbereiter Arbeitskräfte zum Engpass werden. Wie ich aber argumentiert habe, setzen die Subjektivierung von Arbeit, die De-Standardisierung von Lebensläufen, die Pluralisierung familialer Formen der Arbeitsteilung und die Veränderung familialer Erwerbsstrategien gegenläufige Akzente, indem sie die Verfügbarkeit von Arbeitnehmern für offene Beschäftigungssysteme tendenziell erhöhen. Ob dies im Einzelfall gilt, hängt von den konkreten Lebens- und Erwerbsarrangements ab, die Arbeitnehmer eingegangen sind und die sie aktiv gestalten.

Wenn Arbeitnehmer in einer Partnerschaft oder Familie leben, bewerten sie Beschäftigungsangebote vor dem Hintergrund der insgesamt verfügbaren familiären Ressourcen, der in der Partnerschaft verhandelten Interessen, Ziele und Verpflichtungen. Dies gilt auch für temporäre Beschäftigungsangebote. Eine tauschtheoretische Perspektive, die die privaten Lebensverhältnisse einbezieht, kann begründen, warum Arbeitnehmer auch dann bereit sein können, eine temporäre Beschäftigung aufzunehmen, wenn sie weder durch die Angebots-Nachfrage-Relationen am Arbeitsmarkt dazu gezwungen, noch überdurchschnittlich entlohnt werden. Eine solche Bereitschaft kann insbesondere resultieren:

- aus der Möglichkeit, die Risiken offener Beschäftigungssysteme in privaten Beziehungen zu kompensieren,
- aus partnerschafts- bzw. familienbedingten Einschränkungen bei der Beschäftigungssuche und
- aus Affinitäten zwischen temporärer Beschäftigung und kurzfristigen erwerbsbiografischen Perspektiven, v.a. im Zusammenhang mit familienbedingter räumlicher Mobilität und Arbeitsplatzwechseln der Partner.

Die Bereitschaft, temporäre Beschäftigungsverhältnisse einzugehen, kann sich darüber hinaus durch arbeitsinhaltliche Ansprüche von Arbeitnehmern erhöhen oder im Kontext spezieller berufsbiografischer Projekte und in Karrieren, die Mobilität belohnen, entstehen.

Für die empirische Forschung zu Segmentationsphänomenen und betrieblichen Beschäftigungssystemen legt dies nahe, künftig systematisch Informationen über die privaten Lebensverhältnisse von Beschäftigten, ihre berufsbiografischen Orientierungen und das (familien-)biografische Timing von Beschäftigungsverhältnissen zu erheben. Zudem wäre zu untersuchen, inwiefern sich Arbeitgeber, durchaus strategisch, darauf beziehen. Für die Vergangenheit sind Beispiele einer personalpolitischen Ausbeutung lebensweltlich erzeugter Arbeitsorientierungen und Kompetenzen belegt (vgl. Lutz 1986; Brose et al. 1994; Wohlrab-Sahr 1993). Allerdings sind die im Abschnitt 5 diskutierten privaten und berufsbiografischen Konstellationen, die auf Seiten der Arbeitnehmer die Akzeptanz kurzfristiger Beschäftigungsperspektiven erhöhen, für Arbeitgeber nur eingeschränkt beobachtbar. Dies erschwert es ihnen, sie gezielt personalpolitisch zu nutzen, führt aber dazu, dass die privaten Kapazitäten, Beschäftigungsrisiken zu kompensieren, oft überlastet werden.

Die vorgetragene tauschtheoretische Argumentation ist an die Theorie betrieblicher Beschäftigungssysteme (Köhler/Loudovici 2008; Köhler/Krause 2010; Schröder et al. 2008) anschlussfähig. Betriebliche Beschäftigungssysteme beschreiben Formen der Institutionalisierung und strukturelle Rahmenbedingungen des Gebens und Nehmens im Beschäftigungsverhältnis. Sie ermöglichen also in unterschiedlichem Maße eine zeitliche und sachliche Generalisierung sozialen Tausches. Im Unterschied zur idealtypischen Zuspitzung der Bezugsprobleme von Arbeitsnehmern auf Einkommen und Beschäftigungssicherung in der Theorie betrieblicher Beschäftigungssysteme richtet die tauschtheoretische Perspektive den Blick jedoch insbesondere auf das Spektrum der zwischen den Arbeitsvertragsparteien hin und her gehenden Leistungen und Gegenleistungen. Diese sind auch in offenen Beschäftigungssystemen vielfältig. Neben ihrer Existenzsicherung haben Arbeitnehmer *weitere Bezugsprobleme und Ansprüche an Beschäftigung*, denen temporäre Beschäftigungsverhältnisse manchmal sogar besser als andere genügen können. Eine weitere kritische Anregung ergibt sich aus der Ausweitung des Analyserahmens auf die privaten Tauschbeziehungen von Arbeitnehmern: Einkommenserwirtschaftung und Beschäftigungssicherung stellen oft kein individuelles Bezugsproblem dar, sondern *Bezugsprobleme von Paaren oder Familien*. Diese werden häufig im Rahmen mehrerer Beschäftigungsverhältnisse bearbeitet. Das Geben und Nehmen im Beschäftigungsverhältnis vollzieht sich nicht nur mit dem betrieblichen Personal, sondern schließt die Lebenspartner und Familien der Arbeitnehmer ein.

IX. Exit Markt: Bedingungen aktiven Angebotsverhaltens qualifizierter Arbeitnehmer[1]

HANS J. PONGRATZ

1. DIE VERSCHRÄNKUNG DER VERMARKTUNG UND NUTZUNG VON ARBEITSKRAFT ALS ANALYTISCHE HERAUSFORDERUNG

Aktives Angebotsverhalten von Arbeitnehmern auf dem externen Arbeitsmarkt hat in dem in Deutschland vorherrschenden soziokulturellen Verständnis von Lohnarbeit keinen hohen Stellenwert. *Alltagsdeutungen* des Arbeitsmarktes sind eng mit Arbeitslosigkeit als sozialpolitischer Problematik verknüpft: Demzufolge befinden sich auf dem Arbeitsmarkt Erwerbspersonen, die keine ‚Arbeit' (mit synonymer Bedeutung: keinen ‚Arbeitsplatz', keine ‚Stelle') haben und auf öffentliche Vermittlungs- und Lohnersatzleistungen angewiesen sind. Komplementär dazu besteht die Vorstellung: Wer einen ‚Arbeitsplatz' hat, braucht sich nicht weiter auf den Arbeitsmarkt zu begeben, um dort die eigene Arbeitskraft zum Verkauf anzubieten. Umgangssprachlich drückt sich diese dichotome Konstruktion in der Rede davon aus, dass eine an Erwerbsarbeit interessierte Person ent-

---

[1] Die Analyse konzentriert sich auf die spezifischen institutionellen Strukturen und kulturellen Deutungen des deutschen Arbeitsmarkts. Für die konstruktive Kommentierung der ersten Textfassung bedanke ich mich bei Christoph Köhler, Alexandra Krause und Stefan Schröder sowie bei meinen Kolleginnen Petra Schütt, Stefanie Weimer und Lisa Abbenhardt.

weder angestellt (und damit *in* ‚Arbeit') ist oder als arbeitslos gilt (also *ohne* ‚Arbeit' ist).

Getrennte Perspektiven auf Vermarktung und Nutzung von Arbeitskraft kennzeichnen auch die sozioökonomische Forschung: *Arbeitsmarktanalysen* fokussieren Prozesse der Vermarktung von Arbeitskraft (Angebotsstrukturen, Suchprozesse, Nachfrageschwerpunkte, Preisbildung etc.), *Betriebsstudien der Arbeits- und Industriesoziologie* wenden sich den Umständen ihrer Nutzung im Betrieb zu (Leistungsanforderungen, Organisationsstrukturen, Arbeitsverhalten etc.).[2] Bei einigen Themen gibt es deutliche Überschneidungen (vgl. Köhler/Krause 2010), vor allem hinsichtlich des betrieblichen Beschäftigungssystems (als internem Arbeitsmarkt) und der beruflichen Qualifizierung (als Entwicklung von Humankapital, u.a. im Rahmen betrieblicher Aus- und Weiterbildung). In einzelnen Debatten wird der enge Zusammenhang der beiden Forschungszugänge deutlich, aktuell etwa hinsichtlich der Flexibilisierung der Beschäftigungsverhältnisse durch Befristung oder Leiharbeit (vgl. Kap. VI, Holst). Doch trotz zahlreicher Berührungspunkte operieren beide Fachgebiete weitgehend unabhängig voneinander. Ihre theoretischen Leitkonzepte entstammen unterschiedlichen disziplinären Traditionen – den Wirtschaftswissenschaften in der Arbeitsmarktforschung, den Sozial- und Politikwissenschaften in der Arbeitsforschung – und sind nur in begrenztem Maße miteinander kompatibel.[3] So werden die Vermarktung und die Nutzung von Arbeitskraft – obwohl sie die zwei komplementären Seiten der Lohnarbeit als eines Kernphänomens kapitalistischer Gesellschaften darstellen – in der Forschung überwiegend in arbeitsteiliger Trennung behandelt und bleiben in ihrem Zusammenwirken unterbelichtet.

---

2 Der Beitrag beschränkt sich auf soziologische Betriebsstudien und berücksichtigt betriebswirtschaftliche Perspektiven auf die Personalrekrutierung oder die Personalentwicklung nur am Rande (vgl. dazu die Beiträge in Teil 2 dieses Bandes); der inhaltliche Schwerpunkt liegt auf der Angebotsperspektive, also dem Arbeitsmarktverhalten der Erwerbstätigen.

3 Eine thematische Schnittstelle bildet das System industrieller Beziehungen mit seinen Eingriffen in den Arbeitsmarkt (v.a. mit Tarifverträgen) und die innerbetrieblichen Beziehungen (u.a. über die Betriebsverfassung). Doch das Forschungsgebiet der Industrial Relations hat sich weniger als Bindeglied zwischen Betriebsforschung und Arbeitsmarktanalysen denn als eigenständige Disziplin entwickelt (vgl. als Überblick Müller-Jentsch 1997; Keller 2008). Ein Forum für die Integration unterschiedlicher fachlicher Perspektiven bietet die Deutsche Vereinigung für Sozialwissenschaftliche Arbeitsmarktforschung (SAMF) e.V.

Zur Überwindung dieser Aufspaltung der Analyseperspektiven wird in diesem Beitrag auf die Annahme einer engen Verschränkung von Vermarktung und Nutzung von Arbeitskraft (zusammen mit den Bedingungen der Lebensführung) im *Arbeitskraftunternehmer-Theorem* zurückgegriffen (Voß/Pongratz 1998). Allerdings hatte die empirische Überprüfung dieser These ergeben, dass auch qualifizierte Arbeitnehmer unter verschärften Leistungsbedingungen nicht in dem erwarteten Maße aktives Angebotsverhalten am Arbeitsmarkt zeigten (Pongratz/Voß 2003 und 2004). Dieser Befund wird im Folgenden aus charakteristischen Entwicklungen des Verhältnisses von Betrieb und Arbeitsmarkt in der deutschen Nachkriegsökonomie erklärt und mit Hilfe von Hirschmans (1974) Unterscheidung von Abwanderung (Exit) und Widerspruch (Voice) modellhaft rekonstruiert. In Anbindung an den empirischen Ausgangspunkt bleibt die Analyse auf Flexibilisierungspotenziale des Angebots qualifizierter Arbeitskraft ausgerichtet.

Zugleich verweisen diese Überlegungen auf die Notwendigkeit einer arbeitsmarkttheoretischen Ergänzung der ursprünglich eher betriebsbezogenen Argumentation zur Entwicklung des Typus des Arbeitskraftunternehmers. Die systematische Berücksichtigung von Eigendynamiken und Wechselwirkungen in und zwischen den grundlegenden Analysedimensionen führt zu der *These*, dass die Chancen der Selbst-Kontrolle nur dann konsequent genutzt werden können, wenn die Handlungsmöglichkeiten der Selbst-Ökonomisierung durch aktives Angebotsverhalten am Arbeitsmarkt gezielt wahrgenommen werden. In diesem Sinne eröffnet auch das Handeln am Markt emanzipatorische Perspektiven für eine selbstbestimmte Erwerbstätigkeit. Diskutiert werden deshalb strategische Optionen und konkrete Gestaltungsmöglichkeiten einer individuellen Marktökonomie von Arbeitskraft. In der Folge muss auch über das Verhältnis von Markt und Organisation neu nachgedacht werden.

Im Alltagsverständnis geht mit der semantischen Koppelung des Arbeitsmarkts an den ‚Makel' der Arbeitslosigkeit und der Arbeitsorganisation an den ‚Besitz' eines Arbeitsplatzes eine *implizite Bewertung von Markt und Organisation* einher: Wer auf diesem Markt ist, hat ein Problem und sollte ihn schnellstens wieder verlassen; wer dagegen in einem Betrieb angestellt ist, ist seine dringendsten Erwerbssorgen los und darf sich mit dieser Lage zufrieden geben. Diese normative Konstruktion ist betriebsaffin und marktavers. Aus marktanalytischer Sicht stellt die Vorstellung, mit einer Anstellung in einem Betrieb den Arbeitsmarkt (zumindest vorübergehend) verlassen zu können, eine *Illusion* dar, die den Warencharakter und die Verkaufsbedingungen der eigenen Arbeitskraft verschleiert. Denn auf dem Arbeitsmarkt befindet sich das gesamte Angebot an Arbeitskraft unabhängig davon, ob es gerade genutzt wird (in einem Beschäftigungsverhältnis) oder nicht (im Zustand der Arbeitslosigkeit). Erwerbspersonen, die trotz gültigen Arbeitsvertrags nach einer neuen Stelle suchen, betreten nicht erst mit diesem Schritt den Arbeitsmarkt, denn dort befinden sie sich auch während ihrer Beschäftigung. Allerdings wechseln sie von einem passiven zu einem aktiven Angebotsverhalten.

Zur Erfassung dieser Gleichzeitigkeit der Vermarktung und Nutzung von Arbeitskraft ist eine engere Verzahnung von Betriebsforschung und Arbeitsmarktanalyse erforderlich. Mit diesem Anspruch wird an die Tradition segmentationstheoretischer Studien angeknüpft, wie sie Burkart Lutz und Werner Sengenberger seit den 1970er Jahren am ISF München durchgeführt haben (vgl. Lutz/Sengenberger 1974; Sengenberger 1975; Lutz 1987). Doch gerade gegenüber den dort aufgezeigten Bindungswirkungen betrieblicher Beschäftigungssysteme in Deutschland bleibt die flexible Nutzung des externen Arbeitsmarktes durch freiwillige Arbeitsmobilität oder – marktanalytisch formuliert – das aktive Angebotsverhalten qualifizierter Arbeitnehmer erklärungsbedürftig (vgl. Kap. I, Krause/ Köhler). So wird in der Arbeitsmarktforschung bisher die *Mobilität von Erwerbspersonen* vorwiegend unter ungleichheitsanalytischen Fragestellungen behandelt (vgl. Pointner/Hinz 2005): Inwieweit erlauben Berufsbildung und Arbeitsmobilität sozialen Aufstieg und die Überwindung von Klassenschranken? In der Arbeitssoziologie (einschließlich der Industrial Relations) fällt der Betriebswechsel in eine konzeptionelle Lücke: Eine betriebszentrierte Analytik verliert ihn immer wieder aus dem Blick, weil er über die Grenzen der Organisation hinaus weist (vgl. aber schon Lutz/Weltz 1966).[4]

Das Angebotsverhalten von Arbeitnehmern wird im Folgenden als Vergleichsprozess konzipiert: Sie streben einen Arbeitgeberwechsel an, wenn sie im Abgleich ihrer aktuellen Beschäftigungsbedingungen mit den (tatsächlichen oder vermuteten) Leistungsmodalitäten anderer Arbeitgeber einen Mangel verspüren und wenn die Beseitigung dieses Mangels die Mühen der Suche nach Alternativen und den Aufwand eines Wechsels (also seine Opportunitätskosten) mehr als

---

4 Erschwert wird die Forschung durch Probleme der Erhebung der Motive von Arbeitsmobilität, z.B. hinsichtlich der Feststellung der Freiwilligkeit eines Arbeitgeberwechsels (vgl. Erlinghagen 2005). Ökonomische Arbeitsmarktuntersuchungen berücksichtigen das Angebotsverhalten der Erwerbspersonen (in neoklassischer Tradition) in starker modelltheoretischer Vereinfachung (vgl. Franz 2006: 19ff.). Die Ergänzung einzelner Faktoren, wie z.B. von Netzwerkstrukturen als Zugangsweg zu Arbeitsmarktinformationen (vgl. Granovetter 1974), kann nicht über weitreichende Verkürzungen hinsichtlich der biographischen und familialen Einbettung von Erwerbsmotiven hinwegtäuschen.

aufzuwiegen verspricht. Dieser Vergleichsprozess setzt aktuelle Arbeitserfahrungen im Betrieb ins Verhältnis zu den Chancen, die der externe Arbeitsmarkt bietet – und ist damit gleichermaßen als arbeitssoziologischer wie als arbeitsmarkttheoretischer Gegenstand zu behandeln. Die analytische Koppelung erfolgt über einen Ansatz, der keinem dieser beiden Forschungsstränge entstammt und sich damit als ‚neutraler' Vermittlungsvorschlag anbietet: *Hirschmans (1974) Theorem von Abwanderung (Exit) und Widerspruch (Voice)* als Folge von Unzufriedenheit mit Organisationen.[5]

Den Ausgangspunkt von Hirschmans Überlegungen bilden Beobachtungen des Leistungsabfalls in Organisationen und der Reaktionen jener Stakeholder einer Organisation, die davon beispielsweise als Kunden oder Mitglieder betroffen sind. Sie können ihre Unzufriedenheit dadurch ausdrücken, dass sie das Leistungsangebot der Organisation nicht mehr wahrnehmen und *zur Konkurrenz abwandern* (ebd.: 17ff.). Oder sie *äußern ihren Unmut* und bringen ihn als Widerspruch innerhalb der Organisation zu Gehör (ebd.: 25ff.). Abwanderung wie Widerspruch geben der Organisation Anlass, das eigene Leistungsangebot an die indirekt oder direkt geäußerte Kritik anzupassen und tragen so zu dessen Weiterentwicklung bei. Exit und Voice stellen Hirschman zufolge wichtige Feedback-Mechanismen der Stakeholder von Organisationen dar. Als Arbeitnehmerstrategie zielt die Exit-Option auf die Suche nach einer neuen Stelle auf dem externen Arbeitsmarkt ab, die Voice-Option hingegen auf Änderungen im bestehenden Beschäftigungsverhältnis.

Aktives Angebotsverhalten ermöglicht es im Sinne der Exit-Option, als unzulänglich bewerteten Arbeitsbedingungen zu entrinnen und die Vermarktungschancen der eigenen Arbeitskraft auf dem externen Arbeitsmarkt zu verbessern. In vorwiegend theoretischer Argumentation werden im Folgenden die sozioökonomischen Bedingungen für die Nutzung von Flexibilitätsoptionen durch qualifizierte Arbeitnehmer erörtert. Nach einer kurzen historischen Skizze der Möglichkeiten zu Abwanderung und Widerspruch in Deutschland wird die aktuelle Relevanz aktiven Angebotsverhaltens vor dem Hintergrund neuartiger betrieblicher Leistungsanforderungen bestimmt (Kap. 2). Mit Bezug auf Forschungsbefunde zum Typus des Arbeitskraftunternehmers wird die These vertreten, dass die empirisch zu beobachtende Leistungsverdichtung die Bereitschaft sowohl zur

---

5　Hirschmans Analyse schließt zwar grundsätzlich Arbeitnehmer als Organisationsmitglieder ein, konzentriert sich aber auf Kunden von Unternehmen und auf Mitglieder politischer Organisationen. Für Zwecke der Arbeitsmarktforschung bedürfen sie einer gezielten Adaption und haben dort bisher nur selten Verwendung gefunden (vgl. Franz 2006: 258).

Abwanderung als auch zum Widerspruch einschränkt und so die Abhängigkeit qualifizierter Arbeitnehmer verschärft. Die Verfügbarkeit der Exit-Option bedeutet in dieser Situation eine systematische Stärkung der Marktposition. Aus erwerbssoziologischer Sicht werden deshalb anschließend (in Kap. 3) institutionelle und kulturelle Ansatzpunkte zur Erleichterung aktiven Angebotsverhaltens diskutiert. Damit führt die Argumentation zurück zur Frage nach dem Verhältnis von Erwerbsstrategien und Betriebsstrategien (Angebot und Nachfrage) und den Machtverhältnissen auf dem Arbeitsmarkt (Kap. 4).

2. Wandel der Leistungsanforderungen auf kapitalistischen Arbeitsmärkten

Institutionelle Bedingungen von Exit-Optionen in Deutschland

Das Verhältnis von Angebot und Nachfrage war auf dem frühmodernen Arbeitsmarkt für Fabriklohnarbeit so ungleichgewichtig strukturiert, dass es zunächst eher als *Herrschaftsbeziehung denn als Marktverhältnis* interpretiert wurde. So hat Marx (1962: 181ff.; 741ff.) zwar die zentrale gesellschaftliche Funktion des Markts für Lohnarbeit erkannt, aber nicht den Marktmechanismus, sondern das Ausbeutungsverhältnis zwischen Kapital und Lohnarbeit in den Mittelpunkt seiner Analyse gerückt – und sich auf die Arbeitskraftnutzung als Grundlage der Kapitalverwertung konzentriert. Da die neu entstehende Lohnarbeiterschaft in der Frühphase des Kapitalismus kaum organisiert war, konnten die Arbeitgeber im 19. Jahrhundert weitgehend einseitig die Bedingungen der Vermarktung wie der Nutzung von Arbeitskraft gestalten (vgl. Castel 2000). Die Masse der Fabrikarbeiter sah sich zunächst nur vor die Wahl zwischen Lohnarbeit und Hunger gestellt.

Erst die sozialstaatlichen Regulierungen vom späten 19. bis zur Mitte des 20. Jahrhunderts haben das Machtungleichgewicht am Markt für Arbeitskraft nachhaltig reduziert und systematische Exit-Optionen für Arbeitnehmer geschaffen. Die institutionelle Basis dafür bilden bis heute die Sozialversicherungen, das System der Tarifverhandlungen (im Rahmen der industriellen Beziehungen), der Aufbau einer staatlich organisierten Arbeitsvermittlung und in gewisser Weise auch die Durchsetzung des Streikrechts (vgl. Keller 2008). Das *System industrieller Beziehungen* hat mit der Normierung der Beschäftigungs- und Entlohnungsformen die Tauschbedingungen für die Arbeitnehmerschaft kollektiv verbessert und damit den individuellen Arbeitgeberwechsel wesentlich erleichtert. In ähnlicher Weise hat die *Verberuflichung arbeitsmarktrelevanter Qualifikatio-*

nen gewirkt, die mit dem Ausbau des öffentlichen Schulsystems und der Entwicklung betrieblicher Bildungsangebote um die Wende vom 19. zum 20. Jahrhundert einsetzte und in Deutschland besonders stark ausgeprägt ist – die duale Berufsausbildung gilt weithin als vorbildlich. Standardisierung und Stratifizierung des deutschen Bildungssystems stellen eine hohe Strukturierungsleistung von Bildungszertifikaten für den Arbeitsmarkt sicher (Alllmendinger 1989). Diese Bildungspolitik hat in Verbindung mit tarifvertraglichen Regelungen zur Schaffung eines berufsfachlichen (externen) Arbeitsmarktes geführt (Sengenberger 1987), der Arbeitsmobilität erleichtert, weil die fachlichen Abschlüsse auf Angebots- wie auf Nachfrageseite hohe Verbindlichkeit genießen.

Industrielle Beziehungen und berufliche Bildungsstrukturen setzen keine direkten Anreize zur freiwilligen Arbeitsmobilität, aber sie schaffen einen strukturellen Rahmen, der die Risiken eines Arbeitsplatzwechsels erheblich reduziert. Mit ihnen ist die Exit-Option für große Teile der Lohnarbeiterschaft in die Reichweite einer freien Entscheidung gerückt: Der Zwang zur Vermarktung der eigenen Arbeitskraft bleibt zwar erhalten, aber die Chancen, über eine neue Stelle die individuelle Erwerbssituation dauerhaft zu verbessern, sind systematisch erhöht. Tarifliche und berufliche Rahmenbedingungen *begünstigen aktives Angebotsverhalten*, indem sie über die Strukturen des Arbeitsmarkts informieren und den Vergleich von Arbeits- und Entlohnungsbedingungen erleichtern.

Im Wesentlichen hat die kollektiv organisierte Macht von Gewerkschaften und Arbeiterparteien derartige Regulierungen zur Ermöglichung aktiven Angebotsverhaltens durchgesetzt. Zwar kann auch die Arbeitgeberseite von erhöhter Mobilität am Arbeitsmarkt profitieren, um die eigene Nachfrage nach Arbeitskraft zu decken, aber die sozialstaatliche Regulierung hat nicht bloß die Flexibilität erhöht, sondern zugleich die Marktmacht der Arbeitnehmer gestärkt. Auf Arbeitgeberseite wurde diesem Machtgewinn der organisierten Arbeitnehmer mit Strategien begegnet, die sich vorwiegend den beiden Segmenten betriebsinterner und (externer) unstrukturierter Arbeitsmärkte zuordnen lassen (vgl. Sengenberger 1987).

Die Schaffung eines *internen Arbeitsmarktes* steht für eine Strategie der Bindung jener Beschäftigten an den Betrieb, deren Qualifizierung er mitfinanziert hat und auf deren Fähigkeiten er sich angewiesen sieht. Ihnen werden oft freiwillige Zusatzleistungen, Senioritätsrechte oder Aufstiegsmöglichkeiten geboten, die langfristige Betriebszugehörigkeit belohnen und so die Schwelle für einen Wechsel anheben. Im Kontrast dazu steht die Arbeitgeberstrategie der Nutzung eines *unstrukturierten externen Marktes* mit niedrigen Qualifikationsvoraussetzungen und hoher Fluktuation. Die Situation dieser Arbeitnehmer erinnert in ihrer Abhängigkeit von „irgendeiner" Art von Beschäftigung an die proletarische

„Reservearmee" des frühen Kapitalismus, auch wenn das zwischenzeitlich erreichte sozialpolitische Niveau der Grundsicherung existenzielle Notlagen abmildert. Die Spielräume der Arbeitskraftnutzung, die dieses Segment den Betrieben eröffnet, sind von ihnen im Übergang zum 21. Jahrhundert mit Strategien der Flexibilisierung der Beschäftigungsverhältnisse (Befristung, Leiharbeit, Teilzeitarbeit u.a.) systematisch ausgebaut worden (vgl. Keller/Seifert 2007).

Obwohl der deutsche Arbeitsmarkt nicht nur ein wachsendes Segment an Positionen mit geringen Qualifikationsanforderungen und niedriger Entlohnung aufweist, sondern auch traditionelle berufsfachliche Teilarbeitsmärkte mit relativ hoher Übergangssicherheit für die Beschäftigten, liegt die zwischenbetriebliche *Mobilität* in Deutschland im internationalen Vergleich eher im Mittelfeld. Die Beschäftigungsstabilität ist vergleichsweise hoch (vgl. Erlinghagen 2004 und 2005; zusammenfassend Köhler et al. 2008); aktuell ist allenfalls eine schwache Zunahme zwischenbetrieblicher Wechsel festzustellen (vgl. Mayer et al. 2010; Giesecke/Heisig 2010). Die Daten des europäischen Labour Force Survey belegen nach Rhein (2010: 4) sogar einen Anstieg der durchschnittlichen Betriebszugehörigkeit seit Mitte der 1990er Jahre auf 10,8 Jahre in 2008.

Die Erklärung dafür ist in den wohlstandssichernden Erwerbsbedingungen zu suchen, die für die qualifizierten Erwerbstätigen in den Nachkriegsjahrzehnten geschaffen werden konnten und die nur bedingte Anreize zum Arbeitgeberwechsel boten. Zugleich haben berufliche Qualifizierung und betriebliche Interessenvertretung die Voice-Optionen innerhalb der Betriebe systematisch erweitert: Die Anerkennung des beruflichen Status sicherte die fachliche Mitsprache, die Organe der Betriebsverfassung erlaubten (v.a. in den größeren Betrieben) die vermehrte Mitwirkung an betrieblichen Entscheidungen. Auf diese Weise hat sich in den qualifizierten Bereichen der deutschen Wirtschaft in der zweiten Hälfte des 20. Jahrhunderts ein recht *ausgewogenes Verhältnis von Exit- und Voice-Optionen* entwickelt, mit dem sich Arbeitgeber wie Arbeitnehmer arrangiert haben und das einen wesentlichen Baustein des ökonomischen Erfolgsmodells des „rheinischen Kapitalismus" darstellt (vgl. Streeck 1999).

Wandel des Leistungsregimes qualifizierter Erwerbsarbeit

Nicht nur die Flexibilisierung der Beschäftigungsverhältnisse zeigt an, dass sich diese Konstellation zu Beginn des 21. Jahrhunderts verändert und Exit-Optionen für Arbeitnehmer ein umstrittenes Terrain der Arbeitspolitik geworden sind. Vor allem im Bereich qualifizierter Erwerbsarbeit treten gleichzeitig neuartige Anforderungen in der Nutzung von Arbeitskraft zutage, welche die Arbeitsmarktdynamik beeinflussen. Die arbeitssoziologische Forschung belegt eindrücklich den gezielten Umbau betrieblicher Strukturen und Prozesse zur *systematischen Erhöhung des Leistungsdrucks* (vgl. Pongratz 2009). Diese Leistungsverdichtung wird durch eine Reihe organisatorischer Maßnahmen bewirkt, die den Erwerbstätigen neue Handlungsspielräume im Arbeitsalltag eröffnen und diese zugleich mit gesteigerten Leistungserwartungen verbinden (vgl. Minssen 2000; Kratzer 2003; Menz 2009):

- *Ergebnissteuerung*: Arbeitnehmer werden (z.B. per Zielvereinbarung) auf vorgegebene Leistungsziele verpflichtet, die stetig erhöht werden; sie sehen sich der Anforderung ausgesetzt, in eigener Verantwortung für einen permanenten Produktivitätszuwachs ihrer individuellen Arbeit zu sorgen.
- *Kunden- und Marktorientierung*: Der Ergebnisdruck wird verstärkt, indem Arbeitnehmer unmittelbar mit Leistungserwartungen der Abnehmer ihrer Arbeitsergebnisse konfrontiert werden – entweder durch direkten Kontakt mit externen Kunden und Klienten oder durch die Definition interner Abnehmer als „Kunden" und die Einrichtung marktähnlicher Mechanismen (z.B. Profitcenter).
- *Team- und Projektarbeit*: Neue Formen der Arbeitsorganisation (Gruppenarbeit in der Produktion, vor allem aber Projektarbeit bei hochqualifizierten Tätigkeiten) erweitern die Handlungsspielräume von Teams und weisen ihnen umfassende Verantwortlichkeiten für Leistungsergebnisse zu.
- *Personalverknappung*: Den gesteigerten Leistungsanforderungen korrespondiert in der Regel keine analoge Verbesserung der Ressourcenausstattung; insbesondere die personellen Kapazitäten werden unter Kostendruck verknappt, indem Reorganisationen regelmäßig mit Personalabbau gekoppelt werden.
- *Aufstiegsbeschränkungen*: Selbstverantwortung für Teams ermöglicht Hierarchieabbau, Aufstieg wird an fortwährende Projekterfolge gekoppelt, Führungskompetenzen werden akademisiert. Derartige Verschärfungen der Konkurrenzsituation machen Karriere im Betrieb schwerer kalkulierbar und ihren Erfolg weniger wahrscheinlich.

Dieser Wandel des Leistungsregimes hat erhebliche Auswirkungen auf das Verhältnis von Exit- und Voice-Optionen. Personalverknappung und Aufstiegsbeschränkungen reduzieren die Verbindlichkeit der Versprechungen interner Arbeitsmärkte – hinsichtlich außertariflicher Leistungen, Senioritätsrechte, Aufstiegspfade oder sogar Arbeitsplatzsicherheit. Prinzipiell genießen bewährte Mitarbeiter weiterhin besonderen Schutz, doch bei betrieblichen Umstrukturierungen stehen auch ihre Positionen zur Disposition.

Parallel dazu nimmt mit Projektarbeit und Kundenorientierung die Funktionalität des Qualifikationserwerbs für die Sicherung von Exit-Optionen ab. Berufliche Qualifikationen bilden zwar weiterhin die Grundlage der Ausbildung und Rekrutierung von Arbeitskräften, aber sie werden in ihrer Bedeutung relativiert durch zusätzlich erforderliche fachunabhängige Prozessfähigkeiten. Derartige Sozial- und Methodenkompetenzen (z.B. der Kommunikation und des Projektmanagements) eignen sich für unterschiedlichste Aufgabenfelder und eröffnen damit neue Flexibilitätspotenziale für den betrieblichen Einsatz. Allerdings sind sie bisher kaum in zertifizierbaren Formen verfügbar, die im Hinblick auf Transparenz und Aussagefähigkeit den berufsfachlichen Bildungsabschlüssen vergleichbar wären (vgl. Kap. XI, Apitzsch).

Schließlich beschränkt die Ergebnissteuerung (in Verbindung mit den anderen Faktoren) auch die Möglichkeit zum Widerspruch gegenüber Leistungszumutungen. Denn der Rahmen für Verhandlungen, beispielsweise bei Zielvereinbarungen, bleibt durch Managementvorgaben und Marktzwänge eng begrenzt. Zugleich entwerten die anhaltende Reorganisationsdynamik und die reduzierte Verbindlichkeit des betrieblichen Beschäftigungssystems betriebsspezifische Erfahrungen und machen Widerspruch riskanter (vgl. Pongratz 2009).

Die durch selbstorganisierte Arbeitsformen prinzipiell erweiterten Handlungsmöglichkeiten im Betrieb bleiben also für die Beschäftigten aufgrund der systematischen Verdichtung der Leistungsanforderungen nur eingeschränkt nutzbar. Die Ambivalenz selbstgesteuerter Arbeit, wie sie im Arbeitskraftunternehmer-Theorem (Voß/Pongratz 1998) beschrieben wird, kommt im Gefolge betrieblicher Reorganisationsprozesse in vielfachen *Beschränkungen von Exit- wie von Voice-Optionen* zum Ausdruck. Auch qualifizierte Arbeitnehmer fühlen sich trotz erweiterter Verantwortungsbereiche in ihrer beruflichen Stellung verunsichert und im Anspruch zur Äußerung von Widerspruch gegenüber Leistungsverschärfungen entmutigt. Eigenverantwortliches Arbeiten erweitert nicht per se den Handlungsspielraum gegenüber dem Betrieb als Arbeitgeber. Entgegen den in der Rezeption mit dem Arbeitskraftunternehmer-Typus oft assoziierten Erwartungen an ein selbstbestimmtes und selbstbewusstes Auftreten der Erwerbstätigen, stellt sich der Umgang mit der verschärften Leistungssituation nach innen wie nach außen häufig als ein Stillhalten dar, mit dem erreichte Positionen gesichert und Risiken minimiert werden sollen (vgl. Detje et al. 2011 zu ähnlichen Wirkungen aktueller Krisenerfahrungen).

Entwicklungsdynamik der Warenform von Arbeitskraft

Das *Theorem des Arbeitskraftunternehmers* (Voß/Pongratz 1998) hat für eine theoretische Interpretation dieser Leistungsverdichtung den Vorzug, dass es einen direkten Zusammenhang zwischen der betrieblichen Nutzung von Arbeitskraft und ihrer Vermarktung auf dem internen wie externen Arbeitsmarkt herstellt. Demnach konstituiert sich die Form, in der Arbeitskraft in kapitalistischen Gesellschaften zur Ware wird, in drei unterschiedlichen, aber eng miteinander verknüpften Dimensionen: (a) der Nutzung von Arbeitskraft im Arbeitsprozess und ihrer Verwertung im Interesse des Betriebes an Markterfolg und Renditesteigerung, (b) der personalen Ökonomie der Arbeitskraft zur Beschaffung finanzieller Ressourcen für den Unterhalt eines privaten Haushalts und (c) der Einbettung dieser ökonomischen Anforderung in den alltäglichen Lebenszusammenhang der Erwerbsperson.

Diese drei Dimensionen folgen unterschiedlichen Prozesslogiken, sind aber in der Konstitution der Warenform von Arbeitskraft eng miteinander verschränkt. Dabei kann es zu Verknüpfungen zwischen ihnen, aber auch zu Konflikten und Widersprüchen oder zur Dominanz einzelner Bereiche kommen. Im Arbeitskraftunternehmer-Theorem sind Inkonsistenzen dieser Art bisher nur am Rande behandelt worden, weil die idealtypische Konstruktion der Arbeitskraft-Typen in allen drei Dimensionen kongruent angelegt ist.[6] In historischer Perspektive wird der Typus des Arbeitskraftunternehmers in jeder einzelnen Dimension als systematische Weiterentwicklung gegenüber dem Typus des verberuflichten Arbeitnehmers, wie er in vielen entwickelten kapitalistischen Gesellschaften in der zweiten Hälfte des 20. Jahrhunderts vorherrschend war, behandelt. Erklärt wird dieser Wandel mit der oben beschriebenen Verschärfung der Leistungsbedingungen – also (innerhalb der ersten Dimension) durch gezielte Veränderungen der betrieblichen Nutzung von Arbeitskraft.

Für das Verhältnis der Nutzung und Vermarktung von Arbeitskraft wird gefolgert, dass die erweiterte *Selbstorganisation der Arbeitsausführung einher geht mit einer aktiven Vermarktung* beruflicher Fähigkeiten und so „aus dem in der Regel nur gelegentlich und eher passiv auf dem Markt für Arbeitskraft agierenden Eigner dieses spezifischen Gutes zunehmend ein auf völlig neuer Stufe kontinuierlich strategisch handelnder Akteur" (ebd.: 142) wird. Empirische Belege für diese Annahme finden sich bislang vor allem in den Vorreiter-Gruppen beispielsweise der Unternehmensberatung oder der Kulturberufe (vgl. Wilkens

---

6   Zur Kritik dieser Konstruktion vgl. Deutschmann 2001, Faust 2002 und Drexel 2002; vgl. auch Pongratz 2002.

2004; Eikhof/Haunschild 2004 oder Eichmann/Hofbauer 2008). Doch bei der Untersuchung der Frage, inwieweit qualifizierte Arbeitnehmer unter Bedingungen selbstorganisierten Arbeitens (nämlich Arbeiter in Gruppenarbeit und Angestellte in Projektarbeit) in ihren Erwerbseinstellungen dem Typus des Arbeitskraftunternehmers entsprechen, sind wir auf markante Diskrepanzen im Verhältnis von Nutzung und Vermarktung von Arbeitskraft gestoßen (Pongratz/Voß 2003).

Die Bereitschaft zu erweiterter Selbst-Kontrolle haben wir in typusgerechten Ausprägungen vor allem bei Angestellten in Projektarbeit angetroffen (ebd.: 66ff.): In der Haltung der *Leistungsoptimierung* verbindet sich der betriebliche Effizienzanspruch mit einem emotionalen Erleben von Leistung, das „Spaß" (so die häufige wörtliche Formulierung) aus der gemeinsamen Erreichung hoher Ziele unter schwierigen Bedingungen zieht.[7] Im Kontrast dazu weichen die Befunde in der *Dimension der Arbeitskraft-Ökonomie* erheblich vom theoretischen Typus ab (ebd. 88ff.): Selbst bei unverkennbarer Leistungsoptimierung haben wir oft nur eine geringe Neigung zur Selbst-Ökonomisierung und zu arbeitsmarktorientiertem Angebotsverhalten angetroffen.

Arbeitnehmer, die ihre berufliche Lage verbessern wollen (Typus „Karriereambition"), richten ihre Bemühungen entweder in klassischer Weise auf betriebliche Aufstiegswege (Subtypus „Laufbahnorientierung") – und nähern sich damit dem Typ des verberuflichten Arbeitnehmers. Oder sie streben in Arbeitskraftunternehmer-Manier die Entwicklung eines persönlichen Kompetenzprofils an (Subtypus „Chancenoptimierung"), das durch Weiterbildung und die Übernahme neuer Aufgaben erweiterte Zugänge zum externen Arbeitsmarkt öffnet. Doch auch in diesen Fällen richten sich konkrete Angebotsaktivitäten weit mehr auf den internen als auf den externen Arbeitsmarkt; es dominiert das Bestreben, sich mit einem individuellen Profil innerhalb des Unternehmens zu behaupten und für interessante Aufgaben zu empfehlen.

Diese Befunde bestätigen die Annahme, dass der verschärfte Leistungsdruck Exit- und Voice-Optionen erschwert. Der *partielle Verzicht auf Abwanderung und Widerspruch* birgt, wie sich in unserer Studie zeigt, erhebliche Risiken gerade für Beschäftigte, die mit der Haltung der Leistungsoptimierung den gestiegenen Leistungserwartungen zu entsprechen versuchen. So konnten wir „bei jenen Befragten, deren hohen Selbst-Kontroll-Ansprüchen keine korrespondierenden Selbst-Ökonomisierungs-Strategien gegenüberstanden, verschiedene Risikolagen

---

7   Dieses Phänomen wird in der Arbeitssoziologie unter dem Stichwort der Subjektivierung von Arbeit diskutiert (vgl. Moldaschl/Voß 2002; Kleemann et al. 2002; Lohr/Nickel 2005).

identifizieren: Mehrarbeit ohne Kompensation, verschleppter Aufstieg, Außenseiterstatus und ungesicherte Positionierung." (ebd.: 183) Diese Konstellation wird subjektiv als belastend erlebt und kann als *neue Form von Abhängigkeit der Arbeitnehmer* interpretiert werden. Die Verbindung von theoretischer und empirischer Argumentation führt zu folgender Deutung: Das Risiko einer Leistungsverdichtung bis an die Grenzen der subjektiven Belastungsfähigkeit geht einseitig auf die Arbeitnehmer über. Aktives Angebotsverhalten auf externen Märkten für Arbeitskraft kann dieses Risiko – und damit die Abhängigkeit – reduzieren, wenn die im Betrieb gezeigten individuellen Leistungen für andere Arbeitgeber transparent werden und so die Attraktivität des eigenen Arbeitskraftangebots nach innen wie nach außen erhöhen. Die Strategie der Selbst-Ökonomisierung zur Nutzung von Flexibilitätsoptionen des externen Arbeitsmarktes erscheint jedoch aufgrund der empirischen Befunde als wesentlich voraussetzungsvoller, als es die idealtypische Formulierung nahelegt.

3. GESTALTUNGSPERSPEKTIVEN EINER INDIVIDUELLEN MARKTÖKONOMIE VON ARBEITSKRAFT

Damit stellt sich die Aufgabe, Formen und Voraussetzungen einer „auf die Arbeitskraft bezogene(n) individuelle(n) Marktökonomie" (Voß/Pongratz 1998: 142) zur Begrenzung der Risiken des neuartigen Leistungsregimes abzuklären. Bisher erfolgt die Vermarktung von Arbeitskraft (z.B. beim Berufseinstieg) vorwiegend durch: (a) Information zum angestrebten Arbeitsmarktbereich (Berufsberatung u.a.), (b) Suche nach offenen Stellen auf formellen (Stellenangebote u.a.) und informellen Wegen (soziale Netzwerke u.a.) sowie unter Zuhilfenahme von Vermittlungsleistungen öffentlicher und privater Agenturen und (c) Bewerbungs- und Verhandlungsstrategien im direkten Kontakt mit potenziellen Arbeitgebern.[8] Derart individualisierte Vermarktungsstrategien stehen nicht prinzipiell im Widerspruch zu *kollektiven Regelungen und Sicherungsstrukturen*, sondern können diese ergänzen oder auf ihnen aufbauen. So bildet die berufsqualifizierende Ausbildung weiterhin die Basis für den Berufseinstieg in Deutschland; erst im Erwerbsverlauf verringert sich unter flexibilisierten Leistungsbedingungen, beispielsweise bei Projektarbeitskarrieren, die Aussagekraft des erlernten

---

8 Die Forschungsgrundlage bilden vor allem Studien zur beruflichen Sozialisation (vgl. Heinz 1995 oder Jablin 2000) sowie zu Suchstrategien auf dem Arbeitsmarkt (als Überblick zur deutschen Forschung vgl. Dietrich/Abraham 2005; zur Such- und Matchingtheorie vgl. Franz 2006: 211ff.).

Berufs. Eine individuelle Marktökonomie von Arbeitskraft kann solche institutionellen Regelungen nutzen und in geeigneter Form ergänzen (vgl. das sozialpolitische Leitbild der Flexicurity, (Kronauer/Linne 2005). Ansatzmöglichkeiten hierfür liegen sowohl in spezifischen Institutionalisierungsformen einer individuellen Marktökonomie (Kap. 3.1) als auch in ihren – bisher stark unterschätzten – kulturellen Voraussetzungen (Kap. 3.2).

Institutionelle Regelungen zur Erleichterung aktiven Angebotsverhaltens

Das Arbeitskraftunternehmer-Theorem unterscheidet in der Dimension der Selbst-Ökonomisierung zwischen der Produktionsökonomie der Arbeitskraft als effizienzorientierter Entwicklung des eigenen Leistungsvermögens und ihrer Marktökonomie als Angebots- und Verkaufsprozess auf dem Markt (Voß/Pongratz 1998: 142). Eine individualisierte *Produktionsökonomie* schließt die gezielte Ergänzung der beruflichen Bildungsgrundlagen durch Weiterbildungsmaßnahmen und den Nachweis spezifischer Arbeitserfahrungen ein. Die Verfolgung individualisierter Bildungsinteressen kann dann entweder über loyale Anpassung an betriebliche Erwartungen erfolgen, um in den Genuss betrieblicher Weiterbildungsangebote zu kommen, oder zeit- und kostenintensive (weil außerhalb der Arbeitszeit liegende) Eigeninitiativen mit dem Risiko der Fehlinvestition erfordern.

Die individuelle *Marktökonomie* gründet auf einer charakteristischen Profilierung des persönlichen Arbeitskraft-Angebots über das Qualifikationsmuster des erlernten Berufs hinaus. Dazu tragen die Sichtbarmachung (durch Dokumentation und Zertifizierung) von beruflichen Erfahrungen und Erfolgen ebenso wie von Bildungsprozessen bei;[9] Profiling-Instrumente wie der von der IG Metall entwickelte Job-Navigator (vgl. Lee et al. 2007) dienen der Kompetenzbilanzierung, Coaching-Prozesse können die Neuorientierung in beruflichen Übergangsphasen begleiten und zur Klärung von Zielen und marktstrategischen Optionen beitragen. Ein strukturelles Hindernis bilden die offenen Finanzierungsfragen solcher Maßnahmen. Veränderungen zeichnen sich auch bei der Arbeitsvermittlung (etwa durch die Zulassung privater Agenturen) und im Feld der Personalberatung (durch die abzusehende Fachkräfte-Knappheit) ab. Und es lassen sich

---

9 So wurde in Deutschland beispielsweise mit der Modularisierung der IT-Weiterbildung ein System geschaffen, das einzelne Qualifikationselemente zertifizierbar und damit (ähnlich den Ausbildungszertifikaten) am (externen) Arbeitsmarkt verwertbar macht.

neue Formen der arbeitsmarktbezogenen Vernetzung beobachten, teils über klassische soziale Netzwerke (z.B. von Hochqualifizierten mit Projekt- und Kunden-Commitment, vgl. Wilkens 2004 und Kap. XI, Apitzsch), teils über Social Media mit beruflichem Bezug und Internet-Jobbörsen (vgl. Kap. XII, Schröder).

Mit der impliziten Annahme des Arbeitskraftunternehmer-Theorems, dass die drei Dimensionen in *Wechselwirkung* miteinander stehen, ist indes zu erwarten, dass Exit-Optionen nicht nur durch Einflussnahme auf Strategien der Selbst-Ökonomisierung erleichtert werden, sondern auch durch korrespondierende Adaptionen der Selbst-Kontrolle in der Arbeitsausführung und der Selbst-Rationalisierung der Lebensführung. Im Hinblick auf *Anpassungen in der Dimension der Arbeitskraftnutzung* haben wir als Folgerung aus unserer empirischen Studie eine neuartige Professionalisierungsstrategie vorgeschlagen, welche Prozessnormen für Projekt- und Teamarbeit verbindlich festlegt und Reflexionsprozesse von Erfahrungen selbstorganisierten Arbeitens strukturell unterstützt (Pongratz/Voß 2003: 231ff., vgl. auch Pongratz 2011). In der *Lebensführungs-Dimension* stellt sich die Frage nach der Bedeutung der Erwerbstätigkeit einer Person für den Haushalt, in dem sie lebt (vgl. Kap. VIII, Goedicke). Die Entscheidung für eine bestimmte Form von Erwerbsarbeit oder für einen Stellenwechsel ist eingebunden in das komplexe Beziehungsgeflecht einer privaten Haushaltung. Sie ist im Zusammenhang zu sehen mit dem finanziellen Gesamtbedarf, mit den Erwerbsmöglichkeiten anderer Haushaltsmitglieder sowie mit zeitlich konkurrierenden Aufgaben wie Haushaltsarbeit, Kinderbetreuung, Pflegeleistungen, Freizeitaktivitäten oder ehrenamtlichem Engagement.

Einen arbeitsmarktpolitischen Ansatz zur Bewältigung dieser Problematik eröffnet die von Schmid (2011) entwickelte Konzeption von *Übergangsarbeitsmärkten*, indem sie unterschiedliche Formen von Erwerbstätigkeit (selbstständig oder abhängig beschäftigt) ebenso berücksichtigt wie private Aktivitäten, etwa Arbeiten im Haushalt und für die Familie, aber auch Ansprüche an Bildung oder Wünsche nach längeren Auszeiten (z.B. in Form von Sabbaticals). Übergangsarbeitsmärkte sind konzipiert als institutionelle Regelungen, die das Risiko von Übergängen zwischen all diesen Tätigkeitsfeldern minimieren und damit auch die Exit-Option aus dem Betrieb erleichtern. Aus soziologischer Sicht weisen Schmids arbeitsmarktpolitische Überlegungen in Richtung einer *Erwerbssoziologie* als konzeptionellem Rahmen für Arbeitsmarktentscheidungen, der das gesamte Feld von Erwerbsinteressen und -anforderungen innerhalb eines Haushalts abdeckt. Um den Blick auf Erwerbsarbeit über das Normalarbeitsverhältnis hinaus in diesem Sinne zu erweitern, hat Pries (1998) eine Heuristik der erwerbsstrukturierenden Institutionen Markt, Betrieb, Beruf und Clan vorgeschlagen, in deren sozialem Kräftefeld sich individuelle Erwerbsverläufe ausbilden. Damit zeichnen sich erste Umrisse einer Erwerbssoziologie ab, die als integrativer Rahmen für Betriebsforschung in Verbindung mit Arbeitsmarktanalysen fungieren kann.

Kulturelle Voraussetzungen für aktives Angebotsverhalten auf dem Markt für Arbeitskraft

Alltagssprachlich ist, wie eingangs erläutert, der Arbeitsvertrag organisationsbezogen konnotiert als ‚Arbeitsplatz' oder ‚Stelle'. Arbeitslosigkeit wird statusbezogen als Nicht-Mitgliedschaft in einer Organisation verstanden – und nicht ökonomisch als Absatzschwierigkeit der Ware Arbeitskraft. Die kulturellen Deutungen des Erwerbsrisikos sind analog dazu an die Institutionen des Betriebes und der sozialen Sicherung gebunden, aber kaum an den Markt als Ort der Realisierung von Tauschchancen (zu entsprechenden Gerechtigkeitsvorstellungen vgl. Struck et al. 2006). Dieser *Vorrang der Organisations- gegenüber der Marktperspektive* mag historisch darin begründet liegen, dass die zentralen Akteure bei der Schaffung moderner Arbeitsmärkte große Fabrikbetriebe mit regional oft monopsonartigem Nachfragepotenzial waren. Aus der Erwerbsperspektive von Lohnarbeitern, die nur ihre „nackte Haut" zu Markte zu tragen hatten, musste es illusorisch erscheinen, individuellen Markteinfluss zu erlangen und entsprechende Angebotsstrategien zu entwickeln.

Die Leistungsverdichtung qualifizierter Erwerbsarbeit wirft nunmehr in anderer Weise die Frage einer individuellen Marktökonomie auf, nämlich als Option zur Reduzierung einer verstärkten Abhängigkeit vom Arbeitgeber. Als Vergleichsperspektive wird im Folgenden die Situation von *Solo-Selbstständigen* (vgl. Bögenhold/Fachinger 2010) herangezogen, von denen viele (vor allem in den freien Berufen) unter dem für Projektarbeit charakteristischen Leistungsdruck arbeiten – allerdings mit dem essenziellen Unterschied, dass sie nicht ihre Arbeitskraft zum Verkauf anbieten, sondern die mit ihr erstellten Produkte und Dienstleistungen.[10] Als Warenanbieter sind Selbstständige direkt von den Entwicklungen jener Märkte abhängig, mit denen abhängig Beschäftigte nur vermittelt über die Marktaktivitäten ihres Unternehmens zu tun haben (vgl. Kap. X, Fritsch et al.).[11]

---

10 Die Zahl der Solo-Selbstständigen ist in den vergangenen Jahren stark gestiegen auf 2,3 Mio. im Jahr 2007 (Statistisches Bundesamt 2009: 89); zur Problematik prekären Unternehmertums (vgl. Bührmann/Pongratz 2010).

11 So fallen die Einkommensdisparitäten unter den Selbstständigen weit stärker aus als in der Gruppe der abhängig Beschäftigten (Pongratz/Simon 2010: 32ff.).

Die Absicherung marktbedingter Erwerbsrisiken von Selbstständigen kann zwei prinzipiell unterschiedliche Pfade einschlagen (Pongratz/Simon 2010: 48ff.): Den ökonomischen Ansatz der Marktadäquanz und den arbeits- und sozialpolitischen Ansatz der *Marktunabhängigkeit*. Letzterer zielt auf strukturelle Lösungen zur sozialen Sicherung und zum Zugang zu alternativen Erwerbsmöglichkeiten im Anschluss an Regelungen für abhängig Beschäftigte (vgl. Schulze Buschoff 2010). Im Hinblick auf die Marktorientierung und ihre kulturelle Fundierung ist dagegen die Strategie der *Marktadäquanz* zur Reduzierung von Erwerbsrisiken von besonderem Interesse. In erwerbssoziologischer Hinsicht bedeutet Marktadäquanz die wechselseitige Anpassung von Marktbedingungen und Erwerbsstrategien: Zum einen durch unternehmerisches Handeln der Erwerbspersonen, das Marktchancen nutzt und das eigene Angebot der Nachfragesituation anpasst, zum anderen durch Regulierungsmaßnahmen zur Ausrichtung der Marktbedingungen auf die Gewährleistung dauerhafter Erwerbschancen.[12]

Die Übertragung dieser von der Situation Solo-Selbstständiger ausgehenden erwerbs- und marktsoziologischen Überlegungen auf die Marktorientierung von Arbeitskraftanbietern führt zu zwei Folgerungen:

- Erstens liefert die Begründung von Marktregulierungen eine kulturelle Legitimation kollektivvertraglicher, sozialpolitischer und berufsbezogener Maßnahmen am Arbeitsmarkt. Sie zeigt die Möglichkeit der Verbindung der Marktfunktion mit gesellschaftspolitischen Zielsetzungen als Gestaltungsansatz zur Reduzierung von Marktrisiken auf.
- Zweitens verweist der Ansatz von Marktadäquanz als Anpassung der Erwerbsstrategie an reale Marktbedingungen auf die notwendigen kulturellen Voraussetzungen für unternehmerisches Handeln von Erwerbspersonen. Selbst die Erwerbsstrategien vieler Selbstständiger sind vorwiegend durch ihre berufsfachliche Ausbildung und Identität geprägt (v.a. im Handwerk und in den freien Berufen – vgl. Kap. X, Fritsch et al.) und beziehen sich auf den Markt

---

12 Im Kontrast zu neoliberalen Marktideologien lenkt die neuere Wirtschaftssoziologie (vgl. Aspers/Beckert 2008; Beckert/Deutschmann 2009) den Blick auf reale Tauschbeziehungen und die soziale Einbettung von Märkten. Sie eröffnet damit eine Gestaltungsperspektive zur Regulierung von Märkten, die deren Verteilungsfunktion für spezifische soziale, politische oder ökonomische Zwecke gezielt unter Berücksichtigung bestehender Interessen- und Ressourcenlagen nutzen. In dieser Perspektive bedeutet die Herstellung von Marktadäquanz keine Verhinderung von Märkten, sondern ihrer Ausrichtung auf sozioökonomische Zielsetzungen.

eher als unvermeidliche Randbedingung denn als Aufgabenfeld, das vermittels Marktanalyse, nachfrageorientierter Angebotsentwicklung und Markterschließung gezielt genutzt werden kann.

Die „beständige Auseinandersetzung mit sich wandelnden Marktanforderungen" (Pongratz/Simon 2010: 51) als Kern eines unternehmerischen Engagements erfordert ein spezifisches Bündel an Fähigkeiten, das sich im Unterschied zur fachlichen Qualifikation als *ökonomische Marktkompetenz* charakterisieren lässt. Wesentliche Elemente von Marktkompetenz unter Erwerbsbedingungen sind: Kenntnisse des Absatzmarktes und Fähigkeiten zu seiner Analyse (hier also des relevanten Arbeitsmarktsegments), Wissen um eine nachfrageorientierte Formung und Präsentation des eigenen Angebots (hier als individuelles Leistungsportfolio), Strategien der Netzwerkbildung mit konkurrierenden Anbietern (z.B. in Gewerkschaft oder Berufsverband) ebenso wie mit Lieferanten (z.B. Bildungsanbietern) oder potenziellen Nachfragern – und nicht zuletzt zählen dazu Verhandlungsfertigkeiten bezüglich Leistung und Preis des eigenen Angebots an Arbeitskraft.

4. MARKT ALS MACHTFELD – ANGEBOTSVERHALTEN ALS STRATEGIE

Das Angebotsverhalten qualifizierter Erwerbstätiger auf dem externen Arbeitsmarkt wird fast ausschließlich thematisiert mit Bezug auf die Ausnahmesituationen des Berufseinstiegs und des faktischen Arbeitgeberwechsels. In erwerbssoziologischer Perspektive ist die Vermarktungsstrategie dagegen in permanenter Wechselwirkung mit den Bedingungen der Nutzung von Arbeitskraft zu sehen – wenn auch in verschiedenen Arbeitsmarktsegmenten und in wechselnden Erwerbsphasen in unterschiedlicher Weise. Aktuellen Anlass zur Auseinandersetzung mit dem Zusammenhang der Vermarktung und Nutzung von Arbeitskraft gibt die systematische Leistungsverdichtung in weiten Bereichen qualifizierter Arbeit: Leistungsoptimierende Erwerbstätige geraten – so legen theoretische Argumente und empirische Befunde nahe – in eine verstärkte Abhängigkeit von ihren Arbeitgebern. Erwerbssoziologisch betrachtet stellt die Erschließung alternativer Erwerbsoptionen durch aktives Angebotsverhalten – also die Exit-Option in Hirschmans Terminologie – in dieser Situation eine entscheidende *Quelle von Marktmacht auf Arbeitnehmerseite* dar. Die institutionelle und kulturelle Formung einer individuellen Marktökonomie von Arbeitskraft kann die kollektiven Formen der Marktregulierung in substanzieller Weise ergänzen.

Forschungsstrategisch plädiert diese Interpretation für eine engere Verzahnung von Betriebs- und Arbeitsmarktforschung, von Organisations- und Marktperspektive, von soziologischen und ökonomischen Ansätzen. In *theoretischer* Hinsicht nutzt sie das Potenzial des Arbeitskraftunternehmer-Theorems zur Fokussierung des Zusammenhangs von Nutzung, Vermarktung und Reproduktion von Arbeitskraft als Grundlegung eines erwerbssoziologischen Forschungszugangs. *Empirisch* bleibt dieses Zusammenwirken unterschiedlicher Dimensionen der Arbeitskraftökonomie weitgehend noch zu erkunden. Im Hinblick auf die *politische Gestaltung* von Arbeitsmärkten führt die Argumentation zu einer Perspektive von Arbeitnehmermacht, die in Ergänzung zur vorherrschenden (und historisch ausgesprochen erfolgreichen) kollektiven Strategie der Arbeitsmarktregulierung das Aktionspotenzial der Erwerbsperson in ihrer Anbieterposition am Markt auslotet. Dahinter steht die Annahme, dass die Arbeitnehmer ihre Abhängigkeit wirkungsvoll reduzieren können, wenn die Exit-Option nicht nur kollektiv zugänglich, sondern zugleich individuell flexibel realisierbar ist.

Im Sinne einer subjektorientierten Interessenvertretung für „neue Arbeitnehmergruppen" (vgl. Trautwein-Kalms 1995) haben wir in der Arbeitskraftunternehmer-Studie eine *doppelte Ausweitung von Reichweite und Form der gewerkschaftlichen Interessenvertretung* vorgeschlagen: „(a) die inhaltliche Ausdehnung auf das gesamte Feld der Erwerbstätigkeit ... sowie (b) die institutionelle Erweiterung zu einer triadischen Vertretungsstruktur, welche die Wandlungs- und Mobilitätsfähigkeit von Arbeitskraft strukturell absichert." (Pongratz/Voß 2003: 247) Die inhaltliche Ausdehnung führt zu einer erwerbssoziologischen Perspektive, die alle erwerbsrelevanten Handlungsfelder der Person (einschließlich Bildung und Familienarbeit), den Haushaltskontext sowie ihren biographischen Hintergrund mit einbezieht (vgl. auch Negt 2005). Die institutionelle Erweiterung haben wir in der Idee von Agenturen zur Unterstützung aktiven Angebotsverhaltens konkretisiert, die als „dritte Säule der Interessenvertretung" (Pongratz/Voß 2003: 249) neben Tarifrecht und Betriebsverfassung individuelle Vermarktungsinteressen von Arbeitskraft bedienen. Offen bleibt die Frage, wie individualisierte und kollektive Machtoptionen ausgelegt sein müssen, um effektiv zusammenzuwirken (vgl. Kap. IV, Giesecke/Groß).

Im Anschluss an Hirschman (1974) ist davon auszugehen, dass fehlende Exit-Optionen der Mitarbeiter ihre Bereitschaft senken, auf Defizite der Leistungssteuerung hinzuweisen. Eingeschränkte Möglichkeiten, der Unzufriedenheit vermittels Widerspruch – im Sinne von Hirschmans Voice-Option – Ausdruck zu verleihen, stellen die Idee einer selbstgesteuerten Leistungsorganisation in Frage. Belastungserscheinungen mit somatischen Reaktionen zunehmend im Bereich psychischer Erkrankungen sind ein Indiz dafür, dass der Leistungsdruck von qualifizierten Beschäftigten in erstaunlicher Loyalität zwar meist auszuhalten versucht, aber oft nicht produktiv bewältigt wird (Keupp/Dill 2010; Haubl/Voß 2011). Artikulierter Widerspruch kann zu arbeitsorganisatorischen Anpassungen Anlass geben, Belastungen reduzieren und so die *nachhaltige Nutzung von Arbeitskraft* sichern. Mangel an Exit-Optionen und erzwungene Loyalität führen zudem dazu, dass Erwerbstätige im Betrieb verbleiben, auch wenn sie dort ihre Fähigkeiten nicht mehr optimal eingesetzt sehen. Aktives Angebotsverhalten kann deshalb zu einer *verbesserten Allokation von Arbeitskraft* im Betrieb und auf dem Arbeitsmarkt beitragen.

Mobilität von Arbeitskräften und Flexibilität am Arbeitsmarkt hat stets auch ihren Preis – für die Arbeitnehmer ebenso wie für die Arbeitgeber. Kosten und Nutzen können je nach Machtkonstellation im jeweiligen Arbeitsmarktsegment für beide Seiten unterschiedlich ausfallen. Die hier vorgestellten Überlegungen zum aktiven Angebotsverhalten konzentrieren sich auf typische Bedingungen *qualifizierter Beschäftigung* im externen berufsfachlichen und im internen betrieblichen Arbeitsmarkt. Differenzierungen innerhalb dieser Segmente (und Auswirkungen sich abzeichnender Veränderungen etwa durch Fachkräftemangel) bleiben zunächst unberücksichtigt. Und im Bereich des Jedermanns-Arbeitsmarktes richten sich betriebliche Strategien ohnehin nicht auf die Selbstorganisation der Arbeit, sondern auf die Flexibilisierung der Beschäftigungsverhältnisse – und steigern damit die Anpassungsfähigkeit der betrieblichen Nachfrage nach Arbeitskraft auf Kosten erhöhter Erwerbsrisiken für die Arbeitnehmer (vgl. Kap. VI, Holst und Kap. VII, Promberger). Aktives Angebotsverhalten ist auch in dieser Situation nicht schädlich für Arbeitnehmer, aber es bietet deutlich weniger Potenzial zur Reduzierung von Abhängigkeiten.

Aus Arbeitnehmersicht haben sich individuelle und kollektive Strategien zur Minderung von Erwerbsrisiken bislang fast ausschließlich auf Organisationen gerichtet: Verbände für die Interessenvertretung, staatliche Organe zur Arbeitsvermittlung, Betriebe als Arbeitgeber. Dem Marktgeschehen als unvertrautem Handlungsterrain ist demgegenüber wenig Aufmerksamkeit geschenkt worden. Die hier vorgestellten Überlegungen deuten eine *Erweiterung der emanzipatorischen Perspektive* an: über kollektive Unabhängigkeit vom Markt hinaus auf individuelle Handlungsmacht auch auf dem Markt als Voraussetzung selbstbestimmter Erwerbstätigkeit unter flexibilisierten Leistungsbedingungen. Wer sich auf Märkte begibt – ob als Anbieter oder Nachfrager – kann sich deren Mechanismen nicht gänzlich entziehen. Vermutlich erfordert Emanzipation auf Märkten (und insbesondere auf Arbeitsmärkten) andere Strategien als die bisher vorherrschende kollektive Emanzipierung vom Markt und vielleicht wird sie nie deren Wirkmächtigkeit erreichen. Aber beides stellt in einer kapitalistischen Gesellschaft eine unausweichliche sozioökonomische Herausforderung dar: Märkte als Handlungsfelder individuell zu nutzen und kollektiv zu gestalten.

X. Berufstätigkeit und Entrepreneurial Choice
Welchen Einfluss hat die Berufstätigkeit auf die Entscheidung zur unternehmerischen Selbständigkeit?[1]

MICHAEL FRITSCH, ELISABETH BUBLITZ UND ALINA RUSAKOVA[2]

1. BERUFSTÄTIGKEIT UND ENTREPRENEURIAL CHOICE

Bisher wird die Rolle unternehmerischer Selbständigkeit bzw. von Entrepreneurship in der Arbeitsmarkttheorie oft ausgeklammert, auf jeden Fall aber recht stiefmütterlich behandelt (siehe z.b. die Lehrbücher von Abraham/Hinz 2005 und Franz 2009). Dies ist insofern erstaunlich, als in Deutschland etwa 11 Prozent der Erwerbstätigen selbständig sind, was die Relevanz unternehmerischer Selbständigkeit für den Arbeitsmarkt klar belegt. Entsprechend finden vielfach Übergänge von abhängiger Beschäftigung in unternehmerische Selbständigkeit und vice versa statt (siehe hierzu etwa Fritsch, Kritikos und Rusakova 2012). So kann etwa drohende oder tatsächlich eingetretene Arbeitslosigkeit einen wesentlichen Anlass für die Gründung eines eigenen Unternehmens darstellen; umgekehrt führen die Risiken unternehmerischer Selbständigkeit und nicht selten auch unzureichende Erträge oder gar Insolvenz wieder zurück in die abhängige Beschäftigung (vgl. Kap. XIII, Apitzsch). Darüber hinaus lassen sich empirische Befunde dahingehend interpretieren, dass die Unterschiede zwischen Arbeits-

---

1 Wir danken den Herausgebern dieses Buches, Christoph Köhler und Alexandra Krause, für vielfältige Verbesserungsvorschläge zu früheren Fassungen dieses Aufsatzes.
2 Friedrich-Schiller-Universität Jena, Fakultät für Wirtschaftswissenschaften, Carl-Zeiss-Str. 3, 07743 Jena. m.fritsch@uni-jena.de, elisabeth.bublitz@uni-jena.de, alina.rusakova@uni-jena.de.

markt- und Gütermarkt, d.h. zwischen Arbeitnehmern und Selbstständigen, kleiner werden. Das zeigt sich u.a. am Beispiel der Arbeitskraftunternehmer, die zwar Arbeitsverträge abschließen, aber durch regelmäßige Wechsel Unsicherheit, wie sie auf Gütermärkten vorzufinden ist, in Kauf nehmen. Ein Zusammenhang zwischen unternehmerischer Selbständigkeit und abhängiger Beschäftigung besteht auch insofern, als Unternehmensgründungen wesentliche Wachstumsimpulse generieren können. Dies ist dann in der Regel mit einem erheblichen Job-Turnover sowie entsprechenden Flexibilitäts-Anforderungen verbunden und kann letztlich zu einer Erhöhung des Arbeitsplatzangebots, also einer Ausweitung sowohl interner als auch externer Arbeitsmärkte beitragen (vgl. Fritsch 2011; Windzio 2005).

Entrepreneurship ist ein dynamischer Prozess. Die Fähigkeit und die Bereitschaft zur unternehmerischen Selbständigkeit entstehen in der Regel nicht von heute auf morgen. Sie entwickeln sich meist über längere Zeiträume auf der Grundlage von Neigungen, erworbenen Qualifikationen, Erfahrungen sowie gegebenenfalls auch angesichts von aufkommenden Notwendigkeiten wie etwa dem Fehlen einer alternativen Erwerbsmöglichkeit. Der dynamische Charakter von Entrepreneurship schlägt sich etwa darin nieder, dass der überwiegende Teil der Unternehmensgründungen nicht während oder direkt nach Beendigung der Ausbildung stattfindet, sondern dass dem Schritt in die Selbständigkeit meist eine Phase der abhängigen Beschäftigung vorausgeht (Fritsch et al. 2012). In der Regel entwickelt sich unternehmerische Selbständigkeit aus dem Arbeitsmarktgeschehen heraus und wird selbst dann, wenn die Gründung direkt im Anschluss an die Berufsausbildung erfolgt, von den auf dem Arbeitsmarkt herrschenden Bedingungen wie z.B. den Beschäftigungs- und Verdienstmöglichkeiten, der Arbeitsplatzsicherheit sowie von den auf berufsspezifischen Arbeitsmärkten herrschenden Regulierungen beeinflusst.

Unserer Argumentation und Analyse liegt der Ansatz des Entrepreneurial Choice zu Grunde, der in der Regel dem Arbeitsmarkt-Ökonomen Frank Knight (1921) zugeschrieben wird[3]. Der Ansatz des Entrepreneurial Choice geht davon aus, dass jede Person die Wahl hat, entweder abhängig Beschäftigter, selbständiger Unternehmer oder arbeits- bzw. erwerbslos zu sein. Sie wählt dann diejenige Alternative, die den größten individuellen Vorteil verspricht.[4] Dieser in der Ent-

---

3 Grundlegend hierzu auch Lucas (1978), Kihlstrom/Laffont (1979), Holmes/Schmitz (1990) und Jovanovic (1994). Siehe auch Parker (2009a).

4 Dabei mag man natürlich darüber streiten, ob ein bestimmter Erwerbsstatus tatsächlich als das Ergebnis einer Wahlentscheidung anzusehen ist. Dies gilt insbesondere für Personen, die von Arbeitslosigkeit betroffen sind. Hier kann es durchaus auch vom

repreneurship-Forschung dominierende Ansatz steht im Gegensatz zu der in der Soziologie vielfach vorherrschenden Sichtweise, die eine Abhängigkeit des Arbeitnehmers vom Unternehmer hervorhebt. In der Perspektive des Entrepreneurial Choice wird eine solche Abhängigkeit durch die Möglichkeit, die Erwerbsperspektiven durch Gründung eines eigenen Unternehmens selbst in die Hand zu nehmen, entscheidend begrenzt.

Dieser Beitrag konzentriert sich auf einen wichtigen Teilbereich des Prozesses der Entstehung von Unternehmen. Wir gehen der Frage nach, inwieweit die Berufswahl und die im Beruf erworbenen Qualifikationen einen Einfluss auf die Entscheidung haben, ein Unternehmen zu gründen. Im Mittelpunkt unserer Analyse steht die Hypothese, dass die Wahl eines bestimmten Berufes als Vorentscheidung für oder gegen unternehmerische Selbständigkeit, den Entrepreneurial Choice, aufgefasst werden kann, und dass die Art der Berufstätigkeit einer Person diese Entscheidung beeinflusst. Dabei untersuchen wir auch, inwieweit die Wahl der Selbständigkeits-Alternative von der Vielfalt der erworbenen Fähigkeiten gefördert wird.

Im Folgenden leiten wir eine Reihe von Hypothesen über den Einfluss der Berufstätigkeit auf die Entscheidung zu unternehmerischer Selbständigkeit ab und präsentieren einige entsprechende empirische Evidenz. Dabei geht es zunächst um die Bedeutung des Berufes und die Unterschiede zwischen berufsfachlichen Arbeitsmärkten (Abschnitt 2). Daran anschließend berichten wir über unsere Untersuchungen zum Zusammenhang zwischen der Vielfalt der erworbenen Qualifikationen (Skill Balance) und der unternehmerischen Selbständigkeit (Abschnitt 3). Abschließend ziehen wir ein Fazit und zeigen Wege für weitere Forschungsarbeiten auf (Abschnitt 4). Unsere Analysen ergeben klare Hinweise auf die Bedeutung sowohl des internen wie auch des externen Arbeitsmarktes für die Entstehung von Unternehmensgründungen und belegen damit die Notwendigkeit, Unternehmensgründungen und unternehmerische Selbständigkeit wesentlich stärker als bisher in die Arbeitsmarkttheorie einzubeziehen.

Blickwinkel des Betrachters abhängen, ob Arbeitslosigkeit als freiwillig oder als unfreiwillig angesehen werden sollte. Eine pragmatische Herangehensweise an dieses Problem bestünde darin, eine auf Entlassung beruhende Arbeitslosigkeit zunächst als unfreiwillig anzusehen, da die Arbeitslosigkeit durch eine Entscheidung von anderen Personen herbeigeführt wird. Die Reaktion auf ein sich abzeichnendes Risiko von Arbeitslosigkeit bzw. der Umgang mit tatsächlich eingetretener Arbeitslosigkeit kann dann aber wieder als Rational Choice aufgefasst werden.

2. DIE ROLLE DER BERUFSTÄTIGKEIT FÜR UNTERNEHMERISCHE SELBSTÄNDIGKEIT

Unternehmerische Selbständigkeit in verschiedenen Berufen

Ein erstes Indiz für einen ausgeprägten Zusammenhang zwischen Beruf und unternehmerischer Selbständigkeit liegt darin, dass die Quote der Selbständigen und die Gründungsrate große Unterschiede aufweisen, wenn man nach Berufen differenziert (vgl. Tabelle 1). Im Durchschnitt gab es nach den Angaben des Mikrozensus des Statistischen Bundesamtes im Jahr 2004 circa 10,4 Prozent

Tabelle 1: Gewichteter Anteil der Selbständigen und Gründer an den Erwerbstätigen in verschiedenen Berufen in Deutschland 2004*

Berufe	Anteil Selbständige	Anteil Gründer mit diesem Zielberuf	Anteil Gründer aus diesem Beruf (Gründungsrate)
Landwirtschaft	33.31	0.92	1.05
Bearbeitungsberufe, Bauberufe	3.91	0.25	0.24
Köche, Gastwirte	15.26	1.7	1.06
Ingenieure	12.29	1.49	0.99
Techniker	9.48	0.73	0.43
Kaufleute	10.78	1.11	0.6
Hilfsarbeiter	1.68	0.33	0.45
Geschäftsführung	13.79	1.15	0.35
Sicherheitsberufe	2.72	0.78	0.56
Künstler	47.39	3.89	0.91
Soziale Berufe	7.3	0.64	0.43
Lehre, publizistische und verwandte Wissenschaftsberufe	12.23	1.32	0.52
Ärzte	50.12	1.76	0.99
Insgesamt	10.37	0.92	0.53

* Eigene Berechnungen auf der Grundlage des Mikrozensus des Statistischen Bundesamtes.

Selbständige und circa 0,9 Prozent Gründer, d.h. Personen, die während des der Erhebung vorangegangenen Jahres ein Unternehmen gegründet haben. Der Anteil der Selbständigen ist bei Ingenieuren (12,3 Prozent), Medizinern (50,1 Prozent), Künstlern (47,4 Prozent), Landwirten (33.3 Prozent) und in den übrigen freien Berufen überdurchschnittlich hoch, während unternehmerische Selbständigkeit bei Personen mit vorwiegend un- und angelernten Tätigkeiten, etwa in Bearbeitungsberufen (3,9 Prozent) oder in Sicherheitsberufen (2,7 Prozent), relativ gering ausfällt. Auch in den Sozialberufen ist der Anteil der unternehmerisch selbständigen Personen mit 7,3 Prozent unterdurchschnittlich.

Berufsspezifische Unterschiede im Ausmaß der unternehmerischen Selbständigkeit können verschiedene Gründe haben. Insbesondere kommen hierfür folgende Faktoren in Frage:

- *Erstens* kann die Ursache für berufsspezifische Gründungs- bzw. Selbständigenraten in *institutionellen Gegebenheiten* wie etwa bestimmten tradierten Organisationsformen der Berufstätigkeit liegen. So unterscheiden sich Berufe hinsichtlich der Verbreitung von unternehmerischer Selbständigkeit (Peer-Effekte), der Existenz standardisierter berufsspezifischer Rollenvorbilder in selbständiger Tätigkeit (z.B. Arztpraxis, Rechtsanwalts- oder Steuerberater-Kanzlei) oder im Bedarf an (finanziellen) Ressourcen, die für die Erreichung der mindesteffizienten Unternehmensgröße und somit für längerfristig erfolgreiche unternehmerische Selbständigkeit erforderlich sind.
- *Zweitens* prägt wahrscheinlich auch der Unterschied zwischen dem in unternehmerischer Selbständigkeit und in abhängiger Beschäftigung erzielbaren *Einkommen* die Motivation zur Gründung und damit das Ausmaß an unternehmerischer Selbständigkeit in einem Beruf. Solche Einkommensunterschiede zwischen abhängiger Beschäftigung und unternehmerischer Selbständigkeit werden auch von berufsspezifischen Regulierungen beeinflusst. So ist die unternehmerisch selbständige Tätigkeit in einer Reihe von Berufen an bestimmte Qualifikationsanforderungen (z.B. Meisterprüfung, Staatsexamen) gebunden. Auch regionale Begrenzungen der Selbständigenzahl in einem Beruf (z.B. Arzt, Apotheker) schaffen über eine Beschränkung der Konkurrenz ein gewisses Maß an Sicherheit hinsichtlich des Überlebens und des Einkommens in unternehmerischer Selbständigkeit (siehe Kap. IV, Giesecke/Groß). Solche besonders vorteilhaften Bedingungen für unternehmerische Selbständigkeit können auch die Berufswahl prägen.
- *Drittens* kann das Maß an *Arbeitsplatzsicherheit* in abhängiger Beschäftigung bzw. das Risiko, arbeitslos zu werden, eine Triebfeder dafür darstellen, das

wirtschaftliche Schicksal durch Gründung eines eigenen Unternehmens selbst in die Hand zu nehmen.

- *Viertens* wird durch einen Beruf und im Verlauf der Ausübung dieses Berufes ein spezifisches *Qualifikationsprofil* erworben. Beispielsweise erfordert eine erfolgreiche Tätigkeit als Manager oder Verkäufer häufig ein hohes Maß an Kommunikationsfähigkeit und Extravertiertheit, wodurch die Herausbildung dieser Merkmale dann unter Umständen. wesentlich stimuliert wird. Sofern dieses berufsspezifische Qualifikationsprofil Fähigkeiten umfasst, die für unternehmerische Selbständigkeit besonders förderlich sind (z.b. Management-Qualifikationen), kann sich hieraus ein positiver Effekt auf die Gründungsneigung ergeben.
- *Fünftens* können nicht zuletzt bestimmte *Persönlichkeitsmerkmale* sowohl bei der Berufswahl als auch im Rahmen des Entrepreneurial Choice eine Rolle spielen. Die Selbstselektion von Personen mit einem „unternehmerischen" Persönlichkeitsprofil (Entrepreneurial Personality) in Berufe, in denen solche Merkmale besonders gefragt sind, kann ebenfalls zur Erklärung einer relativ hohen Selbständigenrate in bestimmten Berufen beitragen.

Wir gehen davon aus, dass der Entrepreneurial Choice als ein *zweistufiger Prozess* aufgefasst werden kann, dessen *erste Stufe* die Berufswahl darstellt. Mit der Wahl eines Berufes entscheidet man sich für ein Tätigkeitsfeld, das mit einem berufsspezifischen Arbeitsmarktrisiko (z.B. Arbeitsangebot, Arbeitsplatzsicherheit), bestimmten Einkommenserwartungen sowie insbesondere auch mit einer bestimmten Wahrscheinlichkeit für spätere unternehmerische Selbständigkeit (z.B. Rechtsanwalt, Arzt, Steuerberater) verbunden ist. Wer beispielsweise Medizin oder Jura studiert, der weiß, dass die spätere Berufstätigkeit relativ häufig in eigener Praxis bzw. Kanzlei stattfindet. Wer sich in seiner Ausbildung der Malerei oder der Bildhauerei widmet, muss davon ausgehen, dass er in diesem Beruf nur sehr schwer eine feste Anstellung finden wird, sodass er auf eine Tätigkeit als freischaffender Künstler, eine Form der unternehmerischen Selbständigkeit, angewiesen ist. In dieser Hinsicht stellt die Berufswahl also eine Vorentscheidung für oder gegen unternehmerische Selbständigkeit dar.

Hypothese I: Die Wahl eines bestimmten Berufes stellt bereits eine Vorentscheidung (erste Stufe des Entrepreneurial Choice) für beziehungsweise. gegen spätere unternehmerische Selbständigkeit dar.

Die *zweite Stufe* des Entrepreneurial Choice besteht dann in der eigentlichen Entscheidung für oder gegen unternehmerische Selbständigkeit. Unsere Hypothese, wonach Entrepreneurial Choice einen zweistufigen Prozess darstellt, wird durch die Beobachtung gestützt, dass Gründungen nur in Ausnahmefällen während oder direkt nach der Berufsausbildung stattfinden (Fritsch et al 2012). In aller Regel sind die Gründer eine Zeit lang in abhängiger Beschäftigung in dem Beruf tätig, bevor sie den Schritt in die Selbständigkeit wagen.

Persönlichkeit, Berufswahl und Entrepreneurial Choice

Die psychologische Forschung liefert verschiedene Belege für die Sichtweise, dass Entrepreneurial Choice als zweistufiger Prozess aufgefasst werden kann. Sie hat insbesondere gezeigt, dass die Berufswahl wesentlich von Persönlichkeitsmerkmalen geprägt wird[5], sodass die in einem bestimmten Beruf tätigen Personen ein relativ hohes Maß an Übereinstimmung in Bezug auf bestimmte Persönlichkeitsmerkmale aufweisen. Besonders prominent ist das von John Holland (1985) entwickelte Modell der Berufswahl, wonach die Entscheidung für einen bestimmten Beruf ein unmittelbares Resultat der Übereinstimmung von Persönlichkeits- und Tätigkeitsmerkmalen darstellt. Darauf aufbauend hat Schneider (1987) die Hypothese aufgestellt, dass die Divergenz zwischen Persönlichkeitsmerkmalen und den Charakteristika des beruflichen Umfelds zu einer Selbstselektion führt und Personen bei einem geringen Maß an Übereinstimmung zwischen Persönlichkeitsmerkmalen und entsprechenden beruflichen Anforderungen zum Berufswechsel tendieren. Dadurch erhöht sich die Homogenität der Persönlichkeitsmerkmale innerhalb der Berufe. Ein relativ hohes Maß an Homogenität der Persönlichkeitsmerkmale kann sich auch durch die Einstellungsentscheidung von Arbeitgebern ergeben, wenn diese nämlich, wie Rosen (1986) behauptet, solche Personen selektieren, deren Eigenschaften besonders gut zu den Anforderungen der zu besetzenden Stelle passen.[6] Wie bereits er-

---

5   Die Persönlichkeitsstruktur spielt beispielsweise in der Praxis der Berufsberatung, wie sie etwa in den Berufsinformationszentren der Bundesagentur für Arbeit durchgeführt wird, keine unerhebliche Rolle.

6   Beispielsweise hat die Studie von Barrick et al. (2003) ergeben, dass Sozialarbeiter ein besonders hohes Maß an ‚Verträglichkeit' aufweisen, und dass Personen in explorativen und künstlerischen Berufen häufig durch ein relativ hohes Maß an ‚Offenheit für neue Erfahrungen' gekennzeichnet sind. Nieken und Störmer (2010) haben gezeigt, dass Manager und Dienstleister häufig extrovertierter sind als Personen, die vorwiegend manuelle Tätigkeiten ausüben, wobei die Letzteren wiederum tendenziell ein höheres Maß an ‚Gewissenhaftigkeit' aufweisen. Diese Unterschiede sind selbst dann statistisch signifikant, wenn für sozioökonomische und demographische Fakto-

wähnt, geht darüber hinaus auch von der in einem bestimmten Beruf ausgeübten Tätigkeit vielfach ein prägender Einfluss auf eine Person aus (vgl. Satterwhite et al. 2009; Cable/Parsons 2001).

Zahlreiche empirische Studien haben gezeigt, dass es bestimmte Persönlichkeitsmerkmale sind, die einen Einfluss auf die Neigung zu unternehmerischer Selbständigkeit haben (vgl. Rauch/Frese 2007; Zhao/Seibert 2006; Caliendo et al. 2011). So ergeben sich unter den Big Five Persönlichkeitsmerkmalen[7] für die Selbständigen bzw. Gründer in der Regel deutlich höhere Werte für „Offenheit für Erfahrung" und „Extraversion" (vgl. Fritsch/Rusakova 2010). Wir folgern aus der Ähnlichkeit der Persönlichkeitsstruktur innerhalb eines Berufes, dass Personen mit unternehmerischer Persönlichkeitsstruktur in bestimmten Berufen häufiger vorkommen als in den anderen, was dann eine höhere Gründungsneigung impliziert (vgl. Rusakova 2012).

Hypothese II: Personen mit Berufen, in denen unternehmerische Persönlichkeitseigenschaften besonders gefordert sind, weisen eine höhere Gründungsneigung auf als Personen in Berufen, in denen diese Persönlichkeitsmerkmale weniger wichtig sind.

Berufsspezifische Rollenvorbilder und Entrepreneurial Choice

Empirische Untersuchungen zur Bedeutung von Rollenvorbildern für unternehmerische Selbständigkeit haben sehr deutlich gezeigt, dass Selbständigkeit von Eltern, Freunden, Kollegen oder sonstigen Peers im Umfeld einer Person die individuelle Gründungsneigung positiv beeinflussen (vgl. Parker 2009a für einen Überblick). Solche positiven Peer-Effekte zeigen sich auch auf regionaler Ebene. In Regionen mit hohen Gründungs- bzw. Selbständigenraten fällt auch die individuelle Gründungsneigung im Mittel relativ hoch aus. Ebenso wird durch einen relativ hohen Anteil an unternehmerischer Selbständigkeit auf der Ebene des Berufes ein entsprechendes Rollenvorbild vermittelt – so z.B. bei Handwerkern, Ärzten, Rechtsanwälten, Landwirten. Etablierte Rollenvorbilder unternehmerischer Selbständigkeit können den Schritt in die Selbständigkeit auch insofern

---

ren wie z.B. Bildungsniveau, Berufserfahrung, Alter, Familienstand und Einkommen, die ebenfalls einen Einfluss auf die Wahl eines bestimmten Berufes haben können, kontrolliert wird.

7 Das Konzept der Big Five versucht, die wesentlichen Merkmale einer Persönlichkeit über die fünf Dimensionen Verträglichkeit, Extraversion, Neurotizismus, Offenheit für Erfahrungen und Gewissenhaftigkeit zu erfassen (vgl. Costa/McCrae 1992).

begünstigen, als sie die Kommunikation des Geschäftsmodells gegenüber Finanziers und die Abschätzung von Erfolgschancen in der Regel wesentlich erleichtern. Neben Tradition und Rollenvorbildern können hier auch institutionelle Regelungen eine erhebliche Rolle spielen.

Hypothese III: Eine hohe berufliche Selbständigenrate im sozialen Umfeld hat einen positiven Einfluss auf die individuelle Gründungsneigung.

Berufsspezifische Arbeitslosigkeit und Entrepreneurial Choice

Bisherige Studien zur Rolle von Arbeitslosigkeit für die Entscheidung zur unternehmerischen Selbständigkeit haben den Beruf weitgehend vernachlässigt (vgl. Parker 2009a), obwohl Arbeitslosigkeit durchaus ein berufsspezifisches Phänomen darstellt. So ergibt etwa eine Studie von Candelon et al. (2008), dass relativ hohe Arbeitslosenquoten vor allem in Berufen mit vergleichsweise niedrigen Qualifikationsanforderungen zu finden sind. Betrachtet man das Niveau von

Tabelle 2: Anteil der Kurzzeit- und der Langzeit-Arbeitslosen in verschiedenen Berufen im Jahr 2004 (in %)*

Berufe	Kurzzeit-Arbeitslosenrate	Langzeit-Arbeitslosenrate
Landwirtschaft	21.06	16.24
Bearbeitungsberufe, Bauberufe	9.84	6.27
Köche, Gastwirte	17.29	9.58
Ingenieure	7.86	4.57
Techniker	13.44	7.43
Kaufleute	9.83	5.99
Hilfsarbeiter	12.92	11.30
Geschäftsführung	6.64	3.81
Sicherheitsberufe	13.47	14.40
Künstler	20.69	10.76
Soziale Berufe	6.67	2.60
Lehre, publizistische und verwandte Wissenschaftsberufe	6.37	3.08
Ärzte	3.81	0.79
Insgesamt	10.57	6.61

* Eigene Berechnungen auf der Grundlage des Mikrozensus des Statistischen Bundesamtes. Angaben zu Anzahl der Kurz- und Langzeit-Arbeitslosen: Bundesagentur für Arbeit (Nürnberg).

Kurzzeit- und Langzeitarbeitslosigkeit in Deutschland differenziert nach Berufen, so zeigen sich erhebliche Unterschiede (Tabelle 2). Eine hohe Kurzzeit-Arbeitslosenrate (Dauer der Arbeitslosigkeit bis zu einem Jahr) in einem bestimmten Beruf kann als Indikator für die Flexibilität des berufsspezifischen Arbeitsmarktes aufgefasst werden und etwa auf einen hohen Anteil an zeitlich befristeten Arbeitsverhältnissen hindeuten. Ein hoher Anteil an Langzeitarbeitslosigkeit (Dauer der Arbeitslosigkeit länger als ein Jahr) in einem Beruf bedeutet, dass Personen mit diesem Beruf im Falle von Arbeitslosigkeit nur mit erheblichen Schwierigkeiten wieder in das Erwerbsleben zurückfinden werden.

Hypothese IV: Die berufsspezifische Gründungsneigung wird wesentlich durch berufsspezifische Arbeitslosigkeit geprägt.

Der Einfluss des berufsspezifischen Niveaus der Kurzzeit- und Langzeitarbeitslosigkeit auf die Gründungswahrscheinlichkeit kann je nach Risikoneigung und Qualifikationsniveau einer Person recht unterschiedlich ausgeprägt sein. Wir erwarten, dass sich Personen mit einer relativ geringen Risikoneigung bereits in der ersten Stufe des zweistufigen Entrepreneurial Choice in Berufe mit relativ hoher Arbeitsplatzsicherheit selektieren (z.B. Berufe des öffentlichen Dienstes; siehe hierzu Pfeifer 2010). Demgegenüber schrecken Personen mit relativ stark ausgeprägter Risikotoleranz nicht vor solchen Berufen zurück, die durch relativ hohe Arbeitslosenraten gekennzeichnet sind. Dies könnte insbesondere der Fall sein, wenn diese Personen Selbständigkeit bereits bei der Berufswahl für eine attraktive Erwerbsoption halten. Da unternehmerisch selbständige Tätigkeit ein gewisses Maß an Risikotoleranz voraussetzt, sollten dann Berufe mit relativ hohen Arbeitslosenraten (ceteris paribus, d.h. bei Gleichheit aller anderen Umstände) auch eine entsprechend hohe Selbständigenquote bzw. Gründungsrate aufweisen.

Allerdings hängen die Möglichkeiten der Selbst-Selektion in ein bestimmtes berufliches Umfeld wesentlich vom Qualifikationsniveau einer Person ab: Je höher ihre allgemeine Qualifikation, desto größer auch das Spektrum der ihr zur Auswahl stehenden Alternativen. Daher kann es sein, dass Personen mit einem relativ geringen Qualifikationsniveau mehr oder weniger gezwungen sind, in einem Beruf mit hohem Arbeitslosigkeits-Risiko tätig zu sein und die Gründung eines eigenen Unternehmens dann relativ häufig aus Not heraus, d.h. mangels anderer Beschäftigungsoptionen, erfolgt (Necessity Entrepreneurship). Folglich

Tabelle 3: Der Zusammenhang zwischen berufsspezifische Arbeitslosen- und Selbständigenraten auf die individuelle Gründungsentscheidung

	I	II	III
Alter	-0,0124	-0,0128	-0,0133
	(0,0172)	(0,0168)	(0,0168)
Alter^2	-1,59e-05	-1,02e-05	-7,16e-06
	(0,0002)	(0,0002)	(0,0002)
Geschlecht: männlich=1	0,123**	0,102*	0,112**
	(0,054)	(0,056)	(0,055)
Familienstand: verheiratet=1	-0,023	-0,019	-0,018
	(0,061)	(0,060)	(0,060)
Bildungsniveau: Anlernausbildung, berufliches Praktikum	0,072	0,068	0,069
	(0,071)	(0,072)	ischen D
Bildungsniveau: Lehrausbildung, Meister, Techniker	0,168***	0,180***	0,179***
	(0,065)	(0,068)	(0,068)
Bildungsniveau: Hochschul- und Universitätsabschluss	0,287*	0,300**	0,305**
	(0,148)	(0,150)	(0,151)
Ostdeutschland=1	0,007	-0,004	-0,002
	(0,063)	(0,064)	(0,064)
Berufsspezifische Kurzzeitarbeitslosenrate (t-1)	-	0,869**	-
		(0,399)	
Berufsspezifische Langzeitarbeitslosenrate (t-1)	-	-	1,122*
			(0,574)
Berufsspezifische Selbständigenrate (t-1)	-	0,011***	0,012***
		(0,003)	(0,003)
Konstante	-2,108***	-2,304***	-2,273***
	(0,321)	(0,319)	(0,318)
Anzahl der Beobachtungen	32.575	32.575	32.575
Log Pseudolikelihood	-1130	-1118	-1119
Wald Chi2	36,77***	65,28***	59,12***
Pseudo R2	0,018	0,029	0,028

Anmerkungen: Probit-Regressionen. Abhängige Variable: Gründung = 1; Verbleib in abhängiger Beschäftigung = 0. Robuste Standardfehler in Klammern. *** : statistisch signifikant auf dem 1-Prozent-Niveau; **: statistisch signifikant auf dem 5-Prozent-Niveau. Quelle: Mikrozensus 2004 und Bundesagentur für Arbeit (Nürnberg).

erwarten wir, dass der Selbst-Selektionseffekt in mehr oder weniger durch unternehmerische Selbständigkeit geprägte Berufe im Bereich der niedrigen Qualifikationen vergleichsweise schwach ausgeprägt ist.

Für eine empirische Analyse des Zusammenhanges zwischen berufsspezifischer Arbeitslosenrate und Gründungsneigung ziehen wir den Mikrozensus des Statistischen Bundesamtes aus dem Jahr 2004 heran. Dabei handelt es sich um eine repräsentative Bevölkerungsstichprobe (hierzu Fritsch et al. 2012), die eine für unsere Zwecke ausreichende Anzahl an Beobachtungen aufweist. Darüber hinaus differenzieren wir zwischen berufsspezifischer Kurzzeit- und Langzeit-Arbeitslosigkeit,[8] da es Hinweise gibt, dass der Effekt je nach Dauer der Arbeitslosigkeit unterschiedlich ausfällt (Fritsch/Falck 2007). Die Schätzungen zeigen, dass beide Formen der Arbeitslosigkeit in einem positiven Zusammenhang mit der individuellen Gründungsneigung stehen (Modelle II und III in Tabelle 3). Personen in solchen Arbeitsmarktsegmenten, die durch ein hohes Maß an Arbeitsplatzwechseln (Kurzzeitarbeitslosigkeit) gekennzeichnet sind und/oder in denen ein hohes Risiko für länger andauernde Arbeitslosigkeit besteht, beteiligen sich also in überproportionalem Maße am Gründungsgeschehen. Weiterhin weist der signifikant positive Koeffizient für den Zusammenhang zwischen dem Niveau berufsspezifischer Selbständigkeit und der individuellen Gründungsneigung auf die Bedeutung des berufsspezifischen Umfeldes hin, was insbesondere als eine stimulierende Wirkung von beruflichen Rollenvorbildern aufgefasst werden kann. Alle Effekte sind auch bei Kontrolle für soziodemographische Merkmale wie Alter, Geschlecht, Familienstand und Ausbildungsstand statistisch signifikant.

3. BERUFSERFAHRUNGEN UND DIE BEDEUTUNG DER SKILL BALANCE

Nach der Berufsebene soll in der Analyse nun die Skill Ebene betrachtet werden. Skills – hier verstanden als Kenntnisse und Fähigkeiten – spielen in der Segmentationstheorie (vgl. Doeringer/Piore 1971; Lutz/Sengenberger 1974) für die Erklärung der Entstehung von Arbeitsmarktstrukturen eine wichtige Rolle. In Anlehnung an die Humankapitaltheorie (vgl. Becker 1975) fragt der Segmentationsansatz, wie sich Prozesse der Abschottung bzw. Schließung bestimmter Teilbereiche des Arbeitsmarktes erklären lassen. Hierbei wird ein Zusammenhang zwischen der Herausbildung betriebsspezifischer Qualifikationen und der Ent-

---

8 Daten der Bundesagentur für Arbeit (Nürnberg).

stehung betriebsinterner Arbeitsmarktsegmente hergeleitet. Der Grundgedanke dabei ist, dass durch die Spezialisierungen der Beschäftigten auf ein bestimmtes Arbeitsgebiet sowie durch die Aneignung unternehmensspezifischen Wissens sowohl für Arbeitgeber als auch für Arbeitnehmer ein Interesse an einer langfristigen Bindung an einen Betrieb beziehungsweise Arbeitsplatz entsteht. Aus dieser Sicht bilden dann „allgemeine" d.h. betriebsübergreifende Qualifikationen, wie sie etwa im Rahmen standardisierter Ausbildungsgänge entstehen, eine wesentliche Voraussetzung für Beschäftigungschancen auf betriebsexternen Arbeitsmärkten. Diesem Argument zufolge kommt es auf berufsfachlichen Arbeitsmärkten aufgrund eines hohen Maßes an Standardisierung der Qualifikationen zu einem entsprechend hohen Niveau an zwischenbetrieblicher Mobilität (vgl. Sengenberger 1978). Allerdings fokussiert der Segmentationsansatz auf abhängige Beschäftigung; die Frage, welche Qualifikationen es jemandem erleichtern, sich jenseits von abhängiger Beschäftigung ein den Lebensunterhalt sicherndes Einkommen zu erwirtschaften, bleibt ausgeblendet.

Antworten auf die Frage nach gründungsrelevanten Qualifikationen bietet die Theorie der „Balanced Skills", die, anders als der Segmentationsansatz, vor allem auf die Vielfalt und die Struktur, d.h. auf die Balance verschiedener Skills, abstellt (vgl. Lazear 2004, 2005). Lazear argumentiert, dass Gründer, um erfolgreich zu sein, eine Vielzahl an Aufgaben zu bewältigen haben und entsprechend vielfältige Qualifikationen (Skill Balance) benötigen. Demnach ist ein Gründer bzw. Selbständiger tendenziell ein Generalist oder „Hansdampf in allen Gassen". Durch die vielgestaltigen Anforderungen im Arbeitsalltag decken Selbständige im Vergleich zu abhängig Beschäftigten zumeist eine größere Anzahl an Kenntnisgebieten ab. Dabei ist wichtig, dass eine Balance zwischen den Kenntnisgebieten besteht, da der Erfolg des Gründers bzw. Selbständigen von dem Gebiet mit den geringsten Kenntnissen begrenzt wird und somit von dem schwächsten Kettenglied abhängt.

Bei der Messung von Skill Balance wird in der Literatur in der Regel unterstellt, dass eine Erhöhung der Anzahl an Skills auch zu einer Erhöhung der Balance führt. Allerdings ist wohl eher davon auszugehen, dass eine Erhöhung der Anzahl unterschiedlicher Skills nur begrenzt sinnvoll ist, da sich damit zwar die Vielfalt erhöht, jedoch nicht automatisch eine Balance erreicht wird. Für die Analysen wird hier die BIBB/BAuA-Erwerbstätigenbefragung 2006 verwendet. Dabei handelt es sich um eine telefonische, computerunterstützte Repräsentativbefragung von 20.000 Erwerbstätigen (Angestellten und Selbstständigen) in Deutschland, die gemeinsam vom Bundesinstitut für Berufsbildung (BIBB) und von der Bundesanstalt für Arbeitsschutz und Arbeitsmedizin (BAuA) durchgeführt wurde (vgl. Rohrbach-Schmidt 2009, Hall/Tiemann 2006).Unser Indikator für Skill Balance gibt eine maximale Skill Höhe (Experten-Qualifikation) sowie eine maximale Anzahl an Skills (neun Arten von Skills)[9] vor, bei der ein Skill Set als ‚ausbalanciert' angesehen werden kann.[10] Das Maß für die Skill Balance ergibt sich aus der Anzahl der vorhandenen Experten-Qualifikationen, die im Rahmen der aktuellen beruflichen Tätigkeit angewandt werden (ausführlicher hierzu Bublitz/Noseleit 2011).

Eine Berechnung der durchschnittlichen Skill Balance für verschiedene Berufsfelder weist deutlich auf Unterschiede in der Vielfalt berufsspezifischer Tätigkeitsprofile hin (Tabelle 4). Angeführt wird die Rangfolge von Ingenieuren und Naturwissenschaftlern (inklusive Chemikern und Physikern) sowie von Personen in den Bereichen Geschäftsführung, Wirtschaftsprüfung sowie Unternehmensberatung, die jeweils eine besonders hohe Skill Balance aufweisen. Die niedrigste durchschnittliche Skill Balance ergibt sich zum Beispiel für Packer/innen, Lager- bzw. Transportarbeiter sowie Reinigungs- und Entsorgungsberufe. Berufe mit einer hohen Skill Balance setzen in der Regel ein relativ hohes Ausbildungsniveau, insbesondere ein Hochschulstudium, voraus. Diese Unterschiede in der Skill Balance könnten zur Erklärung berufsspezifischer Unterschiede des Entrepreneurial Choice beitragen.

---

9 Unser Indikator für die Skill Balance berücksichtigt naturwissenschaftliche und handwerkliche Kenntnisse, Rechtskenntnisse, Kenntnisse in den Bereichen Projektmanagement, Layout, Gestaltung und Visualisierung, Mathematik, Fachrechnen und Statistik, Deutsch (schriftlicher Ausdruck und Rechtschreibung) sowie weiterhin technische und kaufmännische bzw. betriebswirtschaftliche Kenntnisse. Weiterhin wird sowohl die Kenntnisbreite als auch die Kenntnishöhe berücksichtigt, sodass die Skill Balance in zwei Dimensionen gemessen werden kann (vgl. Rohrbach-Schmidt 2009). Nicht berücksichtigt wurden Kenntnisbereiche, die im Verarbeitenden Gewerbe kaum Anwendung finden, sondern vorrangig im Dienstleitungssektor relevant sind (z.B. Kenntnisse auf dem Gebiet der Medizin oder der Pädagogik). Eine Faktorenanalyse hat gezeigt, dass die verschiedenen Kenntnisgebiete statistisch weitgehen unabhängig voneinander sind.

10 Zur genaueren Bestimmung der Skill Balance, die sich günstig auf unternehmerische Selbständigkeit auswirkt, könnte versucht werden, komplementäre Skills (z.B. technische und kaufmännische Kenntnisse) zu ermitteln. Dabei ist zu vermuten, dass solche Kombinationen von Skills wiederum berufs- bzw. branchenspezifisch sind. Da derzeit keine genaueren Analysen hierzu vorliegen, gehen wir von der vereinfachenden Annahme Lazears aus, dass sämtliche Skills für eine Gründung gleichermaßen wichtig sind.

Tabelle 4: Übersicht über die Berufsfelder (sortiert nach Skill Balance)*

	Berufsfelder (20 von 54)	Skill Balance	Anzahl absolut	Prozent
1	Ingenieur(e/innen)	4,734	719	3,61
2	Chemiker/innen, Physiker/innen, Naturwissenschaftler/-innen	4,077	91	0,46
3	Geschäftsführung, Wirtschaftsprüfung, Unternehmensberatung	3,926	839	4,21
4	Techniker/innen	3,621	623	3,13
5	IT-Kernberufe	3,541	636	3,19
6	Werbefachleute	3,319	188	0,94
7	Gesundheitsberufe mit Approbation	3,304	270	1,36
8	Feinwerktechnische, verwandte Berufe	3,144	90	0,45
9	Lehrer/innen	3,079	1.246	6,26
10	Vermessungswesen	3,032	31	0,16
...	[...]			
45	Hotel-, Gaststättenberufe, Hauswirtschaft	1,235	345	1,73
46	Spinnberufe, Textilhersteller/innen,Textilveredler/-innen	1,200	15	0,08
47	Bürohilfsberufe, Telefonist(en/innen)	1,156	243	1,22
48	Verkaufsberufe (Einzelhandel)	1,087	824	4,14
49	Getränke, Genussmittelherstellung, übrige Ernährungsberufe	1,070	43	0,22
50	Verkehrsberufe	0,971	479	2,40
51	Warenprüfer/innen, Versandfertigmacher/	0,899	277	1,39
52	Packer/innen, Lager-, Transportarbeiter	0,700	454	2,28
53	Hilfsarbeiter/innen o.n.T.	0,653	101	0,51
54	Reinigungs-, Entsorgungsberufe	0,587	404	2,03
	Insgesamt	2,314	19.917	100

* Die Skill Balance von Berufen im Dienstleistungssektor kann aufgrund der Struktur des Indikators nur bedingt interpretiert werden. Es wurden keine weiteren Unterscheidungen vorgenommen bezüglich der Betriebsgröße, Einkommensklasse oder ob es sich um Selbständige bzw. Angestellte handelt. Eigene Berechnungen auf Grundlage der BIBB/BAuA-Erwerbstätigenbefragung 2006.

Nachdem die Unterschiede der Skill Balance bezogen auf den Beruf aufgezeigt wurden, soll nun die Skill Balance von Selbständigen und abhängig Beschäftigten verglichen werden, wobei für das Berufsfeld kontrolliert wird. Die Gründungsforschung hat vielfach gezeigt, dass ein Großteil der Gründer unmittelbar vor dem Marktzutritt in kleinen Unternehmen tätig war (vgl. Wagner 2004; Parker 2009b). Ein möglicher Erklärungsansatz für diese Beobachtung können Unterschiede in der Skill Balance sein, die durch die Betriebsgröße gefördert oder sogar bedingt werden (vgl. Bublitz/Noseleit 2011). Allgemein sind Tätigkeitsfelder in kleinen Betrieben weiter geschnitten und die Mitarbeiter werden dort tendenziell mit vielfältigeren Aufgaben betraut als dies in Großbetrieben der Fall ist, die aufgrund ihrer Größe ein höheres Maß an innerbetrieblicher Spezialisierung realisieren können. Entsprechend erfolgt die Bewältigung komplexer Aufgaben in Großbetrieben weniger durch eine Einzelperson (Generalist), sondern eher durch ein Team von Spezialisten, was wiederum auf die Skill Balance der Angestellten rückwirkt.

Hypothese V: Selbstständige weisen die höchste Skill Balance auf, gefolgt von Beschäftigten in Kleinbetrieben und dann von Beschäftigten in Großbetrieben.

Entsprechend der unterschiedlichen Skill Balance der Beschäftigten und Selbstständigen wird zudem vermutet, dass auch das Lernverhalten der Gruppen variiert.

Hypothese VI: Eine Investition in Humankapital hat entsprechend der beruflichen Stellung sowie der Betriebsgröße unterschiedliche Effekte auf die Skill Balance.

Zunächst wurde der Zusammenhang zwischen Skill Balance, Betriebsgröße und unternehmerischer Selbständigkeit für das verarbeitende Gewerbe genauer analysiert (für eine ausführliche Darstellung siehe Bublitz/Noseleit 2011). Die Analysen wurden hier deshalb auf das verarbeitende Gewerbe beschränkt, weil die in der Datenbasis vorhandenen Informationen zu den Skills für eine Anwendung auf Beschäftigte im Dienstleistungssektor nur beschränkt geeignet sind. Die Ergebnisse zeigen, dass Mitarbeiter in kleinen Betrieben eine relativ hohe Skill Balance aufweisen, während Angestellte in großen Betrieben sich eher auf wenige Tätigkeitsgebiete konzentrieren und daher über eine geringere Vielfalt an Fähigkeiten verfügen. Im Vergleich zu Beschäftigten in Großbetrieben ist es für Mitarbeiter in kleinen Betrieben nicht nur einfacher, die für unternehmerische Selbständigkeit förderliche Skill Balance zu erreichen, sondern es zeigt sich, dass eine solche Vielfalt an Fähigkeiten dort auch mit höheren Gehaltszuschlägen belohnt wird (vgl. Abbildung 1). Allerdings nehmen die Unterschiede in höheren Gehaltsstufen ab, was wahrscheinlich dadurch bedingt ist, dass die Tätigkeit eines leitenden Angestellten oder Managers in sämtlichen Betriebsgrößen per Definition eine relativ hohe Vielfalt an Fähigkeiten erfordert.

Abbildung 1: Einfluss der Skill Balance auf die Gehälter von Mitarbeitern in verschiedenen Betriebsgrößen*

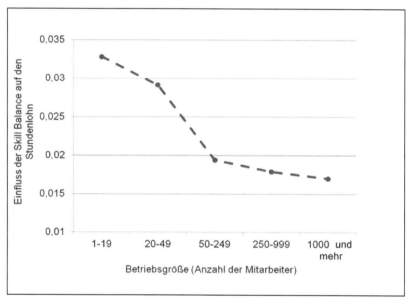

* Eigene Berechnungen auf Grundlage der BIBB/BAuA-Erwerbstätigenbefragung 2006.

Die Analysen bestätigen zudem, dass bei abhängig Beschäftigten – neben einer Tätigkeit in einem Kleinbetrieb – offenbar eine berufsfachliche Ausbildung sowie ein Meister- oder ein Hochschulabschluss für den Erwerb der Skill Balance förderlich sind. Bei Selbständigen spielt in dieser Hinsicht neben einem Hochschulabschluss auch die Berufserfahrung als Selbständiger eine Rolle. Dieses deutet darauf hin, dass es einen Level-Effekt gibt, demnach Selbständige ihre Skill Balance nur noch mit höheren bzw. fokussierten Bildungsmaßnahmen (hohes Qualifikationslevel) steigern können, während die Skill Balance von abhängig Beschäftigten auch noch von weniger anspruchsvollen Ausbildungsabschlüssen (niedriges Qualifikationslevel) positiv beeinflusst wird. In einem weiteren

Schritt wird die Veränderung der Skill Balance in Beziehung zu der Berufserfahrung in verschiedenen Betriebsgrößen gesetzt. Für die Gruppe von abhängig Beschäftigten, die seit Arbeitsmarkteintritt ihren Arbeitgeber nicht gewechselt haben, ist in großen Betrieben tendenziell eine Abnahme, in kleinen Betrieben hingegen eine Zunahme der Skill Balance zu verzeichnen (vgl. Abbildung 2). Allerdings kann nicht festgestellt werden, inwieweit diese Entwicklungen auf Selektions- oder auf Lernprozessen beruhen. Zum einen ist denkbar, dass sich Personen selbst in bestimmte Betriebsgrößen selektieren und von Arbeitgebern aus

Abbildung 2: Durchschnittliche Skill Balance von Mitarbeitern in kleinen und großen Betrieben sortiert nach Dauer der Betriebszugehörigkeit

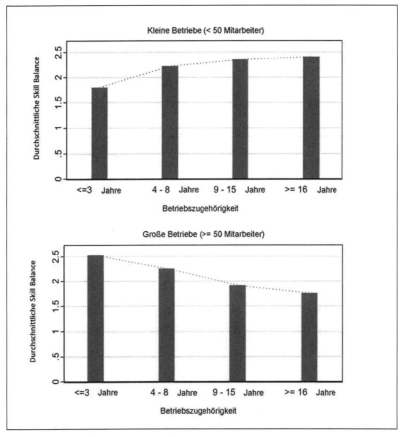

* Ohne Mitarbeiter des obersten Gehaltsquartils und ohne Mitarbeiter, die Arbeitgeber gewechselt haben. Eigene Berechnungen auf Grundlage der BIBB/BAuA-Erwerbstätigenbefragung 2006.

gewählt werden, wenn die Skill-Struktur zum Betrieb passt, oder dass sie wieder entlassen werden, wenn das nicht der Fall ist. Zum anderen könnte eine Entwicklung dahingehend vermutet werden, dass Personen direkt vor Ort durch die Betriebsstruktur geprägt werden und entsprechend ihre Skill-Struktur anpassen.

Zusammenfassend lässt sich aus diesen Analysen schließen, dass ein deutlich ausgeprägter Zusammenhang zwischen der Betriebsgröße und der Skill Balance der Mitarbeiter besteht (vgl. Bublitz/Noseleit 2011) und dass die Skill Balance berufsbezogen variiert. Eine hohe Skill Balance kann den Schritt in die Selbständigkeit erleichtern, vielleicht sogar fördern und hat wahrscheinlich wesentlichen Einfluss auf den Unternehmenserfolg. Die Ergebnisse weisen darauf hin, dass der Erwerb ausgewogener Kenntnisse eine lohnenswerte Alternative zur Fokussierung auf einzelne Skills darstellen kann, was sich dann insbesondere in Kleinbetrieben auch im Gehalt niederschlägt. Dabei spielen neben der Art von Skills (vgl. Becker 1975) die Struktur der Skills (vgl. Lazear 2004; 2005) eine wesentliche Rolle. Die Tätigkeit in kleinen Betrieben kann daher eine Erwerbsstrategie darstellen, die über die Aneignung vielfältiger Fähigkeiten zusätzliche Optionen auf dem Arbeitsmarkt eröffnet und damit sowohl die Befähigung als auch die Wahrscheinlichkeit zu einem erfolgreichen Schritt in die unternehmerische Selbständigkeit erhöht. Dabei wird das Spektrum der zu erwerbenden bzw. sinnvoll einsetzbaren Kenntnisse durch die Spezifika des jeweiligen Berufes und der betreffenden Branche begrenzt.

4. ZUSAMMENFASSENDE SCHLUSSFOLGERUNGEN UND AUSBLICK

Unsere Überlegungen und die entsprechenden empirischen Befunde sprechen für die Vermutung, dass sich die Gründungsneigung von Personen mit unterschiedlichen Berufen signifikant unterscheidet. Offenbar prägt die Wahl eines bestimmten Berufes bzw. die Tätigkeit in diesem Beruf die Entscheidung für oder gegen unternehmerische Selbständigkeit (Entrepreneurial Choice). Der Zusammenhang zwischen der Berufstätigkeit und der Entscheidung zur unternehmerischen Selbständigkeit zeigt sich in den folgenden Bereichen:

- Zunächst stehen die Berufswahl und der Verbleib in einem Beruf im Zusammenhang mit der Gründungswahrscheinlichkeit. Personen mit bestimmten Persönlichkeitsmerkmalen tendieren dazu, einen Beruf zu wählen, dessen Anforderungen ihrer Persönlichkeitsstruktur entsprechen. Folglich weisen Berufe, in denen unternehmerische Persönlichkeitsmerkmale für die Erledigung der

berufsspezifischen Aufgaben vom Vorteil sind, relativ hohe Selbständigenraten auf.
- Weiterhin spielt das berufliche Umfeld eine wichtige Rolle. So können beispielsweise Rollenvorbilder der unternehmerischen Selbständigkeit sowie berufsspezifische Regulierungen einen förderlichen Einfluss auf die Gründungsmotivation haben. Auch die auf dem betreffenden Markt erforderliche mindestoptimale Größe ist in diesem Zusammenhang sicherlich von Bedeutung. Das Niveau der berufsspezifischen Arbeitslosigkeit und damit die Arbeitsplatzunsicherheit in einem Beruf beeinflussen die Wahrscheinlichkeit für eine Gründung, wobei sich empirisch ein positiver Zusammenhang zeigt. Dabei könnte der kausale Zusammenhang je nach Qualifikationsniveau unterschiedlich ausfallen. Einmal kann es sein, dass solche in der Regel relativ gut qualifizierten Personen, die von vornherein stark unternehmerisch orientiert sind und dabei in der Regel eine vergleichsweise hohe Risikobereitschaft aufweisen, bereits auf der ersten Stufe des Entrepreneurial Choice einen Beruf mit relativ geringer Arbeitsplatzsicherheit wählen. Zum anderen könnte ein hohes Niveau an berufsspezifischer Arbeitslosigkeit relativ gering qualifizierte Personen zu Gründungen aus Not („necessity entrepreneurship") stimulieren.
- Ein wesentlicher Zusammenhang besteht auch zwischen der Gründungsneigung einer Person und ihrer Qualifikationsstruktur. Damit rückt der Bildungsabschluss bzw. die Berufsausbildung ins Blickfeld. Darüber hinaus sind in diesem Zusammenhang auch die während der Ausübung des gewählten Berufes erworbenen Qualifikationen wichtig, die wesentlich von der konkreten Arbeitsorganisation innerhalb der Unternehmen geprägt werden. Die für eine erfolgreiche Selbständigkeit erforderliche Qualifikationsstruktur (Skill Balance) wird insbesondere von Faktoren wie dem der Betriebsgröße und dem des Bildungshintergrund beeinflusst.

Unsere Ergebnisse weisen darauf hin, dass die Entscheidung einer Person für oder gegen unternehmerische Selbständigkeit als ein dynamischer Prozess aufzufassen ist, der in mehreren Stufen abläuft. Im Verlauf dieses Prozesses, der – wie diverse Studien belegen – bereits in der Kindheit beginnt (vgl. Obschonka et al. 2010; Schmitt-Rodermund 2007), spielen Berufswahl, Berufstätigkeit und die während der Berufstätigkeit erworbenen Kenntnisse eine wichtige Rolle. Dabei kommt insbesondere auch der Ausbildung, der innerbetrieblichen Arbeitsorganisation und den berufsspezifischen Gegebenheiten des Arbeitsmarktes eine wesentliche Bedeutung zu. Hieraus folgt, dass Unternehmensgründungen als ein *endogenes* Element des Arbeitsmarktes aufzufassen sind. Diese Endogenität zeigt sich etwa darin, dass die überwiegende Mehrzahl der Gründer vor dem

Schritt in die Selbständigkeit eine Zeit lang abhängig beschäftigt war und während dieser Zeit häufig wichtige Qualifikationen erworben hat, die sie zu einer erfolgreichen Gründung eines eigenen Unternehmens befähigen (Fritsch et al. 2012). Unternehmerische Selbständigkeit stellt eine wichtige Erwerbsoption dar, die meist im Sinne des Konzeptes des Entrepreneurial Choice *freiwillig* ergriffen wird.[11] Diese Option sollte sehr viel stärker als bisher in der Arbeitsmarkttheorie berücksichtigt beziehungsweise. in diese integriert werden. Dies gilt insbesondere auch für die soziologische Arbeitsmarkttheorie, in der die Erwerbsoption der unternehmerischen Selbständigkeit bisher weitgehend vernachlässigt bleibt.[12] Diese Vernachlässigung von Entrepreneurship ist insbesondere auch deshalb bedauerlich, da wirtschaftliches Wachstum und die Schaffung von Arbeitsplätzen letztendlich auf unternehmerischer Initiative beruhen.

Die hier dargestellte Evidenz ist natürlich in keiner Weise erschöpfend und es bedarf weiterer Untersuchungen, um die Zusammenhänge genauer zu verstehen. Insbesondere sollten solche weiterführenden Analysen auch danach fragen, was für qualitative Merkmale die Gründungen aus bestimmten Berufen beziehungsweise. mit bestimmten Tätigkeitsprofilen des Gründers haben und wie erfolgreich sie sind. Denn empirische Untersuchungen weisen deutlich darauf hin, dass der Wachstumsbeitrag von Gründungen wesentlich von ihrer Qualität abhängt (vgl. Fritsch 2011). Dabei meint Qualität einer Gründung vor allem, inwieweit die neuen Betriebe die etablierten Firmen herausfordern und dann im

---

11 In der Entrepreneurship- Forschung wird zwischen Opportunity Entrepreneurship (selbständige Tätigkeit zur Wahrnehmung einer sich bietenden Chance) und Necessity Entrepreneurship (Unternehmertum aus Not, da andere Einkommensalternativen fehlen) unterschieden. Naturgemäß lässt sich der Anteil beider Kategorien nicht exakt bestimmen. Nach den Angaben des Global Entrepreneurship Monitors, einer international vergleichenden Ermittlung des Niveaus von Gründungen und unternehmerischer Selbständigkeit, lag der Anteil der Gründungen aus Not in Deutschland im Jahr 2010 bei unter 30 Prozent, was im Umkehrschluss bedeutet, dass mehr als 70 Prozent der Gründungen freiwillig erfolgen (hierzu Sternberg 2011). In vielen anderen Ländern liegt der Anteil der Opportunity-Gründer noch deutlich höher.

12 Auch das Konstrukt des „Arbeitskraft-Unternehmers" (vgl. Kap. IX, Pongratz) blendet die Alternative einer selbständigen unternehmerischen Tätigkeit aus. Unter Arbeitskraft-Unternehmern werden Erwerbspersonen verstanden, die zwar abhängig beschäftigt sind, ihren Arbeitsplatz aber mehr oder weniger häufig wechseln und ihre Arbeits- und Lebensgestaltung daraufhin ausrichten. Dabei wird unterstellt, dass diese Anpassungsleistung aufgrund der Abhängigkeit von Arbeitgebern gezwungenermaßen, und damit unfreiwillig erbracht wird.

Wettbewerb bestehen können. In diesem Zusammenhang kommt der Qualifikation des Gründers große Bedeutung zu, die häufig zu einem erheblichen Teil vor dem Schritt in die Selbständigkeit in abhängiger Beschäftigung erworben wird.

Weiterhin verdeutlichen diese Ergebnisse die Bedeutung von internen und externen Arbeitsmärkten für die Entstehung von Unternehmensgründungen. Neben den Beschäftigungsmöglichkeiten im Betrieb beeinflussen die Verdienstoptionen auf externen sowie berufsfachlichen Arbeitsmärkten den Entrepreneurial Choice. Wer in seinem Beruf schlechte Verdienstaussichten hat und/oder einem hohen Risiko von Arbeitslosigkeit ausgesetzt ist, kann versuchen, durch die Gründung eines eigenen Unternehmens einen sicheren Arbeitsplatz zu schaffen und ein höheres Einkommen zu erzielen.

XI. Netzwerke in flexiblen Beschäftigungssystemen
Lose Verbindungen oder eigene Logik?

BIRGIT APITZSCH

1. EINLEITUNG

Netzwerke gelten als besonders flexible, umfassende und schnelle Wege der Informationsübertragung in Arbeitsmärkten. Bereits in der zahlreiche Studien anstoßenden Untersuchung von Matching-Prozessen in Arbeitsmärkten von Mark Granovetter (2002; 1995; für einen Überblick vgl. Marsden/Gorman 2001) wurde gezeigt, dass lose Verbindungen zwischen Personen Informationen über offene Stellen und über mögliche Kandidaten dafür effizient übermitteln. Vor diesem Hintergrund liegt die Vermutung nahe, dass sie die mit flexibler Beschäftigung verbundenen Informationsprobleme besonders wirksam lösen können. Gerade dort, wo Arbeitgeber und Arbeitnehmer nicht auf eine längere Zusammenarbeit zurückblicken können und somit nicht über Wissen über die Leistungen des jeweils anderen, über Tätigkeitsanforderungen und Qualifikationen verfügen, stellt sich die Frage nach dem Zugang zu zuverlässigen Informationen besonders drängend (Marsden 2004). Die für Arbeitgeber und Beschäftigte zentralen Bezugsprobleme – die Sicherstellung der Verfügbarkeit qualifizierten Personals und die Existenzsicherung (Köhler/Krause 2010) – verschärfen sich hier.

Dieser Beitrag untersucht den Zusammenhang zwischen flexibler Beschäftigung und Netzwerken und zielt damit auf ein besseres Verständnis der Voraussetzungen und Formen flexibler Beschäftigung. Bislang steht die Forschung zur Nutzung informeller Netzwerke in Arbeitsmärkten, und insbesondere in flexiblen Beschäftigungssegmenten, noch (nahezu) unverbunden neben den Erkenntnissen zu Eigenlogiken spezifischer Teilarbeitsmärkte. Auf der Grundlage einer vergleichenden empirischen Untersuchung zweier hochflexibler Beschäftigungssegmente werden die Interaktionen zwischen Arbeitsorganisation und Arbeitsmarkt herausgearbeitet. Die erste These dieses Beitrags lautet, dass beide eng gekoppelt sind und sich somit Rekrutierungsformen und insbesondere die Bedeutung von Netzwerken in Arbeitsmarktsegmenten erklären lassen. Die gegenwärtig als umfassende Tendenz wahrgenommene Vermarktlichung von Unternehmen und Beschäftigung erscheint dann als nur eine – wenngleich voraussetzungsreiche – Form des Wandels von Arbeitsmärkten. Daneben stehen Netzwerke als Form der Schließung „unterhalb von Organisationen"[1], und sie werden unter bestimmten Bedingungen zur dominanten Steuerungsform. Diese Netzwerke, so die zweite These, setzen der Mobilität und der eigenständigen Bewältigung von Flexibilitätsanforderungen durch die Arbeitnehmer enge Grenzen.

Im Folgenden werde ich zunächst die aktuellen Deutungsansätze zum Wandel von Arbeit sowie die Segmentationstheorie hinsichtlich der Erklärung von Netzwerken in flexiblen Beschäftigungskontexten befragen. Dann werde ich anhand eines empirischen Vergleichs der Branchen Architektur und Medien eine Erklärung informeller Rekrutierung vorschlagen, die die aus dem Zusammenspiel von Arbeitsmarktregulierung und Organisation resultierenden Qualifikationsanforderungen berücksichtigt und die eine Erweiterung des Qualifikationsbegriffs notwendig macht. Schließlich werden die Auswirkungen netzwerkbasierter Beschäftigungsflexibilisierung auf die Mobilität der Beschäftigten diskutiert.

2. Arbeitssoziologische und segmentationstheoretische Zugriffe auf flexible Beschäftigung

In den vergangenen Jahrzehnten wird für den deutschen Arbeitsmarkt ein vielschichtiger Wandel konstatiert, der mit einem relativen Bedeutungsverlust des Normalarbeitsverhältnisses (Osterland 1990; Köhler et al. 2008), mit Restrukturierungsprozessen auf betrieblicher Ebene und möglicherweise sogar mit einer Erosion des Berufsprinzips einhergeht (Voß 2001; Baethge/Baethge-Kinsky 1998). Diese Veränderungsprozesse wurden im arbeitssoziologischen Zugriff als Aspekte einer umfassenden Vermarktlichung und Entgrenzung von Arbeit auf

---

[1] Zu Schließungsformen in externen Arbeitsmärkten auf Ebene der Beschäftigung, des Berufs, allgemeiner arbeitsmarktbezogener gesetzlicher Regelungen sowie der Organisation (vgl. Kap. IV, Giesecke/Groß).

„alle[n] sozialen Ebenen der Verfassung von Arbeit" (Voß 1998: 477) gefasst, betreffen also

„übernationale und gesamtgesellschaftliche Strukturen von Arbeit, die Betriebsorganisation nach außen und innen, Arbeitsplatzstrukturen und das unmittelbare Arbeitshandeln sowie schließlich insbesondere auch die Arbeitssubjekte, d.h. ihre Persönlichkeitseigenschaften (v.a. die Qualifikationen) sowie ihre Lebensverhältnisse" (ebd.).

Mit einer Zunahme atypischer Beschäftigungsverhältnisse und einer stärkeren Orientierung an Ergebnissen und Kennzahlen sowie der Flexibilisierung auf betrieblicher Ebene werden Organisation und Beschäftigung enger an den Markt gekoppelt (Kratzer 2005: 256ff.; vgl. auch Sauer 2007).

Vermarktlichung stellt in dieser Lesart eine universelle, d.h. Berufsgruppen, Betriebs- und Branchengrenzen übergreifende Tendenz des Wandels von Organisation und Arbeit dar. Gleichwohl richtete sich der empirische Fokus der Arbeitsforschung zunehmend auf besonders flexible Arbeits- und Beschäftigungsformen. Als Vorreiter der Flexibilisierung wurden hier zunächst die kleinen und neugegründeten Unternehmen im Bereich der Internetdienstleistungen gesehen (bspw. Manske 2003). Eine Vielzahl empirischer Studien führte jedoch zu der Erkenntnis, dass die Beschäftigungsverhältnisse vom Standard der unbefristeten Vollzeitbeschäftigung weniger stark abweichen als erwartet; zudem ließen sich Konsolidierungsprozesse beobachten, die zu einer weiteren Annäherung an die „Normalarbeit" führten (Mayer-Ahuja/Wolf 2004; 2005; Henninger/Mayer-Ahuja 2005; Boes/Baukrowitz 2002; Boes 2003; 2004).

Daneben standen und stehen Kreativwirtschaft, Kulturberufe und Künstlerarbeitsmärkte im Zentrum der Forschung zum Wandel der Arbeit. Eine Vielzahl von Studien hob die Besonderheiten dieser Branchen und Berufsgruppen hervor, wie die hohen Flexibilitätsanforderungen, den hohen Anteil atypischer Beschäftigung und insbesondere Alleinselbstständiger sowie die projektförmige Arbeitsorganisation. Untersuchungen bezogen sich beispielsweise auf Theater (Eikhof/ Haunschild 2007; Eikhof 2004), die Film- und Fernsehindustrie (Marrs/Boes 2003; Marrs 2007; Windeler/Wirth/Sydow 2001; Windeler/Sydow 2004; Windeler 2004; Baumann 2002a), bildende Kunst (Haak 2005; 2006) und die Werbung (Koppetsch 2006). Ein zentraler und in verschiedenen Branchenstudien im Bereich der Kreativwirtschaft geteilter Befund betrifft die Relevanz informeller Netzwerke in diesen hochflexiblen Beschäftigungsfeldern. Dies kann als Abweichung von einer in flexibilisierten Beschäftigungssegmenten zu erwartenden verschärften Marktsteuerung verstanden werden, wurde bislang jedoch nicht erklärt und eher als Besonderheit der Kultur und Künstlerarbeitsmärkte beschrieben (bspw. Caves 2003; Smith/McKinlay 2009). Dies kann zum einen darauf zurückzuführen sein, dass es bislang nur wenige Arbeiten gibt, die diese Branchen miteinander vergleichen (Ausnahmen sind die Studien von Holtgrewe 2006; Henninger/Mayer-Ahuja 2005) oder als Extremfall der Flexibilisierung in einen breiteren Kontext der Arbeitsmarktregulierung stellen (hierzu bislang nur Gottschall/Betzelt 2001; 2003; Gottschall 1999; Betzelt 2006; Henninger/Papouschek 2008). Zum anderen werden Spezifika der Arbeitsorganisation nicht mit den Besonderheiten des Arbeitsmarktes in Beziehung gesetzt.

Zur Einordnung und Erklärung der Eigenlogik(en) flexibler Arbeitsmärkte lässt sich jedoch auch an die Theoriebildung und Forschung zur Herausbildung von voneinander abgegrenzten Arbeitsmarktsegmenten anknüpfen. Teilarbeitsmärkte zeichnen sich durch das Zusammenwirken von jeweils charakteristischen Allokationsformen, Arbeitsbeziehungen und Qualifikationen aus (Kerr 1954; Doeringer/Piore 1971). In der deutschen Weiterentwicklung des Segmentationsansatzes wird gemeinhin zwischen beruflichen, betrieblichen und unstrukturierten Arbeitsmärkten differenziert (Sengenberger 1987). Sie unterscheiden sich hinsichtlich Qualifikationsangebot und -nachfrage, Mobilitätsmustern der Beschäftigten und Arbeitsbeziehungen. Darüber hinaus gibt es Hinweise auf damit korrespondierende Formen der Organisation der Arbeit[2].

Der *unstrukturierte oder Jedermann-Arbeitsmarkt* zeichnet sich durch eine weitgehende Abwesenheit kollektiver Regulierung von Arbeits- und Beschäftigungsbedingungen, durch unspezifische Qualifikationsanforderungen und geringe Qualifikationen der Erwerbstätigen aus sowie durch eine geringe Bindung zwischen Arbeitgebern und Arbeitnehmern und eine hohe zwischenbetriebliche Mobilität, die vornehmlich durch Preisrelationen strukturiert wird. Die Leistung ist in der Regel leicht individuell zurechenbar (Sengenberger 1987: 119ff.). Im Gegensatz zu betrieblichen Arbeitsmärkten gibt es kein nennenswertes Betriebskapital, welches betriebsspezifische Qualifikationen erfordern würde. In *betrieblichen Arbeitsmärkten* hingegen werden entsprechend der spezifischen Produktionserfordernisse idiosynkratische Qualifikationen ausgebildet. Die Bindung zwischen Arbeitnehmer und Arbeitgeber ist hoch und abgesichert durch Kündigungsschutz. Die Arbeits- und Beschäftigungsbedingungen werden kollektivvertraglich reguliert (ebd.: 150ff.). Auch der *berufsfachliche Arbeitsmarkt* setzt eine über den Betrieb hinausgehende kollektive Organisation voraus. Auf supraorganisationaler Ebene bedarf es der Abstimmung über und der Festlegung von Stel-

---

2   Siehe zu der Notwendigkeit, Veränderungsprozesse im Arbeitsmarkt im Zusammenhang mit der Verwertung der Arbeitskraft, also der Arbeitsorganisation, zu betrachten (Kap. IX, Pongratz; Kap. VIII, Goedicke).

lenprofilen und Berufsbildern sowie einer standardisierten, zertifizierten Ausbildung. Beschäftigte sind damit weniger stark auf die Anerkennung ihrer Leistung und Eignung durch ein einzelnes Unternehmen angewiesen und können einfacher zwischen Arbeitgebern wechseln. Arbeitgebern hingegen wird der Rekrutierungsprozess erleichtert, da aufgrund der mit einem spezifischen Arbeitsplatzzuschnitt korrespondierenden, einheitlichen Qualifikationen die Unsicherheit über das Leistungsvermögen reduziert wird (Sengenberger 1987: 126ff.).

In der segmentationstheoretischen Perspektive ist der Markt nur eine mögliche Koordinationsform, die in abgrenzbaren Teilarbeitsmärkten eine Rolle spielt. Bislang bleibt jedoch offen, wie sich informelle Netzwerke und die Abgrenzung von Teilarbeitsmärkten zueinander verhalten. Zunächst erscheinen Netzwerke aus segmentationstheoretischer Perspektive in ihrer Informationsfunktion angesichts unspezifischer Qualifikationsanforderungen (in Jedermann-Arbeitsmärkten), angesichts der Transparenz überbetrieblich koordinierter Fachqualifikationen (in beruflichen Arbeitsmärkten) oder der langen gemeinsamen Vorgeschichte (in betrieblichen Arbeitsmärkten) als sekundär[3].

Vor dem Hintergrund der hier konstatierten deutlichen Unterschiede in der Verfassung von Arbeitsmarktsegmenten stellt sich die Frage nach der Möglichkeit eines umfassenden und unidirektionalen Wandels von Arbeit. Auch für die Extremfälle der Flexibilisierung, wie beispielsweise in den Kreativ- und Kulturberufen, ist nicht per se von einer Dominanz des Marktmechanismus bei der Allokation von Arbeit auszugehen. Lässt sich also eine abnehmende Bindung zwischen Unternehmen und Beschäftigten als eine zunehmende Vermarktlichung konzeptualisieren? Welche Bedeutung kommt dann Netzwerken für Matching-Prozesse vor allem in flexiblen Beschäftigungssegmenten zu? Unter welchen Bedingungen werden Netzwerke auf Arbeitsmärkten wichtig? Lösen sie die Bezugsprobleme von Arbeitgebern und von Beschäftigten, also die Probleme der

---

3 So gibt es bislang kaum Studien, die die Nutzung von Netzwerken für die Rekrutierung mit Segmentierungsformen im Arbeitsmarkt in Beziehung setzen. Als Ausnahme ist jedoch zum einen die Untersuchung der Medienbranche von Arne Baumann (2002a) zu nennen, der argumentiert, dass vor allem dort Netzwerke genutzt werden, wo die fachlichen Qualifikationen wenig standardisiert sind. Hier finden sich allerdings keine Bezüge zur Arbeitsorganisation. Zum anderen wurde in der Forschung zu erweiterten internen Arbeitsmärkten in Großbritannien und Deutschland die Bedeutung der Kopplung von Organisationen an lokale Gemeinschaften durch die Nutzung persönlicher Netzwerke hervorgehoben (Manwaring 1984; Hohn/Windolf 1988; dazu auch Sengenberger 1987: 179f.). Die Bedeutung *außerberuflicher* sozialer Nahbeziehungen für flexible Beschäftigung wird von Goedicke in Kap. VIII diskutiert.

Verfügbarkeit von Personal und der Existenzsicherung (Köhler/Krause 2010), gleichermaßen? Zur Diskussion dieser Fragen untersuche ich zunächst Rekrutierungsprozesse in zwei hoch flexiblen Beschäftigungssegmenten, der Film- und Fernsehwirtschaft und der Architektur. Unter Rückgriff auf die organisationalen Charakteristika werden die spezifischen Qualifikationsanforderungen in beiden Bereichen herausgearbeitet und damit die Rekrutierungspraktiken erklärt.

3. NETZWERKE IN OFFENEN BESCHÄFTIGUNGSSYSTEMEN – DAS BEISPIEL DER PROJEKTARBEITSMÄRKTE

Die Bedeutung von Netzwerken in flexiblen Arbeitsmärkten soll im Folgenden anhand zweier hochflexibler Beschäftigungssegmente untersucht werden. Architektur und Medien zeichnen sich durch eine projektförmige Arbeitsorganisation aus. Das Arbeitsvolumen schwankt und sowohl das Gelingen als auch die Vermarktung der relativ einzigartigen Produkte sind unsicher. In beiden Bereichen gibt es keine betrieblich organisierte Qualifizierung und keine betriebsinternen Karrieren. Die Beschäftigung ist an kurzfristige Projekte gebunden und aufgrund der Abweichung vom Normalarbeitsverhältnis kaum abgesichert[4]. Die Hälfte der Architekten ist freiberuflich tätig; für die Film- und Fernsehwirtschaft wird der Anteil Selbstständiger auf 30-60 Prozent geschätzt (vgl. detaillierter Apitzsch 2010: 57; Baumann 2002b: 36; DIW 2002: 9). In beiden Bereichen ist auch die sozialversicherungspflichtige Beschäftigung in der Regel an die Projektdauer bzw. -auslastung gebunden, wobei insbesondere die Projektdauer in der Architektur oft weniger planbar ist (Apitzsch 2010: 57).[5] Diese Projektarbeitsmärkte

---

4   Gleichwohl sind die flexible Beschäftigung und die lose Betriebsbindung von Projektarbeitern historisch, regional und nach Bereichen variabel (vgl. Apitzsch 2010). So gibt es durchaus große Architekturbüros oder Bauträgergesellschaften, die Beschäftigten längere Beschäftigungsperspektiven bieten, wenngleich kleine und sehr kleine Büros dominieren (Statistisches Bundesamt 2006). Auch die Beschäftigung in den kleinen Produktionsunternehmen der Film- und Fernsehwirtschaft gewann erst im Zuge der Auslagerung der Produktion durch die in den 1980er Jahren zugelassenen privaten sowie später die öffentlich-rechtlichen Fernsehsender an Bedeutung (Baumann/Voelzkow 2004; Windeler/Sydow 2004).

5   Die unsichere Beschäftigungs- bzw. Auftragslage in beiden Bereichen sowie die Abweichung vom Normalarbeitsverhältnis erschweren jedoch auch die Einkommenssi-

können also als prototypisch für offene Beschäftigungssysteme und externe Arbeitsmärkte im Sinne des Segmentationsansatzes (Köhler/Krause 2010: 399) betrachtet werden. Insofern in diesen Teilarbeitsmärkten eine lose Betriebsbindung, flexible (projektförmige) Arbeit und ein hoher Anteil atypischer Beschäftigungsformen zusammentreffen, sind sie für die Analyse der Folgen eines Wandels der Arbeit hin zu mehr Flexibilität besonders instruktiv.

Theoretisch interessant sind sie jedoch auch aufgrund der Unterschiede hinsichtlich des Grades der Professionalisierung, also der Standardisierung der Ausbildung, der Regulierung des (Arbeits-)Marktzugangs und der Kodifizierung und Kontrolle professioneller Normen. Architektenkammern kontrollieren die Erfüllung der Qualifikationsanforderungen für den (Arbeits-)Marktzugang; mit den Architekten- und Baugesetzen der Länder sind überdies Leistungsphasen und Standards spezifiziert und ihre Einhaltung sanktionierbar. Die Arbeitsmärkte der Architekturbranche weisen damit zentrale Merkmale berufsfachlicher Arbeitsmärkte auf. Im Kontrast dazu stehen die heterogenen Zugangswege zur Film- und Fernsehwirtschaft. Hier stehen neben dem traditionellen learning on-the-job und dem graduellen Aufstieg über Praktika und Assistenzpositionen eine Vielzahl nicht standardisierter Aus- und Weiterbildungsmöglichkeiten mit unterschiedlicher Dauer und unterschiedlichem Spezialisierungsgrad. Die notwendigen Fachqualifikationen werden also über verschiedene Wege, vor allem jedoch über die praktische Tätigkeit vermittelt (vgl. zu den Spezifika der Ausbildung in dieser Branche auch Apitzsch/Piotti, im Erscheinen). Die bestehenden Berufsverbände sind eher klein und kontrollieren weder Arbeitsmarktzugang noch die berufliche Praxis.

Mit dem Vergleich unterschiedlich professionalisierter flexibler Beschäftigungssegmente kann somit genauer untersucht werden, inwiefern die Flexibilisierung von Arbeit und Beschäftigung einerseits und die institutionellen Besonderheiten von Teilarbeitsmärkten andererseits die Entstehung und Bearbeitung von Informationsproblemen und anderen Bezugsproblemen in offenen Beschäftigungssystemen beeinflussen.

Die empirische Grundlage dieses Beitrags bilden zum einen 16 Experteninterviews mit Vertretern und Vertreterinnen von Berufsverbänden, Gewerkschaften und Produktionsfirmen zur Arbeitsmarktentwicklung, Arbeitsorganisation, Beschäftigung, Qualifizierung und Interessenvertretung. Zum anderen wurden 57 Erwerbstätige aus Architektur sowie Film- und Fernsehwirtschaft interviewt.

---

cherung und die Absicherung von/vor Risiken. So gefährdet die befristete und unregelmäßige Projekteinbindung in der Filmwirtschaft den Erwerb auf Ansprüche aus der Arbeitslosenversicherung.

Im Kern bestanden diese Interviews aus offenen, Narrationen anstoßenden Fragen zum Berufseinstieg und zur Biographie, gefolgt von Fragen zur Bedeutung sozialer Beziehungen und zum Vorgehen bei der Besetzung offener Stellen im Projekt. Der Fokus auf die Projektbeschäftigten erlaubte nicht nur einen genaueren Blick auf die Mobilitätsmuster und ihre Grenzen. Da ihnen, und nicht einer spezialisierten Personalabteilung, die Auswahl von Personal obliegt, konnten auch Rekrutierungspraktiken und -kriterien nachvollzogen werden[6].

Rekrutierungspraktiken

Architektur und Medien unterscheiden sich deutlich hinsichtlich der Intensität, in der persönliche Netzwerke für die Stellenbesetzung genutzt werden, sei es in Form von Empfehlungen von Kollegen oder durch Rekrutierung von persönlich bereits bekannten Kandidaten. Während für Architekten Netzwerke eine Möglichkeit unter vielen sind und sie nicht häufiger als Ausschreibungen oder Initiativbewerbungen genutzt werden, sind sie im Bereich der Medien der nahezu einzige Weg der Stellenbesetzung.[7]

Dies lässt sich zum einen mit dem unterschiedlichen Professionalisierungsgrad erklären. So können Fachqualifikationen in der Architektur aufgrund der qualifikationsbasierten Zugangskontrolle bereits bei Arbeitsmarkteintritt vorausgesetzt werden. Im Kontrast dazu werden die fachlichen Qualifikationen in der Film- und Fernsehwirtschaft auf sehr unterschiedlichen Wegen, und oft erst wäh-

---

6 Architekturbüros sind überwiegend sehr klein und werden von Architekten geführt, die Mitarbeiter, Aushilfen oder Praktikanten selbst rekrutieren. Produktionsfirmen sind i.d.R. ebenfalls sehr klein, delegieren jedoch für ein Projekt, das oft mehr als 50 Personen umfasst, die Personalentscheidungen an die Führungspositionen der Departments (z.B. Regie, Kamera, Szenenbild, Kostüm, Beleuchtung), wenngleich sie formal als Arbeit- bzw. Auftraggeber fungieren (für ausführlichere Informationen zu den Branchen auch Apitzsch 2010). Die Beschäftigung in diesen Produktionsfirmen gewann mit dem Markteintritt privater Sender im Zuge der Einführung des dualen Rundfunksystems 1984 an Bedeutung, die zunehmend extern produzierte Fernsehinhalte kauften (Baumann/Voelzkow 2004; Elbing/Voelzkow 2006; Windeler 2004).

7 Auffallend ist, dass lose Beziehungen in der Filmwirtschaft zwar eine wichtige Rolle für die allgemeine Informationsverbreitung, beispielsweise über geplante Produktionen oder über lokale und genre-spezifische Gagenniveaus, spielen. Für den Zugang zu Projekten und den Aufstieg sind jedoch wiederholte Rekrutierungen und Unterstützung durch *strong ties*, d.h. enge, freundschaftsähnliche Beziehungen, zu Vorgesetzten ausschlaggebend.

rend der praktischen Tätigkeit, erworben. Berufsbezeichnungen sind nicht geschützt, Ausbildung und Qualifikationsanforderungen nicht geregelt. Die Bündel der typischen mit einer Position verbundenen Fachqualifikationen können somit eher als „Tätigkeitsberuf" (Struck 2006; Köhler et al. 2004) betrachtet werden. In der Abwesenheit einheitlicher und zertifizierter Ausbildungsgänge können dann informelle Beziehungen die Unsicherheit über das Leistungsvermögen und Fachwissen reduzieren (Baumann 2002a).

Aber auch über die Fachqualifikationen hinaus unterscheiden sich die Kriterien der Stellenbesetzung bei beiden Berufsgruppen. So stehen für Filmschaffende extra-funktionale Aspekte (Dahrendorf 1956: 554ff.; Offe 1970: 93ff.) im Vordergrund. Dazu gehören im hier untersuchten Fall die wahrgenommene Ähnlichkeit von Humor, Arbeitseinstellungen, Lebensstil, „die gleiche Sprache sprechen", Persönlichkeit und Sympathie. Ähnliche Aspekte wurden zwar auch von einigen Architekten genannt, wenn sie Positionen besetzten, mit denen sie räumlich eng zusammenarbeiten. Filmschaffende schrieben jedoch diffusen und partikularistischen Kriterien denselben Stellenwert wie, und oft sogar noch einen höheren Stellenwert als Fachqualifikationen zu, wie das folgende Zitat eines Mitglieds der Kameraabteilung veranschaulicht: „Auf jeden Fall Persönlichkeit. Auch wenn ein Assistent noch so gut ist, wenn der mir persönlich nicht liegt, dann würde ich ihn niemals nehmen." (F7)

Extrafunktionale, diffuse und partikularistische Kriterien wie „sich verstehen" oder „Persönlichkeit" sind jedoch per se nur persönlich bewertbar und damit an den sozialen Beziehungskontext ihres Erwerbs oder Einsatzes gebunden und nur sehr begrenzt transferierbar. Dies unterscheidet sie von an bestimmte Tätigkeitsinhalte gebundenen „Schlüsselqualifikationen" oder „Quasi-Zertifikaten" mit größerer Reichweite, wie der Reputation großer Unternehmen in einer Branche (Struck 2006: 351f.)[8]. Darüber hinaus deuten die Diffusität und der Partikularismus dieser Selektionskriterien sowie die Homophilietendenzen, d.h. die Auswahl von Mitarbeitern aufgrund von wahrgenommenen oder vermuteten Ähnlichkeiten, auf die Nähe dieser Arbeitskontakte zu Freundschaftsnetzwerken (vgl. Lazarsfeld/Merton 1954). In dieser spezifischen Logik der persönlichen Arbeitsbeziehungen zeigt sich auch ihre Differenz zu organisationalen Hybridformen zwischen Hierarchie und Markt (vgl. Williamson 1990; sowie kritisch dazu Powell 1996).

Somit wird deutlich, dass die Rekrutierungsstrategien in engem Zusammenhang mit Qualifikationsanforderungen stehen. Eine Verengung der Analyse auf

---

8   Siehe zu den verschiedenen Möglichkeiten der „Zertifizierung" nicht standardisierter Leistungen und Qualifikationen Stinchcombe (1990: 240ff.).

den Erwerb und die Kommunikation fachlicher Eignung lässt jedoch extrafunktionale Qualifikationen, und vor allem partikularistische und diffuse Rekrutierungskriterien, sowie Aspekte der sozialen Beziehungen zu Kollegen aus dem Blick geraten, die in bestimmten Arbeitszusammenhängen offenbar eine große Rolle spielen. Diese nicht kodifizierbaren und nur persönlich bewert- und kommunizierbaren Auswahlkriterien verdeutlichen die Grenzen formaler Rekrutierungsformen wie Ausschreibungen, Initiativbewerbungen oder Internetplattformen. Selbst wenn das Internet durch dort etablierte soziale Netzwerke möglicherweise zunehmend ähnliche soziale Kontrollfunktionen erfüllen könnte wie die engen Beziehungen zwischen Kollegen, ist fraglich, ob diese losgelöst von der regelmäßigen persönlichen Zusammenarbeit funktionieren (siehe zur Rolle des Internets für Rekrutierung vgl. Kap. XII, Schröder).

Organisationale und institutionelle Ursachen der Unterschiede in den Rekrutierungspraktiken

Mit der Beschaffenheit von Angebot und Nachfrage nach Fachqualifikationen in einem flexiblen Beschäftigungssegment lässt sich also das Rekrutierungsverhalten nur zum Teil erklären. Eine qualifikationsbasierte Zugangskontrolle des Arbeitsmarktes reduziert wesentlich die Unsicherheit über Fachqualifikationen. Überdies fungieren kodifizierte professionelle Standards auch als Kriterien der Leistungsbewertung und erleichtern die Kontrolle der Arbeit. Wie lässt sich jedoch der unterschiedliche Stellenwert der nur persönlich kommunizierbaren extrafunktionalen, partikularistischen und diffusen Rekrutierungskriterien in den beiden untersuchten Branchen erklären?

Eine besondere Rolle scheinen die Unterschiede in der Zusammenarbeit der Projektmitglieder zu spielen. Gemeinsam sind Architektur- und Filmprojekten zwar der eher innovative Produktcharakter, der unsichere Projekterfolg – vor allem hinsichtlich Zufriedenheit des/der Bauherren oder Verkaufserfolg bzw. Quote eines Films –, sowie die Befristung der Zusammenarbeit. Architekten können jedoch in Abhängigkeit von der Größe des Projektes ihre Tätigkeit prinzipiell auch allein ausführen und arbeiten mit anderen Bauplanern sowie Handwerkern nur punktuell zusammen. Aufgaben und einzelne Leistungen können auf der Grundlage von kodifizierten Aufgabenbeschreibungen und professionellen Normen spezifiziert und kontrolliert werden. So sind die einzelnen Projektphasen beispielsweise in der Honorarordnung für Architekten und Ingenieure klar voneinander abgegrenzt und Architektengesetze sowie Bauordnungen der Länder schreiben bestimmte Vorgehensweisen und Standards fest. Filmprojekte hingegen sind hochgradig arbeitsteilig und erfordern die synchrone und enge Zusammenarbeit von Projektmitgliedern verschiedener Spezialisierung und Hierarchiestufen. Eine räumlich verteilte ist ebenso wenig möglich wie eine sequentielle Zusammenarbeit. Der hochgradig interaktive Arbeitsprozess lässt sich auch darauf zurückführen, dass die persönliche Kontrolle und informelle Abstimmung die einzige Möglichkeit der Koordination darstellen. Es fehlen professionelle Regeln und die Arbeit ist zu komplex, als dass eine unpersönliche Koordination oder eine Vorab-Spezifizierung von individuell zu erbringenden Leistungen möglich wäre (Apitzsch 2010: 116ff.).

Gerade unter der Bedingung enger Zusammenarbeit und Abstimmung scheinen sich jedoch die Erwartungen an die Kollegen über spezifische fachliche Anforderungen hinaus auf die gesamte Person auszuweiten. Coser (1961) spricht hier von erweiterter Beobachtbarkeit und sozialer Kontrolle. Arbeitseinstellungen oder Humor sind in intensiver persönlicher Abstimmung und bei räumlicher Nähe zu den Kollegen sichtbarer als in Arbeitskontexten, die nur punktuellen und funktional spezifischen Austausch verlangen. Dies wird zusätzlich verstärkt durch eine hohe Arbeitsintensität und lange Arbeitszeiten, wie zwei Mitglieder der Kameraabteilung illustrieren:

„Die Chemie ist auch wichtig. Wenn Du halt sechs Wochen jeden Tag 14 Stunden zusammenarbeitest, dann sollte man schon in die gleiche Richtung ticken." (F3)

„Und das [Department] versuche ich, mir möglichst vertraut zu halten. Weil das auch einfach nah ist, das ist körperlich nah, und diese fünfundzwanzig Tage, die man da dreht – das ist ja wie Familie, mit allen Pros und Kontras." (F11)

Gerade Filmprojekte sind oft über mehrere Wochen durch lange Arbeitszeiten gekennzeichnet und aufgrund der Entfernung zum Wohnort – der Drehort wird in der Regel durch das Drehbuch bestimmt – ist es schwierig, außerberufliche Kontakte zu pflegen, und auch die Freizeit wird mit Kollegen verbracht, was wiederum die Ausweitung der Beurteilungskriterien auf die ganze Person befördert.

Nicht zuletzt werden auch durch die persönliche Beurteilung und Kommunikation in Netzwerken fachliche Qualifikationen untrennbar mit der Bewertung der Person verknüpft. Auch die Bewertung der – ob formal oder informell erworbenen – fachlichen Qualifikationen ist in diesen Konstellationen an den relationalen Kontext ihres Erwerbs und ihres Einsatzes gebunden (hierzu ausführlich Apitzsch 2010: 78ff., 102ff.).

Somit lässt sich festhalten, dass nicht nur die fehlende Transparenz hinsichtlich der Fachqualifikationen das Informations- und Verfügbarkeitsproblem für Arbeitgeber in der Film- und Fernsehwirtschaft verstärkt. Darüber hinaus begünstigen auch arbeitsorganisatorische Gegebenheiten sowie die fehlende bzw. wenig wirksame Regulierung der Arbeitszeiten eine Ausweitung der Rekrutierungskriterien auf die gesamte Person und eine Nutzung persönlicher Rekrutierungsformen.[9]

Netzwerke, Mobilität und Marktanpassung

Welche Informationsprobleme und Verfügbarkeitsprobleme in flexiblen Beschäftigungssegmenten bestehen und in welchem Ausmaß zu deren Lösung Netzwerke herangezogen werden, wird somit durch den Professionalisierungsgrad und die Organisation des Arbeitsprozesses beeinflusst. Wie prägen Netzwerke jedoch die Möglichkeiten der Arbeitnehmer, die Flexibilitätsanforderungen projektförmiger Arbeit und Beschäftigung zu bewältigen und ihre Existenz zu sichern?

Indem sie dazu beitragen, schnell arbeitsmarktrelevante Informationen auszutauschen, aber auch indem sie es erleichtern, flexibel auf wechselnde Kooperationsmöglichkeiten zurückzugreifen, erscheinen persönliche Netzwerke zunächst als hochgradig kompatibel mit steigenden Anforderungen an die Anpassungsfähigkeit und aktive Selbstvermarktung der Beschäftigten (Boltanski/Chiapello [1999] 2003; Voß 1998; Faulkner/Anderson 1987; Jones 1996; Haunschild/Eikhof 2009). Zudem lässt die fehlende Regulierung der Ausbildung und des Arbeitsmarktzugangs in den Medien erwarten, dass Strategien der Anpassung an Nachfrageschwankungen wie die Diversifizierung, die Weiterbildung oder das Erweitern des Kontaktnetzwerkes leichter zu verfolgen sind als in Teilarbeitsmärkten, in denen Zuständigkeiten und Qualifikationsanforderungen stark reguliert sind (Menger 1999; Haak 2006; O'Mahony/Bechky 2006). Bieten also wenig professionalisierte Arbeitsmärkte, in denen überwiegend durch persönliche Netzwerke rekrutiert wird, flexiblere Anpassungsmöglichkeiten an die

---

9 Über das Informationsproblem hinaus prägt jedoch auch die Kontrollproblematik die Rekrutierung. So delegieren die Produktionsfirmen, die zwar als Arbeit- bzw. Auftraggeber fungieren, die Rekrutierung sowie auch die Kontrolle der Arbeit und die Verantwortung für die Leistungssicherung an die Führungskräfte der Projekt-„Abteilungen" (wie Kamera, Regie, Kostüm etc.). Diese wiederum sind einerseits an fehlerfreier Arbeit ihrer Teammitglieder interessiert, die eben auch persönlich kommuniziert wird. Andererseits betrachten sie jedoch auch die „Harmonie" und das reibungslose Funktionieren des Teams als zentral für die erfolgreiche Arbeit und dies wird wiederum maßgeblich durch Sympathie, geteilten Humor und „die passende Chemie" bestimmt.

Markt- und Flexibilitätsanforderungen und lösen sie damit das zentrale Bezugsproblem von flexibel Beschäftigten, das der Existenzsicherung? Zur Beantwortung dieser Frage beleuchten die folgenden Abschnitte Mobilitätsmuster von Architekten und Filmschaffenden.

Erwerbsverläufe von Architekten

Ein Drittel der interviewten Architekten fanden ihre erste Stelle nach dem Studium durch Bewerbungen auf Ausschreibungen oder Initiativbewerbungen, während der andere Teil auf Empfehlungen durch Kommilitonen oder Dozenten oder Kontakte aus früheren Praktika zurückgreifen konnte. Bei späteren Stellenwechseln nahm die Bedeutung der im Ausbildungskontext geknüpften Kontakte ab; die Hälfte der 39 Stellenwechsel im Rahmen einer sozialversicherungspflichtigen Beschäftigung wurde durch persönliche Beziehungen vermittelt.

Da Architekturprojekte nicht per se hierarchisch ausdifferenziert sind, waren in den Erwerbsverläufen der interviewten Architekten keine typischen Aufstiegswege auszumachen. Ob Architekten alleinige Projektverantwortung tragen, mit anderen Architekten zusammenarbeiten oder einem Projekt zuarbeiten, hängt vielmehr von dessen Größe ab. So können bereits bei Berufseinstieg – besonders kleinere – Projekte allein bearbeitet werden, oder die Arbeit beschränkt sich auf bestimmte Projektphasen. Kleine Büros[10] sind jedoch kaum spezialisiert (Raabe 2004) und setzen ihre Beschäftigten entsprechend im gesamten Spektrum der Architektentätigkeiten ein.

Typisch ist allerdings der Wechsel in die Freiberuflichkeit (vgl. Kap. X, Fritsch et al.), sei es als Dienstleister für andere Architekturbüros oder im Zuge der Gründung eines eigenen Büros. Bei den interviewten selbstständig tätigen Architekten war ein häufiger Anlass die Unsicherheit der Beschäftigungsperspektiven in den überwiegend kleinen Büros, in denen die Projektauslastung schwankt und der Kündigungsschutz nicht greift. Ein anderer Anlass ist die Familiengründung, da Selbstständige ihre Arbeitszeiten eher außerberuflichen Anforderungen anpassen können als Angestellte, die oft 50 bis 80 Wochenstunden in Büros arbeiten.

Die Selbstständigkeit eröffnete Architekten auch weitere Möglichkeiten der flexiblen Anpassung an Nachfrageänderungen. So kombinierten die Interviewten

---

10 In über 92 Prozent der 85.000 in der Dienstleistungsstatistik des Statistischen Bundesamtes erfassten Architektur- und Ingenieurbüros sind weniger als neun Personen tätig (Statistisches Bundesamt 2006).

Dienstleistungen für Bauherren mit der Zuarbeit für andere Architekturbüros, oft in verschiedenen Leistungsbereichen. Zudem konnten sie sich durch Weiterbildung neue Tätigkeitsfelder, beispielsweise in der Energieberatung, erschließen, die wiederum häufig auch Folgeaufträge im Bereich der klassischen Architekturdienstleistungen nach sich ziehen. Die Aufträge für Energieberatungen setzen überdies nicht unbedingt bestehende Kontakte voraus, sondern werden oft auf der Grundlage öffentlicher Leistung vergeben.

Erwerbsverläufe von Filmschaffenden

Die Zugangs- und Qualifikationswege in die Film- und Fernsehwirtschaft sind weitaus heterogener als in der Architektur. So stellte häufig ein Praktikum in einem Projekt oder bei einem technischen Zulieferer den ersten Berührungspunkt zur Branche dar. Danach steht der klassische Werdegang offen, erfahrungsbasiert zu lernen und schrittweise über Assistenzpositionen aufzusteigen. Mit der Ausweitung der Qualifizierungsmöglichkeiten seit den 1990er Jahren kam zudem eine Vielfalt von formalen Ausbildungs- und Studienmöglichkeiten mit unterschiedlicher Dauer und Spezialisierung hinzu. Gleichwohl sind aufgrund der geringen Zugangsregulierung Karrierewege wenig spezifiziert und einer Vielzahl von Berufseinsteigern steht eine begrenzte Anzahl von leitenden Positionen mit größerer künstlerischer Autonomie gegenüber (vgl. zu ähnlichen Arbeitsmarktsegmenten auch Marsden 2007) [11], sodass hier von einer verlängerten und wenig definierten Statuspassage von der Ausbildung in die (regelmäßige) Erwerbstätigkeit gesprochen werden kann.

Die interviewten Filmschaffenden erschlossen sich die Einstiegspositionen wie gering oder unbezahlte Praktika und Assistenzstellen zwar überwiegend, aber nicht ausschließlich über persönliche Netzwerke. Im späteren Verlauf stellten Netzwerke jedoch – unabhängig von der formalen Qualifikation – die einzige Möglichkeit des Zugangs zu Projekten dar. Die Erfahrung, dass vor allem persönliche Beziehungen und außerfachliche Kriterien die Beschäftigungschancen beeinflussen, bewegte einige Interviewte, ihre Ausbildung oder ihr Studium aufzugeben.

---

11 Aufgrund der inkohärenten Berufsbezeichnungen, der fehlenden Betriebsbindung und der unscharfen Grenzen zwischen Beschäftigungsformen sowie zwischen Beschäftigung und Arbeitslosigkeit in den Medien sind keine verlässlichen Daten über den Beschäftigungsumfang und die Beschäftigungsentwicklung verfügbar.

Die Dominanz informeller Zugangsregulierung zur Beschäftigung in Projekten prägt auch die Aufstiegsmöglichkeiten. Auf der Ebene von sogenannten Departments, also hierarchisch ausdifferenzierten Funktionsgruppen wie Kamera, Beleuchtung, Kostüm, Regie, bilden sich in der Regel feste Teams, die wiederholt in verschiedenen Projekten zusammenarbeiten. Wenngleich damit die Beschäftigungschancen der einzelnen Teammitglieder erhöht werden, ist der Aufstieg von niedrigeren in höhere Assistenzpositionen oder in leitende Positionen zunächst davon abhängig, ob innerhalb des Teams eine solche Stelle frei wird. Andernfalls bedarf der Aufstieg oder Teamwechsel der Unterstützung der gegenwärtigen Vorgesetzten in Form von Empfehlungen. Dies ist wiederum auf die Bedeutung extrafunktionaler Qualifikationen sowie das Fehlen zuverlässiger und transparenter Bewertungen unabhängig von Personen zurückzuführen.

Nicht zuletzt müssen die Beziehungen, die informelle Unterstützung in Form von Empfehlungen oder wiederholten direkten Rekrutierungen gewähren, langfristig gepflegt werden. Dies geschieht im Wesentlichen durch die regelmäßige Zusammenarbeit. Unterbrechungen, sei es aufgrund außerberuflicher Bindungen und Aktivitäten, für das Knüpfen von Kontakten in anderen Marktsegmenten (wie Kino, Werbung, Dokumentation), aufgrund von Weiterbildungsaktivitäten oder für die Arbeit in anderen Departments (für die die teils sehr breit angelegten Ausbildungs- und Studiengänge durchaus qualifizieren), gefährden hingegen den Bestand der Beziehungen zu den unmittelbar Vorgesetzten und Kollegen, die für die Beschäftigung unabdingbar sind. Im Ergebnis haben die Interviewten kaum das Marktsegment, die Spezialisierung oder auch die Position geändert oder in eine formale Qualifikation investiert, die alternative Beschäftigungsmöglichkeiten innerhalb oder außerhalb der Film- und Fernsehwirtschaft eröffnen würde. Gerade transferierbare Fachqualifikationen sind jedoch für den Wechsel aus der Branche, der im Berufsverlauf aufgrund der unsicheren Beschäftigungs-, Einkommens- und Aufstiegsperspektiven und der schwierigen Vereinbarkeit mit außerberuflichen Bindungen fast allen Interviewten als zunehmend attraktiv erschien, eine wichtige Voraussetzung. Im Ergebnis führte ein „Ausstieg" aus der Branche entweder in Berufsfelder mit unspezifischen Qualifikationsanforderungen, wie Einzelhandel oder Gastronomie, oder in die Ausgangsberufe, sofern die Filmschaffenden auf eine medienfremde formale Qualifikation zurückgreifen konnten (vgl. Apitzsch 2010: 153ff.).

Bemerkenswert ist jedoch, dass die ursprünglichen Motive der Berufswahl, wie die Orientierung an künstlerischen Idealen und die Präferenz für flexible Kooperations- und Beschäftigungsformen, wie sie oft als Kompensation von materieller Unsicherheit für die sogenannten Künstlerberufe unterstellt werden (Marsden 2007; Menger 1999), hochgradig spezifisch für eine bestimmte Lebensphase zu sein scheinen (vgl. Kap. VIII, Goedicke). So führt nicht nur die Ernüchterung über fehlende künstlerische Autonomie in vielen Positionen, sondern vor allem auch die zunehmende Orientierung an Stabilität, Einkommens- und Beschäftigungssicherheit und einer besseren Vereinbarkeit von Berufs- und Familienleben zu Überlegungen, das Berufsfeld zu verlassen (Apitzsch 2010).[12]

4. FAZIT

Transaktionen auf flexiblen Arbeitsmärkten sind mit hohen Informations- und Mobilitätskosten verbunden. Dies verschärft sowohl für Unternehmen das Problem, die Verfügbarkeit qualifizierten Personals sicherzustellen, als auch für die Beschäftigten die Unsicherheit über Beschäftigungs- und Einkommensperspektiven. Lösen in diesem Kontext Netzwerke die Bezugsprobleme, indem sie schnell und umfassend Informationen über Bewerber und Arbeitsplätze vermitteln und damit zwischenbetriebliche Mobilität und flexible Kooperationen stützen? Um zu klären, unter welchen Bedingungen Netzwerke in Arbeitsmärkten verstärkt genutzt werden und wie sie sich für die Beschäftigten auswirken, wurden in diesem Beitrag Rekrutierungspraktiken und Mobilität in zwei hoch flexiblen, doch unterschiedlich stark professionalisierten Berufsgruppen miteinander verglichen.

Dieser Vergleich machte das komplexe Zusammenspiel von Arbeitsmarktverfassung und Organisation sichtbar: Kodifizierte Standards und Bewertungskriterien für die Leistung und Eignung von Bewerbern sowie für den Arbeitsprozess eröffnen Autonomiespielräume in der Arbeit und im Arbeitsmarkt, wie dies

---

12 Tatsächlich haben nahezu alle Interviewten – unabhängig von ihrem beruflichen Erfolg – einen Wechsel oder Ausstieg aus der Branche erwogen. Wenngleich sowohl diese Überlegungen der interviewten Projektbeschäftigten als auch die Einschätzung von Experten einen ersten Eindruck hinsichtlich der begrenzten Anschlussmöglichkeiten der Beschäftigung in der Kreativwirtschaft und der Bedeutung des Phänomens „Ausstieg" vermitteln, bedarf es einer genaueren Untersuchung. Der forschungsstrategische Zugang zu der Gruppe der „Aussteiger" ist gleichwohl als schwierig einzuschätzen: Zwar konnten einige dieser „Aussteiger" – vor allem diejenigen in einer frühen und noch nicht abgeschlossenen Phase des Wechsels – durch Feldkontakte und Datenbanken erreicht werden. Insgesamt wurde jedoch berichtet, dass die Kontakte zwischen „Aussteigern" und Filmschaffenden in der Regel abbrechen. Zudem erschwert auch hier die unscharfe Zuordnung zu Berufen und Tätigkeitsfeldern einen systematischen Zugang.

für beruflich strukturierte Arbeitsmärkte wie der Architekturbranche angenommen wird (vgl. auch Stinchcombe 1959; Sengenberger 1987). Der Signalwert von abgeschlossenen Projekten und Zertifikaten für die fachliche Eignung ist hoch genug und die Bedeutung extrafunktionaler Qualifikationen gering genug, um auch ohne Netzwerke rekrutieren zu können.

In gering professionalisierten Beschäftigungssegmenten wie den Medien hingegen sind die persönliche Abstimmung und der Austausch in Netzwerken die einzige Möglichkeit, Arbeit zu kontrollieren und die erforderlichen Informationen über Bewerber zu erlangen. So beobachten wir dort, wo sich eine ausgeprägte *Vermarktlichung* von Arbeitsorganisation und Beschäftigung erwarten lassen würde, vielmehr einen hohen Grad informeller Schließung. Dies liegt nicht nur an der fehlenden Standardisierung der Ausbildung und der fehlenden qualifikationsbasierten Zugangskontrolle zum Arbeitsmarkt. Die Relevanz von persönlichen Netzwerken lässt sich auch mit der Interaktivität des Arbeitsprozesses und der geringen Beschränkung der Arbeitszeit erklären. Diese lassen extrafunktionale, und konkreter: diffuse und partikularistische Bewertungskriterien wie die wahrgenommene Ähnlichkeit von Arbeitseinstellungen, Humor oder Persönlichkeit in den Vordergrund treten, welche ihrerseits nur persönlich bewertbar und kommunizierbar sind. In der Folge sind enge persönliche Beziehungen zu Vorgesetzten und Kollegen die einzige Möglichkeit, Zugang zu Projekten zu bekommen und Beschäftigungs- und Einkommenschancen zu erhöhen.

Netzwerke erscheinen bei einer Betrachtung der Rekrutierungspraktiken insgesamt als funktional äquivalent zur qualifikationsbasierten Zugangskontrolle für die Lösung des Informationsproblems: Sie reduzieren die Unsicherheit über die fachliche Eignung von Kandidaten dort, wo Qualifikationen nicht zuverlässig zertifiziert werden oder wo aufgrund der geringen Betriebsbindung kein Vorwissen über die Leistungsfähigkeit von Beschäftigten vorhanden ist. Darüber hinaus transportieren sie – anders als unpersönliche, schriftliche oder internetgestützte Rekrutierungskanäle – auch Informationen über extra-funktionale, diffuse und partikularistische Aspekte, die enger mit persönlichen und Beziehungsmerkmalen als mit Arbeitsanforderungen verbunden sind.

Netzwerke erweisen sich allerdings als nur bedingt funktional äquivalent zu zertifizierten Berufen und Normalarbeitsverhältnissen für das Bezugsproblem der Existenzsicherung, und sie unterscheiden sich hinsichtlich der Art der Einbindung von Beschäftigten fundamental von professionellen Kontrollformen. So eröffnete ein hoher Professionalisierungsgrad den Architekten zahlreiche Möglichkeiten der flexiblen Nachfrageanpassung und der Vereinbarung beruflicher und außerberuflicher Anforderungen. Die interviewten Architekten wechselten häufig zwischen Beschäftigungsformen und Marktsegmenten und zeigten damit eine ausgeprägte Flexibilität, wie sie infolge von Entgrenzungsprozessen in der Arbeitswelt für den Großteil der Beschäftigten angenommen wird. In besonders deregulierten Arbeitsmarktbereichen (wie der Filmwirtschaft) gehen wichtige Unterstützungsleistungen jedoch über den Informationsaustausch hinaus und bauen eher auf stabilen und engen Beziehungen auf. Gerade diese *strong ties* bedürfen jedoch der regelmäßigen und langfristigen Pflege und sie werden durch extensive Instrumentalisierung wie durch hohe Mobilität eher gefährdet. Durch die Notwendigkeit der Netzwerkpflege werden Ansprüche an die Verfügbarkeit der Beschäftigten gestellt, die sich schwer langfristig durchhalten lassen und die zudem mit Mobilitätserfordernissen in Konflikt stehen. Der Wechsel zwischen verschiedenen Marktsegmenten und Positionen, die Investition in Qualifikationen und Möglichkeiten, außerberuflichen Verpflichtungen nachzugehen und Bindungen zu pflegen, werden damit erheblich eingeschränkt. Gegenüber der verbreiteten Annahme eines hohen Grads an Instrumentalisierbarkeit von Netzwerken erschweren Netzwerke gerade unter den Bedingungen hoher Flexibilitätsanforderungen und hoher Eigenverantwortung für Arbeitsmarktrisiken individuelle Anpassungsstrategien und Planungen. Bemerkenswert ist der hohe Grad von sozialer Schließung *jenseits* formaler Organisation oder beruflicher Regulierung.

Der Zusammenhang zwischen Organisation, Qualifikationsanforderung und Rekrutierung zeigt auf, dass die üblichen Qualifikationskategorien betriebsspezifischer, beruflicher und unspezifischer Qualifikationen insbesondere für die Analyse flexibler Beschäftigung zu kurz greifen: Auch jenseits langfristiger Betriebsbindungen werden Qualifikationen ausgebildet, die, wenn auch nicht formal zertifiziert und innerhalb eines Facharbeitsmarktes transportabel, über „Jedermannsqualifikationen" deutlich hinausgehen. Diese sind jedoch, insofern sie vor allem persönlich beurteilt und kommuniziert werden, untrennbar mit Einschätzungen der ganzen Person hinsichtlich diffuser und partikularistischer Kriterien verbunden und bleiben an den relationalen Kontext ihres Erwerbs gebunden. Aufgrund dieser Bindungen und der Einschränkung von Mobilität wird jedoch auch für diesen Typus flexibler Arbeitsmärkte die Abgrenzung interner und externer Arbeitsmärkte infrage gestellt (vgl. auch Tünte et al. 2011).

XII. Die Ware Arbeitskraft im Internet

STEFAN SCHRÖDER

EINLEITUNG

Flexible Teilarbeitsmärkte wachsen, sowohl quantitativ als auch in ihrer diskursiven Bedeutung. Gleichzeitig verbreiten sich seit einigen Jahren vielfältige arbeitsmarktbezogene Internetanwendungen. Arbeitgeber und Arbeitnehmer können sich seither auf verschiedenen neuen Wegen über Arbeitsmarktbelange austauschen. Die folgenden Ausführungen fragen danach, ob und wie beide Entwicklungen zusammenhängen: Sind digitale Jobbörsen, Karrierenetzwerke, Stellenanzeigen auf Homepages usw. dafür mitverantwortlich, dass die Jahrzehnte währende Dominanz stabiler Segmente am (deutschen) Arbeitsmarkt verblasst? Wenn ja, inwiefern? Und welche theoretisch-konzeptionellen Ansätze können diese Fragen angemessen aufgreifen?

Das Internet scheint sich am Arbeitsmarkt mit Nachdruck zu etablieren. Zusammen mit den Kontakten zur Arbeitsagentur gehören Stellenanzeigen im Internet zu den häufigsten Wegen der Personalsuche; über 40% der Betriebe setzen darauf (Dietz et al. 2011). Auch die Jobbörse der Agentur für Arbeit, Karrierenetzwerke wie Xing oder LinkedIn, branchenspezialisierte Plattformen, arbeitsmarktrelevante Informationen über Twitter und andere Web 2.0-Anwendungen stehen für eine wachsende, wenn auch oft schlecht quantifizierbare Bedeutung des Internets für den Arbeitsmarkt.[1]

---

1 Verschiedene Studien belegen den Bedeutungsgewinn arbeitsmarktbezogener Internetanwendungen. HochschulabsolventInnen nutzten Internet-Jobbörsen im Jahr 2007 häufiger als Zeitungsannoncen. Jeder vierte Personalverantwortliche recherchiert personenbezogen im Internet (Dimap 2009). Forschungen im Auftrag des Betreibers der Jobbörse monster.de behaupten, dass Internetjobbörsen andere Rekrutierungswege

Das in der Arbeitsmarktforschung eher randständige Thema internetvermittelte Arbeitsmarktpraxis wird bisher überwiegend von transaktionskostentheoretisch motivierten Studien aufgegriffen. Sie gehen davon aus, dass arbeitsmarktbezogene Internetanwendungen die zeitlichen und räumlichen Restriktionen des Informationsaustausches und damit auch die Informationskosten drastisch vermindern. Zusammen mit der Annahme, dass hohe Informationskosten ein bedeutendes Hemmnis für Marktlösungen darstellen, postulieren sie, dass mit zunehmender Verbreitung arbeitsmarktbezogener Internetanwendungen eine Entwicklung hin zu mehr Markt am Markt in Gang kommt. In diesem Sinne befördern arbeitsmarktbezogene Internetanwendungen die Tendenz zur Arbeitsmarktflexibilisierung, weil internetbasierte Engagements auf flexiblen Teilarbeitsmärkten kostengünstiger sind.

Der Befund, dass sich von dem Drittel aller Betriebe, die im Jahr 2004 ihr Personal schon elektronisch rekrutiert haben, überragende 88% auf externen elektronischen Teilarbeitsmärkten und nur 26% auf internen Teilarbeitsmärkten bewegen, scheint die theoretische Argumentation zu stützen (Becher et al. 2005: 88). Gleichzeitig wird aber konzediert, dass diese Entwicklung die Struktur des Gesamtarbeitsmarktes nur wenig beeinflusst (ebd.: 243). Die theoretische Erklärung dieser Beobachtung gelingt nur bedingt. Auch in der angelsächsischen Forschung wird die transaktionskostentheoretische Prognose einer internetgestützten Ausweitung externer Arbeitsmärkte häufig nicht bestätigt. Gelegentlich motivieren die mehrdeutigen Ergebnisse zu dem Hinweis auf theoretisch-konzeptionelle Probleme des Ansatzes (Stevenson 2009; Grund 2006).

Mein Beitrag knüpft an diesen Hinweis an, greift andere empirische Befunde auf und beleuchtet die Bedeutung außerökonomischer Sinnbestände. So zeigen beispielsweise Analysen des IAB, dass sich arbeitsmarktbezogene Internetanwendungen verbreiten, obwohl effizientere Rekrutierungskanäle existieren, über die pro Suchvorgang im Verhältnis zu anderen Kanälen mehr Stellenbesetzungen realisiert werden (Dietz et al. 2011). Eigene qualitative Studien lassen erkennen, dass der Einsatz arbeitsmarktbezogener Internetanwendungen zwar zumeist mit Effizienzargumenten begründet wird, unter der Oberfläche aber die weithin positiv konnotierte Netzkultur und die massenmedial verbreitete Interneteuphorie des letzten Jahrzehnts den Ausschlag für die Nutzungsentscheidung geben.

Dieser Zugang legt den Rekurs auf kultursoziologische Zugänge nahe. Entsprechende Studien zum Web 2.0 zeigen vor allem, dass und wie das Internet

---

zukünftig verdrängen werden (Weitzel 2011a, b). Eine Analyse auf der Basis des SOEP vertritt ebenso den Befund einer mittlerweile fest etablierten Rolle des Internets bei der Stellensuche (Giesecke et al. 2009).

marktfähige Selbst- und Weltbilder verstärkt selektiert (Reichert 2008; Illouz 2007). Für die Arbeitsmarktpraxis hieße das: Die Nutzung arbeitsmarktbezogener Internetanwendungen suggeriert, den Arbeitsmarkt stetig im Blick zu haben und installiert ihn zugleich als theoretisches (und normatives) Ideal. Unter diesem Einfluss tendieren Arbeitsorganisationen, Beschäftigte und Arbeitssuchende gleichermaßen zu Marktlösungen. Deskriptive oder legitimatorische Narrative, die sich in ihrer Form oder explizit an transaktionskostentheoretisches Denken anlehnen, werden sowohl in der Praxis als auch in der Theorie tendenziell selbstevident. Meine grundlegende These lautet daher, dass arbeitsmarktbezogene Internetanwendungen Marktdiskurse filtern und verstärken und damit marktaffines Engagement anregen.

Bezüglich der transaktionskostentheoretischen Perspektive heißt das: Zwar wird mit der transaktionskostentheoretischen Reduktion der Komplexität von Arbeitsmarktpraxis auf ökonomische Strategien der Effizienzsteigerung diese Facette organisationeller Praxis beschreibbar. Die Verflechtung mit kulturellen, ökonomie-exogenen Sinnbeständen wird dabei zugleich allerdings unzulässig ausgeblendet. Ohne die Relevanz effizienzsteigernder Arbeitsmarktpraxis bestreiten zu wollen, wird im Folgenden an das Argument angeschlossen, dass Effizienz als abstraktes Kriterium nicht den Weg zu effizienten Lösungen weist (Baecker 1999: 240ff.). Hier spielen, so meine These, technoaffine Leitbilder und Marktdiskurse, also kulturelle Dimensionen, eine entscheidende Rolle. Umgekehrt stehen kultursoziologische und diskursanalytische Ansätze allerdings auf schwachem Fundament, wenn sie die Analyse von Arbeitsmarktpraxis ihrerseits auf diese Dimension reduzieren.

Ich gehe hingegen davon aus, dass im Grunde keine gesellschaftliche Teillogik eine moderne soziale Praxis allein determiniert. Prominent wird diese Position von der soziologischen Systemtheorie besetzt, deren Diagnose funktionaler Differenzierung genau diesen Punkt ins Zentrum stellt (Luhmann 1998). Die zentrale systemtheoretische Pointe zum Thema Arbeitsmarkt besteht in der konstruktivistischen Auffassung, dass dieser Terminus kein eigenes System, sondern eine Konstruktionsleistung bezeichnet, die in Sozialsystemen wie Arbeitsorganisationen, Haushalten und in anderen ‚beteiligten' Sozialsystemen stattfindet. Die Kommunikation Arbeitsmarkt als personalbezogener Modus der Beobachtung wirtschaftssysteminterner Umwelt konstruiert eben diese im Zuge der autopoietischen Reproduktion der betreffenden sozialen Systeme (Hadamek 2009: 229-238; Bommes/Tacke 2001; Luhmann 1988: 91-130). Arbeitsmarktflexibilisierung beschreibt dann eine Zunahme fremdreferentieller Beobachtung von Umwelt. Mein Beitrag entwickelt auf diesem theoretischen Fundament die These, dass arbeitsmarktbezogene Kommunikation über das Internet die Tendenz zu einer Subjektivierungsform mit sich bringt, die man als Arbeitskraftkonstrukteur bezeichnen kann. Kennzeichen dieses Typs ist eine verstetigte und selbstenthusiastische Konstruktion des eigenen Möglichkeitsraums.

Mein Beitrag gliedert sich in vier Abschnitte: So wird es darum gehen, den systemtheoretischen Begriff des Arbeitsmarktes und der Arbeitsmarktflexibilisierung aufzugreifen (Kap 1); zu fragen, was analytischer Gegenstand arbeitsmarktbezogener Internetanwendungen ist (Kap 2); zu begründen, warum die transaktionskostentheoretische Perspektive einseitig verfährt (Kap 3); und zuletzt darzustellen, in welcher Weise kulturelle Muster und Flexibilisierungsdiskurse eine Rolle spielen (Kap 4).

1. DER SYSTEMTHEORETISCHE BEGRIFF DES ARBEITSMARKTES UND DIE ROLLE VON VERBREITUNGSMEDIEN

Gleich auf mehreren Ebenen verweist die systemtheoretische Form der Beobachtung sozialen Wandels auf Medien. Mit Blick auf die Rolle arbeitsmarktbezogener Internetanwendungen soll zunächst das Verhältnis von Arbeitsmarktpraxis und Verbreitungsmedien diskutiert werden.

Dass flexible Arbeitsmärkte an Bedeutung gewinnen, kann für weite Teile der Arbeitsmarktforschung als konsensfähig gelten. Strittig ist das Ausmaß des Prozesses und welche Dynamiken dafür ausschlaggebend sind. Vor diesem Hintergrund wird gegenwärtig ein gestiegener Bedarf an theoretisch-konzeptioneller Verständigung konstatiert (vgl. Kap. I, Krause/Köhler). Aus der Perspektive soziologischer Systemtheorie erscheint der Arbeitsmarkt als Kommunikation über wirtschaftssysteminterne Umwelt (Hadamek 2009: 229-238; Bommes/Tacke 2001; Luhmann 1988: 91-130). Arbeitsmärkte gelten also nicht als physisch wirklicher oder gedachter Raum, in dem sich Handlungen des Kaufs und Verkaufs von Arbeitskraft vollziehen.[2] Vielmehr geht der systemtheoretische Ansatz davon aus, dass Arbeitsmärkte kommunikative Artefakte von an Wirtschaft partizipierenden Systemen über wirtschaftssysteminterne Umwelt darstellen, die sich um die Allokation von Arbeitskraft in Arbeitsorganisationen drehen. Der Begriff Arbeitsmarkt bezeichnet hier also kein eigenes System mit eigener inte-

---

2 Auf die Grenzen der Raummetaphorik im Zusammenhang der theoretischen Bestimmung des Gegenstands Arbeitsmarkt weist auch Hans Pongratz hin (vgl. Kap. IX).

ressenvermittelter Struktur, sondern einen Modus der Beobachtung von Personalentscheidungen[3].

Flexibilisierung ist dann als Zunahme fremdreferentieller, an Umwelt orientierter Kommunikation aufzufassen. Arbeitet man auf der Grundlage dieses Konzepts mit dem Begriff der Grenze, wird der Kerngedanke noch einmal deutlicher. So ließe sich die Zunahme fremdreferentieller Kommunikation als „Entgrenzung" verstehen, wobei damit aber nicht die Auflösung von Grenzen sondern eine „Zunahme von Grenzprozessen" (Schröder et al. 2008: 150) gemeint ist. Beobachtung von Umwelt ist aus dieser Perspektive Kommunikation über etwas, das sich jenseits der Systemgrenze abspielt, und Arbeitsmarktflexibilisierung verstärktes Grenzmanagement. „Arbeitsmarktflexibilisierung" kann dann allerdings nicht als Strukturveränderung eines (räumlich gedachten) *Systems* Arbeitsmarkt gelten; vielmehr geht es um die Frage, ob und wie an Wirtschaft partizipierende soziale Systeme bezogen auf den Kauf und Verkauf von Arbeitskraft ihre *Umwelt* beobachten.

Daran schließt sich die Frage an, wie es Arbeitsorganisationen oder Haushalten gelingt, adäquate Eigenkomplexität für den Umgang mit den Herausforderungen einer unsicheren Umwelt aufzubauen. Denn systemtheoretisch bezeichnet der Begriff der Grenze eben zunächst ein (unhintergehbares) Komplexitätsgefälle: Umwelt ist und bleibt im Gegensatz zum System komplexer. Zu fragen ist also, was eine Arbeitsorganisation dazu veranlasst, sich im Zuge flexibler Formen der Allokation von Personal auf eine relativ unberechenbare, marktförmige Umwelt einzulassen.

Die These des vorliegenden Beitrags ist, dass das Verbreitungsmedium Internet den Möglichkeitsraum für diese Konstruktionsleistungen in modifizierter Form aufspannt und arbeitsmarktbezogene Internetanwendungen grenzüberschreitende Beobachtungen erstens erheblich erleichtern und zweitens anregen. Im Vergleich zu historisch älteren Verbreitungsmedien ermöglichen Kommunikationen auf Jobbörsen, Karrierenetzwerke, Stellenanzeigen auf Homepages Beobachtungen von Umwelt in anderer Quantität und Qualität als zuvor. Diese These steht der eben angeführten systemtheoretischen Annahme eines grundsätz-

---

3 Dabei geht es diesem Zugriff nicht darum, per se die Existenz von Machtasymmetrien, Segmentierung, Spaltungstendenzen oder die Ungleichheiten generierende Wirkung von Arbeitsmarktprozessen zu bestreiten – und so auch nicht darum, Arbeitsmarktanalysen den normativen Zahn zu ziehen. Um es zuzuspitzen: Auch systemtheoretisch ist die Konstruktion von Arbeitsmärkten nicht ungefährlich. Ziel ist zunächst nur, die paradigmatische Frage zu beantworten, was an diesem Gegenstand System und was daran Umwelt ist.

lichen Komplexitätsgefälles zwischen System und Umwelt keineswegs entgegen. Behauptet ist lediglich, dass die Erreichbarkeit der komplexen Umwelt (besser gesagt: die Kommunikabilität des Marktes) durch das Internet als Verbreitungsmedium gesteigert wird.

Die Erfindung solcher Verbreitungsmedien kann als Bedingung solcher Entwicklung gesehen werden, wie am Beispiel der Erfindung von Schrift deutlich wird: Während soziale Prozesse vor der Erfindung von Schrift von der Anwesenheit der beteiligten Personen abhängig waren, gelang danach auch die Kommunikation mit Abwesenden. Schrift vervielfältigt die räumliche und zeitliche Adressierbarkeit von Personen und ermöglicht komplexere Formen der Kommunikation über Umwelt (Luhmann 1998: 291-316). Das betrifft auch die Form der Organisation von Arbeit, die mit schriftlich fixiertem Sinn zurechtkommt, indem sie hierarchische Verhältnisse einrichtet (Baecker 2007: 66). Für andere Verbreitungsmedien, z.B. für das gedruckte Buch, kann man analog argumentieren. Die Bedeutung neuer Verbreitungsmedien für die historisch je realisierten Formen des Komplexitätsaufbaus und Grenzmanagements liegt demnach im Aufspannen neuer Möglichkeitshorizonte für soziale Prozesse der Organisation von Arbeit.

Die verschiedenen, zum Teil konkurrierenden Erklärungsansätze flexibler Arbeitsmärkte konzentrieren sich z.B. auf die arbeitsmarktrelevante Zunahme von Schwankungen im Auftragsvolumen, die Nutzung flexibler Arbeitsvertragsformen und verschärfte Renditevorgaben (vgl. Kap. VI, Holst), die arbeitnehmerseitige Öffnung betrieblicher Beschäftigungssysteme auf der Basis veränderter Haushaltsarrangements (vgl. Kap. VIII, Goedicke), Erwerbsorientierungen und Angebotsverhalten abhängig Beschäftigter (vgl. Kap. IX, Pongratz) usw. Aus der eben skizzierten systemtheoretisch-mediensoziologischen Perspektive fokussieren diese Zugänge auf kommunikative Formen des Komplexitätsaufbaus und Grenzmanagements, welche aber nicht ohne eine bestimmte verbreitungsmediale Basis zu denken sind. Mein Beitrag nimmt diese Perspektive ein und geht der Frage nach, ob und wie grenzüberschreitende Kommunikation unter der Chiffre Arbeitsmarkt mit dem Internet zunimmt.

Insgesamt können Arbeitsmärkte als Konstruktionsleistung eines sozialen Systems gelten, in dessen Rahmen über die Allokation, Gratifikation und Qualifikation von Personal kommuniziert wird. Flexible Beschäftigung ist dann die Zunahme der personalbezogenen Kommunikation über Umwelt und in diesem Sinne also der Beobachtung des Marktes. Im Folgenden ist zu prüfen, ob und wie arbeitsmarktbezogene Internetanwendungen personalbezogene Kommunikation in diese Richtung lenken und auf diese Weise flexible Beschäftigung fördern.

2. ARBEITSMARKTBEZOGENE INTERNETANWENDUNGEN – GEGENSTANDSBESTIMMUNG

Wenn es um Beobachtung als Komplexitätsaufbau und Grenzmanagement geht, sind zwei Arten von Internetanwendungen relevant. Zum einen werden Jobbörsen für bestimmte Transaktionen genutzt und zum anderen gibt es Karrierenetzwerke u. ä., die Daten über den Arbeitsmarkt bereitstellen, ohne dass unmittelbar eine Stelle besetzt wird oder werden soll. Für die Konstruktion der Umwelt sind beide gleichermaßen konstitutiv.

Auf diese Weise gerät eine große Vielfalt von internetgestützten Praxisformen als arbeitsmarktbezogene Internetanwendungen in den Blick. Der Handel mit der Ware Arbeitskraft ist Thema in Jobbörsen wie Monster.de, Stepstone.de und vielen anderen mehr, in Karrierenetzwerken wie Xing.com und Gulp.de usw., in der Jobbörse der Agentur für Arbeit, in den Stellenanzeigen auf den Homepages der Betriebe, im Rahmen von Initiativbewerbungen, auf Twitter.de, aber auch in nicht direkt rekrutierungsrelevanter Form in instrumentell intendierter Kommunikation auf Facebook und Co., in bestimmten unternehmensnahen Online-Communities, in den beim Surfen unausweichlich auftauchenden Headhunter-Anzeigen etc.

Sich auf nur eine dieser Anwendungen zu beschränken, ist schon deshalb schlecht zu rechtfertigen, weil anzunehmen ist, dass sie im Praxisvollzug kaum getrennt werden. All diese Anwendungen liegen, pointiert formuliert, nur einen Klick auseinander und sind gegebenenfalls Teilereignisse im Rahmen einer kohärenten Praxis. Auf dem Bildschirm des Personalverantwortlichen wird über ein E-Assessment-Center rekrutiert, ein Fenster weiter auf Xing.com der Arbeitsmarkt atmosphärisch bestimmt und auf der Homepage des Betriebes employer branding – Kommunikation von Attraktivität als Arbeitgebermarke - betrieben. Beschäftigungssuchende – sowohl ‚on the job' als auch Arbeitslose – klicken sich durch die Angebote auf Jobbörsen, werden vom Xing-Newsletter an ihre Arbeitsmarktchancen erinnert, spielen berufsbiografische Alternativen durch und bestimmen ihren Marktwert oder antizipieren Erwartungen zukünftiger Arbeitgeber im Zuge ihrer Selbstdarstellung auf Facebook.

Diese Praxen ereignen sich alle im selben Medium und sind im Vollzug je individuell miteinander verwoben. Deshalb - und nicht zuletzt auch aufgrund der, Hypertext und grafische Elemente eindrucksvoll verbindenden Ästhetik dieser Kommunikation - entsteht die Suggestion, den Arbeitsmarkt ‚sehen' zu können. Die These lautet, dass gerade hierin eine der Eigenschaften arbeitsmarktbezogener Internetanwendungen zu sehen wäre, die Arbeitsmarktflexibilisierung stützt. Die niedrigschwellige Verfügbarkeit vielfältiger Informationen befördert eine umfassendere Konstruktion der prinzipiell komplexeren Umwelt Arbeitsmarkt - vom ersten, Atmosphärisches vermittelnden Kontakt bis zur tatsächlichen Stellenbesetzung. Damit ist nicht notwendigerweise ein Engagement auf flexiblen Arbeitsmärkten eingeläutet. Arbeitsmarktbezogene Internetanwendungen machen den Markt als etwas, was jenseits der Grenze des über ihn kommunizierenden Sozialsystems liegt, aber kommunikabler. Suggeriert wird, auch kurzfristig und kostenbewusst verfügbares Personal identifizieren zu können oder aus Beschäftigtenperspektive: dass ein sicheres Einkommen auch im Rahmen mehrerer flexibler Beschäftigungsverhältnisse zu generieren ist.

3. EFFIZIENTES INTERNET? DIE TRANSAKTIONSKOSTENTHEORETISCHE PERSPEKTIVE

Was oben als Praxis der Beobachtung von Umwelt unter der Chiffre Arbeitsmarkt aufgegriffen wurde, versteht die Transaktionskostentheorie als interessengeleitete Handlung im System Arbeitsmarkt. Arbeitsmarktbezogene Internetanwendungen kommen als vermittelnde Technologien in den Blick, die im Austausch zur Effizienzsteigerung eingesetzt werden. Die zentrale These dieses Ansatzes über die Flexibilisierung des Arbeitsmarktes lautet, dass auf diesem Weg Transaktionskosten reduziert und Marktlösungen wahrscheinlicher werden.

Ausgangspunkt der transaktionskostentheoretischen Argumente ist das neoklassische Basismodell des Arbeitsmarktes. Hier werden Märkte als Systeme verstanden, in denen preisvermittelt Allokationsprozesse stattfinden. Der Begriff der Transaktionskosten schließt einerseits daran an und verweist andererseits aber auf unrealistische Annahmen der neoklassischen Modellierung. Zentraler Kritikpunkt ist, dass Kosten, die durch den Transaktionsprozess entstehen, nicht berücksichtigt werden. Gerade für den Arbeitsmarkt wird dies als unrealistisch und analytisch unbefriedigend kritisiert, da hier die begrenzte Rationalität opportunistischer Akteure und unvollkommene, asymmetrisch verteilte Informationen charakteristisch seien (Kavai 2008: 30).

Hieran schließt die institutionenökonomische Annahme an, dass Personalallokation auf externen Märkten mit höheren Transaktions- und Informationskosten und damit mit mehr Unsicherheit verbunden ist. Unsicher ist aus der Perspektive betrieblicher Organisationen, ob (Informationen über) ausreichend qualifiziertes Personal zum fraglichen Zeitpunkt zur Verfügung steht - und für individuelle Akteure, ob langfristig ein sicheres Einkommen erzielt werden kann. Damit lässt sich die Tendenz zu stabiler Beschäftigung und zu institutionalisierten Märkten endogen erklären (Krause/Köhler 2011).

Ein Großteil der sozialwissenschaftlichen Forschung zu arbeitsmarktbezogenen Internetanwendungen im deutschsprachigen sowie angelsächsischen Raum setzt an diesem Punkt an und fragt, ob Marktlösungen wahrscheinlicher werden, weil „die Nutzung der neuen Informations- und Kommunikationstechnologien (IuK-Technologien) die Transaktionskosten senkt" (Becher et al. 2005: 5). So fragt David Autor (2000) in einem viel rezipierten Aufsatz mit dem Titel „Wiring the Labor Market", ob die Suche nach passenden Arbeitskräften oder -stellen im Internet entscheidend weniger von „imperfect and asymmetric information" belastet wird. Am Ende der Argumentation steht die Prognose neuer „opportunities for new institutions to emerge" (ebd.: 38).

Heute weiß man, dass insbesondere jüngere Personen mit mittleren und höheren Qualifikationen das Internet aus arbeitsmarktbezogenen Gründen nutzen (Dietz et al. 2011; Suvankulov 2010; Grund 2006). Internetnutzung kann außerdem eine Phase der Arbeitslosigkeit schneller beenden, wenngleich die Effekte eines ‚digital divide' nicht zu unterschätzen sind (Suvankulov 2010: 105f.). Zudem sind es vorrangig Großbetriebe, die über das Internet suchen und rekrutieren (Dietz et al. 2011; Dimap 2009). Außerdem sind elektronische Lösungen insgesamt zum übergroßen Teil in flexiblen Arbeitsmarktsegmenten anzutreffen (Becher et al. 2005).

Die empirischen Erkenntnisse erlauben (mindestens) zwei Feststellungen und eine Frage. Erstens hat das Internet in den verschiedenen Bereichen des Arbeitsmarktgeschehens also einen Bedeutungszuwachs erfahren. Zweitens scheinen transaktionskostentheoretische Konzepte und Begriffe, hier insbesondere der Begriff der Informationskosten, eine tragfähige Basis dafür zu sein, diesen Bedeutungszuwachs empirisch zu erfassen. Drittens ist aber nicht wirklich klar, ob hier gesunkene Informationskosten den Einsatz arbeitsmarktbezogener Internetanwendungen erklären oder ob nicht andere situative Faktoren mindestens eine ebenso große Rolle spielen. Im Folgenden werden die zitierten Befunde aufgegriffen und mit diesem Zweifel konfrontiert.

Die häufiger über arbeitsmarktbezogene Internetanwendungen laufende Suche und Rekrutierung jüngerer und höher qualifizierter Arbeitskräfte lässt sich zwar mit dem erhöhten Informationsbedarf in dieser erwerbsbiografischen Anfangsphase erklären. Da es sich um jüngere und höher qualifizierte Arbeitskräfte handelt, liegt aber auch die Vermutung nahe, dass hier eine allgemein höhere Internetaffinität ausschlaggebend ist.[4] Nicht Kostenüberlegungen, sondern kulturelle Prägungen wären dann zentral. Der Nachweis eines ‚digital divide' im Zu-

---

4 Studien zur Internetnutzung belegen, dass jüngere Personen häufiger das Internet nutzen (Initiative D21 2011).

sammenhang der Beobachtung, dass Arbeitslosigkeitsphasen mit Nutzung des Internets schneller beendet werden, lässt sich analog diskutieren: Sind die Akteure hier kosten- und marktbewusster oder einfach internetaffiner? Festzuhalten ist, dass der Rekurs auf ein kostenbewusstes strategisches Verhalten opportunistischer Akteure möglicherweise keine vollständige Aufklärung der empirischen Phänomene liefert.

Dieses Argument kann für den Indikator Betriebsgröße wiederholt werden. Der Befund, dass mit steigender Betriebsgröße der Einsatz arbeitsmarktbezogener Internetanwendungen an Bedeutung gewinnt, wird ökonomisch etwa mit dem Argument erklärt, dass große Betriebe eher über finanzielle und personelle Ressourcen verfügen, um strategische und kostenbewusste Personalpolitik zu betreiben (Becher et al. 2005). Dieses Argument wird aber von anderen Befunden in Frage gestellt, denn es scheint so zu sein, dass die Rekrutierung etwa über Internetjobbörsen im Vergleich zur Nutzung anderer tradierter Kanäle (persönliche Kontakte, Zeitung, Agentur für Arbeit) erheblich ineffizienter ist. Persönliche Kontakte führen in zwei Dritteln und Zeitungsinserate bei der Hälfte der Fälle zum Erfolg - Anzeigen in Internetjobbörsen aber nur in einem Drittel (Dietz et al. 2011). Die Frage lautet dann: Warum nutzen Großbetriebe eher ineffiziente Such- und Rekrutierungswege, obwohl sie gerade auch hinsichtlich der Informationskosten effizientere Personalpolitik betreiben (könnten)?[5]

Diese Frage schließt an verschiedene kritische Einwände gegen den transaktionskostentheoretischen Ansatz an. Erstens kann weder in actu noch theoretisch das Spektrum der Transaktionskosten verursachenden Phänomene in ausreichendem Maß bestimmt oder gar quantifiziert werden. Ein Urteil über alternative Rekrutierungswege scheitert damit an der „Unschärfe des Transaktionskostenbegriffs" (Döring 1999: 45). Zweitens lässt die Volatilität und Dynamik wirtschaftlicher Entwicklungen es nicht zu, Such- und Rekrutierungskanäle ex ante hinsichtlich ihrer Transaktionskosteneffizienz einzuschätzen. Folge dieser Unsi-

---

5   Institutionenökonomisch wird dieses Problem auf die Ebene von Teilarbeitsmärkten verlagert. Etwa Apitzsch (vgl. Kap. XI) verweist auf deren je unterschiedliche Konstitution und argumentiert, dass in bestimmten flexiblen Teilarbeitsmärkten die Rekrutierung über persönliche Kontakte am effizientesten ist. Die Vorstellung der Existenz eines allgemein effizienten, Informationskosten insgesamt senkenden Such- und Rekrutierungskanals wird zugunsten der Idee aufgehoben, dass es für jeden Teilarbeitsmarkt eine bestimmte effiziente Lösung des Allokationsproblems gibt – relative Effizienz statt allgemeiner. Mit dieser Ebenenverlagerung ist aber die Frage nicht beantwortet, woher Beschäftiger und Beschäftigte wissen, welcher Weg am effizientesten ist.

cherheit ist, „dass man eigentlich jedes [...] Arrangement mit Verweis auf Transaktionskostenersparnisse rechtfertigen kann" (Döring 1999: 46). Zugespitzt: Ob Suche und Rekrutierung in einem weiträumigen Teilarbeitsmarkt effizienter über arbeitsmarktbezogene Internetanwendungen, gezielte Zeitungsannoncen oder andere Kanäle läuft, kann zwar im Sinne informationskostentheoretischer Konzepte thematisiert oder legitimiert, genaugenommen aber nicht zur Entscheidungsgrundlage im Sinne eines mechanisch einsetzbaren Maßstabes stilisiert werden. Die These in diesem Zusammenhang lautet, dass weitere und eben auch außerökonomische Aspekte zur Erklärung diesbezüglicher Entscheidungen betrachtet werden müssen.[6]

Diese These betrifft dann auch die transformations- und informationskostentheoretische These internetgestützter Arbeitsmarktflexibilisierung. Wenn sich über die Effizienz arbeitsmarktbezogener Internetanwendungen nicht (allein) auf der Basis eines ökonomischen Kalküls entscheiden lässt, dann kann mit ökonomischem Kalkül auch nicht über ein mit Hilfe des Internets verstärktes Marktengagement entschieden werden. Entscheidend für die Bewertung einer Such- und Rekrutierungsstrategie ist zwar der ökonomische Erfolg, den ein betrieblicher oder individueller Akteur auf die jeweilige Weise erzielt. Das ökonomische Argument, dass Märkte letztlich erfolgreiche Lösungen selektieren, soll mit meiner Argumentation nicht bestritten werden. Die praktische und theoretische Frage ist aber, *welcher* Weg zum Erfolg führt: Dies kann aus den genannten Gründen nicht über die Evaluation von Transaktions- und Informationskosten bestimmt werden.

Klare Indizien für oder gegen eine internetgestützte Tendenz zu mehr Markt am Arbeitsmarkt können die transaktionskostentheoretisch verfahrenden Studien dann auch nicht ermitteln. So wird zwar gezeigt, dass die verstärkte Nutzung arbeitsmarktbezogener Internetanwendungen überwiegend externe Märkte betrifft, dies aber die Gesamtstruktur des Arbeitsmarktes nur wenig tangiert (Becher et al. 2005). Nach wie vor ist insgesamt ungeklärt, ob niedrige Such- und Rekrutierungskosten, sogenannte Matchingvorteile und positive Signalwirkungen ausschlaggebend für Internetrekrutierung sind, oder ob vielmehr die Nachteile adverser Selektion oder auch Probleme bei der Signalisierbarkeit bestimmter per-

---

6 Gerade auch in kapitalismuskritischen soziologischen Debatten werden transaktionskostentheoretischen Ansätzen in ähnlicher Weise unterkomplexe Vorstellungen ökonomischer Effizienz vorgeworfen. Dabei rekurriert diese Kritik aber auf die grundlegende Bedeutung „struktureller Machtasymmetrien und Interessengegensätze" (Dörre 2009: 27). Im hier vorliegenden Beitrag werden Beobachtungen funktionaler Differenzierung und neuer Verbreitungsmedien als adäquater Ausgangspunkt gesehen.

sönlicher Eigenschaften oder Qualifikationen überwiegen (Grund 2006: 19). In neueren Publikationen lautet das ernüchterte Resümee dann gelegentlich, dass über den Einfluss des Internets auf Arbeitsmarktprozesse nach wie vor wenig bekannt sei (Stevenson 2009). So heißt es beispielsweise: „Examining access to the Internet rather than job search per se reveals that, conditional on observable predictors of Internet use, those who use the Internet are more likely to have changed job" (ebd.: 69).

Die offensichtliche Wahlverwandtschaft zwischen arbeitsmarktbezogenen Internetanwendungen und flexiblen Arbeitsmärkten kann also nicht allein auf ökonomisches Kalkül zurückgeführt werden. An diesem Punkt setzen systemtheoretische Argumente an, die auf den oben skizzierten beobachtungszentrierten Arbeitsmarktbegriff abstellen. Arbeitsmarktflexibilisierung heißt hier: Verstärkung der Kommunikation über die prinzipiell komplexere Umwelt. Transaktions- und Informationskosten sind damit nicht mehr Effekte einer Struktur namens Arbeitsmarkt, sondern Probleme der Konstruktion von Umwelt. Mit Narrativen, die sich um Informationskosten drehen, behandeln Arbeitsorganisationen ebenso wie Haushalte Schwierigkeiten der autopoietischen Konstruktion systemfremder personalbezogener Kommunikation. Der Begriff der Informationskosten bezeichnet in diesem Zusammenhang kommunikative Artefakte, die an effizienter Allokation orientiert sind.

Ordnet man den Begriff der Informationskosten in dieser Weise ein, bieten sich zwei konzeptionelle Anschlusspunkte für eine weiterführende Annäherung an den hier verhandelten Gegenstand. Arbeitsmarktbezogene Internetanwendungen befördern erstens eine Ausweitung des Grenzmanagements. Mit anderen Worten: Sie befördern das Engagement auf flexiblen Teilarbeitsmärkten, weil sich dies mit dem Argument niedriger Informationskosten rechtfertigen lässt. Niedrigere Informationskosten erklären also nicht die internetgestützte Tendenz zu mehr Markt am Arbeitsmarkt, sondern benennen die Art und Weise, in der im Rahmen der Kommunikation eines autopoietisch geschlossenen Systems Marktengagements legitimiert werden.

Der zweite konzeptionelle Anschlusspunkt bezieht sich auf außerökonomische Sinnbestände. Arbeitsorganisationen sind ebenso wie Haushalte und andere Interaktionssysteme als eigendynamische soziale Systeme anzusehen, die sich zwar im Zuge des Handels mit der Ware Arbeitskraft auf das Funktionssystem Wirtschaft beziehen, sich aber keinesfalls von der dort dominierenden ökonomischen Logik determinieren lassen. Als autopoietische soziale Systeme entscheiden sie selbst darüber, welche Ausschnitte gesellschaftlicher Umwelt relevant sind, beobachtet werden und ggf. in die Konstruktion von Arbeitsmärkten einbezogen werden. Über diese systemtheoretische Konzeption wird die Frage, ob und wie außerökonomische Sinnbestände Arbeitsmarktpraxis affizieren, theoretisch handhabbar.

4. INTERNETHYPE UND FLEXIBILISIERUNGSDISKURSE IN DER ARBEITSMARKTPRAXIS

Im Folgenden soll entlang eigener empirischer Befunde und anhand von diskursanalytischen Forschungsergebnissen gezeigt werden, dass und wie außerökonomische Sinnbestände in internetgestützte Personalkommunikation eingelassen sind. Die qualitativen Daten wurden auf der Basis von je 40 Interviews mit Beschäftigten und Beschäftigern erhoben, die im Rahmen des SFB 580 an der FSU Jena durchgeführt wurden. In den Interviews wird deutlich, dass Effizienz bei der Nutzung arbeitsmarktbezogener Internetanwendungen nicht zwingend im Vordergrund steht. So schildert die Personalverantwortliche einer mittelständischen Softwarefirma:

„Ich bin da auch# drin, natürlich [lacht]. Ich bin da ganz einfach auch drin, weil ich Stellen des Unternehmens auch dort (hmhm) ausschreibe# (hmhm) sozusagen. Und ja. Das äh. Da kommt aber relativ wenig drüber muss ich sagen. Das muss nur auf anderen Wege funktionieren [lacht].

Ganz ähnlich äußert sich der Personalverantwortliche einer anderen mittelständischen Softwarefirma zu der Frage, ob arbeitsmarktbezogene Internetanwendungen Kosten minimieren: „Glaub ich net. Also ich weiß es ehrlich gesagt net (mhm), aber das spielt keine Rolle."

Im Verlauf des Interviews kommt er zu dem Schluss, dass weniger ökonomische Effizienz als vielmehr der Hype ums Internet verantwortlich dafür ist, dass sich Online-Rekrutierung etabliert. Das Motiv einer massenmedial verbreiteten Interneteuphorie, die das Netz per se als Verkörperung eines fortschrittlichen Geistes feiert, ist ein Standardnarrativ in den analysierten Interviews und wird häufig in der geschilderten Weise platziert.

Das empirische Material verweist außerdem darauf, dass Entscheidungen für die Nutzung arbeitsmarktbezogener Internetanwendungen auch davon abhängen, ob eine Betriebskultur technoaffin ist. Dort, wo neue Technologien sowieso als hohes Gut gelten, werden Internettechnologien am Arbeitsmarkt auch eher genutzt. Vice versa begründen allgemeine Ressentiments gegen das Internet oft auch ablehnende Haltungen. Während der erstgenannte Aspekt des allgemeinen Internethypes als Beispiel einer Irritation von ‚außen' gelten kann, spiegelt der zweite Aspekt ein tradiertes betriebliches Kulturmuster wieder. Technoaffine Betriebskulturen sind, so könnte man schließen, noch vor einer eingehenden Prüfung der betriebswirtschaftlichen Konsequenzen von Online-Rekrutierungs-Kanälen bereit, sich hier zu engagieren.

Aufgrund dieser empirischen Einwände gegen Reduktionen auf ökonomisch endogene Sachverhalte sollte der Einfluss der Diskursebene stärker berücksichtigt werden. Vor dem Hintergrund des systemtheoretischen Arbeitsmarktbegriffs hat diese Forderung auch ihren systematischen Platz. Insofern Arbeitsmarktpraxis als Teil der Kommunikation von sozialen Systemen wie Organisationen und Haushalten gilt, ist die Annahme, dass Internethype und technoaffine Diskurse einen Einfluss haben, konzeptionell gedeckt. Denn Kommunikation unter der Chiffre Arbeitsmarkt erscheint dann als Amalgam verschiedener gesellschaftlicher Einflüsse – wirtschaftlicher, aber auch diskursiv-kultureller.

Die Perspektive auf kulturelle Muster und Diskurse spielt in der Arbeitssoziologie vorrangig im Bereich von Fragen zu Subjektivierung und zeitgenössischen Kontroll- und Leistungssicherungspraktiken eine Rolle (Moldaschl 2003; Gerst 2002). Gerade hier scheinen mir die Potentiale dieser Ansätze aber nicht ausgeschöpft. Etwa gouvernementalitätstheoretische Diskursanalysen können hier innovative und instruktive Perspektiven eröffnen, wodurch sich auch vielfältige Anschlüsse für die arbeitsmarktsoziologische Forschung ergeben. Beispielsweise mit dem Begriff des Unternehmerischen Selbst (Bröckling 2007) oder unter der Überschrift aktivierende Arbeitsmarktpolitik (Lessenich 2009) ist das Ideal eines engagierten, selbstverantwortlichen, hoch flexiblen Arbeitsmarktsubjektes expliziert.[7]

Das Internet und insbesondere Web 2.0-Anwendungen kommen hier als Verstärker von Vermarktlichungsdiskursen und Subjektivierung im Stil des „Unter-

---

7   Aus systemtheoretischer Sicht ist mit dem Begriff der Subjektivierung die Frage thematisiert, wie autopoietische soziale Systeme die umgebenden Bewusstseinssysteme als Personen adressieren. Etwa Bröckling greift dieses „Theorem der Person als institutioneller Fiktion" im Rahmen seiner Analyse des Unternehmerischen Selbst (teilweise) auf, um die „diskursive Verfasstheit von Subjektkonstruktionen hervorzuheben" (Bröckling 2007: 38). Aus der systemtheoretischen Perspektive des vorliegenden Beitrags bezeichnet Subjektivierung im Folgenden demnach nie psychische Prozesse (bei Beschäftigten), sondern deren kommunikative Adressierung in Arbeitsorganisationen, familial strukturierten Interaktionssystemen (Haushalt) und anderen relevanten Kommunikationen.

nehmerischen Selbst" ins Spiel.[8] In diesem Sinne argumentiert beispielsweise Reichert in Analysen zu internetbasierten Bewerbungskulturen. Er setzt bei internetbasierten Profiling-Technologien an und beobachtet Anrufungen nach dem „Typus des aktiven Selbstoptimierers", den ein ausgeprägter „unternehmerischer Aktivismus" kennzeichnet.[9] Die Pointe dieser Analysen besteht in der Beobachtung, dass über Online-Rekrutierungskanäle nicht nur die Jobsuche als solche stattfindet, sondern dass hier auch Selbst- und Weltbilder transportiert und sozialisiert werden, die Marktengagement nicht mehr nur als notwendiges Übel, Betriebsbindung nicht mehr als automatischen Garant für Sicherheit auffassen.

In den eigenen empirischen Analysen konnten starke Indizien in der gleichen Richtung gefunden werden. So lassen sich die zentralen Figuren neoliberaler Gouvernementalität überwiegend in rekrutierungsbezogenen Narrativen identifizieren, die sich um die Nutzung arbeitsmarktbezogener Internetanwendungen drehen. So heißt es im Interview mit einem Personalverantwortlichen einer größeren Genossenschaftsbank:

„Also insofern (Hmhm) das geht heute mehr über Attraktivität. Früher war, hatte das andere Gründe, warum jemand langfristig (Hm) beschäftigt (*) (Hmhm) war. Ähm (*) weil (*) man hat eben Mitarbeiter nicht rausgeworfen (Hmhm), wenn er nicht silberne Löffel geklaut hat (Hmhm), um mal so ein Beispiel (Hmhm) (*) zu sagen (Hmhm). Ähm (*) das ist heute völlig (*) (Hmhm) anders# (Hmhm). Heute ist (*) das Personal (*) ein Faktor, um über die Personalkosten auch Krisen zu bewältigen [Lachen in der Stimme]."

Über Attraktivität spricht der Befragte dabei im Zusammenhang mit online forciertem ‚employer branding'. Den Schilderungen zufolge stehen diese digitalen Bemühungen um Attraktivität in einem inneren Zusammenhang mit einer Präferenz für Marktlösungen. Hier wird ersichtlich, wie das Leitbild dauerhafter Bindung an einen Betrieb als antiquiert verabschiedet wird, weil dessen Rationalität im Rahmen des online Denk- und Sagbaren – im Kampf um digitale Attraktivität – nicht mehr plausibel erscheint. Tendenzen zur „(Re-)Kommodifizierung" von Arbeitskraft haben mit arbeitsmarktbezogenen Internetanwendungen einen, entsprechende Konzepte und Legitimation zur Verfügung stellenden Verstärker. Entsprechend werden gewandelte Beschäftigtenmotive antizipiert:

---

8   Beispielsweise die Analysen Illouz' zum „emotionalen Kapitalismus" verweisen auf einen Zusammenhang zwischen dem Bauprinzip internetbasierter Kontaktbörsen und marktförmigen Praxen im Rahmen von Intimbeziehungen: „Das Internet strukturiert die Suche nach einem Partner buchstäblich als einen Markt [...]" (Illouz 2007: 132).
9   Reichert (2008: 47-59; 112-124).

„Ähm (*) also ich würd das so sehen. Ähm (*) wenn so ne latente# Wechselbereitschaft da ist (Hmhm), dann erhöht das [Internet, d.A.] die Wahrscheinlichkeit dramatisch, dass es irgendwann äh tatsächlich zu nem Wechsel kommt (Hmhm)."

Der über das Internet transportierte neoliberale Diskurs taucht hier als Proponent betrieblicher und individueller Strategien wieder auf, die flexible Lösungen von Bezugsproblemen präferieren. Personen werden über internetgestützte Suche und Rekrutierung verstärkt in einer Weise adressiert, die zum „Unternehmerischen Selbst" tendiert und die einen flexiblen Arbeitnehmer anruft, der nicht vordergründig betrieblichen Direktiven, sondern einer Spur selbstgenerierter Kontrollakte folgt. Engagement auf flexiblen Arbeitsmärkten erscheint zunehmend als diskutable Alternative – und zwar im Rahmen von Erwerbsorientierungen, die an Sicherheit ausgerichtet sind. Zugespitzt lautet die Diagnose: Andere Kommunikationstechnologien, andere Subjektivitäten (vgl. Bunz 2001); oder systemtheoretisch ausformuliert: Kommunikation über arbeitsmarktbezogene Internetanwendungen adressiert die personale Umwelt tendenziell als flexible, selbstverantwortliche Arbeitskraft.

Wie sich in diesem Kontext die Adressierung von Personen in die Kommunikation von Erwerbsorientierungen in Interaktionssystemen übersetzt, ist dabei eine offene Frage. Ich vermute, dass hier zwar Figuren des „Unternehmerischen Selbst" und des aktivierten Arbeitskraftvermarkters in die Arbeitsmarktpraxis eingeschrieben werden, allerdings nicht so unilinear, wie durch gouvernementalitätstheoretische Analysen postuliert wird. Vielmehr dürfte sich zunächst eine Praxis der verstetigten Beobachtung arbeitskraftbezogener Umwelt einstellen. Durch eine internetgestützte Beobachtung des Arbeitsmarktes fallen im Rahmen einer kohärenten Praxis auch ohne Such- oder Rekrutierungsabsicht und definiertes ökonomisches Interesse vielfältige Informationen an. So drängt sich im Internet der Arbeitsmarkt geradezu auf und zwar viel unausweichlicher als etwa in der Print-Zeitung. Die Suggestion einer umfassenden Kenntnis des Arbeitsmarktes wird durch die über einen Klick realisierbaren kurzen Wege vom Lesen einer Online-Werbung bis zur Bearbeitung des eigenen Profils auf der Seite eines Headhunters befördert. Dies stößt dann einen dynamischen Prozess an, in welchem die intensive Auseinandersetzung mit dem eigenen Arbeitsmarkt-Selbst zu einer verstetigten Konstruktion des Möglichkeitsraums am Arbeitsmarkt führt.

Systemtheoretisch ist diese Diagnose durch den Begriff des Arbeitsmarktes als Umweltbeobachtung konzeptionell abgedeckt. Arbeitsmarktbezogene Internetanwendungen regen zunächst dazu an, mehr zu beobachten und in diesem systemtheoretischen Sinne findet dann mehr Arbeitsmarkt statt. Folge ist ein reflexiver Umgang mit den eigenen Möglichkeiten[10], eine verstetigte und selbstbezogene Konstruktion der eigenen Arbeitsmarktmöglichkeiten. Ich schlage vor, dies mit dem Titel „Arbeitskraftkonstrukteur" zu bezeichnen. Arbeitskraftkonstrukteure sind dabei nicht notwendigerweise flexibel beschäftigt. Als abhängig Beschäftigte müssen auch sie auf lange Sicht ein Einkommen generieren. Allerdings wandelt sich der Umgang mit solchen Bezugsproblemen und Marktengagement erscheint damit zunehmend als Option. Arbeitskraftkonstrukteure sind gekennzeichnet durch ein an Selbstdarstellung orientiertes, enthusiastisch-reflexives Verhältnis zur eigenen Arbeitskraft und eine auf die stetige Prüfung und Modifikation des eigenen Marktwertes bezogene performative Konstruktion der Möglichkeiten am Arbeitsmarkt. Das Internet relativiert über die Verstetigung der Konstruktion des Arbeitsmarktes die Wahrnehmung stabiler Teilarbeitsmärkte als Hort der Sicherheit und macht auch aus dieser Richtung flexible Arbeitsmärkte wahrscheinlicher.

Insgesamt erweist sich der Blick auf Kulturen und Diskurse als fruchtbarer Ansatz für Analysen der außerökonomischen Facetten von Arbeitsmarktpraxis. Internethype und technoaffine Betriebskulturen formieren personalpolitische Entscheidungsprogramme substantiell. Zudem selektieren und verstärken arbeitsmarktbezogene Internetanwendungen solche Sinnbestände, die von gouvernementalitstheoretischen Studien als neoliberaler Diskurs bezeichnet werden und die ein Engagement in flexiblen Arbeitsmärkten anregen. Fluchtpunkt der Entwicklung und Forschungsdesiderat ist die Subjektivierungsform des Arbeitskraftkonstrukteurs.

---

10 Dieser reflexive, selbstfixierte Umgang mit den eigenen Möglichkeiten bezeichnet auf der Folie mediensoziologischer Annahmen der Systemtheorie eine kommunikative Form zur Selektion eines Sinnüberschusses, welcher mit neuen Verbreitungsmedien wie dem Internet prinzipiell entsteht (Luhmann 1998: 291-316). Arbeitskraftkonstrukteure sind als solche eine kontingente, historisch verwurzelte Antwort auf die Herausforderung der ‚Computerisierung' von Unternehmenskommunikation. Z.B. Baecker argumentiert so und spricht von einem Wandel weg von „Kulturen der Grenzsetzung, der Teleologie und des Expertentums" und hin zu einem Leitbild der „Arbeit an der Form". Insofern damit ein gekonnter Umgang mit „noch weitgehend unbekannte[n] Ausgrenzungen und Eingrenzungen gegenüber dem Rest der Welt" (Baecker 2007: 70f.) gemeint ist, läuft diese Diagnose parallel zur Hypothese des Arbeitskraftkonstrukteurs, der ja genau damit befasst ist, ein intensives Grenzmanagement über den Modus verstetigter Konstruktion einer komplexen (Arbeitsmarkt-) Umwelt zu bewältigen.

Eine Leerstelle dieser Perspektive ist aber, dass die oben diskutierte Relevanz der ökonomischen Dimension diskursanalytisch selten angemessen aufgegriffen wird. Diese Schwierigkeit geht auf tieferliegende Theorieprobleme diskursanalytischer Ansätze zurück. Das Verhältnis von diskursiven und nichtdiskursiven Praxen, hier in der Variante von diskursiv erzeugten Arbeitsmarktleitbildern und nicht-diskursiv formierter ökonomischer Situation, bleibt eine offene Frage. Ein Marktbegriff, der dem ökonomischen Sinngehalt von Arbeitsmarktpraxis gerecht wird, wird damit verstellt. Der diskursanalytische Ansatz reduziert, zumindest methodisch, Arbeitsmarktgeschehen auf seinen Gegenstand: die Diskurse – und ähnelt damit in seinem Reduktionismus der ökonomischen Modellierung, die einen hintergründigen Mechanismus als Verursacher einsetzt. So wie mit der Reduktion auf ökonomische Kategorien die Füße überbetont werden, steht hier der Kopf für alles.

Aus der systemtheoretischen Perspektive kann die Beobachtung der Arbeitsmarktumwelt nicht auf eine Logik reduziert werden - und auch die diskursanalytische Konzeption kann daher der Komplexität von Arbeitsmarktpraxis nicht allein gerecht werden. Denn die Konstruktion des Arbeitsmarktes wird durch außerökonomische Sinnbestände strukturiert und ist gleichzeitig effizienzorientiert. Das systemtheoretische Argument lautet, dass die unter dem Titel Arbeitsmarkt kommunizierenden Sozialsysteme auf der Basis eigener Entscheidungen selektieren, welche Diskurse in welchem Verhältnis zur Orientierung an Effizienz im Rahmen personalbezogener Entscheidungen relevant sind.

5. Fazit

Mein Beitrag hat zunächst gezeigt, dass arbeitsmarktbezogene Internetanwendungen mit drastisch niedrigeren Transaktions- und Informationskosten in Verbindung gebracht und als effiziente Technologie für komplexe Marktsituationen gesehen werden. Meine erste These lautete, dass dieser Konnex aus Internet und Effizienz das Engagement auf flexiblen Märkten begründbar macht und legitimiert. Die Gültigkeit transaktionskostentheoretischer Argumente ist dabei jedoch einzuschränken. Die Frage danach, ob ein Engagement auf flexiblen Arbeitsmärkten durch die Nutzung arbeitsmarkbezogener Internetanwendungen zu mehr Gewinn führt, kann nicht aus dem abstrakten Kriterium des Gewinns deduziert werden, weder in der Arbeitsmarktpraxis der beteiligten Akteure noch wissenschaftlich im Modus der begrifflichen oder empirischen Reflexion.

Meine zweite These lautete, dass kulturelle Faktoren (Internethype, technoaffine Betriebskultur) eine bedeutende Rolle spielen und dass das Internet als

Einfallstor für Diskurse gesehen werden kann, die Arbeitsmarktpraxis tendenziell an einer Kultur unternehmerischer Aktivierung ausrichten. Damit ist auch eine Veränderung bezüglich der Adressierung von Personen verbunden. Das Internet am Arbeitsmarkt subjektiviert in neuer Form - flexible Strategien und die stetige Schaffung neuer Möglichkeitsräume werden als Ideal etabliert. Kristallisationspunkt dieser Entwicklung – und Desiderat – sind Arbeitskraftkonstrukteure, die selbstfixiert, flexibel, und am eigenen Marktwert orientiert im Internet ihren Möglichkeitsraum konstruieren. Von hier aus kann man nun die These vorsichtig generalisieren, dass arbeitsmarktbezogene Internetanwendungen die Flexibilisierung von Arbeitsmärkten vorantreiben: Die als effizient kommunizierten Möglichkeiten der Informationsbeschaffung und der diskursive Druck in Richtung marktförmiger Leitbilder kennzeichnen die Kommunikation über arbeitsmarktbezogene Internetanwendungen und wirken daher in Richtung flexibler Arbeitsmärkte.

Insgesamt hat mein Beitrag eine systemtheoretische Perspektive auf arbeitsmarktbezogene Internetanwendungen entwickelt, da der skizzierte beobachtungszentrierte Arbeitsmarktbegriff ein hinreichend komplexes gesellschaftstheoretisch abgesichertes Konzept für eine Analyse anbietet, die sich zwischen ökonomischen und außerökonomischen Sinnbeständen und Verbreitungsmedien als Selektionsprinzipien von Kommunikation bewegen muss. Eine theoretischkonzeptionelle Auseinandersetzung dieses Ansatzes mit dem empirisch erfolgreichen Segmentationsansatz steht noch aus.

Welche normativen Implikationen hat der selbstfixierte, praktisch vollzogene Konstruktivismus der Arbeitskraftkonstrukteure? Die Praxis der Arbeitskraftkonstrukteure führt zunächst zu einer Verschiebung in der Zuschreibung der Verantwortlichkeit für das Arbeitsmarktgeschehen. Nicht mehr die objektiven Strukturen – Gesetze, Gewerkschaften, kapitalistische Betriebe oder Herkunft - sondern das Selbst des Arbeitskraftträgers – sein Wille und Enthusiasmus, sein Bildungskapital, seine Anstrengungen hinsichtlich des eigenen Marktwertes - werden verantwortlich für ein Arbeitsmarktschicksal gemacht. Normativ fragwürdig daran ist, dass eine aufs Arbeitskraft-Selbst fixierte Konstruktion des Arbeitsmarktes Machtasymmetrien invisibilisiert. Wenn in der Arbeitsmarktpraxis internetgestützt Selbst- und Weltbezüge auf Kategorien aufbauen, in denen nur der Einzelne als Zurechnungspunkt gilt, sind emanzipatorische Vorstellungen von vornherein begrenzt. Die Möglichkeiten, Macht- und Herrschaftseffekte zu thematisieren, verstummen im Konstruktionsmodus der umfänglichen Selbstverantwortlichkeit. Machtasymmetrien, die im Zuge der Internutzung invisibilisiert werden, steigern Ausbeutungspotentiale auf flexiblen Arbeitsmärkten, weil Machtüberschüsse des Beschäftigers im Rahmen des selbstfixierten Diskurses nicht mehr zur Sprache gebracht werden können. Diese, gelegentlich auch in gouvernementatilitätsanalytischen Ansätzen vertretene Perspektive trübt die Hoffnungen, welche in Flexicurity-Politiken gesetzt werden und insistiert dann auch normativ darauf, zunächst die Vielfalt der Einflüsse auf Arbeitsmarktpraxis theoretisch und empirisch ernst zu nehmen.

XIII. Externe Arbeitsmärkte und räumliche Mobilität

SUSANNE GERSTENBERG

1. EINLEITUNG

Dieser Beitrag[1] untersucht, ob räumliche Expansion als konstitutives Merkmal externer Teilarbeitsmärkte gelten kann. In einem ersten Schritt wird aus einer segmentationstheoretischen Perspektive eine Heuristik betrieblicher Mobilitätspolitik entwickelt, die eine vergleichende Analyse interner und externer Teilarbeitsmärkte ermöglicht. Explorative Analysen des im Rahmen des SFB 580 in Jena erhobenen B2-Betriebspanels prüfen dann die empirische Tragfähigkeit dieses Zugangs. Auf Grundlage der empirischen Hinweise werden abschließend die gesellschaftlichen Bedingungen und Folgen betrieblicher Mobilitätspolitik für die Arbeitsmarktsegmentation diskutiert.

Mit der Flexibilisierung des Arbeitsmarktes sind auch die räumlichen Anforderungen an Beschäftigte und Betriebe gewachsen. Die Zunahme zwischenbetrieblicher Wechsel (vgl. Grotheer 2008 a, b) kann als Ausdruck der Öffnung von Teilarbeitsmärkten interpretiert werden (vgl. Köhler/Krause 2010). Wenn Personalwechsel und Stellenbesetzungsprozesse zunehmen, sind sowohl Beschäftigte als auch Betriebe häufiger mit räumlichen Mobilitätsentscheidungen konfrontiert. Allerdings sind Mobilitätschancen gesellschaftlich ungleich verteilt (vgl. Franz 1984; Kramer 2005), sodass steigende räumliche Mobilitätsanforderungen je nach Arbeitsmarktsegment ganz unterschiedliche Chancen und Risiken

---

[1] Mein besonderer Dank für viele hilfreiche Anmerkungen und inspirierende Diskussionen geht an Alexandra Krause.

bergen und auf diese Weise selbst zur Verstärkung oder Verschiebung der Segmentationslinien am Arbeitsmarkt beitragen können.

Auf der Basis des neoinstitutionenökonomisch erweiterten Segmentationsansatzes, der die Struktur und Dynamik von Teilarbeitsmärkten über die Bezugsprobleme betrieblicher Beschäftigungssysteme erschließt (vgl. Köhler et al. 2007; Köhler et al. 2008; Köhler/Krause 2010), kann die allgemeine theoretische Annahme formuliert werden, dass externe Teilarbeitsmärkte zur räumlichen Ausdehnung tendieren. Offene betriebliche Beschäftigungssysteme sind von der überbetrieblichen Verfügbarkeit qualifizierter Arbeitskräfte abhängig. Bei hoher Fluktuation innerhalb eines betrieblichen Beschäftigungssystems und lokalen Verfügbarkeitsproblemen, so die sich daran anschließende Annahme, sollten sich die betrieblichen Raumbezüge ausweiten. Dennoch wurde der Zusammenhang zwischen Flexibilisierungstendenzen am Arbeitsmarkt und den Raumbezügen betrieblicher Beschäftigungspolitik für Deutschland bislang kaum untersucht.

Bisherige Studien verweisen einerseits auf die Heterogenität der Arbeitskräftemobilität nach Qualifikation, Geschlecht, Alter und Familienkontext (vgl. Haas/Hamann 2008; Limmer 2005; Wagner 1989) und andererseits auf dauerhafte regionale Nachfragedifferenzen (vgl. Blien et al. 2006). Ich vermute, dass auch die Raumbezüge betrieblicher Personalpolitik vielfältiger sind, als es die allgemeine theoretische Annahme nahe legt. Um diese Heterogenität besser erfassen zu können, entwickelt der erste Abschnitt eine zweidimensionale Heuristik betrieblicher Mobilitätspolitiken. Die im zweiten Abschnitt präsentierten empirischen Analysen basieren auf dem SFB 580 B2-Betriebspanel, dessen vierte Welle auch Informationen über personalpolitische Raumbezüge bereithält. Zunächst werden Clusteranalysen durchgeführt, um unterschiedliche Muster betrieblicher Mobilitätspolitiken zu explorieren. Daran anschließend untersuchen Korrespondenzanalysen dann deren Zusammenhang zur Beschäftigungsflexibilität.

Während lokale Suchstrategien ein ausreichend großes Arbeitskräftereservoir am betrieblichen Standort unterstellen, setzt eine erfolgreiche großräumige Personalrekrutierung die Mobilitätsbereitschaft der Beschäftigten voraus. Dies stellt allerdings durchaus widersprüchliche Anforderungen[2] an die Beschäftigten und kann folgenreich sein: Mobilitätsanforderungen können die Leistungsbereitschaft von Beschäftigten affizieren und die ungleiche Verteilung von Mobilitätsressourcen kann möglicherweise soziale Spaltungslinien zwischen mobilen und

---

2 Lessenich adressiert diesen widersprüchlichen Bezug als ‚Dialektik von Mobilität und Kontrolle' (vgl. Lessenich 2009).

immobilen Beschäftigten auf externen Teilarbeitsmärkten verfestigen. Im dritten Abschnitt diskutiert der Beitrag abschließend daher auch den ungleichheitssoziologischen Forschungsbedarf.

2. RÄUMLICHE MOBILITÄT UND BETRIEBLICHE RAUMBEZÜGE

Dieser Abschnitt befragt zunächst Segmentationsansätze nach theoretischen Anknüpfungspunkten für die Analyse betrieblicher Raumbezüge. Unter Rückgriff auf transaktionskostentheoretische Überlegungen wird dann auf die Zusammenhänge zwischen flexibler Beschäftigung, großräumiger Rekrutierung und überregionaler Mobilität fokussiert.

Segmentationstheoretische Raumbezüge

Segmentationsansätze unterscheiden Arbeitsmärkte horizontal in interne und externe sowie vertikal in primäre und sekundäre Segmente; auf der Mikroebene von Betrieben und innerbetrieblichen Teilbereichen entspricht die erste Unterscheidung geschlossenen und offenen Beschäftigungssystemen (vgl. Doeringer/Piore 1971; Köhler/Loudovici 2008; Köhler/Krause 2010). Die Abgrenzung der Teilarbeitsmärkte erfolgt über drei Dimensionen: (a) ihren Schließungsgrad, der empirisch über Fluktuationsraten oder durchschnittliche betriebliche Verweildauern erfasst wird; (b) ihre räumliche und fachliche Ausdehnung, die empirisch über den maximalen Mobilitäts- und Substitutionsbereich abgebildet wird; sowie (c) die typische Struktur der Allokations-, Qualifikations- und Gratifikationsregeln, die sich z.B. an Vertragsformen, Qualifikationsniveaus, der Weiterbildungsfinanzierung, Entgeltregelungen u.v.m. ablesen lässt (vgl. Köhler et al. 2007; Schröder et al. 2008; Sengenberger 1987).

Der klassische räumliche Segmentationsbegriff verknüpft die Idee primärer und sekundärer Arbeitsmarktsegmente mit einem dualen Raumkonzept zentraler und peripherer geographischer Lagen (vgl. Fassmann/Meusburger 1997). Demnach bewirkt die ungleiche räumliche Lage von Kern- und Randunternehmen ein Zentrum-Peripherie-Gefälle.[3] Aus den beiden strukturellen Bedingungen relativ armer Gelegenheitsstrukturen in ländlichen und vielfältigen Möglichkeiten be-

---

3   Kernunternehmen mit internen Arbeitsmärkten sind vornehmlich in zentralen Lagen, Randunternehmen hingegen in peripheren Lagen angesiedelt (vgl. Fassmann/Meusburger 1997).

ruflicher Veränderung in städtischen Gebieten leiten räumliche Segmentationsansätze dann die These einer höheren Mobilitätsbereitschaft der Arbeitskräfte auf dem Land ab (vgl. ebd.). Empirische Befunde zeigen jedoch, dass Beschäftigte und Erwerbslose in ländlichen Regionen nicht mobiler, sondern vergleichsweise immobil sind (vgl. Kramer 2005). Individuelle Mobilitätsentscheidungen sind also nicht nur von regionalen Strukturmerkmalen abhängig. Jüngste Studien haben insbesondere den Einfluss von Geschlecht, Alter und Familienkontext sowie Qualifikation auf individuelle Mobilitätsmuster belegt (vgl. Granato et al. 2009; Haas/Hamann 2008; Limmer 2005; Wagner 1989).

Kaum Berücksichtigung hat in diesem Zusammenhang bislang allerdings die betriebliche Ebene gefunden. Zwar beschäftigen sich ökonomische Ansätze z.B. mit regionalen Nachfragedifferenzen (vgl. Blien et al. 2006) oder mit dem Standortverhalten von Unternehmen[4] (vgl. Brixy 2008; Fernandez/Su 2004; Wagner 1989). Jedoch bleibt dabei relativ unklar, welche Bedeutung speziell die Flexibilisierung von Beschäftigungsverhältnissen für die Raumbezüge in der betrieblichen Personalpolitik hat: Erfordern offene Beschäftigungssysteme weiträumige Rekrutierung?

Indem sie mit spezifischen Einzugsbereichen nach Arbeitskräften für Positionen mit lang- oder kurzfristigen Beschäftigungsperspektiven suchen, außerdem Anreize für Zuzugsmobilität bieten oder Pendelmobilität unterstützen, beeinflussen Betriebe die Gelegenheitsstrukturen, auf die Beschäftigte ihre Mobilitätsentscheidungen beziehen.[5] Anschlussfähig für eine akteurszentrierte arbeitsmarktsoziologische Analyse räumlicher Mobilität sind mikrofundierte, institutionalistisch und organisationstheoretisch inspirierte Weiterentwicklungen der klassischen Segmentationsansätze (vgl. Köhler et al. 2007; Köhler/Krause 2010), wie der folgende Abschnitt zeigt.

Raumbezüge in der betrieblichen Personalpolitik

Betriebe können unterschiedliche Beschäftigungssysteme nutzen (vgl. Osterman 1987), um die beiden zentralen Bezugsprobleme des betrieblichen Personaleinsatzes zu bearbeiten. Diese sind (1) die kontinuierliche *Verfügbarkeit* qualifizierten Personals und (2) die Transformation der Arbeitskraft in die gewünschte

---

4 Einschlägige Forschung diskutiert hier u.a. die Bedeutung lokaler Netzwerke für betriebliche Standorte (vgl. Fernandez/Su 2004).

5 Raumbezüge der betrieblichen Personalpolitik stellen so objektive Faktoren dar, die individuelle Opportunitätsstrukturen beeinflussen und daher subjektiven Mobilitätsentscheidungen zugrunde liegen (vgl. Esser 1980).

Leistung (vgl. Köhler et al. 2007; Köhler/Krause 2010). Die Raumbezüge der betrieblichen Personalpolitik werden im Folgenden entlang dieser beiden Bezugsprobleme diskutiert.

Häufige Personalwechsel erhöhen die Abhängigkeit der Personalpolitik vom überbetrieblichen Arbeitsmarkt, wobei Betriebe entweder auf den lokalen oder auf den überregionalen externen Arbeitsmarkt zugreifen können. Die *lokale Verfügbarkeit* geeigneten Personals setzt allerdings einen lokalen Arbeitskräfteüberschuss im entsprechenden Qualifikationssegment voraus; ansonsten muss die Personalrekrutierung *räumlich ausgedehnt* werden. Dieser Weg wird insbesondere bei der Suche nach hochqualifizierten Spezialisten und Führungskräften beschritten (vgl. Gerstenberg 2011; Rohr-Zänker 1998). Für diese Gruppen wurden bislang daher überregionale Teilarbeitsmärkte mit relativ hohen Mobilitätsraten beobachtet (vgl. Granato et al. 2009; Haas/Hamann 2008).

Eine erfolgreiche weiträumige Rekrutierung erfordert nicht nur die Existenz eines überregionalen Arbeitskräfteüberschusses, sondern auch die räumliche Mobilität der Arbeitskräfte in die Zielregion. Das Arbeitsangebot wird allerdings durch eine anhaltende Fachkräfteknappheit für viele Teilarbeitsmärkte und Berufe beschränkt (vgl. Eichhorst/Thode 2002; Krause/Köhler 2011; vbw 2008), und räumliche Mobilität ist sowohl von sozialstrukturellen Parametern als auch von der Lage und Attraktivität des betrieblichen Standorts abhängig.[6] Als problematisch erweist sich diese doppelte Abhängigkeit vor allem für Kleinbetriebe, die wegen einer geringen Ausdifferenzierung des Positionsgefüges wenige interne Spezialisierungs- und Aufstiegsmöglichkeiten und damit relativ wenige Anreize bieten können (vgl. Rohr-Zänker 1998). Ebenso wie Betriebe in peripheren Lagen stehen sie bei der überregionalen Rekrutierung von Personal vor größeren Herausforderungen (vgl. Lutz 2008; Rohr-Zänker 1998) und könnten daher stärker auf den regionalen Arbeitsmarkt hin orientiert sein, um ihren Personalbestand zu sichern.

Wie jedes Markthandeln induzieren auch Rekrutierungen und Einstellungen Transaktionskosten (vgl. Coase 1988). Für periphere Regionen werden besonders hohe Such- und Rekrutierungskosten im oberen Arbeitsmarktsegment berichtet; Headhunting und Abwerbungen implizieren im Allgemeinen höhere Kosten als die traditionellen Suchwege, die in unteren Arbeitsmarktsegmenten genutzt werden (vgl. Rohr-Zänker 1998).[7] Hinzu kommen die Aufwände für

---

6   Die personalwirtschaftliche Literatur weist in diesem Kontext auch auf die zentrale Bedeutung der weichen Standortfaktoren hin (vgl. geniusgöttingen 2009).

7   Sowohl die Arbeitsmarktlage als auch die höhere Arbeitsproduktivität primärer Positionen können höhere Investitionen rechtfertigen.

mobilitätsbezogene Anreizstrategien: Betriebliches Engagement bei der Suche oder Bereitstellung von Wohnraum, finanzielle Beteiligung an Umzugs- oder regelmäßigen Fahrtkosten oder das Angebot flexibler Arbeitszeitmodelle für Pendler stellen einige solcher Maßnahmen dar. In Zeiten relativer Arbeitskräfteknappheit werden daher steigende Rekrutierungskosten, Ungleichgewichte im innerbetrieblichen Lohngefüge sowie Einflüsse auf das Betriebsklima prognostiziert (vgl. geniusgöttingen 2009). Die ex-ante-Kosten[8] können jedoch trotz großer räumlicher Reichweite auch konstant bleiben oder sogar sinken, wenn verstärkt digitale Suchmedien[9] zum Einsatz kommen. Indirekt und langfristig lassen sich sinkende Kosten auch dadurch vermuten, dass ein wachsendes Arbeitskräfteangebot in den Zielregionen die dortige Arbeitskräftekonkurrenz befördert und damit negativ auf die Löhne wirkt.

Räumliche Mobilität verursacht auch für Beschäftigte subjektive und objektive Kosten (vgl. Abraham/Nisic 2007; Kesselring/Vogl 2010; Schneider et al. 2002; Windzio 2004). In dem Maße wie sie auf die *Transformation von Arbeitskraft in Leistung* zurückwirken, können sie aus betrieblicher Perspektive als ex-post-Kosten[10] der Personalfluktuation verstanden werden. Man kann davon ausgehen, dass sie mit dem Radius räumlicher Mobilität tendenziell ebenfalls steigen. Zwar ist denkbar, dass z.B. Wochenendpendler ohne soziale Bindungen am Arbeitsort in höherem Maße dazu bereit sind, Sonderaufgaben zu übernehmen und längere Arbeitszeiten zu akzeptieren. Auf der anderen Seite können jedoch lange, anstrengende und dauerhafte Pendelbelastungen die Leistungsfähigkeit von Beschäftigten objektiv beeinträchtigen (vgl. Hanson/Pratt 1995; Kesselring/Vogl 2010; Schneider et al. 2002). Darüber hinaus ist der Nutzen räumlicher Mobilität für Beschäftigte gering, wenn Beschäftigungsverhältnisse schlechte Einkommenschancen (vgl. Hacket 2009), ungünstige Arbeitsbedingungen, geringe Aufstiegschancen oder unsichere Zukunftsperspektiven bieten. Eingeschränkte Leistungsfähigkeit und Leistungszurückhaltung mobiler Beschäftigter oder gar arbeitnehmerinduzierte Fluktuation können die Folge sein.

---

8 Als ex-ante-Kosten werden mit Stellenbesetzungsprozessen verbundene Informationsbeschaffungskosten, Anbahnungskosten sowie Vereinbarungskosten bezeichnet (vgl. Coase 1988; Williamson 1995).

9 Die Analyse der Nutzung unterschiedlicher Suchmedien steht hier nicht im Mittelpunkt. Zur personalpolitischen und sozialen Bedeutung der Ausbreitung digitaler Rekrutierungswege vgl. den Beitrag von Stefan Schröder in diesem Band (Kap. XII).

10 Ex-post-Kosten umfassen Abwicklungs-, Kontroll- und Änderungskosten (vgl. Coase 1988; Williamson 1995).

Im Hinblick auf das Leistungsproblem liegen somit zwei betriebliche Umgangsweisen mit Mobilitätsfragen nahe: (a) die Vermeidung räumlicher Mobilität durch eine gezielt kleinräumige Rekrutierung (vgl. Hanson/Pratt 1995) und (b) die Kanalisierung von Mobilität durch das Engagement für residenzielle, d.h. Umzugsmobilität, um die negativen Auswirkungen der Pendelmobilität zu vermeiden. Das Gelingen überregionaler Anwerbung und regionaler Bindung wird angesichts der verschärften zwischenbetrieblichen Konkurrenz um qualifizierte Fachkräfte als ein wichtiger betrieblicher Erfolgsfaktor diskutiert (vgl. Eichhorst/Thode 2002; geniusgöttingen 2009; vbw 2008). Strategieansätze empfehlen sowohl die Förderung räumlicher Mobilität und die gezielte Anwerbung im Ausland, als auch die Verbesserung der Lebensqualität und des Standortimages.[11]

Betriebliche Mobilitätspolitik

Wie sich bereits angedeutet hat, steht die betriebliche Personalpolitik auch im Hinblick auf ihre Raumbezüge in einem komplexen *Wechselverhältnis* zum Mobilitätsverhalten der Beschäftigten. Mit der zunehmenden Verbreitung flexibler Beschäftigungsformen steigt dessen Komplexität noch. Die folgenden Überlegungen stellen daher die Beschäftigten zentral und zeigen entlang der Ursachen, Barrieren und Formen individueller räumlicher Mobilität (vgl. Franz 1984), welche Aspekte bei der Analyse räumlicher Mobilität in offenen Beschäftigungssystemen berücksichtigt werden müssen. Es resultiert eine zweidimensionale Heuristik betrieblicher Mobilitätspolitik.[12]

---

11 Sowohl Personalwirtschaft als auch Raumplanung gehen dabei davon aus, dass die Bedeutung individueller Entscheidungen der Bewerber für und gegen einen bestimmten Betrieb und Standort zunimmt (vgl. geniusgöttingen 2009; Montz 2008). Konkrete Maßnahmen werden gelegentlich auch unter dem Titel des Regionalmarketings diskutiert, welcher impliziert, dass eine Förderung der regionalen Attraktivität eines Standorts die benötigte Zuwanderung von Arbeitskräften zu steuern vermag (vgl. geniusgöttingen 2009).

12 Sven Kesselring und Gerlinde Vogl haben, basierend auf der Analyse betrieblicher Diskurse, Politiken und Praktiken hinsichtlich räumlicher Beschäftigtenmobilität im Auftrag von Unternehmen, jüngst den Begriff der betrieblichen Mobilitätsregime entwickelt (vgl. Kesselring/Vogl 2010). Sie stellen dabei die Anforderungen, betrieblichen Bearbeitungsweisen und sozialen Folgen von mobiler Arbeit und Dienstreisen zentral. Der vorliegende Artikel fokussiert demgegenüber auf räumliche Mobilität im Zuge von Stellenwechseln, also auf arbeitsmarktvermittelte Mobilitätsprozesse, die

Die Erwerbstätigkeit kann als zentrale *Ursache* räumlicher Mobilitätsentscheidungen von Beschäftigten gelten (vgl. Abraham/Nisic 2007; Hacket 2009). Während stabile Beschäftigungsverhältnisse die räumliche Immobilität der Beschäftigten unterstellen, geht die hohe Personalfluktuation in offenen Beschäftigungssystemen mit häufigen Mobilitätsentscheidungen der Beschäftigten einher. In Tätigkeitsbereichen, für die eine hohe Fluktuation typisch ist, müssen Beschäftigte im Rahmen ihrer beruflichen Karriere immer wieder Entscheidungen über Betriebs- und Ortswechsel treffen. Mit extern-numerischen Flexibilisierungsinstrumenten nehmen Betriebe direkt Einfluss darauf, wobei beide Richtungen denkbar sind: Insbesondere befristete Arbeitsverträge vermehren einerseits die Gelegenheiten für Ortswechsel im Zuge von Betriebswechseln, denn sie werfen regelmäßig Fragen nach den räumlichen Distanzen (vgl. Abraham/Nisic 2007; Windzio 2004) und Mobilitätsarrangements (vgl. Schneider et al. 2002) auf, die für die nächste Stelle akzeptiert werden. Die unsichere Perspektive befristeter Stellen kann die Mobilitätsbereitschaft jedoch zugleich negativ beeinflussen.

Selbst bei hoher individueller Mobilitätsbereitschaft existieren *Mobilitätsbarrieren*. Diese gehen allerdings nicht nur auf regional- und fiskalpolitische (vgl. Franz 1984; Wesselbaum-Neugebauer 2009) sowie arbeitsmarktpolitische Instrumente (vgl. Arntz 2011) zurück, sondern auch auf die betriebliche Beschäftigungspolitik. Dieser Aspekt wurde in der Arbeitsmarktsoziologie bislang vernachlässigt. Bekannt ist, dass Hochqualifizierte und Führungskräfte die höchsten, Geringqualifizierte dagegen äußerst niedrige Mobilitätsraten aufweisen (vgl. Arntz 2011; Granato et al. 2009; Haas/Hamann 2008). Diese Muster werden auf betrieblicher Ebene auch durch die räumliche Reichweite affiziert, mit der Betriebe für unterschiedliche Positionen rekrutieren; mit diesen Rekrutierungsradien beeinflussen Betriebe das Maß an räumlicher Mobilität, das individuell für erfolgreiche Stellenwechsel nötig ist. Außerdem setzen Betriebe Anreize für Stellenantrittsmobilität oder bieten Mobilitätsunterstützung an. Man kann davon ausgehen, dass der Einsatz solcher Instrumente mit der Bedeutung variiert, die das Personalmanagement einem Kandidaten beimisst. Betriebliche Raumbezüge tragen so auch zur gesellschaftlichen Ungleichverteilung von Mobilitätsressourcen bei.

Betriebe beeinflussen darüber hinaus selbst die konkrete *Form* individueller Mobilität: Zum einen hängt es von der Reichweite der betrieblichen Rekrutierung, für Beschäftigte also von der Distanz ab, ob die Möglichkeit zu zirkulärer

---

weder in direktem Auftrag noch unter Aufsicht der Unternehmen stattfinden – und die dennoch betrieblich beeinflusst werden.

(Pendel-) Mobilität gegeben ist, oder ob der Stellenantritt mit residenzieller Mobilität, d.h. mit einem Wohnortwechsel verbunden ist. Zum anderen können Betriebe unterschiedliche Mobilitätsformen aktiv unterstützen, indem sie entweder Anreize für Umzüge zum Beschäftigungsort bieten oder mittels Modellen flexibler Arbeitszeiten und -orte Pendelmobilität ermöglichen.[13]

Als zentrale Dimensionen betrieblicher Mobilitätspolitik ergaben sich mit der räumlichen Ausdehnung der betrieblichen Arbeitskräftesuche erstens die *Rekrutierungsradien* und zweitens die *Mobilitätsunterstützung* als Ausmaß und Art und Weise, wie Betriebe die Überwindung mit dem Stellenantritt verbundener räumlicher Distanzen konkret unterstützen. Wenn Betriebe großräumig suchen, *fordern* sie Stellenantrittsmobilität von Beschäftigten ein. Die Frage, ob sie bereit sind, diese durch Unterstützungsmaßnahmen auch zu *fördern*, ist jedoch empirisch offen. Erst die Analyse des Zusammenwirkens der beiden Dimensionen betrieblicher Mobilitätspolitik klärt also darüber auf, wie individuelle Mobilitätschancen auf betrieblicher Ebene strukturiert werden.

Die vorangestellten Überlegungen legen nahe, dass Betriebe bei der Besetzung von Leitungsfunktionen höhere Such- und Rekrutierungskosten in Kauf nehmen (vgl. Rohr-Zänker 1998). Kleine Betriebe werden aufgrund ihrer geringeren finanziellen Ausstattung in der Regel weniger in ihre Mitarbeiter investieren können (vgl. Lutz 2008) und daher auch seltener in der Lage sein, Stellenantrittsmobilität finanziell zu unterstützen. Arbeitnehmerinteressen sind hier zudem weniger stark repräsentiert. Auf der anderen Seite könnten hier individuelle Aushandlungsprozesse größere Erfolgschancen haben (vgl. Kalleberg et al. 1996). Die theoretische Vielfalt möglicher betrieblicher Strategien, um die mit hoher Fluktuation einhergehenden Verfügbarkeitsprobleme geeigneten Personals zu lösen, implizieren auch heterogene betriebliche Raumbezüge. Im nächsten Abschnitt werden daher empirische Typen betrieblicher Mobilitätspolitik explorativ diskutiert.

---

13 Eine wichtige Rolle für Formen der Mobilität spielen auch infrastrukturpolitische Maßnahmen (vgl. Franz 1984), welche Mobilität sowohl positiv wie negativ beeinflussen können. Auch Betriebe können hier aktiv werden; solche betrieblichen Aktivitäten, wie z.B. der Einsatz von Car-Sharing-Modellen, werden aus verkehrspolitischer Perspektive als Elemente betrieblichen Mobilitätsmanagements bezeichnet (vgl. Langweg 2007).

3. EMPIRISCHE EVIDENZ

Die folgenden explorativen Analysen basieren auf der vierten Welle des im SFB 580 an der Universität Jena erhobenen B2-Betriebspanels.[14] Der Erhebung der Informationen über betriebliche Raumbezüge lag die oben diskutierte Heuristik betrieblicher Mobilitätspolitik zugrunde. Die Ausdehnung betrieblicher *Rekrutierungsradien* wurde anhand der gruppenspezifischen regionalen und überregionalen Suchaktivität erhoben. Darüber hinaus wurden Angaben über überregionale Neuzugänge im Jahr 2008 erfasst. Vier Indikatoren bilden die *Mobilitätsunterstützung der* überregionalen Neuzugänge ab: (a) Hilfe bei der Wohnungssuche, (b) finanzielle Beteiligung an Umzugs- oder Fahrtkosten, (c) Unterstützung bei der Kinderbetreuung und (d) Jobangebote für mitziehende Partner (vgl. Tabelle 1). Die Unterstützungsindikatoren erfassen damit sowohl kostenintensive, als auch alternative Möglichkeiten, die Betriebe haben, um die Stellenantrittsmobilität von Beschäftigten zu fördern.[15] Es werden drei *Betriebsgrößen* unterschieden: kleine mit unter 50, mittlere mit 50 bis 249 und große Betriebe mit 250 Mitarbeitern und mehr.

---

14 Das SFB 580 B2-Betriebspanel umfasst Betriebe aus zehn Branchen und sieben Bundesländern Deutschlands (vgl. Schröder et al. 2008).

15 Modelle flexibler Arbeitszeiten und –orte, die die dauerhafte Bewältigung räumlicher Distanzen zwischen Arbeitsort und Wohnort für Beschäftigte und damit zirkuläre Mobilität ermöglichen, werden in den empirischen Analysen dieses Beitrags ausgeklammert.

Tabelle 1:Raumbezüge in der betrieblichen Personalpolitik

Raumbezüge/Dimensionen	Indikatoren
Rekrutierungsradien	(über-)regionale Suche nach Führungskräften
	(über-)regionale Suche nach Fachkräften
	(über-)regionale Suche nach Un- und Angelernten
	überregionale Neuzugänge in 2008
Mobilitätsunterstützung überregionaler Neuzugänge	Wohnungssuche
	Finanzielle Unterstützung
	Kinderbetreuung
	Arbeitsangebote für Partner

Quelle: Eigene Darstellung

Vier Typen betrieblicher Mobilitätspolitik

Wie fordern und fördern Betriebe die räumliche Mobilität von Beschäftigten bei Stellenwechseln? Die Daten ermöglichen eine clusteranalytische[16] Typisierung der Betriebe, die auf sechs Indikatoren der betrieblichen Mobilitätspolitik basiert (vgl. Tabelle 3).[17] Es ergibt sich eine Clusterlösung mit vier Betriebstypen[18], de-

---

16 Die Clusteranalyse verwendet den Fusionierungsalgorithmus nach Ward und basiert auf dem Matching-Ähnlichkeitsmaß. Dieses wurde gewählt, da jeweils beide Ausprägungen der binären Variablen inhaltlich interpretiert werden sollen (vgl. Backhaus et al. 2008).

17 Eine Schwäche von Clusteranalysen besteht darin, dass Fälle mit fehlenden Werten vollständig aus den Berechnungen ausgeschlossen werden. Die Fragen nach überregionalen Neuzugängen sowie zur Rekrutierung Un- und Angelernter treffen auf viele Fälle nicht zu; diese beiden Variablen wurden daher nicht zur Clusterbildung herangezogen. Erstere ist grundsätzlich durch die Fluktuation beschränkt und im sekundären Segment wird zweitens scheinbar selten aktiv nach Personal gesucht. Mögliche Gründe dafür wurden an anderer Stelle diskutiert (vgl. Gerstenberg 2011).

18 Das lokale Minimum des Pseudo-T-Wertes des Duda-Hart-Kriteriums deutet auf eine optimale Clusterlösung hin (vgl. Backhaus et al. 2008).

ren Profile im Hinblick auf die beiden Dimensionen klare Muster zeigen: Häufig suchen Betriebe sowohl nach Führungs- als auch nach Fachkräften in einem weiträumigen Radius; zugleich bieten sie häufig mehrere Formen der Mobilitätsunterstützung an (vgl. Abbildung 2).[19] Die Typisierung trennt deutlich zwischen über- und unterdurchschnittlicher Verbreitung der mobilitätspolitischen Instrumente und wird daher in Tabelle 2 vereinfacht zweidimensional dargestellt.[20]

Die Typen 2 und 3 erscheinen zunächst plausibel: Betriebe, die ausgeprägt weiträumig rekrutieren, bieten auch häufig Mobilitätsunterstützung an. Ihr Motto könnte mit „Mobilität fordern und fördern" umschrieben werden: Mit ihren großen Rekrutierungsradien fordern sie Beschäftigte zu überregionaler Mobilität auf und setzen zugleich auch unterstützende personalpolitische Instrumente ein, damit die Neuzugänge diese Herausforderung auch bewältigen können. Das Gegenstück dieses Typs sind Typ-3-Betriebe mit kleinen Rekrutierungsradien, die Mobilität nicht unterstützen: Wo keine räumliche Mobilität eingefordert wird, muss sie auch nicht gefördert werden.

Tabelle 2: Vier Typen betrieblicher Mobilitätspolitik

		Mobilitätsunterstützung	
		Schwach	stark
Rekrutierungsradien	klein	Typ 3 N=83, 25.46%	Typ 4 „Anbieten" N=106, 32.52%
	groß	Typ 1 „Nachfragen" N=53, 16.26%	Typ 2 „Fordern & Fördern" N=84, 25.77%

Quelle: SFB 580-B2 Betriebspanel 2008, eigene Berechnungen

---

19 Die sechs Indikatoren wurden dummy-codiert. Die Profile bilden daher pro Typ die Anteile an Betrieben mit positiven Antworten ab.

20 Dieses Vorgehen beinhaltet eine Unschärfe in Bezug auf das leicht überdurchschnittliche Angebot von Hilfen bei der Kinderbetreuung durch Typ 1, welche an dieser Stelle jedoch in Kauf genommen wird. Zukünftige qualitative Analysen werden diesem Muster genauer nachgehen.

Darüber hinaus existieren allerdings zwei weitere Betriebstypen. Typ 1 bietet trotz weiträumiger Rekrutierung von Führungs- und auch Fachkräften nur selten Unterstützungsleistungen an; hier steht also die Nachfrage nach Mobilität im Vordergrund. Aber auch der umgekehrte Fall ist zu finden: Typ 4 zeigt, dass Mobilität durchaus auch von Betrieben unterstützt wird, die lediglich kleinräumig rekrutieren und damit in ihrer Rekrutierungspraxis keine Mobilität einfordern. Worin liegt der Nutzen einer solchen Mobilitätspolitik? Offensichtlich ist, dass auch diese Betriebe zumindest gelegentlich auf den überregionalen externen Arbeitsmarkt angewiesen sind und in diesen, womöglich seltenen und nicht aktiv herbeigeführten Fällen zu besonderen Investitionen bereit sind; bei einem Drittel dieser Betriebe erfolgen Neueinstellungen faktisch auch überregional (vgl. Tabelle 3). Ich interpretiere Typ 4 als Hinweis auf Betriebe, in denen einerseits zwar ein gewisses Bewusstsein der Hindernisse existiert, mit denen Beschäftigte aufgrund von Mobilitätsanforderungen konfrontiert sind und in denen auch die Bereitschaft zur Unterstützung gegeben ist. Andererseits wird dies eher situativ und nicht als bewusster Aspekt einer betrieblichen Mobilitätsstrategie verfolgt.

Oben wurden überregionale Rekrutierungsbemühungen auch mit Bezug auf die Standortattraktivität und die betriebliche Kapitalausstattung diskutiert. Die schwierige Position von Kleinbetrieben in der überregionalen Konkurrenz um Arbeitskräfte wurde dabei deutlich (vgl. Lutz 2008; Rohr-Zänker 1998). Die hier erzielten Ergebnisse bestätigen und ergänzen diese Überlegungen: Eine fördernde Mobilitätspolitik wird überdurchschnittlich häufig von großen und nur selten von kleinen Betrieben praktiziert; kleine Betriebe dominieren sowohl Typ 3 als auch den Typus „Nachfragen", während die Typen „Anbieten" und „Fordern & Fördern" die Domänen der großen und z.T. mittleren Betriebe sind (vgl. Tabelle 3).

Mobilitätspolitische Investitionen, insbesondere auf der Unterstützungsdimension, könnten für Kleinbetriebe durch ihre schwächere Kapitalausstattung erschwert sein. Mit Blick auf die neuen Bundesländer stellt Lutz bei der Analyse kleiner und kapitalschwacher Betriebe allerdings fest, dass dort zugleich kaum strategische Personalplanung betrieben wird (vgl. Lutz 2008). Eigene Analysen ergänzen, dass kleine ostdeutsche Betriebe nicht nur am häufigsten kleinräumig rekrutieren, sondern Mobilität auch besonders selten durch kostenintensive Unterstützungsleistungen fördern (vgl. Gerstenberg 2011). Die Befunde könnten daher durchaus mit dem Zusammentreffen von Kapitalschwäche und fehlender personalpolitischer Strategie zu erklären sein. Die Rekrutierungsschwierigkeiten von (insbesondere ostdeutschen) Kleinbetrieben dürften sich damit in jedem Fall weiter verschärfen.

Abgesehen von diesem Fall könnten die Einblicke in die betriebliche Mobilitätspolitik insgesamt Anlass zur Beruhigung geben, praktizieren doch über die Hälfte der befragten Betriebe eine unterstützende Mobilitätspolitik.[21] Die Typisierung legt jedoch nahe, dass die Unterstützung von Mobilität entweder eine personalpolitische Strategie im engeren Sinne und damit das passende Gegenstück zur großräumigen Personalrekrutierung sein kann; sie kann allerdings auch eher situativen Charakter haben. Mit der Betriebsgröße und der regionalen Lage wurden zwei mögliche Ursachen für die empirischen Unterschiede diskutiert. Denkbar ist jedoch auch, dass keine eindeutige personalpolitische Strategie verfolgt wird, weil die Situation, die nach der Unterstützung von Stellenantrittsmobilität verlangt, nur *selten* auftritt: in Bereichen mit hoher Beschäftigungsstabilität. Die sozialen Auswirkungen fehlender betrieblicher Unterstützungsbereitschaft könnten somit gemäßigt ausfallen.

Auf der anderen Seite könnte der Betriebstypus „Nachfragen" gesellschaftlich besonders problematisch sein, wenn er mit *häufigen* Stellenwechseln einhergeht, also mit offenen Beschäftigungssystemen korrespondiert. Solche offenen Bereiche bzw. Formen flexibler Beschäftigung nehmen empirisch an Bedeutung zu und könnten daher das voraussetzungsvolle Wechselverhältnis zwischen betrieblicher Mobilitätspolitik und Beschäftigtenmobilität merklich affizieren. Die Analyse des Zusammenhangs zwischen betrieblicher Mobilitätspolitik und Beschäftigungsflexibilität ist daher Gegenstand des nächsten Abschnitts.

Betriebliche Mobilitätspolitik und flexible Beschäftigung

Mit einem korrespondenzanalytischen[22] Verfahren wird im Folgenden der Zusammenhang zwischen Beschäftigungsflexibilität und betrieblicher Mobilitätspolitik exploriert. Flexible Beschäftigung wird dabei über zwei Dimensionen erfasst: (a) Personalfluktuation und (b) Instrumente extern-numerischer Flexibili-

---

21 Insgesamt geben gut 60% aller Betriebe an, betriebliche Neuzugänge in der Vergangenheit durch mindestens eine der vier abgefragten Leistungen unterstützt zu haben. Betriebliche Neuzugänge werden am häufigsten bei der Wohnungssuche (47 %) und durch finanzielle Hilfe bei Umzugs- oder Fahrtkosten unterstützt (38 %). Seltener sind Hilfen bei der Kinderbetreuung (22 %) und Beschäftigungsangebote für mitziehende Partner (7 %; vgl. Gerstenberg 2011).

22 Korrespondenzanalysen werten die relativen Häufigkeiten zugrundeliegender mehrdimensionaler Kontingenztabellen unter Rückgriff auf geometrische Konzepte aus und ermöglichen durch Dimensionsreduktion deren simultane grafische Darstellung (vgl. Blasius 1994; Greenacre 1994a).

tät. Operationalisiert werden diese über (a1) das Ausmaß kurz- und mittelfristiger betrieblicher Verweildauern, (a2) unter- und überdurchschnittliche Labour-Turnover-Raten, (b1) die Nutzungsintensität befristeter Arbeitsverträge und (b2) den Einsatz von Leiharbeit (vgl. Tabelle 4). Die Operationalisierung der beiden Dimensionen betrieblicher Mobilitätspolitik wurde bereits im letzten Abschnitt vorgestellt (vgl. Tabelle 1).[23]

Aufgrund der mehrdimensionalen Operationalisierung der hier betrachteten Konstrukte wird die Joint Correspondence Analysis (JCA) verwendet.[24] Die im Modell enthaltenen Informationen werden durch die JCA auf dominante Dimensionen reduziert und zweidimensional dargestellt (vgl. Abbildung 1). Die räumliche Nähe von Merkmalen repräsentiert dabei deren gemeinsame Variation und somit ihre Ähnlichkeit. Je größer die inhaltliche Bedeutung eines Merkmals für eine Dimension ist, desto näher rückt es grafisch an den Pol der Dimension.[25]

---

23 Für detaillierte Informationen zu allen Indikatoren und den statistischen Kennwerten des Modells siehe Tabelle 4.

24 JCA kommen zur Anwendung, wenn nicht bestimmte, sondern die Korrespondenzen aller Variablen untereinander exploriert werden sollen (vgl. Greenacre 1994b). Diese Methode hat außerdem den Vorzug, dass sie einen iterativen Algorithmus verwendet, welcher die durch die Hauptdiagonale der zugrundeliegenden Burt-Matrix verursachte künstliche ‚Inflation' der Inertia vermeidet (vgl. Greenacre 2007).

25 Zur leichteren Orientierung werden in Abbildung 1 zusätzlich die vorne diskutierten mobilitätspolitischen Typen abgebildet (vgl. Lebart 1994), welche in dieser Form jedoch nicht in die Berechnung des Modells eingehen.

Abbildung 1: Betriebliche Mobilitätspolitik und flexible Beschäftigung

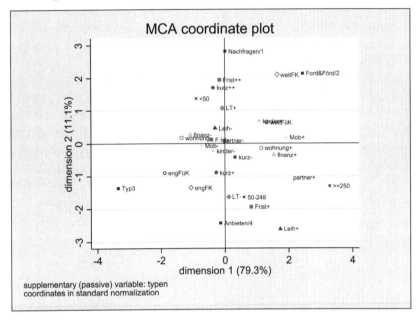

Quelle: SFB 580 B2-Betriebspanel 2008, eigene Berechnungen

Abbildung 1 zeigt die Ausdifferenzierung betrieblicher Mobilitätspolitiken entlang der Horizontalen. Links gruppieren sich Typ 3-Charakteristika: Betriebe, die Mobilität weder nachfragen noch unterstützen. Die rechte Seite entspricht hingegen dem Typ „Fordern und Fördern", der durch große Rekrutierungsradien und Mobilitätsunterstützung charakterisiert war. Die Indikatoren der Beschäftigungsflexibilität sind vertikal angeordnet. Im unteren Bereich finden sich Betriebe mit niedriger Personalfluktuation, zugleich aber auch die Nutzer von Befristung und Leiharbeit. Den oberen Bereich prägen Betriebe mit hoher Fluktuation und Intensivnutzer von Befristung.

Die vertikale Dimension bildet somit Spaltungslinien zwischen stabilen und flexiblen betrieblichen Beschäftigungsstrukturen ab: Die intensive Nutzung befristeter Beschäftigung korrespondiert mit hoher Flexibilität im gesamten Betrieb und beschreibt damit einen Typus offener Beschäftigungssysteme. Auf der anderen Seite werden jedoch auch innerbetriebliche Stamm-Rand-Spaltungen deutlich: Extern-numerische Flexibilisierung geht häufig mit einer stabilen gesamtbetrieblichen Beschäftigungsstruktur einher.

Die horizontale Dimension lässt sich demgegenüber als Polarisierung zwischen hohen und niedrigen betrieblichen Mobilitätsanforderungen interpretieren und weist zugleich auf heterogene Zugangschancen zu Mobilitätsressourcen in Gestalt betrieblicher Unterstützung hin: Mobilität wird durch Betriebe eher dort gefördert, wo sie durch sie selbst auch eingefordert wird. Die auf den Clusteranalysen basierenden Typen betrieblicher Mobilitätspolitik zeigen recht deutliche Homologien zu den Beschäftigungsstrukturen. Offene Beschäftigungssysteme korrespondieren mit zwei Arten von Mobilitätspolitik: mit den Typen „Nachfragen" sowie „Fordern & Fördern". Geschlossene Bereiche ähneln hingegen entweder Typ 3 oder dem Typus „Anbieten".

Kleinräumige Rekrutierung korrespondiert also eher mit stabiler, großräumige Rekrutierung hingegen mit flexibler Beschäftigung. Die mehrdimensionale Operationalisierung der Beschäftigungsflexibilität liefert hierbei differenzierte Einsichten: Die Positionierung atypischer Beschäftigungsformen auf der rechten Seite deutet darauf hin, dass auch betriebliche Beschäftigungsstrukturen, die als Stamm-Rand-Spaltung interpretiert werden können, mit großräumiger Rekrutierung einhergehen können. Das ambivalente Verhältnis zwischen faktischer Personalfluktuation und extern-numerischen Flexibilisierungsinstrumenten weist auf innerbetriebliche Spaltungslinien zwischen Belegschaftsteilen entlang der Langfristigkeit und Sicherheit von Beschäftigungsverhältnissen hin und wirft zusätzlich auch die Frage nach damit verbundenen Polarisierungen von Mobilitätschancen und -risiken auf.

Zusammenfassend lässt sich also erkennen, dass überregionale Mobilität von Berufseinsteigern, Stellenwechslern und Arbeitssuchenden stärker durch offene Beschäftigungssysteme eingefordert wird; solche Bereiche können auch in Betrieben mit insgesamt stabilen Beschäftigungsstrukturen existieren. Dieser Zusammenhang gilt nicht nur für Führungskräfte, sondern explizit für qualifizierte Fachkräfte, von denen bislang grundsätzlich räumlich kleinere Teilarbeitsmärkte berichtet werden. Repräsentative Aussagen darüber, in welchem Maße sich dieses Verhältnis im Zuge von Externalisierungsprozessen spürbar verändert, können auf Basis der hier verwendeten Betriebsdaten freilich nicht getroffen werden.

Allerdings wird auch deutlich, dass das Fördern von Mobilität nicht in gleichem Maße mit der Beschäftigungsflexibilisierung korrespondiert wie die Ausweitung der Rekrutierungsradien. Zwar hat eine Mehrheit der Panelbetriebe die bei Stellenbesetzungsprozessen anfallende räumliche Mobilität in der Vergangenheit bereits einmal unterstützt[26], allerdings wird gerade in offenen Systemen

---

26 Die Unterstützungsindikatoren können allerdings nicht beantworten, inwiefern es sich bei diesen Maßnahmen um ein strategisches Moment der betrieblichen Personalpolitik oder um das Resultat einmaliger und individueller Verhandlungen handelt.

auch häufig eine Mobilitätspolitik des Typs „Nachfragen" gefahren: Mobilität wird im Zuge häufig stattfindender Stellenwechsel einfach verlangt, ohne dass Betriebe zu ihrer Ermöglichung beitragen. Die benötigten Mobilitätsressourcen lasten damit gänzlich auf den Schultern der Beschäftigten.[27]

Diese Ergebnisse verweisen also erneut auf die Fähigkeit zur Mobilität als zentrale angebotsseitige Voraussetzung weiträumiger Rekrutierung. Diese Fähigkeit ist nicht nur durch die Ausstattung von Individuen und Haushalten mit Mobilitätsressourcen, sondern auch durch die Unterstützung von Mobilität durch die Betriebe beeinflusst. Da die weiträumige Rekrutierung vor allem die Domäne offener Beschäftigungssysteme ist, sollten die Mobilitätschancen von Beschäftigten in solchen Segmenten des Arbeitsmarkts zukünftig genauer untersucht werden.

4. Fazit und Ausblick

Vor dem Hintergrund der segmentationstheoretisch begründbaren Annahme, dass externe Teilarbeitsmärkte zur räumlichen Ausweitung tendieren, ging dieser Artikel der Frage nach, welche Raumbezüge die betriebliche Personalpolitik im Hinblick auf Stellenwechsel beinhaltet.[28] Zunächst wurde eine zweidimensionale Heuristik betrieblicher Mobilitätspolitik entwickelt, deren Verbreitung anhand des B2-Betriebspanels empirisch untersucht wurde. Anschließend wurden die Zusammenhänge zwischen Mobilitätspolitik und flexibler Beschäftigung in den Blick genommen. Die explorativen Analysen belegen die empirische Bedeutung der beiden in der Heuristik adressierten Dimensionen:

---

27 Die quantitative Analyse des Zusammenhangs zwischen betrieblicher Rekrutierung und Unterstützung stößt hier an eine Grenze, denn eine nach Beschäftigtengruppen differenzierte Analyse der Unterstützungsmaßnahmen ist anhand des B2-Betriebspanels nicht möglich. Aussagen zu Zusammenhängen beider Dimensionen bergen die Gefahr des ökologischen Fehlschlusses.

28 Mit Blick auf Effekte der räumlichen Nähe von Betrieben kann aus Perspektive des Verfügbarkeitsproblems auch die umgekehrte Hypothese formuliert werden: Erfordern erfolgreiche, schnelle und kostengünstige Personalwechsel auf externen Arbeitsmärkten räumliche Nähe (vgl. Fernandez/Su 2004)? Im Lichte dieser Frage können große betriebliche Rekrutierungsradien allerdings als Weg verstanden werden, über Beschäftigtenmobilität die räumliche Nähe zwischen Nachfrage und Angebot herzustellen.

(1) Betriebe fordern durch die räumliche Reichweite ihrer Rekrutierung in unterschiedlichem Ausmaß Mobilität von den Beschäftigten ein. In flexiblen Bereichen des Arbeitsmarktes wird häufiger großräumig rekrutiert, was als betriebliche Bearbeitungsweise der Verfügbarkeitsproblematik in offenen Beschäftigungssystemen interpretiert werden kann.[29]

(2) Die Bereitschaft von Betrieben, aktiv zur Bewältigung der mit ihren Mobilitätsanforderungen verbundenen individuellen Herausforderungen beizutragen, weist erhebliche Unterschiede auf. Insgesamt geht erhöhte Beschäftigungsflexibilität zwar deutlich mit weiträumiger Rekrutierung, jedoch nicht notwendig mit Mobilitätsunterstützung einher. Dies kann sich sowohl auf das betriebliche Verfügbarkeits- wie auch auf das Leistungsproblem auswirken.

Der in diesem Beitrag entwickelte analytische Zugang hat sich bewährt; zugleich werfen die Befunde zahlreiche weiterführende Fragen auf.[30] So zeigen aktuelle arbeitsmarktsoziologische Befunde Segmentationslinien in den sozioökonomischen Risiken atypischer Beschäftigung (vgl. Giesecke 2009).[31] Die Thematik dieses Beitrags ist daher auch anschlussfähig, wenn es um die Analyse der individuellen Erträge räumlicher Mobilität geht. Die bisherige Forschung konzentriert sich auf Einkommenserträge (vgl. Hacket 2009), während die Bedeutung von Beschäftigungsstabilität und -sicherheit für räumliche Mobilität noch zu wenig berücksichtigt wird:

- Sind es die regional mobilen Neuzugänge, denen unbefristete Verträge angeboten werden, oder wird für befristete Positionen überregional rekrutiert?
- Wird die Bereitschaft von befristet Beschäftigten und Leiharbeitern zur räumlichen Mobilität unterstützt, oder kommen entsprechende betriebliche Leistungen nur begehrten Spezialisten und Führungskräften zugute?
- Sind Unterstützungsmaßnahmen womöglich gar mit Beschäftigungssicherheit, also langfristigen Beschäftigungsperspektiven kombiniert? Oder implizieren

---

29 Die dynamische und somit ein longitudinales Forschungsdesign erfordernde Frage, ob sich im Zuge von Flexibilisierungsprozessen Räume bzw. Arbeitsmärkte notwendig ‚ausweiten', kann auf Basis der hier präsentierten Ergebnisse nicht beantwortet werden.

30 Die auf betrieblicher Ebene gefundenen Hinweise könnten beispielsweise durch Informationen über die Einsatzgebiete atypischer Beschäftigungsformen, z.B. durch eine Branchendifferenzierung ergänzt werden.

31 Dabei wird nicht nur auf variierende Befristungswahrscheinlichkeiten, sondern auch auf das Risiko von Befristungsketten sowie eine steigende Mobilität zwischen sekundärem Segment und Arbeitslosigkeit hingewiesen (vgl. Giesecke 2009).

Befristungsketten die Dauerhaftigkeit räumlicher Mobilität? Ökonomische und soziologische Studien zeigen, dass insbesondere zirkuläre Pendelmobilität an Bedeutung gewinnt (vgl. Arntz 2011; Haas/Hamann 2008). In einem nächsten Schritt könnten daher die betrieblichen Umgangsweisen mit pendelmobilen Mitarbeitern auf betrieblicher Ebene als weitere Dimension der Mobilitätspolitik konzeptualisiert werden.[32]

Der Beitrag hat deutlich gemacht, dass es sich bei dem Verhältnis von räumlicher Beschäftigtenmobilität und betrieblicher Mobilitätspolitik um ein komplexes Wechselverhältnis handelt, dessen Analyse bislang weitgehend ein Forschungsdesiderat geblieben ist. In einem ersten Schritt wurden daher Raumbezüge betrieblicher Beschäftigungspolitik aufgezeigt und es wurde diskutiert, wie individuelle räumliche Mobilität dadurch geprägt wird. Mobilitätschancen werden möglicherweise auch entlang der Segmentationslinien von Beschäftigungsstabilität und Jobsicherheit entschieden, obgleich sich dieser Eindruck im Rahmen dieses Beitrags für die individuelle Ebene nicht absichern lässt. Die betrieblichen Analysen sollten daher zukünftig um (longitudinale) Individualanalysen ergänzt werden.

Die Bezugsprobleme von Betrieben und Beschäftigten können die Analyse dieses Wechselverhältnisses anleiten: Während betriebliche Personalpolitik um Fragen nach Verfügbarkeit und Leistung kreist, sind Beschäftigte zunächst an der Sicherung ihres Einkommens durch stabile Beschäftigungsverhältnisse interessiert (vgl. Bernhard et al. 2008; Köhler/Krause 2010). Aus diesen unterschiedlichen Bezugsproblemen der Akteure folgen unterschiedliche, aufgrund von strukturellen Machtasymmetrien im Beschäftigungsverhältnis auch unterschiedlich einflussreiche Bezüge auf Raum und Mobilität (vgl. Bourdieu 2010; Canzler/Kesselring 2006). Mobilitätsentscheidungen werden zugleich auf Basis ungleich verteilter Ressourcen getroffen, von denen auch die konkrete Ausgestaltung von Mobilitätsprozessen abhängt und welche selbst von betrieblichen Raumbezügen bzw. Mobilitätspolitiken beeinflusst werden. Konfliktsoziologisch erweitert wäre somit zu fragen, (a) welche Rolle die ungleichen Möglichkeiten zur Überwindung des physischen Raums beim Kampf von Beschäftigten um Einkommens- und Beschäftigungssicherheit spielen und (b) inwiefern Beschäfti-

---

32 Erste theoretische Überlegungen zur betrieblichen Bearbeitung des durch dauerhafte zirkuläre Mobilität affizierten Leistungsproblems wurden in diesem Beitrag geliefert. Qualitative Betriebsinformationen können hier zukünftig genauere empirische Einsichten liefern.

gungssysteme durch eine Segmentierung von Mobilitätschancen soziale Schließungsprozesse bewirken und soziale Ungleichheit verstärken.

TABELLEN UND ABBILDUNGEN

Tabelle 3: Profile der Clusterlösung und Betriebsmerkmale

	Ø	Typ 1 „Nachfragen"	Typ 2 „Fordern & Fördern"	Typ 3	Typ 4 „Anbieten"
überregionale Rekrutierung von Führungskräften mit Personal-/ Budgetverantwortung (rekrut1)	0.55	1.00	1.00	0.00	0.40
überregionale Rekrutierung von qualifizierten Fachkräften (rekrut2)	0.34	0.68	0.88	0.00	0.06
überregionale Rekrutierung von Un- und Angelernten	0.08	0.28	0.17	0.00	0.01
Überregionale Neuzugänge ja/nein	0.28	0.33	0.47	0.02	0.29
Unterstützung bei der Wohnungssuche (wohnung01)	0.47	0.00	0.98	0.00	0.73
finanzielle Hilfe bei Umzugs- oder Fahrtkosten (finanz01)	0.38	0.21	0.58	0.00	0.63
Unterstützung bei der Kinderbetreuung (kinder01)	0.22	0.09	0.40	0.00	0.35
Arbeitsangebote für den Partner (partner01)	0.07	0.00	0.15	0.00	0.11
Unterstützung ja/nein	0.61	0.28	1.00	0.00	0.99
<50 Mitarbeiter	0.64	0.66	0.44	0.79	0.58
50-249 Mitarbeiter	0.28	0.32	0.39	0.21	0.32
>=250 Mitarbeiter	0.08	0.02	0.17	0.00	0.10

Quelle: SFB 580-B2 Betriebspanel 2008, eigene Berechnungen. Notiz: In die Clusterbildung einbezogen wurden die fett gedruckten Merkmale.

Tabelle 4: *Korrespondenzanalyse – Beitrag der Variablen zur Inertia*

	Label	Beitrag zur Inertia	
		Dim. 1	Dim. 2
Anteil kurz- und mittelfristiger Beschäftigungsdauern	kurz-	0.004	0.008
Anteil kurz- und mittelfristiger Beschäftigungsdauern	kurz+	0.002	0.016
Anteil kurz- und mittelfristiger Beschäftigungsdauern	kurz++	0.003	0.061
Labour-Turnover <=p50	LT-	0.000	0.088
Labour-Turnover >p50	LT+	0.000	0.058
Anteil befristet sv-pfl. Beschäftigte <=p50	Frist-	0.007	0.000
Anteil befristet sv-pfl. Beschäftigte <=p75	Frist+	0.016	0.089
Anteil befristet sv-pfl. Beschäftigte >p75	Frist++	0.001	0.082
Einsatz von Leiharbeit: nein	Leih-	0.007	0.015
Einsatz von Leiharbeit: ja	Leih+	0.038	0.085
Betriebsgröße <50 sv-pfl. Beschäftigte	<50	0.037	0.083
Betriebsgröße 50-249 sv-pfl. Beschäftigte	50-249	0.011	0.086
Betriebsgröße >=250 sv-pfl. Beschäftigte	>=250	0.073	0.012
Überregionale Neueinstellungen: nein	Mob-	0.033	0.000
Überregionale Neueinstellungen: ja	Mob+	0.086	0.001
regionale Rekrutierung von Führungskräften mit Personal-/ Budgetverantwortung	EngFüK	0.123	0.028
überregionale Rekrutierung von Führungskräften mit Personal-/ Budgetverantwortung	Weit-FüK	0.085	0.019
regionale Rekrutierung von qualifizierten Fachkräften	EngFK	0.057	0.093
überregionale Rekrutierung von qualifizierten Fachkräften	WeitFK	0.089	0.143
Unterstützung bei der Wohnungssuche: nein	Woh-	0.070	0.001
Unterstützung bei der Wohnungssuche: ja	Woh-	0.059	0.001
finanzielle Hilfe bei Umzugs- oder Fahrtkosten: nein	Finanz-	0.058	0.003
finanzielle Hilfe bei Umzugs- oder Fahrtkosten: ja	Finanz+	0.081	0.004
Unterstützung bei der Kinderbetreuung: nein	Kinder-	0.009	0.003
Unterstützung bei der Kinderbetreuung: ja	Kinder+	0.025	0.010
Arbeitsangebote für den Partner: nein	Partner-	0.002	0.001
Arbeitsangebote für den Partner: ja	Partner+	0.026	0.007

Quelle: SFB 580-B2 Betriebspanel 2008, eigene Berechnungen. Notiz: Verteilung erfahrungsgemäßer durchschnittlicher Verweildauern im Betrieb: Kurzfristig bis fünf Jahre, mittelfristig bis zehn Jahre, langfristig länger als zehn Jahre.

Abbildung 2: Profile der 4-Cluster-Lösung

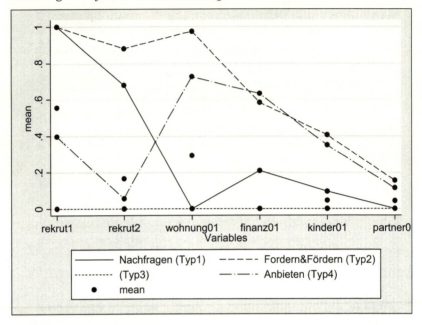

Quelle: SFB 580-B2 Betriebspanel 2008, eigene Berechnungen.

Literatur

Abel, Jörg/Hirsch-Kreinsen, Hartmut/Ittermann, Peter (2009): *Made simple in Germany? Entwicklungsverläufe industrieller Einfacharbeit.* In: *WSI-Mitteilungen*, 62. Jg., H. 11, S. 579-585.

Abraham, Martin/Hinz, Thomas (Hg.) (2005): *Arbeitsmarktsoziologie. Probleme, Theorien, empirische Befunde.* Wiesbaden: VS Verlag.

Abraham, Martin/Nisic, Natascha (2007): *Regionale Bindung, räumliche Mobilität und Arbeitsmarkt - Analysen für die Schweiz und Deutschland.* In: *Swiss Journal of Sociology*, 33. Jg., H. 1, S. 69-87.

Aglietta, Michel (2000): *Ein neues Akkumulationsregime. Die Regulationstheorie auf dem Prüfstand.* Hamburg: VSA.

Akerlof, George (1982): *Labor contracts as partial gift exchange.* In: *The Quarterly Journal of Economics*, 97. Jg., H. 4, S. 543-569.

Akerlof, George A./Yellen, Janet L. (1986): *Efficiency wage models and the labour market.* New York: Cambridge University Press.

Alda, Holger/Bartelheimer, Peter (2008): *Ungleiche Erwerbsbeteiligung - Messkonzepte für ein segmentiertes Beschäftigungssystem.* In: Gensior, Sabine/Lappe, Lothar/Mendius, Hans Gerhard (Hg.): *Im Dickicht der Reformen - Folgen und Nebenwirkungen für Arbeitsmarkt, Arbeitsverhältnis und Beruf,* (Dokumentation der gleichnamigen Tagung). SAMF - Arbeitspapier 2008-1. Cottbus, S. 49-78.

Alda, Holger (2012): *Betriebliche Arbeitsnachfrage und Beschäftigung.* In: Forschungsverbund Sozioökonomische Berichterstattung (Hg.): *Berichterstattung zur sozioökonomischen Entwicklung in Deutschland. Teilhabe im Umbruch. Zweiter Bericht.* Wiesbaden: VS Verlag, S. 387-416.

Alewell, Dorothea/Struck, Olaf (2012): *Betriebliche Beschäftigungssysteme.* In: *Industrielle Beziehungen, Sonderheft 2012.* Mering: Hampp. (Im Erscheinen).

Althauser, Robert P. (1989): *Internal Labor Markets.* In: *Annual Review of Sociology*, Jg. 15, S. 143-161.

Althauser, Robert P./Kalleberg, Arne L. (1981): *Firms, occupations, and the structure of labor markets. A conceptual analysis.* In: Berg, Ivar (Hg.): *Sociological Perspectives on Labor Markets.* New York: Academic Press, S. 119-149.

Althauser, Robert P./Kalleberg, Arne L. (1990): *Identifying career lines and internal labor markets within firms. A study in the interrelationships of theory and methods.* In: Breiger, Ronald L. (Hg.): *Social mobility and social structure.* New York: Cambridge University Press, S. 308-356.

Altmann, Norbert/Binkelmann, Peter/Düll, Klaus/Stück, Heiner (1982): *Grenzen neuer Arbeitsformen: Betriebliche Arbeitsstrukturierung, Einschätzung durch Industriearbeiter, Beteiligung der Betriebsräte.* Frankfurt/Main: Campus.

Anger, Silke/Kottwitz, Anita (2009): *Mehr Hausarbeit, weniger Verdienst.* In: *DIW-Wochenbericht,* 76. Jg., Nr.6, S. 102-111.

Apitzsch, Birgit (2010): *Flexible Beschäftigung, neue Abhängigkeiten. Projektarbeitsmärkte und ihre Auswirkungen auf Lebensverläufe.* Frankfurt/Main: Campus.

Apitzsch, Birgit/Piotti, Geny (2012): *Institutions and sectoral logics in creative industries. the media cluster in Cologne.* In: *Environment and Planning.* (Im Erscheinen).

Arnoldi, Jakob (2009): *Alles Geld verdampft. Finanzkrise in der Weltrisikogesellschaft.* Frankfurt/Main: Suhrkamp.

Arntz, Melanie (2011): *Mobilitätshemmnisse heterogener Arbeitskräfte in Deutschland.* In: *Zeitschrift für Arbeitsmarktforschung,* Jg. 2011, H. 44, S. 135-141.

Aspers, Patrick/Beckert, Jens (2008): *Märkte.* In: Maurer, Andrea (Hg.): *Handbuch der Wirtschaftssoziologie.* Wiesbaden: VS Verlag , S. 225-246.

Atkinson, John (1984): *Manpower strategies for flexible organizations.* In: Personnel Management, Jg. 16., S. 28-31.

Auer, Peter (2010): *What's in a Name? The Rise (and Fall?) of Flexicurity.* In: *The journal of industrial relations,* 52. Jg., H. 3, S. 371-386.

Autor, David (2000): *Wiring the labor market.* http://www.archive.org/details/wiringlabormarke00auto. Zugriff: 21.11.2011.

Backhaus, Klaus/Erichson, Bernd/Plinke, Wulff/Weiber, Rolf (2008): *Multivariate Analyseverfahren. Eine anwendungsorientierte Einführung.* Berlin: Springer.

Baecker, Dirk (1991): *Womit handeln Banken? Eine Untersuchung zur Risikoverarbeitung in der Wirtschaft.* Frankfurt/Main: Suhrkamp.

Baecker, Dirk (1999): *Organisation als System.* Frankfurt/Main: Suhrkamp.

Baecker, Dirk (2007): *Studien zur nächsten Gesellschaft.* Frankfurt/Main: Suhrkamp.
Baethge, Martin (1991): *Arbeit, Vergesellschaftung und Identität - Zur zunehmenden normativen Subjektivierung der Arbeit.* In: *Soziale Welt,* 42. Jg., H. 1, S. 6-19.
Baethge, Martin/Baethge-Kinsky, Volker (1998): *Jenseits von Beruf und Beruflichkeit?Neue Formen von Arbeitsorganisation und Beschäftigung und ihre Bedeutung für eine zentrale Kategorie gesellschaftlicher Integration.* In: *MittAB,* 31. Jg., H. 3, S. 461-472.
Barbier, Jean-Claude (2007): *Au-delà de la 'flex-sécurité', une cohérence sociétale solidaire au Danemark.* In: Paugam, Serge (Hg.): *Repenser la solidarité, l'apport des sciences sociales.* Paris: PUF, S. 473-490.
Baron, James N./Kreps, David (1999): *Strategic Human Resources.* New York: Wiley.
Barrick, Murray R./Mount, Michael K./Gupta, Rashmi (2003): *Meta-analysis of the relationship between the five-factor-model of personality and holland's occupational types.* In: *Personnel Psychology,* 56. Jg., S. 45-74.
Bartelheimer, Peter (2010): *Erwerbsfürsorge am segmentierten Arbeitsmarkt. Fünf Jahre Arbeitsmarkt- und Sozialpolitik nach dem SGB II.* In: *Mitteilungen aus dem SOFI.* November 2010. 4. Jg., H. 10, S. 9-13.
Bartelheimer, Peter/Kädtler, Jürgen (2012): *Produktion und Teilhabe. Konzepte und Profil sozioökonomischer Berichterstattung.* In: Forschungsverbund Sozioökonomische Berichterstattung (Hg.): *Berichterstattung zur sozioökonomischen Entwicklung in Deutschland. Teilhabe im Umbruch. Zweiter Bericht.* Wiesbaden: VS Verlag, S. 41-88.
Bartscher-Finzer, Susanne/Martin, Albert (1998): *Die Erklärung der Personalpolitik mit Hilfe der Anreiz-Beitrags-Theorie.* In: Martin, Albert/Nienhüser, Werner (Hg.): *Personalpolitik - wissenschaftliche Erklärung der Personalpraxis.* Mering: Hampp, S. 113-145.
Baumann, Arne (2002a): *Informal Labour Market Governance: The Case of the British and German Media Production Industries.* In: *Work, Employment and Society* 16. Jg., H. 1, S. 27-46.
Baumann, Arne (2002b): *Path Dependency or Convergence? The Emergence of Labour Market Institutions in the Media Production Industries of the UK and Germany.* Unpublished Thesis.
Baumann, Arne/Voelzkow, Helmut (2004): *Recombining Governance Modes: The Media Sector in Cologne.* In: Crouch, Colin/Le Galés, Patrick/Trigilia, Carlo/Voelzkow, Helmut (Hg.): *Changing Governance of Local Economies:*

Responses of European Local Production Systems. Oxford: Oxford University Press, S. 261-282.

Beaud, Stephane/Pialoux, Michel (2004): *Die verlorene Zukunft der Arbeiter. Die Peugeot-Werke von Sochaux-Montbéliard.* Konstanz: UVK.

Becher, Claus/Brand, Andreas/Kavai, André/Schmid, Alfons (2005): *Elektronische Arbeitsmärkte. Empirie der Struktur und Funktionsweise elektronischer Arbeitsmarktplätze.* Mering: Hampp.

Beck, Ulrich (1986): *Risikogesellschaft. Auf dem Weg in eine andere Moderne.* Frankfurt /Main: Suhrkamp.

Beck, Ulrich/ Bonß, Wolfgang (Hg.) (2001): *Die Modernisierung der Moderne.* Frankfurt/Main: Suhrkamp.

Becker, Gary S. (1964): *Human Capital. A Theoretical and Empirical Analysis with Special Reference to Education.* New York: Columbia University Press.

Becker, Gary S. (1975): *Human Capital: A Theoretical and Empirical Analysis with Special Reference to Education.* 3. Aufl. Chicago: University of Chicago Press.

Beckert, Jens (1995): *What is Sociological about Economic Sociology? Uncertainty and the Embeddedness of Economic Action.* In: Theory and Society, 25. Jg., H. 6, S. 803-840.

Beckert, Jens (2011): *Where Do Prices Come From? Sociological Approaches to Price Formation.* In: Socio-Economic Review, 9. Jg., H. 4, S. 757-786.

Beckert, Jens/Deutschmann, Christoph (Hg.) (2009): *Wirtschaftssoziologie.* Wiesbaden: VS Verlag (Kölner Zeitschrift für Soziologie und Sozialpsychologie, Sonderheft 49/2009).

Behrens, Johann/Horbach, Annegret/Müller, Rolf (2007): *Forschungsstudie zur Verweildauer in Pflegeberufen in Rheinland-Pfalz.* In: Hallesche Beiträge zu den Gesundheits- und Pflegewissenschaften, 7. Jg., H. 1.

Bender, Diethelm (Hg.) (1997): *Neue Wege in der Arbeitswelt. Manpower als Humankapital.* München: Verlag Langen/Müller.

Berger, Johannes (2004): *Über den Ursprung der Ungleichheit unter den Menschen.* In: Zeitschrift für Soziologie, 33. Jg., H. 5, S. 354-374.

Bernhard, Janine/Köhler, Christoph/Loudovici, Kay/Dittrich, Simon/Pineda de Castro, Marcela/Sittig, Christina/Spiller, Sandra (2007): *„Generalisierung von Unsicherheit?" Ergebnisse einer qualitativen Beschäftigtenbefragung.* In: Köhler, Christoph/Loudovici, Kai (Hg.): *Beschäftigungssysteme, Unsicherheit und Erwerbsorientierungen. Theoretische und empirische Befunde.* In: SFB Mitteilungen, H. 22, S. 95-186.

Bernhard, Janine/Köhler, Christoph/Krause, Alexandra (2008): *Sicherheitserwartungen und –konstruktionen im Normalarbeitsverhältnis.* In: Köhler,

Christoph/Struck, Olaf/Grotheer, Michael/Krause, Alexandra/Krause, Ina/Schröder, Tim (Hg.): *Offene und geschlossene Beschäftigungssysteme. Determinanten, Risiken und Nebenwirkungen.* Wiesbaden: VS Verlag, S. 275-305.

Best, Heinrich/Holtmann, Everhard (Hg.) (2012): *Aufbruch der entsicherten Gesellschaft. Deutschland unterwegs nach der Einigung. Entwicklungen seit dem Systemumbruch.* Frankfurt/Main: Campus (Im Erscheinen).

Betzelt, Sigrid (2006): *Flexible Wissensarbeit: AlleindienstleisterInnen zwischen Privileg und Prekarität.* In: *ZeS-Arbeitspapier,* 3. Jg., S. 1-87.

Betzelt, Sigrid (2008): *Zur begrenzten Nachhaltigkeit flexibler Erwerbsformen. Das Beispiel hoch qualifizierter Alleinselbständiger.* In: Szydlik, Marc (Hg.): *Flexibilisierung. Folgen für Familie und Sozialstruktur.* Wiesbaden: VS Verlag, S. 93-112.

Beyer, Jürgen (2006): *Vom „kooperativen Kapitalismus" zum Finanzmarktkapitalismus. Eine Ursachenanalyse.* In: Brinkmann, Ulrich/Krenn, Karoline/Schief, Sebastian (Hg.): *Endspiel des Kooperativen Kapitalismus?* Wiesbaden: VS Verlag, S. 35-57.

BIBB (Hg.) (2011): *AusbildungPlus in Zahlen. Trends und Analysen.* Bonn.

Biehler, Herrmann/Köhler. Christoph (2011): *Berufliche Bildung. Markt oder Staat? Eine kommentierte Literaturübersicht zu Humankapitalansätzen und Institutionentheorien.* In: *SFB 580 Mitteilungen,* H. 38.

Blasius, Jörg (1994): *Computation of Correspondence Analysis.* In: Greenacre, Michael/Blasius, Jörg (Hg.): *Correspondence Analysis in the Social Sciences.* San Diego: Academic Press, S. 53-78.

Blau, Peter (1964): *Exchange and Power in Social Life.* New York: Wiley.

Blien, Uwe/Kirchhof, Kai/Ludewig, Oliver (2006): *Agglomeration effects on labour demand.* In: *IAB Discussion Paper,* 28.

Blossfeld, Hans-Peter/Hofäcker, Dirk/Hofmeister, Heather/Kurz, Karin (2008): *Globalisierung, Flexibilisierung und der Wandel von Lebensläufen in modernen Gesellschaften.* In: Szydlik, Mark (Hg.): *Flexibilisierung: Folgen für Familie und Sozialstrukturen.* Wiesbaden: VS Verlag, S. 23-46.

Blossfeld, Hans-Peter/Mayer, Karl Ulrich (1988): *Arbeitsmarktsegmentation in der Bundesrepublik Deutschland. Eine empirische Überprüfung von Segmentationstheorien aus der Perspektive des Lebenslaufs.* In: *Kölner Zeitschrift für Soziologie und Sozialpsychologie,* 40. Jg., H. 2, S. 262-283.

Blutner, Doris/Brose, Hanns-Georg/Holtgrewe, Ursula (2002): *Telekom. Wie machen die das? Die Transformation der Beschäftigungsverhältnisse bei der Deutschen Telekom AG.* Konstanz: UVK.

BMBF (2005): *Erhebung zur beruflichen und sozialen Lage von Lehrenden in Weiterbildungseinrichtungen.* Berlin: WSF Wirtschafts- und Sozialforschung.

Boes, Andreas/Baukrowitz, Andrea (2002): *Arbeitsbeziehungen in der IT-Industrie: Erosion oder Innovation der Mitbestimmung?* Berlin: edition sigma.

Boes, Andreas (2003): *Am Ende des „New Economy"-Hypes: Chancen für eine kritische Sozialforschung.* In: Mayer-Ahuja, Nicole/Wolf, Harald (Hg.) *SOFI Berichte.* Nörten-Hardenberg: SOFI, S. 81-84.

Boes, Andreas (2004): *Die wundersame Neubelebung eines vermeintlichen Auslaufmodells. IT-Beschäftigte und Mitbestimmung nach dem Ende des New Economy-Hypes.* In: *Arbeitspapier des Projektes ARB-IT2, ISF München,* 9. Jg.

Bögenhold, Dieter/Fachinger, Uwe (2010): *Mikro-Selbstständigkeit und Restrukturierung des Arbeitsmarktes - Theoretische und empirische Aspekte zur Entwicklung des Unternehmertums.* In: Bührmann, Andrea D./Pongratz, Hans J. (Hg.): *Prekäres Unternehmertum. Unsicherheiten von selbstständiger Erwerbstätigkeit und Unternehmensgründung.* Wiesbaden: VS Verlag , S. 61-84.

Bogner, Alexander/Menz, Wolfgang (2009): *Das theoriegenerierende Experteninterview. Erkenntnisinteresse, Wissensformen, Interaktion.* In: Bogner, Alexander/Littig, Beate/Menz, Wolfgang (Hg.): *Experteninterviews. Theorien, Methoden, Anwendungsfelder. 3. Auflage.* Wiesbaden: VS Verlag, S. 61-98.

Boltanski, Luc/Chiapello, Ève ([1999] 2003): *Der neue Geist des Kapitalismus.* Konstanz: UVK.

Boltanski, Luc/Chiapello, Ève (2003): *Der neue Geist des Kapitalismus.* Konstanz: UVK.

Bommes, Michael/Tacke, Veronika (2001): *Arbeit als Inklusionsmedium moderner Organisationen. Eine differenzierungstheoretische Perspektive.* In: Tacke, Veronika (Hg.): *Organisation und gesellschaftliche Differenzierung.* Wiesbaden: Westdeutscher Verlag.

Bosch, Gerhard (1986): *Hat das Normalarbeitsverhältnis eine Zukunft?* In: *WSI-Mitteilungen,* 39. Jg., H. 3, S. 163-176.

Bosch, Gerhard (2001): *Konturen eines neuen Normalarbeitsverhältnisses.* In: *WSI-Mitteilungen,* 54. Jg., H. 4, S. 219-230.

Bosch, Gerhard/Haipeter, Thomas/Latniak, Erich/Lehndorff, Steffen (2007): *Demontage oder Revitalisierung? Das deutsche Beschäftigungsmodell im Umbruch.* In: *Kölner Zeitschrift für Soziologie und Sozialpsychologie (KZfSS),* 59. Jg., H. 2, S. 318-339.

Bosch, Gerhard/Lehndorff, Steffen/Rubery, Jill (Hg.) (2009): *European employment models in flux: a comparison of institutional change in nine European countries.* Basingstoke: Palgrave Macmillan.
Bothfeld, Silke (2005): *Arbeitsmarkt.* In: Bothfeld, Silke/Klammer, Ute/Klenner, Christina/Leiber, Simone/Thiel, Anke/Ziegler, Astrid (Hg.) (2005): *WSI-Frauendatenreport. Handbuch zur wirtschaftlichen und sozialen Situation der Frau.* Berlin: edition sigma, S. 111-188.
Bourdieu, Pierre (1999): *Sozialer Sinn. Kritik der theoretischen Vernunft.* Frankfurt/Main: Suhrkamp.
Bourdieu, Pierre (2000): *Die zwei Gesichter der Arbeit. Interdependenzen von Zeit- und Wirtschaftsstrukturen am Beispiel einer Ethnologie der algerischen Übergangsgesellschaft.* Konstanz: UVK.
Bourdieu, Pierre (2010): *Ortseffekte.* In: Bourdieu, Pierre et al. (Hg.): *Das Elend der Welt.* Konstanz: UVK, S. 159-168.
bpb (2007): *Grundeinkommen?* In: *APuZ,* H. 51-52.
Bradfield, Ron/Wright, George/Burta, George/ Cairns, George/Van Der Heijden, Kees (2005): *The origins and evolution of scenario techniques.* In: *Futures,* 37. Jg., H. 7, S. 795-813.
Braudel, Fernand (1990): *Der Handel. Sozialgeschichte des 15.-18. Jahrhunderts. Band 3.* München: Kindler.
Braverman, Harry (1974): *Die Arbeit im modernen Produktionsprozess.* Frankfurt/Main: Campus.
Brehmer, Wolfram/Seifert, Hartmut (2008): *Sind atypische Beschäftigungsverhältnisse prekär? Eine empirische Analyse sozialer Risiken.* In: *Zeitschrift für Arbeitsmarktforschung,* 4/2008. Nürnberg, S. 501-531.
Brehmer, Wolfram/Klenner, Christina/Klammer, Ute (2010): *Wenn Frauen das Geld verdienen. Eine empirische Annäherung an das Phänomen der „Familienernährerin".* In: *WSI-Diskussionspapier,* Nr. 170. Düsseldorf.
Brixy, Udo (2008): *Welche Betriebe werden verlagert? Beweggründe und Bedeutung von Betriebsverlagerungen in Deutschland.* In: *IAB Discussion Paper,* Nr. 39.
Bröckling, Ulrich (2007): *Das Unternehmerische Selbst. Soziologie einer Subjektivierungsform.* Frankfurt/Main: Suhrkamp.
Brose, Hanns-Georg/Holtgrewe, Ursula/Wagner, Gabriele (1994): *Organisation, Personen und Biographien. Entwicklungsvarianten von Inklusionsverhältnissen.* In: *Zeitschrift für Soziologie,* 23. Jg., H. 4, S. 255-274.
Brüderl, Josef (2004): *Die Pluralisierung partnerschaftlicher Lebensformen in Westdeutschland und Europa.* In: *APuZ,* H. 19, S. 3-10.

Brüderl, Josef/Preisendörfer, Peter/Ziegler, Rolf (1991): *Innerbetriebliche Mobilitätsprozesse*. In: *Zeitschrift für Soziologie*, 20. Jg., H. 5, S. 369-384.

Bublitz, Elisabeth/Noseleit, Florian (2011): *The skill balancing act: determinants of and returns to balanced skills*. In: *Jena Economic Research Papers*, #2011-025, 5. Jg., H. 25. Jena: Friedrich-Schiller-Universität und Max-Planck-Institut für Ökonomik.

Buchanen, James M./Vanberg, Viktor J. (2008): *The market as a creative process*. In: Hausman, Daniel M. (Hg.): *The philosophy of economics. An anthology*. Cambridge: University Press, S. 378-398.

Buchholz, Sandra (2008): *Die Flexibilisierung des Erwerbsverlaufs. Eine Analyse von Einstiegs- und Ausstiegsprozessen in Ost- und Westdeutschland*. Wiesbaden: VS Verlag.

Buchholz, Sandra/Blossfeld, Hans-Peter (2009): *Beschäftigungsflexibilisierung in Deutschland. Wen betrifft sie und wie hat sie sich auf die Veränderung sozialer Inklusion/Exklusion in Deutschland ausgewirkt?* In: Stichweh, Rudolf/Windolf, Paul (Hg.): *Inklusion und Exklusion. Analysen zur Sozialstruktur und sozialen Ungleichheit. 1. Aufl.* Wiesbaden: VS Verlag, S. 123-138.

Buchholz, Sandra/Blossfeld, Hans-Peter (2010): *Verstärkung sozialer Ungleichheiten im Prozess der Beschäftigungsflexibilisierung in Deutschland, Beitrag zur Ad-hoc-Gruppe „Destabilisierung in der arbeitsgesellschaftlichen Mitte?"*. In: Soeffner, Hans-Georg (Hg): *Unsichere Zeiten. Herausforderungen gesellschaftlicher Transformationen. Verhandlungen des 34. Kongresses der Deutschen Gesellschaft für Soziologie in Jena 2008*. Wiesbaden: VS Verlag.

Bührmann, Andrea D./Pongratz, Hans J. (Hg.) (2010): *Prekäres Unternehmertum. Unsicherheiten von selbstständiger Erwerbstätigkeit und Unternehmensgründung*. Wiesbaden: VS Verlag.

Bultemeier, Anja/Loudovici, Kai/Laskowski, Nadine (2008): *Ist Prekarität überall? Unsicherheit im Zentrum der Arbeitsgesellschaft*. In: Köhler, Christoph/Struck, Olaf/Grotheer, Michael/Krause, Alexandra/Krause, Ina/Schröder, Tim (Hg.): *Offene und geschlossene Beschäftigungssysteme. Determinanten, Risiken und Nebenwirkungen*. Wiesbaden: VS Verlag, S. 241-273.

Bundesagentur für Arbeit (2011): *Der Arbeitsmarkt in Deutschland. Gesundheits- und Pflegeberufe*. Nürnberg: http://statistik.arbeitsagentur.de-/Statischer-Content/Arbeitsmarktberichte/Berichte-Broschueren/Arbeitsmarkt/Generische-Publikationen/Gesundheits-und-Pflegeberufe-Deutschland-2011.pdf. Zugriff: 07.03.2012.

Bunz, Mercedes (2001): *Das Subjekt und das Netz. Zu einer Politik der Sichtbarkeit.* http://www.mercedes-bunz.de/theorie/subjekt-und-netz/, Zugriff: 25.02.2011.

Busch, Ulrich/Land, Rainer (2012): *Teilhabekapitalismus. Fordistische Wirtschaftsentwicklung und Umbruch in Deutschland 1950 bis 2009.* In: Forschungsverbund Sozioökonomische Berichterstattung (Hg.): *Berichterstattung zur sozioökonomischen Entwicklung in Deutschland. Teilhabe im Umbruch. Zweiter Bericht.* Wiesbaden: VS Verlag, S. 111-152.

Cable, Daniel M./Parsons, C.K. (2001): *Socialization Tactics and Person-Organization Fit.* In: *Personnel Psychology*, 54. Jg., S. 1-23.

Caliendo, Marco/Fossen, Frank/Kritikos, Alexander (2011): *Personality Characteristics and the Decision to Become and Stay Self-Employed. DIW Discussion Papers 1113.*

Candelon, Bertrand/Dupuy, Arnaud/Gil-Alana, Luis (2008): *The Nature of Occupational Unemployment Rates in the United States: Hysteresis or Structural?* In: *IZA, DP No. 3571.*

Canzler, Weert/Kesselring, Sven (2006): *„Da geh ich hin, check ein und bin weg." Argumente für eine Stärkung der sozialwissenschaftlichen Mobilitätsforschung.* In: Rehberg, Karl-Siegbert (Hg.): *Soziale Ungleichheit, Kulturelle Unterschiede. Verhandlungen des 32. Kongresses der Deutschen Gesellschaft für Soziologie in München 2004.* Frankfurt/Main: Campus, S. 4161-4175.

Carnoy, Martin/Castells, Manuel/Benner, Chris (1997): *Labour markets and employment practices in the age of flexibility: A case study of silicon valley.* In: *International Labour Review*, 136. Jg., H. 1, S. 27-48.

Carroll, Glenn R./Mayer, Karl Ulrich (1986): *Job Shift Patterns in the Federal Republic of Germany. The Effects of Social Class, Industrial Sector, and Organisational Size.* In: *American Sociological Review*, 51. Jg., H. 3, S. 323-341.

Castel, Robert (2000): *Die Metamorphosen der sozialen Frage. Eine Chronik der Lohnarbeit.* Konstanz: UVK.

Castel, Robert (2005): *Die Stärkung des Sozialen. Leben im neuen Wohlfahrtsstaat.* Hamburg: Hamburger Edition HIS.

Castel, Robert (2009): *Die Wiederkehr der sozialen Unsicherheit.* In: Robert Castel/Dörre, Klaus (Hg.): *Prekarität, Abstieg, Ausgrenzung. Die soziale Frage am Beginn des 21. Jahrhunderts.* Frankfurt/Main: Campus, S. 21-34.

Castel, Robert (2011): *Die Krise der Arbeit. Neue Unsicherheit und die Zukunft des Individuums.* Hamburg: Hamburger Edition HIS.

Castel, Robert/Dörre, Klaus (Hg.) (2009): *Prekarität, Abstieg, Ausgrenzung. Die soziale Frage am Beginn des 21. Jahrhunderts.* Frankfurt/Main: Campus.

Caves, Richard E. (2003): *Contracts between Art and Commerce.* In: The Journal of Economic Perspectives, 17. Jg., H. 2, S. 73-84.

Chesnais, Francois (2004): *Das finanzdominierte Akkumulationsregime. Theoretische Begründung und Reichweite.* In: Zeller, Christian (Hg.): *Die globale Enteignungsökonomie.* Münster: Westfälisches Dampfboot, S. 217-254.

Christoph Köhler/Kyra Junge, Tim/Schröder, Olaf Struck (Hg.): *Trends in Employment Stability and Labour Market Segmentation. Current Debates and Findings in Eastern and Western Europe.* In: SFB 580 Mitteilungen, H. 16.

Coase, Ronald H. (1937): *The Nature of the Firm.* In: Economica, 4. Jg., H. 16, S. 386-405.

Coase, Ronald Harry (1988): *The firm, the market, and the law.* Chicago: University of Chicago Press

Coleman, James S. (1990): *Foundations of Social Theory.* Cambridge: Belknap Press of Harvard University Press.

Conway, Neil /Briner, Rob (2005): *Understanding Psychological Contracts at Work. A Critical Evaluation of Theory and Research.* Oxford: Oxford University Press.

Coser, Rose Laub (1961): *Insulation from Observability and Types of Social Conformity.* In: American Sociological Review 26. Jg., H. 1, S. 28-39.

Costa, Paul T./McCrae, Robert R. (1992): *Revised NEO personality inventory (NEO PI-R) and NEO five-factor inventory (NEO-FFI). Professional manual.* Lutz, FL: Psychological Assessment Resources, Inc.

Coyle-Shapiro, Jacqueline/Conway, Neil (2004): *The Employment Relationship Through the Lens of Social Exchange.* In: Coyle-Shapiro, Jacqueline/Shore, Lynn/Taylor, Susan/Tetrick, Lois (Hg.): *The Employment Relationship: Examining Psychological and Contextual Perspectives.* Oxford: Oxford University Press, S. 5-28.

Crimman, Andreas/Ziegler, Kerstin/Ellguth, Peter/Kohaut, Susanne/Lehmer, Florian (2009): *Forschungsbericht zum Thema „Arbeitnehmerüberlassung".* Nürnberg: IAB.

Cropanzano, Russell/Mitchell, Marie (2005): *Social Exchange Theory: An Interdisciplinary Review.* In: Journal of Management, 31. Jg., H. 6, S. 874-900.

Crouch, Colin (1990): *Generalized Political Exchange in Industrial Relations in Europe during the Twentieth Century.* In: Marin, Bernd (Hg.): *Governance and Generalized Exchange.* Frankfurt/Main: Campus, S. 69-116.

Crouch, Colin (2011): *Flexibilität und Sicherheit auf dem Arbeitsmarkt: Zeit für eine erweiterte Analyse.* In: WSI-Mitteilungen, 64. Jg., H. 11, S. 597-605.

Crozier, Michael/Friedberg, Erhard (1979): *Macht und Organisation. Die Zwänge kollektiven Handelns.* Königstein: Athenäum-Verlag.

Cyert, Richard (1963): *A behavioural theory of the firm.* Englewood Cliffs: Prentice Hall.

D'Alessio, Nestor/Hacket Anne (2012): *Flexibilität und Kapitalmarkt. Neue Formen der Arbeitsorganisation und Unternehmenskontrolle.* In: Forschungsverbund Sozioökonomische Berichterstattung (Hg.): *Berichterstattung zur sozioökonomischen Entwicklung in Deutschland. Teilhabe im Umbruch. Zweiter Bericht.* Wiesbaden: VS Verlag, S. 359-386.

Dahrendorf, Ralf (1956): *Industrielle Fertigkeiten und soziale Schichtung.* In: *Kölner Zeitschrift für Soziologie und Sozialpsychologie,* 8.Jg., S. 540-568.

Deich, Ingrid/Kohte, Wolfhard (1997): *Betriebliche Sozialeinrichtungen. Beiträge zu den Berichten zum sozialen und politischen Wandel in Ostdeutschland,* Bd. 6.9. Opladen: Leske + Budrich.

Demszky von der Hagen, Alma/Voß, Gerd Günter (2010): *Beruf und Profession.* In Voß, Gerd Günter/Wachtler, Günther/Böhle, Fritz (Hg.) (2010): *Handbuch Arbeitssoziologie.* Wiesbaden: VS Verlag, S. 751-803.

Detje, Richard/Menz, Wolfgang/Nies, Sarah/Sauer, Dieter (2011): *Krise ohne Konflikt? Interessen- und Handlungsorientierungen im Betrieb. Die Sicht von Betroffenen.* Hamburg: VSA-Verlag.

Deutschmann, Christoph (2001): *Die Gesellschaftskritik der Industriesoziologie. Ein Anachronismus?* In: *Leviathan,* 29. Jg., H. 1, S. 58-69.

Deutschmann, Christoph (2002): *Postindustrielle Industriesoziologie Theoretische Grundlagen, Arbeitsverhältnisse und soziale Identitäten.* Weinheim: Juventa.

Deutschmann, Christoph (2007): *Unsicherheit und soziale Einbettung. Konzeptionelle Probleme der Wirtschaftssoziologie.* In: Beckert, Jens/Diaz-Bone, Rainer/Ganßmann, Heiner (Hg.): *Märkte als soziale Strukturen.* Frankfurt/Main: Campus, S. 79-94.

DGB (Hg.) (1952): *Arbeitslosigkeit und Berufsnot der Jugend. (Erarbeitet von der Sozialwissenschaftlichen Arbeitsgemeinschaft zur Erforschung von Jugendfragen unter der wissenschaftlichen Leitung von Helmut Schelsky). 2 Bände.* Köln: Bund-Verlag.

Dietrich, Hans/Abraham, Martin (2005): *Arbeitsmarkteintritte.* In: Abraham, Martin/Hinz, Thomas (Hg.): *Arbeitsmarktsoziologie. Probleme, Theorien, empirische Befunde.* Wiesbaden: VS Verlag, S. 69-98.

Dietrich, Stephan (2007): *Institutionalstruktur von allgemeiner und beruflicher Weiterbildung in Deutschland.* In: *Report,* 30. Jg., H. 4, S. 32-41.

Dietz, Martin/Röttger, Christof/Szameitat, Jörg (2011): *Betriebliche Personalsuche und Stellenbesetzungen.* In: *IAB-Kurzbericht,* 26. http://www.iab.de/-194/section.aspx/Publikation/k111214n12. Zugriff: 06.02.2012.

Diewald, Martin (2003): *Kapital oder Kompensation? Erwerbsbiografien von Männern und die sozialen Beziehungen zu Verwandten und Freunden.* In: *Berliner Journal für Soziologie,* 13. Jg., H. 2, S. 213-238.

Diewald, Martin/Sill, Stephanie (2004): *Mehr Risiken, mehr Chancen? Trends in der Arbeitsmarktmobilität seit Mitte der 1980er Jahre.* In: Struck, Olaf/Köhler, Christoph (Hg.): *Beschäftigungsstabilität im Wandel.* Mering: Hampp, S. 39-61.

Diewald, Martin (2010): *Lebenslaufregime. Begriff, Funktion und Hypothesen zum Wandel.* In: Bolder, Axel/Epping, Rudolf/Klein, Rosemarie/Reutter, Gerhard/Seiverth, Andreas (Hg.): *Neue Lebenslaufregimes: neue Konzepte der Bildung Erwachsener?* Wiesbaden: VS Verlag, S. 25-41.

Diewald, Martin/Faist, Thomas (2011): *Von Heterogenitäten zu Ungleichheiten: Soziale Mechanismen als Erklärungsansatz der Genese sozialer Ungleichheiten.* In: *Berliner Journal für Soziologie,* 21. Jg., H. 1, S. 91-114.

Dimap (Hg.) (2009): *Umfrage zu Haltung und Ausmaß der Internetnutzung von Unternehmen zur Vorauswahl bei Personalentscheidungen.* http://www.bmelv.de/SharedDocs/Downloads/Verbraucherschutz/Internetnutzung VorauswahlPersonalentscheidungen.htm. Zugriff: 09.09.2010.

DIW (2002): *Film- und Fernsehwirtschaft in Deutschland 2000/2001.* Berlin: Deutsches Institut für Wirtschaftsforschung.

Doeringer, Peter B./Piore, Michael J. (1971): *Internal Labor Markets and Manpower Analysis.* Lexington: Heath Lexington Books.

Doeringer, Peter B./Piore, Michael J. (1985 [1971]): *Internal Labor Markets and Manpower Analysis. Reprint.* Armonk: M.E. Sharpe.

Dombois, Rainer (1976): *Massenentlassungen bei VW. Individualisierung der Krise.* In: *Leviathan,* 4. Jg., H. 4, S. 432-464.

Dombois, Rainer (1999): *Der schwierige Abschied vom Normalarbeitsverhältnis.* In: *APuZ,* H. 37, S. 13-20.

Döring, Hilmar (1999): *Kritische Analyse der Leistungsfähigkeit des Transaktionskostenansatzes.* http://webdoc.sub.gwdg.de/diss/1999/doering/inhalt.htm. Zugriff: 30.01.2012.

Dörre, Klaus (2009): *Die neue Landnahme. Dynamiken und Grenzen des Finanzmarktkapitalismus.* In: Dörre, Klaus/Lessenich, Stefan/Rosa, Hartmut: *Soziologie. Kapitalismus. Kritik. Eine Debatte.* Frankfurt/Main: Suhrkamp.

Dörre, Klaus (2009): *Prekarität im Finanzmarkt-Kapitalismus.* In: Castel, Robert/Dörre, Klaus (Hg.) (2009): *Prekarität, Abstieg, Ausgrenzung. Die sozia-*

le Frage am Beginn des 21. Jahrhunderts. Frankfurt/Main: Campus, S. 35-64.

Dörre, Klaus (2009): *Prekarität im Finanzmarktkapitalismus.* In: Castel, Robert/Dörre, Klaus (2009): *Prekarität, Abstieg, Ausgrenzung. Die soziale Frage am Beginn des 21. Jahrhunderts.* Frankfurt/Main: Campus.

Dörre, Klaus (2011): *Prekarität und Macht. Disziplinierung im System der Auswahlprüfungen.* In: WSI-Mitteilungen, 64. Jg., H. 8, S. 394-401.

Dörre, Klaus/Brinkmann, Ulrich (2005): *Finanzmarkt-Kapitalismus. Triebkraft eines flexiblen Produktionsmodells?* In: Windolf, Paul (Hg.): *Finanzmarkt-Kapitalismus: Analysen zum Wandel von Produktionsregimen.* Wiesbaden: VS Verlag, S. 85-116.

Dörre, Klaus/Holst, Hajo (2009): *Nach dem Shareholder Value? Kapitalmarktorientierte Unternehmenssteuerung in der Krise.* In: WSI-Mitteilungen, 62. Jg., H. 12, S. 667-674.

Dörre, Klaus/Kraemer, Klaus/Speidel, Frederic (2006): *Prekäre Beschäftigung und soziale Desintegration. Ursprünge, Konsequenzen und politische Verarbeitungsformen unsicherer Erwerbsarbeit.* In: Jahrbuch Arbeit, Bildung, Kultur. Band 23/24. Recklinghausen. FIAB Verlag, S. 9-40.

Dörre, Klaus/Lessenich, Stefan/Rosa, Hartmut (2009): *Soziologie. Kapitalismus. Kritik.* Frankfurt/Main: Suhrkamp.

Dragendorf, Rüdiger/Heering, Walter/John, Gunnar (1988): *Beschäftigungsförderung durch Flexibilisierung. Dynamik befristeter Beschäftigungsverhältnisse in Deutschland.* Frankfurt/Main: Campus.

Dressel, Kathrin/Wanger, Susanne (2008): *Erwerbsarbeit: Zur Situation von Frauen auf dem Arbeitsmarkt.* In: Becker, Ruth/Kortendiek, Beate (Hg.): *Handbuch Frauen- und Geschlechterforschung.* Wiesbaden: VS Verlag, S. 481-490.

Drexel, Ingrid (1982): *Belegschaftsstrukturen zwischen Veränderungsdruck und Beharrung. Zur Durchsetzung neuer Ausbildungsberufe gegen bestehende Qualifikations- und Lohnstrukturen.* Frankfurt/Main: Campus.

Drexel, Ingrid (2002): *Das Konzept des Arbeitskraftunternehmers. Ein Leitbild für gewerkschaftliche Berufsbildungspolitik?* In: Kuda, Eva/Strauß, Jürgen (Hg.): *Arbeitnehmer als Unternehmer? Herausforderungen für Gewerkschaften und berufliche Bildung.* Hamburg: VSA-Verlag, S. 119-131.

Dubet, Francois (2008): *Ungerechtigkeiten. Zum subjektiven Ungerechtigkeitsempfinden am Arbeitsplatz.* Hamburg: Hamburger Edition.

Dudenhöffer, Ferdinand/Büttner, Carina (2006): *Der Wettbewerbsfaktor Zeitarbeit in der Automobilindustrie.* In: Ifo Schnelldienst, 59. Jg., H. 9, S. 30-36.

Durand, Jean-Pierre (2007): *The Invisible Chain. Constraints and Opportunities in the New World of Employment.* Basingstoke: Palgrave MacMillan.

Ebert, Andreas/Trischler, Falko (2012): *Altersübergänge.* In: Forschungsverbund Sozioökonomische Berichterstattung (Hg.): *Berichterstattung zur sozioökonomischen Entwicklung in Deutschland. Teilhabe im Umbruch. Zweiter Bericht.* Wiesbaden: VS Verlag, S. 507-532.

Eichhorst, Werner/Thode, Eric (2002): *Strategien gegen den Fachkräftemangel. Band 1: Internationaler Vergleich.* Gütersloh: Verlag Bertelsmann Stiftung.

Eichmann, Hubert/Hofbauer, Ines (2008): *„Man braucht sehr hohes Energieniveau". Zum Arbeitsalltag von UnternehmensberaterInnen.* Berlin: edition sigma.

Eikhof, Doris (2004): *Arbeitskraftunternehmer in der Kulturindustrie.* In: Pongratz, Hans J./Voß, G. Günter (Hg.): *Typisch Arbeitskraftunternehmer? Befunde der empirischen Arbeitsforschung.* Berlin: edition sigma, S. 93-114.

Eikhof, Doris Ruth/Haunschild, Axel (2007): *For Art's Sake! Artistic and Economic Logics in Creative Production.* In: *Journal of Organizational Behavior,* 28. Jg., H. 5, S. 523-538.

Eikhof, Doris/Haunschild, Axel (2004): *Arbeitskraftunternehmer in der Kulturindustrie. Ein Forschungsbericht über die Arbeitswelt Theater.* In: Pongratz, Hans J./Voß, G. Günter (Hg.): *Typisch Arbeitskraftunternehmer? Befunde der empirischen Arbeitsforschung.* Berlin: edition sigma, S. 93-113.

Eisenhardt, Kathleen M. (1989): *Agency Theory. An Assessment and Review.* In: *Academy of Management Review,* 14. Jg., H. 1, S. 57-74.

Elbing, Sabine/Voelzkow, Helmut (2006): *Marktkonstitution und Regulierung der unabhängigen Film- und Fernsehproduktion. Staat, Verbände und Gewerkschaften im deutsch-britischen Vergleich.* In: *Industrielle Beziehungen,* 13 Jg., H. 4, S. 314-39.

Erikson, Robert/Goldthorpe, John H. (1992): *The Constant Flux. A Study of Class Mobility in Industrial Societies.* Oxford: Clarendon Press.

Erlinghagen Marcel/Knuth, Matthias (2004): *In Search of Turbulence. Labour Market Mobility and Job Stability in Germany.* In: *European Societies,* 6. Jg., H. 1, S. 49-70.

Erlinghagen, Marcel (2004): *Die Restrukturierung des Arbeitsmarktes. Arbeitsmarktmobilität und Beschäftigungsstabilität im Zeitverlauf.* Wiesbaden: VS Verlag.

Erlinghagen, Marcel (2005): *Entlassungen und Beschäftigungssicherheit im Zeitverlauf. Zur Entwicklung unfreiwilliger Arbeitsmarktmobilität in Deutschland.* In: *Zeitschrift für Soziologie,* 34. Jg., S. 147-168.

Erlinghagen, Marcel/Knuth, Matthias (2005): *Beschäftigungsstabilität in der Wissensgesellschaft.* In: Struck, Olaf/Köhler, Christoph (Hg.): *Beschäftigungsstabilität im Wandel? Empirische Befunde und theoretische Erklärungen für West- und Ostdeutschland.* Mering: Hampp, S. 23-38.

Erlinghagen, Marcel (2006): *Erstarrung, Beschleunigung oder Polarisierung? Arbeitsmarktmobilität und Beschäftigungsstabilität im Zeitverlauf. Neue Ergebnisse mit der IAB-Beschäftigtenstichprobe.* (Graue Reihe des Instituts für Arbeit und Technik, 2006-01). Gelsenkirchen: IAT.

Esping-Andersen, Gøsta (1998): *Die drei Welten des Wohlfahrtskapitalismus. Zur politischen Ökonomie des Wohlfahrtsstaates.* In: Lessenich, Stephan/Ostner, Ilona (Hg.): *Welten des Wohlfahrtskapitalismus. Der Sozialstaat in vergleichender Perspektive.* Frankfurt/Main: Campus.

Esser, Hartmut (1980): *Aspekte der Wanderungssoziologie. Assimilation und Integration von Wanderern, ethnischen Gruppen und Minderheiten. Eine handlungstheoretische Analyse.* Neuwied: Hermann Luchterhand Verlag.

Esser, Josef/Fach, Wolfgang/Väth, Werner (1983): *Krisenregulierung. Zur politischen Durchsetzung ökonomischer Zwänge.* Frankfurt/Main: Suhrkamp.

Europäische Kommission (2007): *Towards Common Principles of Flexicurity: More and better jobs through flexibility and security.* Luxembourg: Publications Office of the European Union.

Fassmann, Heinz/Meusburger, Peter (1997): *Arbeitsmarktgeographie. Erwerbstätigkeit und Arbeitslosigkeit im räumlichen Kontext.* Stuttgart: B. G. Teubner.

Faulkner, Robert R./Anderson, Andy B. (1987): *Short-Term Projects and Emergent Careers: Evidence from Hollywood.* In: *American Journal of Sociology,* 92. Jg., H. 4, S. 879-909.

Faust, Michael (2002): *Der „Arbeitskraftunternehmer". Eine Leitidee auf dem ungewissen Weg der Verwirklichung.* In: Kuda, Eva/Strauß, Jürgen (Hg.): *Arbeitnehmer als Unternehmer? Herausforderungen für Gewerkschaften und berufliche Bildung.* Hamburg: VSA, S. 56-80.

Faust, Michael/Bahnmüller, Reinhard/Fisecker, Christiane (2011): *Das kapitalmarktorientierte Unternehmen: Externe Erwartungen, Unternehmenspolitik, Personalwesen und Mitbestimmung.* Berlin edition sigma.

Fernandez, Roberto M./Su, Celina (2004): *Space in the Study of Labor Markets.* In: *Annual Review of Sociology,* H. 30, S. 545-569.

Flecker, Jörg/Hofbauer, Johanna (1998): *Capitalising on Subjectivity: The ‚New Model Worker' and the Importance of Being Useful.* In: Thompson, Paul/Warhurst, Chris (Hg.): *Workplaces of the Future.* Basingstoke: Macmillan, S. 104-123.

Fley, Bettina (2008): *Macht oder ökonomisches Gesetz? Zu einer vernachlässigten Debatte in der (Neuen) Wirtschaftssoziologie.* Manuskript, Tagung „Theoretische Ansätze der Wirtschaftssoziologie". Berlin 18.-19. Februar 2008.

Fligstein, Neil (2001): *The Architecture of Markets. An economic sociology of Twenty-first Century Capitalist Societies.* Princeton: University Press.

Fligstein, Neil (2002): *The architecture of markets: an economic sociology of twenty-first century capitalist societies.* Princeton: Princeton University. Press.

Forde, Chris (2001): *Temporary Arrangements: The Activities of Employment Agencies in the UK.* In: Work, Employment and Society, 15. Jg., H. 3, S. 631-644.

Forschungsverbund Sozioökonomische Berichterstattung (2012): *Berichterstattung zur sozioökonomischen Entwicklung. Teilhabe im Umbruch. Zweiter Bericht.* Wiesbaden: VS Verlag.

Franz, Peter (1984): *Soziologie der räumlichen Mobilität. Eine Einführung.* Frankfurt/Main: Campus.

Franz, Wolfgang (1991): *Arbeitsmarktökonomik.* Berlin: Springer.

Franz, Wolfgang (2006): *Arbeitsmarktökonomik. 6. Aufl.* Berlin: Springer.

Franz, Wolfgang (2009): *Arbeitsmarktökonomik. 7. vollständig überarbeitete Aufl.* Heidelberg: Springer.

Freyssenet, Michel (2009): *The second automobile revolution. Trajectories of the world carmakers in the 21st century.* Basingstoke: Palgrave Macmillan.

Fritsch, Michael/Falck, Oliver (2007): *New Business Formation by Industry over Space and Time: A Multi-Dimensional Analysis.* In: Regional Studies, Jg 41, S. 157-172.

Fritsch, Michael/Rusakova, Alina (2010): *Personality Traits, Self-Employment, and Professions.* In: Jena Economic Research Papers, 2010-075, 4. Jg., H. 75. Jena: Friedrich Schiller University and Max Planck Institute of Economics.

Fritsch, Michael (2011): *The effect of new business formation on regional development. Empirical evidence, interpretation, and avenues for further research.* In: Michael Fritsch (Hg.): Handbook of Research on Entrepreneurship and Regional Development. Cheltenham: Edward Elgar, S. 58-106.

Fritsch, Michael (2011): *Marktversagen und Wirtschaftpolitik. Mikroökonomische Grundlagen staatlichen Handelns. 8. Aufl.* München: Vahlen.

Fritsch, Michael/Kritikos, Alexander/Rusakova, Alina (2012): *Who Starts a Business and Who is Self-Employed in Germany?* In: Jena Economic Rese-

arch Papers, 2012-001, 6. Jg., H. 1. Jena: Friedrich-Schiller-Universität und Max-Planck-Institut für Ökonomik.

Fulcher, James (2009): *Kapitalismus.* Leipzig: Reclam.

Ganßmann, Heiner (2007): *Doppelte Kontingenz und wirtschaftliches Handeln.* In: Beckert, Jens/Diaz-Bone, Rainer/Ganßmann, Heiner (Hg.): *Märkte als soziale Strukturen.* Frankfurt/Main: Campus, S. 79-94.

Gausemeier, Jürgen/Fink, Alexander/Schlake, Oliver (1998): *Scenario management. An Approach to Develop Future Potentials.* In: Technological Forecasting & Social change, 59. Jg., H. 2, S. 111-130.

Geisler, Esther (2010): *Müttererwerbstätigkeit.* In: Goldstein, Joshua/Kreyenfeld, Michaela/Huinink, Johannes/Konietzka, Dirk/Trappe, Heike (Hg.): *Familie und Partnerschaft in Ost- und Westdeutschland.* Rostock: Max-Planck-Institut für demografische Forschung, S. 11-12.

geniusgöttingen (2009): *Regionalmarketing als ein Instrument gegen Fachkräftemangel.* Hildesheim: HAWK.

Gensior, Sabine/Mendius, Hans Gerhard/Seifert, Hartmut (Hg.): *25 Jahre SAMF. Perspektiven Sozialwissenschaftlicher Arbeitsmarktforschung.* In: *Arbeitspapier,* 1/2004, SAMF e.V.

Gerlach, Knut/Hübler, Olaf/Meyer, Wolfgang (2001): *Betriebliche Flexibilisierung und Beschäftigungsstabilität. Ein Widerspruch?* In: Bellmann, Lutz/Gerlach, Knut/Hübler, Olaf/Meyer, Wolfgang (Hg.): *Beschäftigungseffekte betrieblicher Arbeitszeitgestaltung.* Nürnberg: Beiträge zur Arbeitsmarkt- und Berufsforschung 251, S. 141-176.

Gerlach, Knut (2004): *Das Segmentationsprinzip: ein alter Hut (aus Gründertagen) oder wichtiges analytisches Instrument – mit Praxisrelevanz?* In: Gensior, Sabine/Mendius, Hans Gerhard/Seifert, Hartmut (Hg.): *25 Jahre SAMF. Perspektiven Sozialwissenschaftlicher Arbeitsmarktforschung.* In: *Arbeitspapier,* 1/2004, SAMF e.V.

Gerst, Detlef (2002): *Wandel betrieblicher Kontrollpraktiken im Lichte einer poststrukturalistischen Machtanalytik.* In: *SOFI-Mitteilungen, Nr. 30.*

Gerstenberg, Susanne (2011): *Flexible employment and spatial mobility in East and West Germany: New challenges to employers and employees.* In: Isanski, Jakub/Luczys, Piotr (Hg.): *Selling one's favourite piano to emigrate: Mobility patterns in Central Europe at the beginning of the 21st century.* Newcastle upon Tyne: Cambridge Scholars Publishing, S. 45-69.

Gerstenberger, Wolfgang/Nerb, Gernot/Schittenhelm, Silke (1969): *Unternehmerische Urteile und Antizipationen über den Bedarf an Arbeitskräften.* In: *IAB-Mitteilungen,* 2. Jg., H. 9, S. 671-697.

Giesecke, Johannes/Groß, Martin (2005): *Arbeitsmarktreform und Ungleichheit.* In: *APuZ,* H. 16, S. 25-31.

Giesecke, Johannes (2006): *Arbeitsmarktflexibilisierung und soziale Ungleichheit. Sozio-ökonomische Konsequenzen befristeter Beschäftigungsverhältnisse in Deutschland und Großbritannien.* Wiesbaden: VS Verlag.

Giesecke, Johannes/Groß, Martin (2007): *Flexibilisierung durch Befristung.* In: Keller, Berndt/Seifert, Hartmut (Hg.): *Atypische Beschäftigung - Flexibilisierung und soziale Risiken.* Berlin: edition sigma, S. 83-105.

Giesecke, Johannes (2009): *Socio-economic risks of atypical employment relationships: evidence from the German Labour market.* In: *European Sociological Review,* 25. Jg., H. 6, S. 629-646.

Giesecke, Johannes/Heisig, Jan Paul (2010): *Destabilisierung und Destandardisierung, aber für wen? Die Entwicklung der westdeutschen Arbeitsplatzmobilität seit 1984.* In: *Kölner Zeitschrift für Soziologie und Sozialpsychologie,* 62. Jg., H. 3, S. 403-435.

Giesecke, Johannes/Heisig, Jan Paul/Allmendinger, Jutta (2009): *Einstiegswege in den Arbeitsmarkt.* http://www.sgb-ii.net/portal/material_aktuell/ wzb_-arbeitseinstieg.pdf. Zugriff: 26.05.2011.

Goedicke, Anne/Brose, Hanns-Georg/Diewald, Martin (2006): *Herausforderungen des demografischen Wandels für die betriebliche Beschäftigungspolitik.* In: Nienhüser, Werner (Hrsg.): *Beschäftigungspolitik von Unternehmen. Theoretische Erklärungsansätze und empirische Erkenntnisse. Schriftenreihe Empirische Personal- und Organisationsforschung, Band 26.* Mehring: Hampp, S. 151-174.

Goedicke, Anne/Diewald, Martin/Brose, Hanns-Georg (2007): *Ungleiche Partner – gleicher Tausch? Zum Design einer Mehrebenenanalyse von sozialem Tausch in Beschäftigungsverhältnissen.* In: Hummel, Hans (Hg.): *Die Analyse von Gesellschaften, Organisationen und Individuen in ihrem Zusammenhang.* Bonn: GESIS – IZ Sozialwissenschaften, S. 71-98.

Goldthorpe, John H. (2000): *Outline of a theory of social mobility.* In: Goldthorpe, John H. (Hg.): *On sociology. numbers, narratives, and the integration of research and theory.* Oxford: Oxford University Press, S. 230-258.

Gottschall, Karin (1999): *Freie Mitarbeit im Journalismus. Zur Entwicklung von Erwerbsformen zwischen selbständiger und abhängiger Beschäftigung.* In: *Kölner Zeitschrift für Soziologie und Sozialpsychologie,* 51. Jg., H. 4, S. 635-654.

Gottschall, Karin/Betzelt, Sigrid (2001): *Alleindienstleister im Berufsfeld Kultur. Versuch einer erwerbssoziologischen Konzeptionalisierung.* In: ZeS-Arbeitspapier, 18. Jg., S. 1-25.

Gottschall, Karin/Betzelt, Sigrid (2003): *Zur Regulation neuer Arbeits- und Lebensformen. Eine erwerbssoziologische Analyse am Beispiel von Alleindienstleistern in Kulturberufen.* In: Gottschall, Karin/Voß, G. Günter (Hg.): *Entgrenzung von Arbeit und Leben. Zum Wandel der Beziehung von Erwerbstätigkeit und Privatsphäre im Alltag.* Mering: Hampp, S. 203-229.

Gough, Ian (1975): *State expenditure in advanced capitalism.* In: *New Left Review*, H. 92, S. 53-92.

Granato, Nadia/Haas, Annette/Hamann, Silke/Niebuhr, Annekatrin (2009): *Arbeitskräftemobilität in Deutschland. Qualifikationsspezifische Befunde regionaler Wanderungs- und Pendlerströme.* In: *Raumforschung und Raumordnung,* 67. Jg., H. 1, S. 21-33.

Granovetter, Mark S. (1974): *Getting a Job: A study of contacts and careers.* Cambridge: Harvard University Press.

Granovetter, Mark (1985). *Economic Action and Social Structure: The Problem of Embeddedness.* In: *American Journal of Sociology,* 91. Jg., H. 3, S. 481-510.

Granovetter, Mark S. (1995): *Getting a job. A study of contacts and careers.* Chicago: The University of Chicago Press.

Granovetter, Mark S. (2002): *The strength of weak ties.* In: Scott, John (Hg.): *Social networks. critical concepts in sociology.* London: Routledge, S. 60-80.

Greenacre, Michael (1994a): *Correspondence analysis and its interpretation.* In: Greenacre, Michael/Blasius, Jörg (Hg.): *Correspondence analysis in the social sciences.* San Diego: Academic Press, S. 3-22.

Greenacre, Michael (1994b): *Multiple and joint correspondence analysis.* In: Greenacre, Michael/Blasius, Jörg (Hg.): *Correspondence analysis in the social sciences.* San Diego: Academic Press, S. 141-161.

Greenacre, Michael (2007): *Correspondence analysis in practice.* Boca: Chapman & Hall/CRC.

Groß, Hermann/Seifert, Hartmut (2010): *Zeitkonflikte. Renaissance der Arbeitszeitpolitik.* Berlin: edition sigma.

Groß, Martin (2000): *Bildungssysteme, soziale Ungleichheit und subjektive Schichteinstufung. Die institutionelle Basis von Individualisierungsprozessen im internationalen Vergleich.* In: *Zeitschrift für Soziologie,* 29. Jg., H. 5, S. 375-396.

Grotheer, Michael (2008a): *Beschäftigungsstabilität und -sicherheit in Westdeutschland.* In: Köhler, Christoph/Struck, Olaf/Grotheer, Michael/Krause,

Alexandra/Krause, Ina/Schröder, Tim (Hg.): *Offene und geschlossene Beschäftigungssysteme. Determinanten, Risiken und Nebenwirkungen.* Wiesbaden: VS Verlag, S. 65-113.

Grotheer, Michael (2008b): *Beschäftigungsstabilität im Ost-West-Vergleich.* In: Köhler, Christoph/Struck, Olaf/Grotheer, Michael/Krause, Alexandra/Krause, Ina/Schröder, Tim (Hg.): *Offene und geschlossene Beschäftigungssysteme. Determinanten, Risiken und Nebenwirkungen.* Wiesbaden: VS Verlag, S. 115-141.

Grund, Christian (2006). *Mitarbeiterrekrutierung über das Internet. Marktanalyse und empirische Untersuchung von Determinanten und Konsequenzen für die Arbeitnehmer.* In: *Zeitschrift für Betriebswirtschaft,* 76. Jg., H. 5, S. 451-472.

Grünert, Holle (1997): *Beschäftigungssystem und Arbeitsmarkt in der DDR. Beiträge zu den Berichten zum sozialen und politischen Wandel in Ostdeutschland, Bd. 1.1.* Opladen: Leske + Budrich.

Grünert, Holle (2008): *„Good" and „Bad" External Labour Markets. An Introduction.* In: *SFB 580 Mitteilungen,* H. 30

Grünert, Holle (2010): *Das Berufsbildungssystem in Ostdeutschland. Eine Lerngelegenheit angesichts neuer Herausforderungen?* In: *Die Deutsche Schule (DDS),* 102. Jg., H. 3, S. 237-254.

Grünert, Holle/Wiekert, Ingo (2005): *Ostdeutschland als Labor zur Weiterentwicklung des dualen Systems der Berufsausbildung?* In: Jacob, Marita/Kupka, Peter (Hg.): *Perspektiven des Berufskonzepts. Die Bedeutung des Berufs für Ausbildung und Arbeitsmarkt.* BeitrAB 297. Nürnberg: IAB, S. 123-142.

Guest, David E./Isaksson, Kerstin/De Witte, Hans (2010): *Employment contracts, psychological contracts, & well-being. an international study.* Oxford: Oxford University Press.

Haak, Carroll (2005): *Künstler zwischen selbstständiger und abhängiger Erwerbsarbeit.* In: *WZB-Discussion Paper SP I,* 107.

Haak, Carroll (2006): *Von Künstlern lernen. Mehrfachbeschäftigung, Bildung und Einkommen auf den Arbeitsmärkten von Künstlern.* In: *WZB-Discussion Paper SP I,* 123.

Haas, Annette/Hamann, Silke (2008): *Pendeln. Ein zunehmender Trend, vor allem bei Hochqualifizierten.* In: *IAB Kurzbericht,* 6.

Habermas, Jürgen (1981): *Theorie des kommunikativen Handelns.* Frankfurt/Main: Suhrkamp.

Hacket, Anne (2009): *Lohnt sich Mobilität? Einkommensperspektiven in internen und externen Arbeitsmärkten in den ersten Berufsjahren*. Wiesbaden: VS Verlag.

Hacket, Anne (2012): *Erwerbsverläufe in der Haupterwerbsphase. Pluralisierung und Prekarisierung der Erwerbsverläufe?* In: Forschungsverbund Sozioökonomische Berichterstattung (Hg.): *Berichterstattung zur sozioökonomischen Entwicklung in Deutschland. Teilhabe im Umbruch. Zweiter Bericht*. Wiesbaden: VS Verlag, S. 507-532.

Hadamek, Claus (2009): *Wohlfahrtsstaat und Gesellschaft. Eine systemtheoretische Analyse der sozialwissenschaftlichen Wohlfahrtsstaatsforschung und die Theorie funktionaler Differenzierung*. http://www.ub.uit.no/munin/handle/10037/1714. Zugriff: 17.06.2012, S. 229-238.

Haipeter, Thomas/Lehndorff, Steffen (2004): *Atmende Betriebe, atemlose Beschäftigte? Erfahrungen mit neuartigen Formen betrieblicher Arbeitszeitregulierung*. Berlin: edition sigma.

Hall, Anja/Tiemann, Michael (2006): *BIBB/BAuA-Erwerbstätigenbefragung 2006 - Arbeit und Beruf im Wandel. Erwerb und Verwertung beruflicher Qualifikationen., suf_1.0*. Forschungsdatenzentrum im BIBB (Hg.); GESIS Köln, Deutschland (Datenzugang); Bundesinstitut für Berufsbildung, Bonn. http://dx.doi.org/10.4232/1.4820. Zugriff am 27.02.2012.

Hall, Peter A./Soskice, David (2001): *An introduction to varieties of capitalism*. In: Hall, Peter A./Soskice David (Hg.): *Varieties of capitalism. the institutional foundations of comparative advantage*. Oxford: Oxford University Press, S. 1-70.

Hanson, Susan/Pratt, Geraldine (1995): *Gender, work, and space*. New York: Routledge.

Harvey, David (1991): *The condition of postmodernity. An enquiry into the origins of cultural change*. Malden: Blackwell.

Harvey, Mark/Maier, Robert (2004): *Rights over resources*. In: Clasquin, Bernadette/Moncel, Nathalie/Harvey, Mark/Friot, Bernard (Hg.): *Wage and welfare: new perspectives on employment and social rights in Europe*. Brüssel: Peter Lang, S. 25-48.

Haubl, Rolf/Voß, G. Günter (Hg.) (2011): *Riskante Arbeitswelt im Spiegel der Supervision. Eine Studie zu den psychosozialen Auswirkungen spätmoderner Erwerbsarbeit*. Göttingen: Vandenhoeck & Ruprecht.

Haunschild, Axel/Eikhof, Doris Ruth (2009): *Bringing creativity to the market. actors as self-employed employees*. In: McKinlay, Alan/Smith, Chris (Hg.): *Creative labour. working in the creative industries*. Houndsmills: Palgrave Macmillan, S. 164-173.

Kerber, Wolfgang (1996) (Hg.): *Die Anmaßung von Wissen. Neue Freiburger Studien von F.A. von Hayek.* Tübingen: Mohr Siebeck.

Heidenreich, Martin (2004): *Beschäftigungsordnungen zwischen Exklusion und Inklusion. Arbeitsmarktregulierende Institutionen im internationalen Vergleich.* In: *Zeitschrift für Soziologie,* 33. Jg., H. 3, S. 206-227.

Heinz, Walter R. (1995): *Arbeit, Beruf und Lebenslauf. Eine Einführung in die berufliche Sozialisation.* Weinheim: Juventa.

Henninger, Annette/Mayer-Ahuja, Nicole (2005): *Arbeit und Beschäftigung in den Hamburger „Creative Industries". Presse/Verlagswesen, Film/ Rundfunk, Design, Werbung/Multimedia und Software/IT-Dienstleistungen.* Expertise im Auftrag der Forschungs- und Beratungsstelle Arbeitswelt (FORBA), Wien.

Henninger, Annette/Papouschek, Ulrike (2008): *Occupation matters. Blurring work life boundaries in mobile care and the media industry.* In: Warhurst, Chris/Eikhof, Doris Ruth/Haunschild, Axel (Hg.): *Work Less, Live More? A Critical Analysis of the Work-Life Boundary.* Basingstoke: Palgrave Macmillan, S. 153-172.

Herrmann, Harald (2007): *Freie Berufe. Europäische Entwicklungen.* FFB. Diskussionspapier. Lüneburg.

Hillmert, Steffen/Jacob, Marita (2003): *Bildungsprozesse zwischen Diskontinuität und Karriere: das Phänomen der Mehrfachausbildungen.* In: *Zeitschrift für Soziologie,* 32. Jg., H. 4, S. 325-345.

Hinrichs, Karl (1988): *Motive und Interessen im Arbeitszeitkonflikt. Eine Analyse der Entwicklung von Normalarbeitzeitstandards.* Frankfurt/Main: Campus.

Hinz, Thomas/Abraham, Martin (2005): *Theorien des Arbeitsmarktes. Ein Überblick.* In: Abraham, Martin/Hinz, Thomas (Hg.): *Arbeitsmarktsoziologie. Probleme, Theorien, empirische Befunde.* Wiesbaden: VS Verlag, S. 17-68.

Hirsch-Kreinsen, Hartmut (2005): *Wirtschafts- und Industriesoziologie. Grundlagen, Fragestellungen, Themenbereiche.* Weinheim: Juventa.

Hirschman, Albert O. (1974): *Abwanderung und Widerspruch.* Tübingen: Mohr Siebeck.

Hochschild, Arlie (1997): *The Time Bind.* New York: Metropolitan/Holt.

Hoff, Ernst-H./Grote, Stefanie/Dettmer, Susanne/Hohner, Hans-Uwe/Olos, Luiza (2005): *Work-Life-Balance. Berufliche und private Lebensgestaltung von Frauen und Männern in hoch qualifizierten Berufen.* In: *Zeitschrift für Arbeits- und Organisationspsychologie,* 49. Jg., H. 4, S. 196-207.

Hohendanner, Christian (2010): *Unsichere Zeiten, unsichere Verträge? Befristete Arbeitsverträge zwischen Auf- und Abschwung.* In: *IAB-Kurzbericht,* 14.

Hohendanner, Christian/Gerner, Hans-Dieter (2010): *Die Übernahme befristet Beschäftigter im Kontext betrieblicher Personalpolitik.* In: Soziale Welt, 61. Jg., H. 1, S. 27-50.

Hohn, Hans-Willy/Windolf, Paul (1988): *Lebensstile als Selektionskriterien. Zur Funktion biographischer Signale in der Rekrutierungspolitik von Arbeitsorganisationen.* In: Brose, Hanns-Georg/Hildenbrand, Bruno (Hg.): *Vom Ende des Individuums zur Individualität ohne Ende.* Opladen Leske + Budrich, S. 179-210.

Holland, John L. (1985): *Manual for the vocational preference inventory*, Odessa, FL: Psychological Assessment Resources.

Holmes, Thomas J./Schmitz, James A. Jr. (1990): *A theory of entrepreneurship and its application to the study of business transfers* In: Journal of Political Economy, 98. Jg, S. 265-294.

Holst, Elke (2009): *Vollzeitbeschäftigte wollen kürzere, Teilzeitbeschäftigte längere Arbeitszeiten.* DIW-Wochenbericht, 76. Jg., Nr. 25, S. 409-415.

Holst, Hajo (2009): *Disziplinierung durch Leiharbeit? Neue Nutzungsstrategien von Leiharbeit und ihre arbeitspolitischen Folgen.* In: WSI-Mitteilungen, 62. Jg., H. 3, S. 143-149.

Holst, Hajo/Aust, Andreas/Pernicka, Susanne (2008): *Kollektive Interessenvertretung im strategischen Dilemma. Atypisch Beschäftigte und die „dreifache" Krise der Gewerkschaften.* In: Zeitschrift für Soziologie, 37. Jg. H. 2, S. 158-176.

Holst, Hajo/Nachtwey, Oliver/Dörre, Klaus (2009): *Funktionswandel von Leiharbeit - Neue Nutzungsstrategien und ihre arbeits- und mitbestimmungspolitischen Folgen.* In: OBS Arbeitsheft, H. 61.

Holst, Hajo (2010): *„Die Flexibilität unbezahlter Zeit". Die strategische Nutzung von Leiharbeit.* In: Arbeit. Zeitschrift für Arbeitsforschung, Arbeitsgestaltung und Arbeitspolitik, 19. Jg., H. 2/3, S. 164-177.

Holst, Hajo/Nachtwey, Oliver/Dörre, Klaus (2010): *The Strategic Use of Temporary Agency Work - Functional Change of a Non-standard Form of Employment.* In: International Journal of Action Research, 6. Jg., H. 1. Mering, S. 108-138.

Holst, Hajo/Matuschek, Ingo (2011): *Sicher durch die Krise? Leiharbeit, Krise und Interessenvertretung.* In: Haipeter, Thomas/Dörre, Klaus (Hg.): *Gewerkschaftliche Modernisierung.* Wiesbaden: VS Verlag, S. 167-193.

Holtgrewe, Ursula (2005): *Subjekte als Grenzgänger der Organisationsgesellschaft?* In: Jäger, Wieland/Schimank, Uwe (Hg.): *Organisationsgesellschaft. Facetten und Perspektiven.* Wiesbaden: VS Verlag, S. 344-368.

Holtgrewe, Ursula (2006): *Flexible Menschen in flexiblen Organisationen. Bedingungen und Möglichkeiten kreativen und innovativen Handelns.* Berlin: edition sigma.

Honkapohja, Seppo/Westermann, Frank (2009): *Outsourcing.* In: Honkapohja, Seppo/Westermann, Frank. (Hg.): *Designing the European Model.* London: Palgrave MacMillan, S. 122-143.

Honneth, Axel (2011): *Das Recht der Freiheit. Grundriss einer demokratischen Sichtlichkeit.* Berlin: Suhrkamp.

Hummell, Hans J. (2007): *Die Analyse von Gesellschaften, Organisationen und Individuen in ihrem Zusammenhang. Theoretische und methodische Herausforderungen.* In: *Tagungsberichte,* H. 13,

Illouz, Eva (2007): *Gefühle in Zeiten des Kapitalismus.* Frankfurt/Main: Suhrkamp.

Initiative D21 (2011): *(N)ONLINER Atlas 2011. Eine Topographie des digitalen Grabens durch Deutschland. Nutzung und Nichtnutzung des Internets, Strukturen und regionale Verteilungen.* http://www.nonliner-atlas.de/, Zugriff: 11.01.2012.

Jablin, Frederic M. (2000): *Organizational entry, assimilation, and disengagement/exit.* In: Jablin, Frederic M./Putnam, Linda L. (Hg.): *the new handbook of organizational communication. Advances in theory, research, and methods.* Thousand Oaks: Sage Publications, S. 733-818.

Jaehrling, Karen (2004): *Wischen in der Wissensgesellschaft.* In: *Institut Arbeit und Technik: Jahrbuch 2003/2004,* S. 136-152.

Jones, Candace (1996): *Careers in project networks. the case of the film industry.* In: Arthur, Michael B./Rousseau, Denise M. (Hg.): *The boundaryless career. A new employment principle for a new organizational era.* New York: Oxford University Press, S. 58-75.

Jovanovic, Boyan (1994): *Entrepreneurial choice when people differ in their management and labor skills.* In: *Small Business Economics,* 6. Jg., S. 185-192.

Jurczyk, Karin/Lange, Andreas (2009): *Vom „ewigen Praktikanten" zum „reflexiven Vater"? Eine Einführung in aktuelle Debatten um Väter.* In: Jurczyk, Karin/Lange, Andreas (Hg.): *Vaterwerden und Vatersein heute. Neue Wege - neue Chancen!* Gütersloh: Bertelsmann Stiftung, S. 13-43.

Jürgens, Kerstin (2001). *Familiale Lebensführung. Familienleben als alltägliche Verschränkung individueller Lebensführungen.* In: Voß, Gerd Günter/Weihrich, Margit (Hg.): *tagaus – tagein. Neue Beiträge zur Soziologie Alltäglicher Lebensführung.* Mering: Hampp, S. 33-60.

Jürgens, Kerstin (2010): *Deutschland in der Reproduktionskrise*. In: *Leviathan*, 38. Jg., H. 4, S. 559-587.

Kalleberg, Arne L. (1988): *Comparative perspectives on work structures and inequality*. In: *Annual Review of Sociology*, 14. Jg., S. 203-225.

Kalleberg, Arne L./Knoke, David/Marsden, Peter V./Spaeth, Joe L. (1996): *Organizations in America. Analyzing their structures and human resource practices*. Thousand Oaks: Sage Publications.

Kalleberg, Arne (2003): *Flexible firms and labor market segmentation. Effects of workplace restructuring on jobs and workers*. In: *Work and Occupations*, 30. Jg., H. 2, S. 154-175.

Kalthoff, Herbert (2011): *Un/doing calculation. On knowledge practices of risk management*. In: *Distinktion. Scandinavian Journal of Social Theory*, 12. Jg., H. 1, S 3-21.

Kavai, André (2008): *Auswirkungen von internen elektronischen Jobbörsen auf Koordinationsform und Transaktionskosten im Rahmen interner Arbeitsmärkte*. http://publikationen.ub.unifrankfurt.de/frontdoor/index/index/docId/5733. Zugriff: 05.02.2012.

Keller, Berndt/Seifert, Hartmut (2007): *Atypische Beschäftigung. Flexibilisierung und soziale Risiken*. Berlin: edition sigma.

Keller, Berndt (2008*): Einführung in die Arbeitspolitik. Arbeitsbeziehungen und Arbeitsmarkt in sozialwissenschaftlicher Perspektive. 7. Aufl*. München: Oldenburg.

Kern, Horst/Schumann, Michael (1984): *Das Ende der Arbeitsteilung? Rationalisierung in der industriellen Produktion*. München: Beck.

Kerr, Clark (1954): *The balkanization of labor Markets*. In: Bakke, E. Wight/Hauser, Phillip M./Palmer, Gladys L./Myers, Charles A. (Hg.): *Labor mobility and economic opportunity*, S. 92-110.

Kesselring, Sven/Vogl, Gerlinde (2010): *Betriebliche Mobilitätsregime. Die sozialen Kosten mobiler Arbeit*. Berlin: edition sigma.

Keupp, Heiner/Dill, Helga (Hg.) (2010): *Erschöpfende Arbeit. Gesundheit und Prävention in der flexiblen Arbeitswelt*. Bielefeld: transcript.

Keynes, John Maynard (1937): *The general theory of employment*. In: *The Quarterly Journal of Economics*, 51. Jg., H. 2, S. 209-223.

Kihlstrom, Richard E./Laffont, Jean-Jacques (1979): *A general equilibrium entrepreneurial theory of firm formation based on risk aversion*. In: *Journal of Political Economy*, 87. Jg., S. 719-748.

Kleemann, Frank/Matuschek, Ingo/Voß, G. Günter (2002): *Subjektivierung von Arbeit. Ein Überblick zum Stand der Diskussion*. In: Moldaschl, Manfred/Voß, G. Günter (Hg.): *Subjektivierung von Arbeit.* Mering: Hampp, S. 53-100.

Klenner, Christina (2007): *Erwartungen von Arbeitnehmerinnen und Arbeitnehmern an einen familienfreundlichen Betrieb.* In: Dilger, Alexander/Gerlach, Irene/Schneider, Helmut (Hg.): *Betriebliche Familienpolitik.* Wiesbaden, S. 159-186.

Klenner, Christina/Klammer, Ute/Pfahl, Svenja (2011): *Frauen als Ernährerinnen der Familie. Politische und rechtliche Herausforderungen. Policy Paper.* Berlin: BMFSFJ, Max-Planck-Institut für ausländisches und internationales Sozialrecht.

Klös, Hans-Peter (2000): *Zeitarbeit: Sprungbrett für Arbeitslose.* In: *Die Mitbestimmung,* 46. Jg., H. 9., S. 38-41.

Knight, Frank H. (1921): *Risk, uncertainty and profit.* Chicago: University Press.

Knight, Frank. H. (1921): *Risk, uncertainty and profit,* New York: Houghton Mifflin.

Köhler, Christoph/Sengenberger, Werner (1983): *Konjunktur und Personalanpassung. Betriebliche Beschäftigungspolitik in der deutschen und amerikanischen Automobilindustrie.* Frankfurt/Main: Campus.

Köhler, Christoph/Grüner, Hans (1989): *Stamm- und Randbelegschaften. Ein überlebtes Konzept?* In: Köhler, Christoph/Preisendörfer, Peter (Hg.): *Betrieblicher Arbeitsmarkt im Umbruch: Analysen zur Mobilität, Segmentation und Dynamik in einem Großbetrieb.* Frankfurt/Main: Campus, S. 175-206.

Köhler, Christoph/Struck Olaf/Bultemeier, Anja (2004): *Geschlossene, offene und marktförmige Beschäftigungssysteme. Überlegungen zu einer empiriegeleiteten Typologie.* In: *SFB 580 Mitteilungen,* H. 14.

Köhler, Christoph/Götzelt, Ina/Schröder, Tim (2006): *Firm-employment systems and labour market segmentation. An old approach to a new debate?* In: Köhler, Christoph/Junge, Kyra/Schröder, Tim/Struck, Olaf (Hg.): *Trends in employment stability and labour market segmentation.* In: *SFB 580 Mitteilungen,* H. 16, S. 22-32.

Köhler, Christoph/Loudovici, Kai/Struck, Olaf (2007): *Generalisierung von Beschäftigungsrisiken oder anhaltende Arbeitsmarktsegmentation?* In: *Berliner Journal für Soziologie,* 17. Jg., H. 3, S. 387-406.

Köhler, Christoph/Struck, Olaf/Grotheer, Michael/Krause, Alexandra/Krause, Ina/Schröder, Tim (2008): *Offene und geschlossene Beschäftigungssysteme. Determinanten, Risiken und Nebenwirkungen.* Wiesbaden: VS Verlag.

Köhler, Christoph/Loudovici, Kai (2008): *Betriebliche Beschäftigungssysteme und Arbeitsmarktsegmentation.* In: Köhler, Christoph/Struck, Olaf/Grotheer, Michael/Krause, Alexandra/Krause, Ina/Schröder, Tim (Hg.): *Offene und ge-*

schlossene betriebliche Beschäftigungssysteme. Determinanten, Risiken und Nebenwirkungen. Wiesbaden: VS Verlag, S. 31-63.

Köhler, Christoph/Struck, Olaf (2008): *Offene und geschlossene Beschäftigungssysteme. Ansätze. Ergebnisse. Ausblick.* In: Köhler, Christoph/Struck, Olaf/Grotheer, Michael/Krause, Alexandra/Krause, Ina/Schröder, Tim (Hg.): *Offene und geschlossene betriebliche Beschäftigungssysteme. Determinanten, Risiken und Nebenwirkungen.* Wiesbaden: VS Verlag, S. 11-30.

Köhler, Christoph/Krause, Alexandra/Blazejewski, Franziska/Leschner, Udo/Omenukor, Siegrun/Reimann, Christian (Hg.) (2009): *Arbeitskraftunternehmer oder Proletarier? Hintergründe und Motive für diskontinuierliche Erwerbsverläufe.* In: *SFB 580 Arbeitspapier,* Nr. 17.

Köhler, Christoph/Schönfelder, Steffen/Schröder, Stefan (2010): *Der Münchner Segmentationsansatz. Aufstieg, Fall und Renaissance.* In: Altmann, Norbert/Böhle, Fritz (Hg.). *Nach dem „Kurzen Traum". Neue Orientierungen in der Arbeitsforschung.* Berlin: edition sigma, S. 147-171.

Köhler, Christoph/Krause, Alexandra (2010): *Betriebliche Beschäftigungspolitik.* In: Voß, G. Günter/Wachtler, Günther/Böhle, Fritz (Hg.): *Handbuch Arbeitssoziologie.* Wiesbaden: VS Verlag, S. 387-412.

Konietzka, Dirk (2010): *Zeiten des Übergangs. Sozialer Wandel des Übergangs in das Erwachsenenalter.* Wiesbaden: VS Verlag.

Koppetsch, Cornelia (2006): *Zwischen Disziplin und Kreativität. Zum Wandel beruflicher Identitäten im neuen Kapitalismus.* In: *Berliner Journal für Soziologie,* 16. Jg., H. 2, S. 155-172.

Kotthof, Hermann (2000): *Anerkennung und sozialer Austausch. Die soziale Konstruktion von Betriebsbürgerschaft.* In: Holtgrewe, Ursula/Voswinkel, Stephan /Wagner, Gabriele (Hg.): *Anerkennung und Arbeit.* Konstanz: UVK, S. 27 -36.

Kramer, Caroline (2005): *Zeit für Mobilität. Räumliche Disparitäten der individuellen Zeitverwendung für Mobilität in Deutschland.* Stuttgart: Franz Steiner Verlag.

Kratzer, Nick (2003): *Arbeitskraft in Entgrenzung - Grenzenlose Anforderungen, erweiterte Spielräume, begrenzte Ressourcen.* Berlin: edition sigma.

Kratzer, Nick (2004): *Vermarktlichung und Individualisierung. Zur Produktion Sozialer Ungleichheit in der Zweiten Moderne.* In: *Soziale Welt,* 56. Jg., H. 2/3, S. 143-162.

Kratzer, Nick (2005): *Vermarktlichung und Individualisierung. Zur Produktion von Ungleichheit in der reflexiven Modernisierung.* In: *Soziale Welt* 56. Jg., H. 2/3, S. 247-266.

Kratzer, Nick/ Sauer, Dieter (2007): *Welche Arbeitszeitpolitik?. Ein neues Verhältnis von Zeitökonomie und Zeitpolitik.* In: WSI-Mitteilungen, 60. Jg., H. 4, S. 174-180.

Krause, Alexandra (2007). *Kündigungsschutzreform und Gerechtigkeit. Einstellungen der Erwerbsbevölkerung.* In: WSI-Mitteilungen, 60. Jg., H. 5, S. 252-258.

Krause, Alexandra/Köhler, Christoph (2011): *Von der Vorherrschaft interner Arbeitsmärkte zur dynamischen Koexistenz von Arbeitsmarktsegmenten.* In: WSI-Mitteilungen Jg. 64, H. 11, S. 588-596.

Krause, Alexandra/Böhm, Alexandra/Gerstenberg, Susanne (2012): *Offene betriebliche Beschäftigungssysteme. Quantitative und qualitative Befunde.* In: SFB-Mitteilungen, H. 40.

Krause, Alex/Böhm, Alexandra/Gerstenberg, Susanne/Köhler, Christoph/ Schröder, Stefan (2012): *Generalisierung von Unsicherheit? Transformationen des ost-westdeutschen Arbeitsmarktes.* In: Best, Heinrich/Holtmann, Everhard (Hg.) (2012*): Aufbruch der entsicherten Gesellschaft. Deutschland unterwegs nach der Einigung. Entwicklungen seit dem Systemumbruch.* Frankfurt/Main: Campus (Im Erscheinen).

Krause, Ina (2012): *Das Verhältnis von Stabilität und Flexibilität auf dem deutschen Arbeitsmarkt.* Wiesbaden: VS Verlag. (Im Erscheinen).

Kreckel, Reinhard (1992): *Politische Soziologie der sozialen Ungleichheit.* Frankfurt/Main: Campus.

Kronauer, Martin/Linne, Gudrun (2005): *Flexicurity. Die Suche nach Sicherheit in der Flexibilität.* Berlin: edition sigma.

Kuhlmann, Martin (2004): *Modellwechsel? Die Entwicklung betrieblicher Arbeits- und Sozialstrukturen in der deutschen Automobilindustrie.* Berlin: edition sigma.

Künzler, Jan/Walter, Wolfgang (2001): *Arbeitsteilung in Partnerschaften. Theoretische Ansätze und empirische Befunde.* In: Huinink, Johannes/Strohmeier, Klaus Peter/Wagner, Michael (Hg.): *Solidarität in Partnerschaft und Familie. Zum Stand familiensoziologischer Theoriebildung.* Würzburg: Ergon, S. 185-218.

Langweg, Armin (2007): *Mobilitätsmanagement, Mobilitätskultur, Marketing & Mobilitätsmarketing. Versuch einer Begriffsklärung.* In: Stadt Region Land, Band 82, S. 43-52.

Lazarsfeld, Paul F./Merton, Robert K. (1954): *Friendship as social process. A substantive and methodological analysis.* In: Berger, Morroe/Abel, Theodore/Page, Charles H. (Hg.): *Freedom and control in modern society.* New York: D. Van Nostrand, S. 18-66.

Lazear, Edward P. (2004): *Balanced skills and entrepreneurship.* In: *American Economic Review*, 94. Jg., H. 2, S. 208-211.

Lazear, Edward P. (2005): *Entrepreneurship.* In: *Journal of Labor Economics*, 23. Jg., H. 4, S. 649-680.

Lebart, Ludovic (1994): *Complementary use of correspondence analysis and cluster analysis.* In: Greenacre, Michael/Blasius, Jörg (Hg.): *Correspondence analysis in the social sciences.* San Diego: Academic Press, S. 162-178.

Lee, Horan/Pongratz, Hans J./Trinczek, Rainer (2007): *Mitgliederbindung durch Bildungsinnovation? Fallstudien zu gewerkschaftlichen Bildungsinitiativen.* In: Moldaschl, Manfred (Hg.): *Verwertung immaterieller Ressourcen. Nachhaltigkeit von Unternehmensführung und Arbeit III.* Mering: Hampp, S. 265-320.

Lehndorff, Steffen/Bosch, Gerhard/Haipeter, Thomas/Latniak, Erich (2009): *From the 'sick man' to the 'overhauled engine' of Europe? Upheaval in the German model.* In: Bosch, Gerhard/Lehndorff, Steffen/Rubery, Jill (Hg.) (2009): *European employment models in flux: a comparison of institutional change in nine European countries.* Basingstoke: Palgrave Macmillan, S. 105-131.

Lehweß-Litzmann, René (2012a): *Flexibilität und Sicherheit. Deutschland im europäischen Vergleich.* In: Forschungsverbund Sozioökonomische Berichterstattung (Hg.): *Berichterstattung zur sozioökonomischen Entwicklung in Deutschland. Teilhabe im Umbruch. Zweiter Bericht.* Wiesbaden: VS Verlag, S. 243-282.

Lehweß-Litzmann, René (2012b): *Flexible employment, poverty and the household.* In: Abbatecola, Emanuela/Lefresne, Florence/Verd, Joan Miquel/Vero, Josiane (Hg.): *Individual working lives and the capability approach. An overview across Europe.* Brüssel: *Transfer*, 18. Jg., H. 1, S. 66-78.

Lengfeld, Holger (2007): *Organisierte Ungleichheit. Wie Organisationen Lebenschancen beeinflussen. Hagener Studientexte zur Soziologie.* Wiesbaden: VS Verlag.

Lessenich, Stephan/Ostner, Ilona (1998): *Welten des Wohlfahrtskapitalismus: der Sozialstaat in vergleichender Perspektive.* Frankfurt/Main: Campus.

Lessenich, Stephan (2008): *Die Neuerfindung des Sozialen. Der Sozialstaat im flexiblen Kapitalismus.* Bielefeld: transcript.

Lessenich, Stephan (2009): *Die Neuerfindung des Sozialen. Der Sozialstaat im flexiblen Kapitalismus. 2. unveränderte Aufl.* Bielefeld: transcript.

Lessenich, Stephan (2009): *Krise des Sozialen?* In: *APuZ*, H. 52.

Lessenich, Stephan (2009): *Mobilität und Kontrolle. Zur Dialektik der Aktivgesellschaft*. In: Dörre, Klaus/Lessenich, Stephan/Rosa, Hartmut (Hg.), *Soziologie. Kapitalismus. Kritik. Eine Debatte*. Frankfurt/Main: Suhrkamp.

Levine, David I./Belman, Dale/Charness, Gary/Groshen, Erica L./O`Shaughnessy, K.C. (2002): *How new is the „new employment contract"?* Kalamazoo: Upjohn Institute for Employment Research.

Liden, Robert/Sparrow, Reymond/Wayne, Sandy (1997): *Leader-member exchange theory: the past and potential for the future*. In: Ferris, Gerald (Hg.): *Research in Personnel and Human Resources Management*, 15. Jg., Greenwich: JAI Press, S. 47-119.

Limmer, Ruth (2005): *Berufsmobilität und Familie in Deutschland*. In: *Zeitschrift für Familienforschung*, 17. Jg., H. 2, S. 8-26.

Lindbeck, Assar/Snower, Dennis J. (1988): *The insider-outsider theory of employment and unemployment*. Cambridge: The MIT Press.

Lindenberg, Sigwart (2001): *Intrinsic motivation in a new light*. In: *Kyklos*, 54. Jg., H. 2-3, S. 317-342.

Lohr, Karin/Nickel, Hildegard M. (Hg.) (2005): *Subjektivierung von Arbeit. Riskante Chancen*. Münster: Westfälisches Dampfboot.

Lucas, Robert E., Jr. (1978): *On the size distribution of business firms*. In: *Bell Journal of Economics*, 9, S. 508-523.

Luhmann, Niklas (1988): *Die Wirtschaft der Gesellschaft*. Frankfurt/Main: Suhrkamp.

Luhmann, Niklas (1989): *Soziale Systeme. Grundriß einer allgemeinen Theorie*. Frankfurt/Main: Suhrkamp.

Luhmann, Niklas (1991): *Soziologie des Risikos*. Berlin: de Gruyter.

Luhmann, Niklas (1998): *Die Gesellschaft der Gesellschaft*. Frankfurt/Main: Suhrkamp.

Lutz, Burkart: (1954): *Handwerks- oder Industriearbeiter-Ausbildung? 3 Teile*. In: *Der Gewerkschafter*, 2. Jg., H. 4/5, S. 18-21; H. 6/7, S. 17-20; H. 8/9, S. 14-15.

Lutz, Burkart/Weltz, Friedrich (1966): *Der zwischenbetriebliche Arbeitsplatzwechsel*. Frankfurt/Main: Europäische Verlagsanstalt.

Lutz, Burkart/Sengenberger, Werner (1974): *Arbeitsmarktstrukturen und öffentliche Arbeitsmarktpolitik: Eine kritische Analyse von Zielen und Instrumenten*. Göttingen: Schwartz.

Lutz, Burkart (1976): *Bildungssystem und Beschäftigungsstruktur in Deutschland und Frankreich*. In: ISF München (Hg.): *Betrieb. Arbeitsmarkt. Qualifikation I*. Frankfurt/Main: aspekte, S. 83-151.

Lutz, Burkart (1984): *Der kurze Traum immerwährender Prosperität. Eine Neuinterpretation der industriell-kapitalistischen Entwicklung im Europa des 20. Jahrhunderts.* Frankfurt/Main: Campus.

Lutz, Burkart (1986): *Die Bauern und die Industrialisierung: Ein Beitrag zur Erklärung von Diskontinuität der Entwicklung industriell-kapitalistischer Gesellschaften.* In: Berger, Johannes (Hg.): *Die Moderne. Kontinuitäten und Zäsuren. Soziale Welt: Sonderband 4*, Göttingen: Schwartz, S. 119-137.

Lutz, Burkart (1987): *Arbeitsmarktstruktur und betriebliche Arbeitskräftestrategie: eine theoretisch-historische Skizze zur Entstehung betriebszentrierter Arbeitsmarktsegmentation.* Frankfurt/Main: Campus.

Lutz, Burkart/Meil, Pamela/Wiener, Bettina (Hg.) (2000): *Industrielle Fachkräfte für das 21. Jahrhundert. Aufgaben und Perspektiven für die Produktion von morgen.* Frankfurt/Main: Campus.

Lutz, Burkart/Wiener, Bettina (2000*): Entwicklungstendenzen des Angebots an Fachkräften für die deutsche Industrie.* In: Lutz, Burkart/Meil, Pamela/Wiener, Bettina (Hg.): *Industrielle Fachkräfte für das 21. Jahrhundert.* Frankfurt/Main: Campus, S. 39-69.

Lutz, Burkart (2004): *Die Segmentationstheorie ist nicht am Ende, aber steht vor ganz neuen Herausforderungen!* In: Gensior, Sabine/Mendius, Hans Gerhard/Seifert, Hartmut (Hg.): *25 Jahre SAMF. Perspektiven Sozialwissenschaftlicher Arbeitsmarktforschung.* Arbeitspapier 2004-1, SAMF e.V., S. 91-104.

Lutz, Burkart (2007): *Wohlfahrtskapitalismus und die Ausbreitung und Verfestigung interner Arbeitsmärkte nach dem Zweiten Weltkrieg (Preprint).* Forschungsberichte aus dem zsh 07-4. Halle.

Lutz, Burkart (2007): *Wohlfahrtskapitalismus und die Ausbreitung und Verfestigung interner Arbeitsmärkte nach dem Zweiten Weltkrieg.* Forschungsberichte aus dem zsh. 07-4. Halle.

Lutz, Burkart/Köhler, Christoph/Grünert, Holle/Struck, Olaf (2007): *The German model of labour market segmentation. Tendencies of change.* In: *Économies et Sociétés, Série „Socio-Économie du travail",* AB, Jg. 28, H. 6, S. 1057-1088.

Lutz, Burkart (2008). *Aktuelle Strukturen und zu erwartende Entwicklungen von Beschäftigung und Arbeitsmarkt in den neuen Bundesländern und ihre Bedeutung für die Interessenvertretung.* Eine Kurz-Expertise für die Otto-Brenner-Stiftung, zsh Halle. Manske, Alexandra (2003): *WebWorker.* In: Gottschall, Karin/Voß, G. Günter (Hg.): *Entgrenzung von Arbeit und Leben. Zum Wandel der Beziehung von Erwerbstätigkeit und Privatsphäre im Alltag.* Mering: Hampp, S. 261-282.

Manske, Alexandra (2010): *Metamorphosen von Männlichkeit. Die Prekarisierung der Arbeitsgesellschaft als Genderproblem am Beispiel männlicher Kreativarbeiter*. In: Burzan, Nicole/Berger, Peter Anton (Hg.): *Dynamiken (in) der gesellschaftlichen Mitte*. Wiesbaden: VS Verlag, S. 313-330.

Manwaring, Tony (1984): *The extended internal labour market*. In: *Cambridge Journal of Economics* 8. Jg., H. 2, S. 161-187.

March, James/Simon Herbert (1958): *Organizations*. New York: Wiley.

Marrs, Kira/Boes, Andreas (2003): *Alles Spaß und Hollywood? Arbeits- und Leistungsbedingungen bei Film und Fernsehen*. In: Pohlmann, M./Sauer, D./Trautwein-Kalms, G./Wagner, A. (Hg.): *Dienstleistungsarbeit. Auf dem Boden der Tatsachen. Befunde aus Handel, Industrie, Medien und IT-Branche*. Berlin: edition sigma, S. 187-242.

Marrs, Kira (2007): *Zwischen Leidenschaft und Lohnarbeit. Ein arbeitssoziologischer Blick hinter die Kulissen von Film und Fernsehen*. Berlin: edition sigma.

Marsden, Peter V./Gorman, Elizabeth H. (2001): *social networks, job changes, and recruitment*. In: Berg, Ivar E./Kalleberg, Arne L. (Hg.): *Sourcebook of labor markets*. New York: Kluwer Academic/Plenum Publishers, S. 467-501.

Marsden, David (2004): *The 'network economy' and models of the employment contract*. In: *British Journal of Industrial Relations* 42. Jg., H. 4, S. 659-684.

Marsden, David (2007): *Labour market segmentation in britain. the decline of occupational labor markets and the spread of 'entry tournaments'*. In: *Économies et Sociétés* 28. Jg., S. 965-998.

Martin, Albert/Nienhüser, Werner (Hg.) (1998): *Personalpolitik: Wissenschaftliche Erklärung der Personalpraxis*. Mering: Hampp.

Marx, Karl (1962): *Das Kapital. Kritik der politischen Ökonomie. Marx-Engels-Werke, Band 23*. Berlin: Dietz Verlag.

Marx, Karl (1989 [1890]): *Das Kapital. Erster Band*. Berlin: Dietz Verlag.

Mätzke, Margitta (2008): *Fördern, Fordern, Lenken. Sozialreform im Dienst staatlicher Eigeninteressen*. In: Evers, Adalbert/Heinze, Rolf G. (Hg.): *Sozialpolitik. Ökonomisierung und Entgrenzung*. Wiesbaden: VS Verlag.

Mayer, Karl Ulrich/Hillmert, Steffen (2004): *Neue Flexibilitäten oder blockierte Gesellschaft? Sozialstruktur und Lebensverläufe in Deutschland 1960-2000*. In: Kecskes, Robert/Wagner, Michael/Wolf, Christof (Hg.): *Angewandte Soziologie*. Wiesbaden: VS Verlag, S. 129-158.

Mayer, Karl Ulrich/Grunow, Daniela/Nitsche, Natalie (2010): *Mythos Flexibilisierung? Wie instabil sind Berufsbiografien wirklich und als wie instabil werden sie wahrgenommen?* In: *Kölner Zeitschrift für Soziologie und Sozialpsychologie*, 62.Jg., S. 369-402.

Mayer-Ahuja, Nicole (2003): *Wieder dienen lernen? Vom westdeutschen „Normalarbeitsverhältnis" zu prekärer Beschäftigung seit 1973.* Berlin: edition sigma.

Mayer-Ahuja, Nicole (2011): *Jenseits der ‚neuen Unübersichtlichkeit. Annäherung an Konturen der gegenwärtigen Arbeitswelt.* SOFI Working Paper. http://www.sofi.uni-goettingen.de/fileadmin/Working_paper/Working-Paper-Nr.6.pdf. Zugriff: 27.02.2012.

Mayer-Ahuja, Nicole/Wolf, Harald (2004): *Jenseits des Hype. Arbeit bei Internetdienstleistern.* In: *SOFI-Mitteilungen,* 32. Jg., S. 79-96.

Mayer-Ahuja, Nicole/Wolf, Harald (2005): *Arbeit am Netz. Formen der Selbst- und Fremdbindung bei Internetdienstleistern.* In: Mayer-Ahuja, Nicole/Wolf, Harald (Hg.): *Entfesselte Arbeit. Neue Bindungen.* Berlin: edition sigma.

Méhaut, Philippe (2008): *Reshaping the internal labour markets and re-articulating them to external labour markets.* In: Grünert, Holle (Hg.): *„Good" and „bad" external labour markets.* In: *SFB 580 Mitteilungen,* H. 30, S.77-86.

Mendius, Hans Gerhard/Sengenberger, Werner/Weimer, Stefanie (1987): *Arbeitskräfteprobleme und Humanisierungspotentiale in Kleinbetrieben.* Frankfurt/Main: Campus.

Menger, Pierre-Michel (1999): *Artistic labor markets and careers.* In: *Annual Review of Sociology,* 25. Jg., S. 541-574.

Menz, Wolfgang (2009): *Die Legitimität des Marktregimes. Leistungs- und Gerechtigkeitsorientierungen in neuen Formen betrieblicher Leistungspolitik.* Wiesbaden: VS Verlag .

Michon, Francoise/Petit, Heloise (Hg.) (2007): *Is the concept of labour market segmentation still accurate?* In: *Socio-Èconomie du Travail, (Sonderheft zum Segmentationsansatz heute),* H. 4.

Milliken, Frances J. (1987): *Three types of perceived uncertainty about the environment: state, effect, and response uncertainty.* In: *Academy of Management Review,* 12. Jg., H. 1, S. 133-143.

Minssen, Heiner (Hg.) (2000): *Begrenzte Entgrenzungen. Wandlungen von Organisation und Arbeit.* Berlin: edtion sigma.

Mintzberg, Henry (1978): *Patterns in strategy formation, management science,* 24. Jg., S. 934-948.

Mintzberg, Henry (1985): *Of strategies, deliberate and emergent. Strategic management journal,* 6. Jg., S. 257-272.

Moen, Phyllis /Yu, Yan (2000): *Effective work/life strategies: Working couples, work conditions, gender and life quality.* In: *Social Problems,* 47. Jg., H. 3, S. 291-326.

Moldaschl, Manfred/Sauer, Dieter (2000): *Internalisierung des Marktes. Zur neuen Dialektik von Kooperation und Herrschaft.* In: Minssen, Heiner (Hg.): *Begrenzte Entgrenzungen. Wandlungen von Organisation und Arbeit.* Berlin: edition sigma, S. 205-224.

Moldaschl, Manfred/Voß, G. Günter (Hg.) (2002): *Subjektivierung von Arbeit.* Mering: Hampp.

Moldaschl, Manfred (2003): *Foucaults Brille. Eine Möglichkeit, die Subjektivierung von Arbeit zu verstehen?* In: Moldaschl, Manfred/Voß, G. Günther (Hg.): *Subjektivierung von Arbeit.* Mering: Hampp, S. 149-192.

Montz, Andreas (2008): *Weiche Standortfaktoren aus Arbeitnehmersicht. Die Wahl des Wohnortes von qualifizierten Fachkräften.* Saarbrücken: VDM Verlag.

Morrison, Philip S. (1990): *Segmentation theory applied to local, regional and spatial labour markets.* In: *Progress in Human Geography*, 14. Jg., H. 4, S. 488-528.

Mückenberger, Ulrich (1985): *Arbeitsprozess, Vergesellschaftung, Sozialverfassung.* Bremen: Universität Bremen.

Müller-Jentsch, Walther (1997): *Soziologie der industriellen Beziehungen. Eine Einführung.* 2. Aufl. Frankfurt/Main: Campus.

Murphy, Raymond (1988): *Social closure. the theory of monopolization and exclusion.* Oxford: Clarendon Press.

Neckel, Sighard (1988): *Entzauberung der Zukunft. Zur Geschichte und Theorie sozialer Zeitperspektiven.* In: Zoll, Rainer (Hg.): *Zerstörung und Wiederaneignung von Zeit.* Frankfurt/Main: Suhrkamp, S. 464-486.

Neckel, Sighart/Dröge, Kai/Somm, Irene (2004): *Welche Leistung, welche Leistungsgerechtigkeit? Soziologische Konzepte, normative Fragen und einige empirische Befunde.* In: Berger, Peter A./Schmidt, Volker H. (Hg.): *Welche Gleichheit, welche Ungleichheit? Grundlagen der Ungleichheitsforschung.* Wiesbaden: VS Verlag, S. 137-164.

Negt, Oskar (2005): *Wozu noch Gewerkschaften?* Göttingen: Steidl Verlag.

Nieken, Petra/Störmer, Susi (2010): *Personality as predictor of occupational choice: Empirical evidence from Germany.* In: *Diskussionspapiere des Schwerpunktes Unternehmensführung am Fachbereich BWL der Universität Hamburg*, H. 8.

Nielen, Sebastian/Schiersch, Alexander (2011): *Temporary agency work and firm competitiveness. evidence from German manufacturing firms.* DIW-Diskussionspapier. Berlin: DIW.

Nienhüser, Werner (1998): *Macht bestimmt die Personalpolitik! Erklärung der betrieblichen Arbeitsbeziehungen aus macht- und austauschtheoretischer*

Perspektive. In: Martin, Albert/Nienhüser, Werner (Hg.): *Personalpolitik. Wissenschaftliche Erklärung der Personalpraxis.* Mering: Hampp, S. 239-264.

Nienhüser, Werner /Baumhus, Walter (2002): *„Fremd im Betrieb". Der Einsatz von Fremdfirmenpersonal als Arbeitskräftestrategie.* In: Albert, Martin/Nienhüser, Werner (Hg.): *Neue Formen der Beschäftigung. Neue Personalpolitik?* Mering: Hampp, S. 61-120.

Nienhüser, Werner (2005): *Subkontrahierung als Arbeitskräftestrategie. Eine (gescheiterte?) Erklärung aus transaktionstheoretischer Perspektive am Beispiel der Bauwirtschaft.* In: Struck, Olaf/Köhler, Christoph (Hg.): *Beschäftigungsstabilität im Wandel? Empirische Befunde und theoretische Erklärungen für West- und Ostdeutschland.* Mering: Hampp, S. 201-226.

Nienhüser, Werner (2009): *Betriebliche Beschäftigungsstrategien und atypische Arbeitsverhältnisse.* In: Keller, Berndt/Seifert, Hartmut. (Hg.): *Atypische Beschäftigungsverhältnisse. Flexibilisierung und soziale Risiken.* 2. Aufl. Berlin: edition sigma, S. 45-65.

North, Douglass C. (1992): *Institutionen, institutioneller Wandel und Wirtschaftsleistung.* Tübingen: Mohr.

Obschonka, Martin/Silbereisen, Rainer K./Schmitt-Rodermund, Eva (2010): *Entrepreneurial intention as developmental outcome.* In: *Journal of Vocational Behavior,* 77. Jg., S. 63-72.

Offe, Claus (1970): *Leistungsprinzip und industrielle Arbeit.* Frankfurt/Main: Europäische Verlagsanstalt.

Offe, Claus/Hinrichs, Karl (1984): *Sozialökonomie des Arbeitsmarktes: primäres und sekundäres Machtgefälle.* In: Offe, Claus (Hg.): *Arbeitsgesellschaft: Strukturprobleme und Entwicklungsperspektiven.* Frankfurt/Main: Campus.

Oi, Walter Y. (1962): *Labor as a quasi-fixed factor.* In: *Journal of Political Economy,* 70. Jg., H. 6, S. 538-555.

Olaf Struck (2008): *Betrieb und Arbeitsmarkt.* In: Abraham/Hinz (Hg.): *Arbeitsmarktsoziologie.* Wiesbaden: VS Verlag, S. 169-198

O'Mahony, Siobhan/Bechky, Beth A. (2006): *Stretchwork. managing the career progression paradox in external labor markets.* In: *Academy of Management Journal,* 49. Jg., H. 5, S. 918-941.

Organ, Dennis (1988): *Organizational citizenship behavior: the good soldier syndrome.* Lexington, MA: Lexington Books.

Ormel, Johan/Lindenberg, Siegwart/Steverink, Nardi/Verbrugge, Lois (1999): *Subjective well-being and social production functions.* In: *Social Indicators Research,* 46. Jg., H. 1, S. 61-90.

Osterhammel, Jürgen/Petersson, Niels P. (2007): *Geschichte der Globalisierung.* München: Verlag C.H.Beck.

Osterland, Martin (1990): *„Normalbiographie" und „Normalarbeitsverhältnis".* In: Berger, Peter A./Hradil, Stefan (Hg.): *Lebenslagen, Lebensläufe, Lebensstile.* Göttingen: Otto Schwartz, S. 351-362.

Osterman, Paul (1987): *Choice of employment systems in internal labour markets.* In: *Industrial Relations,* 26, S. 46-67.

Osterman, Paul (2009): *The contours of institutional labour economics: notes towards a revived discipline.* In: *Socioeconomic Review,* Jg. 7, H. 4, S. 695-726.

Ouchi, William G. (1980): *Markets, bureaucracies and clans.* In: *Administrative Science Quarterly,* 25. Jg., H. 1, S. 124-141.

Parker, Simon C. (2009a): *The economics of entrepreneurship.* Cambridge: Cambridge University Press.

Parker, Simon C. (2009b): *Why do small firms produce the entrepreneurs?* In: *Journal of Socio-Economics,* 38. Jg., H. 3, S. 484-494.

Parkin, Frank (1979): *Marxism and Class Theory. A Bourgeois Critique.* London: Travistok.

Parkin, Frank (1983): *Strategien sozialer Schließung und Klassenbildung.* In: Kreckel, Reinhard (Hg.): *Soziale Ungleichheiten. (Soziale Welt: Sonderband 2).* Göttingen: Otto Schwartz, S. 121-135.

Parsons, Talcott/Smelser, Neil (1956): *Economy and society.* London: Routledge and Paul.

Pelizzari, Alessandro (2009): *Dynamiken der Prekarisierung. Atypische Erwerbsverhältnisse und milieuspezifische Unsicherheitsbewältigung.* Konstanz: UVK.

Pfau-Effinger, Birgit (2000): *Kultur und Frauenerwerbstätigkeit in Europa. Theorie und Empirie des internationalen Vergleichs.* Opladen: Leske + Budrich.

Pfau-Effinger, Birgit (2004): *Das Segmentationskonzept der Arbeitsmarktforschung. Konzeptionelle Differenzierung und Weiterentwicklung.* In: Gensior, Sabine/Seifert, Hartmut (Hg.): *Perspektiven Sozialwissenschaftlicher Arbeitsmarkt-Forschung,* SAMF Arbeitspapier 2004, H. 1, S. 105-116.

Pfeifer, Christian (2010): *Risk aversion and sorting into public sector employment.* In: *German Economic Review,* 10. Jg., H. 1, S. 85-99.

Picot, Arnold (2003): *Auflösung von Unternehmensgrenzen. Symbiosen und Netzwerke.* In: Picot, Arnold/Reichwald, Ralf/Wigand, Rolf (Hg.): *Die grenzenlose Unternehmung. 5. Aufl.* Wiesbaden: Gabler, S. 287-333.

Piore, Michael J. (1978): *Lernprozesse, Mobilitätsketten und Arbeitsmarktsegmente.* In: Sengenberger, Werner (Hg.): *Der gespaltene Arbeitsmarkt. Probleme der Arbeitsmarktsegmentation.* Frankfurt/Main: Campus, S. 67-98.

Piwinger, Manfred/Zerfass, Ansgar (Hg.) (2007): *Handbuch Unternehmenskommunikation.* Wiesbaden: Gabler Verlag.

Pointer, Sonja/Hinz, Thomas (2005): *Mobilität im Arbeitsmarkt.* In: Abraham, Martin/Hinz, Thomas (Hg.): *Arbeitsmarktsoziologie. Probleme, Theorien, empirische Befunde.* Wiesbaden: VS Verlag, S. 99-132.

Polanyi, Karl (1990): *The Great Transformation: Politische und ökonomische Ursprünge von Gesellschaften und Wirtschaftssystemen* Frankfurt/Main: Suhrkamp.

Pongratz, Hans J. (2002): *Erwerbstätige als Unternehmer ihrer eigenen Arbeitskraft? Konzepte, Diskussionen und Anforderungen an Gewerkschaften.* In: Kuda, Eva/Strauß, Jürgen (Hg.): *Arbeitnehmer als Unternehmer? Herausforderungen für Gewerkschaften und berufliche Bildung.* Hamburg: VSA-Verlag, S. 8-23.

Pongratz, Hans J./Voß, G. Günter (2003): *Arbeitskraftunternehmer. Erwerbsorientierungen in entgrenzten Arbeitsformen.* Berlin: edition sigma.

Pongratz, Hans J./Voß, G. Günter (Hg.) (2004): *Typisch Arbeitskraftunternehmer? Befunde der empirischen Arbeitsforschung.* Berlin: edition sigma.

Pongratz, Hans J. (2009): *Konkurrenz und Integration in Reorganisationsprozessen. Zur Problematik „schöpferischer Zerstörung" innerhalb von Organisationen.* In: *Soziale Welt,* 60. Jg., H. 2, S. 179-198.

Pongratz, Hans J./Simon, Stefanie (2010): *Prekaritätsrisiken unternehmerischen Handelns.* In: Bührmann, Andrea D./Pongratz, Hans J. (Hg.): *Prekäres Unternehmertum. Unsicherheiten von selbstständiger Erwerbstätigkeit und Unternehmensgründung.* Wiesbaden: VS Verlag, S. 25-61.

Pongratz, Hans J. (2011): *Reflexive Beratung und gewerkschaftliche Interessenvertretung. Hindernisse und Chancen.* In: Tietel, Erhard/Kunkel, Roland (Hg.): *Reflexiv-strategische Beratung. Gewerkschaften und betriebliche Interessenvertretungen professionell begleiten.* Wiesbaden: VS Verlag, S. 29-46.

Posth, Martin (1975): *Personalabbau in der Unternehmung.* In: *Personal,* 8. Jg., H. 3, S. 114-116.

Powell, Walter P. (1996): *Weder Markt noch Hierarchie. Netzwerkartige Organisationsformen.* In: Kenis, Patrick/Schneider, Volker (Hg.): *Organisation und Netzwerke. Institutionelle Steuerung in Wirtschaft und Politik.* Frankfurt/Main: Campus, S. 213-271.

Preisendörfer, Peter (1987): *Organisationale Determinanten beruflicher Karrieremuster.* In: *Soziale Welt,* 38. Jg., H. 2, S. 211-226.

Pries, Ludger (1998): „*Arbeitsmarkt*" oder „*erwerbsstrukturierende Institutionen*"? *Theoretische Überlegungen zu einer Erwerbssoziologie.* In: *Kölner Zeitschrift für Soziologie und Sozialpsychologie*, 50. Jg., H. 1, S. 159-175.

Promberger, Markus/Böhm, Sabine/Heyder, Thilo/Pamer, Susanne/Strauß, Katharina (2002): *Hochflexible Arbeitszeiten in der Industrie - Chancen, Risiken und Grenzen für Beschäftigte. (Forschung aus der Hans-Böckler-Stiftung, 35)*, Berlin: edition sigma.

Promberger, Markus (2005): *Wie neuartig sind flexible Arbeitszeiten? Historische Grundlinien der Arbeitszeitpolitik.* In: Seifert, H. (Hg.): *Flexible Zeiten in der Arbeit*. Frankfurt/Main: Campus, S. 9-39.

Promberger, Markus/Bellmann, Lutz/Dreher, Christoph/Sowa, Frank/Schramm, Simon/Theuer, Stefan (2006): *Leiharbeit im Betrieb: Strukturen, Kontexte und Handhabung einer atypischen Beschäftigungsform.* Nürnberg: IAB.

Promberger, Markus (2011): *Typenbildung mit quantitativen und qualitativen Daten. Methodologische Überlegungen.* In: *IAB Discussion Paper*, H. 12.

Promberger, Markus (2012): *Leiharbeit im Betrieb: Flexibilität und Prekarität einer atypischen Beschäftigungsform.* Berlin (Im Erscheinen).

Purcell, John/Purcell, Kate/Tailby, Stephanie (2004): *Temporary work agencies. Here today, gone tomorrow?* In: *British Journal of Industrial Relations*, 42. Jg., H. 4, S. 705-725.

Raabe, Beate (2004): *Architekten. Lage weiterhin schwierig.* In: *Arbeitsmarkt-Information für qualifizierte Fach- und Führungskräfte*, H. 2. Bonn: Bundesagentur für Arbeit, Zentralstelle für Arbeitsvermittlung (ZAV).

Raithel, Thomas/Schlemmer, Thomas (Hg.) (2009): *Die Rückkehr der Arbeitslosigkeit. Die Bundesrepublik Deutschland im europäischen Kontext 1973 bis 1989, (Zeitgeschichte im Gespräch, 05)*. München: Oldenbourg.

Rauch, Andreas/Freese, Michael (2007): *Let's put the person back into entrepreneurship research: A meta-analysis on the relationship between business owners' personality traits, business creation, and success.* In: *European Journal of Work and Organizational Psychology*, 16. Jg., S. 353-385.

Reese-Schäfer, Walter (2005): *Marx und die Furcht vor der Anarchie des Marktes.* In: Pies, Ingo/Leschke, Martin (Hg.): *Karl Marx' kommunistischer Individualismus*. Tübingen: Verlag Mohr/Siebeck, S. 98-111.

Reich, Michael (Hg.) (2008): *Segmented labor markets and labor mobility.* Cheltemham: Edward Elgar.

Reichert, Ramón (2008): *Amateure im Netz. Selbstmanagement und Wissenstechnik im Web 2.0.* Bielefeld: transcript.

Rhein, Thomas (2010): *Beschäftigungsdynamik im internationalen Vergleich. Ist Europa auf dem Weg zum „Turbo-Arbeitsmarkt"?* In: *IAB-Kurzbericht,* H. 19.

Rohrbach-Schmidt, Daniela (2009): *The BIBB/IAB- and BIBB-BAuA Surveys of the working population on qualification and working conditions in Germany.* In: *BIBB-FDZ Daten- und Methodenbericht,* H. 1. Bonn: Bundesinstitut für Berufsbildung.

Rohr-Zänker, Ruth (1998): *Die Mühen der Suche nach Führungskräften. Betriebliche Rekrutierungsstrategien in peripheren Regionen. Am Beispiel der Weser-Ems-Region.* In: *Mitteilungen aus der Arbeitsmarkt- und Berufsforschung,* H. 2, S. 244-257.

Rosen, Sherwin (1986): *Theory of equalizing differences.* In: Ashenfelter, O./Layard, R (Hg.): *Handbook of Labor Economics,* Jg. 1, S. 641-692. Amsterdam: Elsevier.

Rosenbaum, James E. (1979): *Tournament mobility: career patterns in a corporation.* In: *Administrative Science Quarterly,* 24. Jg., H. 2, S. 220-241.

Rothbard, Murray (2001): *Man, economy, and state: a treatise on economy principles.* Auburn: Ludwig von Mises Institute.

Rousseau, Denise M. (1995): *Psychological contracts in organizations: Understanding written and unwritten agreements.* London: Sage.

Rubery, Jill (1994): *Internal and External Labour Markets: Towards an Integrated Analysis.* In: Rubery, Jill/Wilkinson, Frank (Hg.): *Employer Strategy and the Labour Market.* Oxford: Oxford University Press, S. 37-68.

Rubery, Jill (2006): *Segmentation theory thirty years on. Papier zur 27. Konferenz der International Working Party on Labour Market Segmentation (IWPLMS).* Kopenhagen, September 2006.

Ruff, Frank (2006): *Corporate Foresight. Integrating the Future Business Environment into Innovation and Strategy.* In: *International Journal of Technology Management,* 34. Jg., H. 3/4, S. 278-295.

Rusakova, Alina (2012): *A Physician with a Soul of a Cook? Entrepreneurial Personality Across Occupations,* Friedrich-Schiller-Universität Jena. (Im Erscheinen).

Sachverständigenrat zur Begutachtung der gesamtwirtschaftlichen Entwicklung (2008): *Die Finanzkrise meistern. Wachstumskräfte stärken. Jahresgutachten 2008/09.* Darin: *Analyse: Normalarbeitsverhältnisse und atypische Beschäftigung in Deutschland.* Wiesbaden: Statistisches Bundesamt, S. 421ff.

Sachweh, Patrick (2010): *Deutungsmuster sozialer Ungleichheit: Wahrnehmung und Legitimation gesellschaftlicher Privilegierung und Benachteiligung*

(Schriften des Zentrums für Sozialpolitik, Bremen, Band 22). Frankfurt/Main: Campus.

Sackmann, Reinhold/Ketzmerick, Thomas (2010): *Differenzierungsdynamik und Ungleichheit in der Mitte der Gesellschaft.* In: *Schweizerische Zeitschrift für Soziologie,* 36. Jg., H. 1, S. 109-129.

Sakamoto, Arthur/Chen, Meichu D. (1991): *Inequality and attainment in a dual labor market.* In: *American Sociological Review,* 56. Jg., H. 3, S. 295-308.

Sander, Nadine (2011): *Flexibilisierung, Prekarisierung und das Individuum. Vernachlässigt die Prekarisierungsdebatte hochqualifizierte Arbeitnehmer?* In: Hahn, Kornelia/Koppetsch Cornelia (Hg.): *Soziologie des Privaten.* Wiesbaden: VS Verlag, S. 147-168.

Satterwhite, Robert C./Fleenor, John W./Braddy, Phillip W./ Feldman, Jack W./Hoopes, Linda (2009): *A case of homogeneity of personality at the occupational level.* In: *International Journal of Selection and Assessment,* 17. Jg., S. 154-164.

Sauer, Dieter (2005): *Arbeit im Übergang. Zeitdiagnosen.* Hamburg: VSA.

Sauer, Dieter (2007): *Vermarktlichung und Politik - Arbeitspolitik unter den Bedingungen Indirekter Steuerung.* In: Peter, Gerd (Hg.): *Grenzkonflikte der Arbeit. Die Herausbildung einer neuen europäischen Arbeitspolitik.* Hamburg: VSA, S. 202-217.

Schier, Michaela/Jurczyk, Karin (2007): *„Familie als Herstellungsleistung"* in *Zeiten der Entgrenzung.* In: *APuZ,* H. 34, S. 10-17.

Schier, Michaela/Jurczyk, Karin/Szymenderski, Peggy (2011): *Entgrenzung von Arrbeit und Familie. Mehr als Prekarisierung.* In: *WSI-Mitteilungen,* 64. Jg., H. 8, S. 402-408.

Schmid, Günther (2002): *Wege in eine neue Vollbeschäftigung. Übergangsarbeitsmärkte und aktivierende Arbeitsmarktpolitik.* Frankfurt/Main: Campus.

Schmid, Günther (2008): *Entgrenzung der Erwerbsarbeit. Erweiterung der sozialen Sicherheit.* In: *WSI-Mittelungen,* 61. Jg., H. 7, S. 358-364.

Schmid, Günther (2011): *Übergänge am Arbeitsmarkt. Arbeit, nicht nur Arbeitslosigkeit versichern.* Berlin: edition sigma.

Schmidt, Tanja (2012a): *Junge Erwachsene.* In: Forschungsverbund Sozioökonomische Berichterstattung (Hg.): *Berichterstattung zur sozioökonomischen Entwicklung in Deutschland. Teilhabe im Umbruch. Zweiter Bericht.* Wiesbaden: VS Verlag, S. 469-506

Schmidt, Tanja (2012b): *Struktur, Vielfalt und Ungleichheit in Lebensverläufen.* In: Forschungsverbund Sozioökonomische Berichterstattung (Hg.): *Berichterstattung zur sozioökonomischen Entwicklung in Deutschland. Teilhabe im Umbruch. Zweiter Bericht.* Wiesbaden: VS Verlag, S. 451-468.

Schmitt-Rodermund, Eva (2007): *The long way to entrepreneurship. Personality, parenting, early interests and competencies for entrepreneurial activity among the termites*. In: Silbereisen, Rainer K./Lerner, Richard M. (Hg.): *Approaches to Positive Youth Development*, Thousand Oaks: Sage, S. 205-224.

Schneider, Benjamin (1987): *The people make the place*. In: *Personnel Psychology*, Jg. 40, S. 437-453.

Schneider, Norbert F./Limmer, Ruth/Ruckdeschel, Kerstin (2002): *Berufsmobilität und Lebensform. Sind berufliche Mobilitätserfordernisse in Zeiten der Globalisierung noch mit Familie vereinbar?* Stuttgart: BMFSFJ.

Schröder, Tim/Struck, Olaf/Wlodarski, Carola (2008): *„Vordringlichkeit des Befristeten"? Zur Theorie und Empirie offener Beschäftigungssysteme*. In: Köhler, Christoph/Struck, Olaf/Grotheer, Michael/Krause, Alexandra/Krause, Ina/Schröder, Tim (Hg.): *Offene und geschlossene Beschäftigungssysteme. Determinanten, Risiken und Nebenwirkungen*. Wiesbaden: VS Verlag, S. 143-200.

Schultz-Wild, Rainer (1978): *Betriebliche Beschäftigungspolitik in der Krise*. Frankfurt/Main: Campus.

Schulze Buschoff, Karin (2010): *Sozialpolitische Perspektiven der 'neuen Selbstständigkeit'*. In: Bührmann, Andrea D./Pongratz, Hans J. (Hg.): *Prekäres Unternehmertum. Unsicherheiten von selbstständiger Erwerbstätigkeit und Unternehmensgründung*. Wiesbaden: VS Verlag , S. 167-192.

Schumann, Michael/Baethge-Kinsky, Volker/Kuhlmann, Martin (1994): *Trendreport Rationalisierung. Automobilindustrie, Werkzeugmaschinenbau, Chemische Industrie*. Berlin: edition sigma.

Schumpeter, Joseph A. (1952): *Theorie der wirtschaftlichen Entwicklung. Eine Untersuchung über Unternehmergewinn, Kapital, Kredit, Zins und den Konjunkturzyklus*. Berlin: Duncker & Humblot.

Schumpeter, Joseph A. (1993): *Kapitalismus, Sozialismus und Demokratie. 7. Aufl*. Tübingen: UTB.

Seers, Anson (1989): *Team-member exchange quality: A new construct for rolemaking research*. In: *Organizational Behavior and Human Decision Processes*, 43. Jg., H. 1, S. 118-135.

Seers, Anson/Petty, M. M./Cashman, James (1995): *Team-Member Exchange Under Team and Traditional Management: A Naturally Occurring Quasi-Experiment*. In: *Group and Organization Management*, 20. Jg., H. 1, S. 18-38.

Seifert, Hartmut (2004): *Arbeitszeitpolitischer Modellwechsel: Von der Normalarbeitszeit zu kontrollierter Flexibilität*, WSI-Diskussionspapiere, No.127, http://hdl.handle.net/10419/21569. Zugriff: 23.01.2012

Seifert, Hartmut/Struck, Olaf (Hg.) (2009): *Arbeitsmarkt und Sozialpolitik: Kontroversen um Effizienz und soziale Sicherheit.* Wiesbaden: VS Verlag.

Sengenberger, Werner (1975): *Arbeitsmarktstruktur. Aufsätze zu einem Modell des segmentierten Arbeitsmarkts.* Frankfurt/Main: Aspekte Verlag.

Sengenberger, Werner (1978): *Der gespaltene Arbeitsmarkt: Probleme der Arbeitsmarktsegmentation.* Frankfurt/Main: Campus.

Sengenberger, Werner (1987): *Struktur und Funktionsweise von Arbeitsmärkten. die Bundesrepublik Deutschland im internationalen Vergleich.* Frankfurt/Main: Campus.

Sengenberger, Werner (1990): *Das „Amerikanische Beschäftigungswunder" als Vorbild? – interne versus externe Flexibilität am Arbeitsmarkt.* In: Büchtemann, Christoph F./Neumann, Helmut (Hg.): Mehr *Arbeit durch weniger Recht? Chancen und Risiken der Arbeitsmarktflexibilisierung.* Berlin: edition sigma, S. 47-65.

Sesselmeier, Werner/Blauermel, Gregor (1997): *Arbeitsmarkttheorien. Ein Überblick.* Heidelberg: Physica Verlag.

Sesselmeier, Werner/Funk, Lothar/Waas, Bernd (2010): *Arbeitsmarkttheorien. Eine ökonomisch-juristische Einführung. 3. Aufl.* Heidelberg: Physica-Verlag.

Shoemaker, Paul J.H. (2002): *Profiting from uncertainty. Strategies for succeeding no matter what the future brings.* New York: The Free Press.

Silbereisen, Rainer K./Pinquart, Martin (Hg.) (2008): *Individuum und sozialer Wandel. Eine Studie zu Anforderungen, psychosozialen Ressourcen und individueller Bewältigung.* Weinheim: Juventa.

Smith, Chris/McKinlay, Alan (2009): *Creative industries and labour process analysis.* In: McKinlay, Alan/Smith, Chris (Hg.): *Creative labour. Working in the creative industries.* Houndsmills: Palgrave Macmillan, S. 3-28.

Sørensen, Aage B. (1983): *Processes of Allocation to Open and Closed Positions in Social Structure.* In: *Zeitschrift für Soziologie,* 12. Jg., H. 3, S. 203-224.

Sørensen, Aage B. (2000a): *Employment Relations and Class Structure.* In: Crompton, Rosemary/Devine, Fiona/Savage, Mike/Scott, John (Hg.): *Renewing Class Analysis.* Oxford: Blackwell Publishers, S. 16-42.

Sørensen, Aage B. (2000b): *Toward a Sounder Basis for Class Analysis.* In: *American Journal of Sociology,* 105. Jg., H. 6, S. 1523-1558.

Spermann, Alexander (2011): *Die neue Rolle der Zeitarbeit in Deutschland. Randstad Discussion Paper No.1.,* Eschborn: Randstad.

Statistisches Bundesamt (2006): *Strukturerhebung im Dienstleistungsbereich 2004. Architektur- und Ingenieurbüros.* Wiesbaden: Statistisches Bundesamt.

Statistisches Bundesamt (2009): *Statistisches Jahrbuch 2009. Für die Bundesrepublik Deutschland.* Wiesbaden: Statistisches Bundesamt.

Statistisches Bundesamt (2010): *Befristete Beschäftigung: Jeder elfte Vertrag hat ein Verfallsdatum.* Wiesbaden: Destatis.

Statistisches Bundesamt (2011): *Entwicklung der Studienanfängerquote in Deutschland von 1999 bis 2011.* http://de.statista.com/statistik/daten/studie/72005/umfrage/entwicklung-der-studienanfaengerquote/. Zugriff: 10.02.2012.

Statistisches Bundesamt (2011): *Fachserie 11, Reihe 4.3.1,* 1980-2009.

Steinbach, Anja (2008): *Stieffamilien in Deutschland. Ergebnisse des „Generations and Gender Survey"* 2005. In: *Zeitschrift für Bevölkerungswissenschaft,* 33. Jg., H. 2, S. 153-180.

Sternberg, Rolf (2011): *Gründungsaktivitäten und –einstellungen in Deutschland im internationalen und intertemporalen Vergleich.* In: Brixy, Udo/Hundt, Christian/Sternberg, Rolf/Vorderwülbecke, Arne: *Global Entrepreneurship Monitor. Unternehmensgründungen im weltweiten Vergleich, Länderbericht Deutschland 2010.* Hannover und Nürnberg: Leibniz-Universität und IAB, S. 10-20.

Stevenson, Betsey (2009): *The Internet and Job Search.* In: Autor, David H. (Hg.): *Studies of labor market intermediation. national bureau of economic research conference report May 17-18, 2007.* Chicago: University of Chicago Press, S. 67-86.

Stinchcombe, Arthur L. (1959): *Bureaucratic and craft administration of production. A comparative study.* In: *Administrative Science Quarterly,* 4. Jg., H. 2, S. 168-187.

Stinchcombe, Arthur L. (1979): *Social mobility in industrial labor markets.* In: *Acta Sociologica,* 22. Jg., H. 3, S. 217-245.

Stinchcombe, Arthur L. (1990): *Information and organizations.* Berkeley: University of California Press.

Streeck, Wolfgang (1999): *Korporatismus in Deutschland: Zwischen Nationalstaat und europäischer Union.* Frankfurt/Main: Campus.

Streeck, Wolfgang (2004*): Hire and Fire. Ist der amerikanische Arbeitsmarkt ein Vorbild für Deutschland?* In: Zilian, Hans Georg (Hg*.): Insider und Outsider.* Mering: Hampp, S. 46-59.

Streeck, W. (2009): *Re-forming capitalism. Institutional change in the German political economy.* Oxford: University Press.

Streeck, Wolfgang (2010): *Reforming Capitalism.* Oxford: Oxford University Press.

Struck, Olaf (2005): *Betrieb und Arbeitsmarkt.* In: Abraham, Martin/Hinz, Thomas (Hg.): *Arbeitsmarktsoziologie. Probleme, Theorien, empirische Befunde.* Wiesbaden: VS Verlag, S. 169-198.

Struck, Olaf (2006): *Flexibilität und Sicherheit. Empirische Befunde, theoretische Konzepte und institutionelle Gestaltung von Beschäftigungsstabilität.* Wiesbaden: VS Verlag.

Struck, Olaf/Schröder, Tim (2006): *Ursachen betrieblicher Beschäftigungsdauern: Befunde anhand der ersten Welle des SFB-580-B2-Betriebspanels.* In: Nienhüser, Werner (Hg.): *Beschäftigungspolitik von Unternehmen. Theoretische Erklärungsansätze und empirische Erkenntnisse.* Mering: Hampp, S. 39-67.

Struck, Olaf/Stephan, Gesine/Köhler, Christoph/Krause, Alexandra/Pfeifer, Christian/Sohr, Tatjana (2006): *Arbeit und Gerechtigkeit. Zur Akzeptanz von Lohn- und Beschäftigungsanpassung.* Wiesbaden: VS Verlag.

Struck, Olaf/Grotheer, Michael/Schröder, Tim/Köhler Christoph (2007): *Instabile Beschäftigung. Neue Ergebnisse zu einer alten Kontroverse.* In: *Kölner Zeitschrift für Soziologie und Sozialpsychologie,* 59. Jg., H. 2, S. 294-317.

Suvankulov, Farrukh (2010): *Job search on the internet. E-recruitment, and labor market outcomes.* http://www.rand.org/pubs/rgs_dissertations/-RGSD271.html. Zugriff: 06.09.2011.

Sydow, Jörg/Duschek, Stephan (2000): *Starke Beziehungen, durchlässige Grenzen. Grenzmanagement in einem Dienstleistungsnetzwerk.* In: *Die Betriebswirtschaft,* 60. Jg., H. 4, S. 441-458.

Szydlik, Marc (1990): *Die Segmentierung des Arbeitsmarktes in der Bundesrepublik Deutschland. Eine empirische Analyse mit Daten des Sozioökonomischen Panels, 1984-1988.* Berlin: edition sigma.

Tacke, Veronika (1997): *Systemrationalisierung an ihren Grenzen. Organisationsgrenzen und Funktionen von Grenzstellen in Wirtschaftsorganisationen.* In: Schreyögg, Georg/Sydow, Jörg (Hg.): *Gestaltung von Organisationsgrenzen. Managementforschung 7.* Berlin: de Gruyter, S. 1-44.

Taylor, Frederick W. (1917): *Die Grundsätze wissenschaftlicher Betriebsführung.* München: Oldenbourg.

Taylor, Frederick W. (1947): *Taylors's testimony before the Special House Committee,* In: Taylor, Frederick W. (1947): *Scientific Management.* New York: Harper and Brothers.

Theodore, Nick/Peck, Jamie (2002): *The Temporary Staffing Industry. Growth Imperatives and Limits to Contingency.* In: *Economic Geography,* 78. Jg., H. 4, S. 463-493.

Trautwein-Kalms, Gudrun (1995): *Ein Kollektiv von Individualisten? Interessenvertretung neuer Beschäftigungsgruppen.* Berlin: edition sigma.

Tünte, Markus/Apitzsch, Birgit/Shire, Karen A. (2011): *Neue Beschäftigungsstrategien jenseits von externer und interner Flexibilisierung.* In: Berliner Journal für Soziologie, 21. Jg., H. 3, S. 363-381.

Vanselow, Achim (2007): *Immer noch verloren und vergessen. Zimmerreinigungskräfte in Hotels.* In: Bosch, Gerhard/Weinkopf, Claudia (Hg.): *Arbeiten für wenig Geld: Niedriglohnbeschäftigung in Deutschland.* Frankfurt/Main: Campus, S. 211-248.

vbw (2008): *Arbeitslandschaft 2030. Steuert Deutschland auf einen generellen Personalmangel zu? Eine Studie der Prognos AG, Basel.* München: Vereinigung der bayerischen Wirtschaft e.V. (vbw).

Vogel, Berthold (2009): *Wohlstandskonflikte. Soziale Fragen, die aus der Mitte kommen.* Hamburg: Hamburger Edition.

Vogel, Berthold (2011): *Die Furcht vor dem Weniger. Welche soziale Zukunft hat die Mitte?* In: *Sozialer Fortschritt,* 12/2011. Berlin: Duncker & Humblot, S. 274-281.

Vogel, Berthold (Hg.) (2004): *Leiharbeit: Neue sozialwissenschaftliche Befunde zu einer prekären Beschäftigungsform.* Hamburg: VSA.

Vogl, Joseph (2010): Das *Gespenst des Kapitals.* Zürich: Diaphenes.

Vormbusch, Uwe (2007): *Die Kalkulation der Gesellschaft.* In: Mennicken. Andrea/Vollmer, Hendrik (Hg.): *Zahlenwerk. Kalkulation, Organisation und Gesellschaft.* Wiesbaden: VS Verlag, S. 43-64.

Voss, Dorothea/Weinkopf, Claudia (2012): *Niedriglohnfalle Minijob.* In: *WSI-Mitteilungen,* 65. Jg., H. 1, S. 5-12.

Voß, G. Günter (1998): *Die Entgrenzung von Arbeit und Arbeitskraft. Eine subjektorientierte Interpretation des Wandels der Arbeit.* In: Mitteilungen aus der Arbeitsmarkt- und Berufsforschung, 31. Jg., H. 3, S. 473-487.

Voß, G. Günter/Pongratz, Hans J. (1998): *Der Arbeitskraftunternehmer. Eine neue Grundform der Ware Arbeitskraft?* In: Kölner Zeitschrift für Soziologie und Sozialpsychologie, 50. Jg., H. 1, S. 131-158.

Voß, G. Günter (2001): *Auf dem Weg zum Individualberuf? Zur Beruflichkeit des Arbeitskraftunternehmers.* In: Kurtz, Thomas (Hg.): *Aspekte des Berufs in der Moderne.* Opladen: Leske + Budrich,

Voss-Dahm, Dorothea (2006): *Minijobs als Triebkräfte der Ausdifferenzierung betrieblicher Beschäftigungssysteme – das Beispiel Einzelhandel.* In: Nienhüser, Werner (Hg.): *Beschäftigungspolitik von Unternehmen. Theoretische Erklärungsansätze und empirische Erkenntnisse. Schriftenreihe Empirische*

Personal- und Organisationsforschung, Band 26. Mehring: Hampp, S. 75-94.

Voss-Dahm, Dorothea (2009). *Über die Stabilität sozialer Ungleichheit im Betrieb. Verkaufsarbeit im Einzelhandel.* Berlin: edition sigma.

Voss-Dahm, Dorothea/Mühge, Gernot/Schmierl, Klaus/Struck, Olaf (2011): *Qualifizierte Facharbeit im Spannungsfeld von Flexibilität und Stabilität.* Wiesbaden: VS Verlag.

Voswinkel, Stephan (2000a): *Anerkennung der Arbeit im Wandel: Zwischen Würdigung und Bewunderung.* In: Holtgrewe, Ursula/Voswinkel, Stephan/Wagner, Gabriele (Hg.): *Anerkennung und Arbeit.* Konstanz: UVK, S. 39-61.

Voswinkel, Stephan (2000b): *Transformation des Marktes in marktorientierten Organisationen. Erfolgsorientiertes Entgelt in Wirtschaftsorganisationen.* In: Brose, Hanns-Georg (Hg.): *Die Reorganisation der Arbeitsgesellschaft.* Frankfurt/Main: Campus, S. 239-274.

Voswinkel, Stephan (2005a): *Reziprozität und Anerkennung in Arbeitsbeziehungen.* In: Adloff, Frank/Mau, Steffen (Hg.). *Vom Geben und Nehmen. Zur Soziologie der Reziprozität.* Frankfurt/Main: Campus, S. 237-256.

Voswinkel, Stephan (2005b): *Welche Kundenorientierung? Anerkennung in der Dienstleistungsarbeit.* Berlin: edition sigma.

Wagner, Joachim (2004): *Are young and small firms hothouses for nascent entrepreneurs? Evidence from German micro data.* In: *Applied Economics Quarterly*, 50. Jg., H. 4, S. 379-391.

Wagner, Michael (1989): *Räumliche Mobilität im Lebensverlauf. Eine empirische Untersuchung sozialer Bedingungen der Migration.* Stuttgart: Enke.

Walter, Lars (2005): *Som hand i handske. En studie av matchning i ett personaluthyrningsföretag.* Göteborg: Göteborgs universitet.

Warhurst, Chris/Grugulis, Irena/Keep, Ewart (Hg.) (2004): *The skills that matter.* Houndsmill: Palgrave Macmillan.

Weber, Max (2010 [1920]): *Die protestantische Ethik und der Geist des Kapitalismus.* München: Beck.

Weeden, Kim A. (2002): *Why do some occupations pay more than others? Social closure and earnings inequality in the United States.* In: *American Journal of Sociology*, 108. Jg., H. 1, S. 55-101.

Weitzel, Tim/Eckhardt, Andreas/Von Stetten, Alexander/Launer, Sven (Hg) (2011a): *Recruiting Trends.* http://media.monster.com/dege/b2b_pdf/-Studien/recruiting_trends.pdf. Zugriff: 26.05.2011

Weitzel, Tim/Eckhardt, Andreas/Von Stetten, Alexander/Launer, Sven (Hg) (2011b): *Recruiting Trends im Mittelstand.* http://de.amiando.com/eventResources/S/e/iEfImeuQmf65pB/Recruiting%20Trends%20Mittelstand %202011%20Management%20Zusammenfassung.pdf. Zugriff: 26.05.2011.

Wendt, Verena/Diewald, Martin/Lang, Frieder (2008): *Interdependenzen zwischen verwandtschaftlichen und beruflichen Beziehungs-Netzwerken (I-DUN). Entwicklung eines sparsamen Netzwerkinstruments und erste Ergebnisse.* In: Feldhaus, Michael/Huinink, Johannes (Hg.): *Neuere Entwicklungen in der Beziehungs- und Familienforschung.* Würzburg: Ergon, S. 459-581.

Wesselbaum-Neugebauer, Claudia (2009): *Berufsbedingte Mobilität. Empirische Befunde für Deutschland. Schumpeter Discussion Papers,* 2009-009.

Wilkens, Uta (2004): *Häufige Unternehmenswechsel hochqualifizierter Arbeitskräfte. Bildungsorientierungen von Arbeitskraftunternehmern.* In: Pongratz, Hans J./Voß, G. Günter (Hg.): *Typisch Arbeitskraftunternehmer? Befunde der empirischen Arbeitsforschung.* Berlin: edition sigma, S. 33-56.

Williamson, Oliver (1985): *The Economic Institutions of Capitalism: Firms, Markets, Relational Contracting.* New York: The Free Press.

Williamson, Oliver E. (1990): *Die ökonomischen Institutionen des Kapitalismus: Unternehmen, Märkte, Kooperationen.* Tübingen: Mohr.

Williamson, Oliver E. (1995): *Organization Theory.* New York/Oxford: Oxford University Press.

Williamson, Oliver E. (1998): *Transaction Cost Economics. How it works, where it is headed.* In: *De Economist,* 146. Jg., H. 1, S. 23-58.

Williamson, Oliver E. (2000): *The New Institutional Economics. Taking stock, looking ahead.* In: *Journal of Economic Literature,* 38. Jg., H. 3, S. 595-613.

Wilthagen, Ton/Tros, Frank (2004): *The Concept of „Flexicurity": A new approach to regulating employment and labour markets.* In: *Transfer,* 10. Jg. , H. 2, S. 166-186.

Wilthagen, Ton (2008): *Mapping out flexicurity pathways in the European Union.* In: *Tilburg flexicurity research paper,* H. 14.

Windeler, Arnold/Wirth, Carsten/Sydow, Jörg (2001): *Die Zukunft in der Gegenwart erfahren. Arbeit in Projektnetzwerken der Fernsehproduktion.* In: *Arbeitsrecht im Betrieb,* 22. Jg., H. 1, S. 12-18.

Windeler, Arnold (2004): *Organisation der TV-Produktion in Projektnetzwerken.* In: Sydow, Jörg/Windeler, Arnold (Hg.): *Organisation der Content-Produktion.* Wiesbaden: VS Verlag, S. 55-76.

Windeler, Arnold/Jörg Sydow (2004): *Vernetzte Content-Produktion und die Vielfalt möglicher Organisationsformen.* In: Sydow, Jörg/Windeler, Arnold (Hg.): *Organisation der Content-Produktion.* Wiesbaden: VS Verlag, S. 1-54.

Windolf, Paul (2005): *Was ist Finanzmarkt-Kapitalismus?* In: Windolf, Paul. (Hg.): *Finanzmarkt-Kapitalismus. Analysen zum Wandel von Produktionsregimen.* Wiesbaden: VS Verlag, S. 20-57.

Windolf, Paul (Hg.) (2005): *Finanzmarkt-Kapitalismus. Kölner Zeitschrift für Soziologie und Sozialpsychologie*, Sonderheft 45/2005.

Windzio, Michael (2004): *Zwischen Nord- und Süddeutschland: Die Überwindung räumlicher Distanzen bei der Arbeitsmarktmobilität.* In: *Zeitschrift für Arbeitmarktforschung*, 1/2004, S. 29-44.

Windzio, Michael (2005): *Flexibilisierung der Beschäftigung durch Gründungen und Auflösungen von Organisationen: Der Ansatz der Organisationsökologie.* In: Struck, Olaf/ Köhler, Christoph (Hg.): *Beschäftigungsstabilität im Wandel?* 2. Aufl., Mering: Hampp, S. 181-200.

Witte, Albrecht (2007): *Ich-AGs zwischen selbstbestimmtem Arbeiten und Prekarität. Zu Aspekten arbeitsmarktpolitischer Gründungsförderung und der Erwerbsform Alleinselbständigkeit.* In: Seifert, Manfred/Götz, Irene/Huber, Birgit (Hg.). *Flexible Biografien?* Frankfurt/Main: Campus, S. 125-149.

Wittke, Volker (2009): *Entwicklungsdynamik sozialer Produktionssysteme.* Göttingen (unveröffentlichtes Manuskript).

Wohlrab-Sahr, Monika (1993): *Biographische Unsicherheit. Formen weiblicher Identität in der „reflexiven Moderne": das Beispiel der Zeitarbeiterinnen.* Opladen: Leske + Budrich.

Wolter, Werner/Körner, Helge (1994): *Berufliche Bildung und Weiterbildung in der DDR.* In: Arbeitsgemeinschaft QUEM (Hg.): QUEM-report, H. 27. Berlin.

Zacher, Hans F, (2001): *Grundlagen der Sozialpolitik in der Bundesrepublik Deutschland.* In: BMAS: *Bundesarchiv*, S. 333-684.

Zapf, Wolfgang (1983): *Zur Theorie der Wohlfahrtsproduktion. Öffentliche und private Aktivitäten in Perspektive.* In: Wille, Eberhard (Hg.): *Konzeptionelle Probleme öffentlicher Planung. Staatliche Allokationspolitik im marktwirtschaftlichen System.* Frankfurt/Main: Lang, S. 1-19.

Zhao, Hao/Seibert, Scott E. (2006): *The Big Five Personality Dimensions and Entrepreneurial Status: A Meta-Analytical Review.* In: *Journal of Applied Psychology*, 91. Jg., S. 259-271.

Autorinnen und Autoren

Apitzsch, Birgit (Dr. phil.) ist wissenschaftliche Mitarbeiterin am Institut für Soziologie der Universität Duisburg-Essen und Max-Weber-Fellow am Europäischen Hochschulinstitut Florenz. Arbeitsschwerpunkte: Arbeits- und Arbeitsmarktsoziologie.

Bartelheimer, Peter (Dr. phil.) ist Sprecher des Forschungsschwerpunkts „Sozialmodell: Arbeit, Bildung, Lebensweise im Umbruch" des Soziologischen Forschungsinstituts Göttingen (SOFI) e.V. an der Georg-August-Universität.

Bublitz, Elisabeth (Dipl.-Ök.) ist wissenschaftliche Mitarbeiterin am Lehrstuhl für Unternehmensentwicklung, Innovation und wirtschaftlichen Wandel der Friedrich-Schiller-Universität Jena. Arbeitsschwerpunkte: Berufliche Qualifikationen und Arbeitsmarktforschung.

Fritsch, Michael (Dr. rer. oec.) ist Professor für Volkswirtschaftslehre mit dem Schwerpunkt Unternehmensentwicklung, Innovation und wirtschaftlichen Wandel am Fachbereich Wirtschaftswissenschaften der Friedrich-Schiller-Universität Jena.

Giesecke, Johannes (Dr. phil.) ist Professor für Soziologie an der Otto-Friedrich-Universität Bamberg. Arbeitsschwerpunkte: Arbeitsmarkt- und Ungleichheitsforschung, quantitative Methoden.

Grünert, Holle (PD Dr.) ist Projektleiterin am Zentrum für Sozialforschung Halle e.V. an der Martin-Luther-Universität Halle-Wittenberg. Arbeitsschwerpunkte: Bildung und Berufsbildung, Arbeitsmarkt.

Goedicke, Anne (Dr. phil.) ist wissenschaftliche Mitarbeiterin für Arbeits-, Berufs- und Organisationssoziologie am Institut für Soziologie der Universität Duisburg-Essen. Arbeitsschwerpunkte: Arbeitssoziologie, Lebenslaufforschung, Organisationen und soziale Ungleichheit.

Groß, Martin (Dr. rer. soc.) ist Professor für Soziologie an der Eberhard Karls Universität Tübingen. Arbeitsschwerpunkte: Arbeitsmarkt- und Ungleichheitsforschung, quantitative Methoden.

Holst, Hajo (Dr. rer. pol.) ist Mitarbeiter am Lehrstuhl für Arbeits-, Industrie- und Wirtschaftssoziologie des Instituts für Soziologie an der Friedrich-Schiller-Universität Jena. Arbeitsschwerpunkte: Flexibilisierung und Prekarisierung von Arbeit, neue Formen der Unternehmenssteuerung, Transformation von Arbeitsbeziehungen, international vergleichende politische Ökonomie.

Köhler, Christoph (Dr. phil.) ist Professor für Arbeitsmarkt- und Sozialstrukturanalyse am Institut für Soziologie der Friedrich-Schiller-Universität Jena.

Krause, Alexandra (Dr. phil.) ist wissenschaftliche Mitarbeiterin am Institut für Soziologie der Friedrich-Schiller-Universität Jena. Arbeitsschwerpunkte: Arbeitsmarktsoziologie, Sozialstrukturforschung und Methoden der empirischen Sozialforschung.

Lehweß-Litzmann, René (Lic.) ist wissenschaftlicher Mitarbeiter des Soziologischen Forschungsinstituts Göttingen (SOFI) e.V. an der Georg-August-Universität. Arbeitsschwerpunkte: Arbeitsmarkt(politik), Erwerbstätigkeit im Haushaltszusammenhang sowie Wohlfahrtsmessung.

Lutz, Burkart (Prof. Dr. Dr. h.c.) ist Forschungsdirektor des Zentrums für Sozialforschung an der Martin-Luther-Universität Halle-Wittenberg. Arbeitsschwerpunkte: Arbeit und Technik, Bildung und Berufsbildung, Arbeitsmarkt, Entwicklungsperspektiven industrieller Gesellschaften.

Pongratz, Hans J. (PD, Dr. phil.) ist Sozialforscher am Institut für Sozialwissenschaftliche Forschung e.V. (ISF München). Arbeitsschwerpunkte: Arbeits- und Organisationssoziologie.

Promberger, Markus (Dr. phil.) ist Leiter des Forschungsbereichs „Erwerbslosigkeit und Teilhabe" am Institut für Arbeitsmarkt- und Berufsforschung (IAB) in Nürnberg und lehrt Soziologe als Privatdozent an der Universität Erlangen. Forschungsschwerpunkte: Arbeit, Armut, Arbeitslosigkeit aus soziologischer und sozialhistorischer Perspektive.

Rusakova, Alina (Dipl.-Wirtschaftsmath.) ist wissenschaftliche Mitarbeiterin am Lehrstuhl für Unternehmensentwicklung, Innovation und wirtschaftlichen Wandel der Friedrich-Schiller-Universität Jena. Arbeitsschwerpunkte: Entrepreneurship- und Arbeitsmarktforschung.

Schröder, Stefan (M.A.) ist wissenschaftlicher Mitarbeiter am SFB 580 der Friedrich-Schiller-Universität Jena im Projekt „Betrieb und Beschäftigung im Wandel". Schwerpunkte: Arbeitsmarktforschung und Systemtheorie.

Susanne Gerstenberg (Dipl. Soz.) ist wissenschaftliche Mitarbeiterin am SFB 580 der Friedrich-Schiller-Universität Jena im Projekt „Betrieb und Beschäftigung im Wandel". Arbeitsschwerpunkte: Arbeitsmarkt- und Ungleichheitsforschung, Räumliche Mobilität, Quantitative Methoden.

Gesellschaft der Unterschiede

KAY BIESEL
Wenn Jugendämter scheitern
Zum Umgang mit Fehlern im Kinderschutz

2011, 336 Seiten, kart., 32,80 €,
ISBN 978-3-8376-1892-1

CHRISTIAN BRÜTT
Workfare als Mindestsicherung
Von der Sozialhilfe zu Hartz IV.
Deutsche Sozialpolitik 1962 bis 2005

2011, 394 Seiten, kart., 29,80 €,
ISBN 978-3-8376-1509-8

JOHANNA KLATT, FRANZ WALTER
Entbehrliche der Bürgergesellschaft?
Sozial Benachteiligte und Engagement

2011, 254 Seiten, kart., 19,80 €,
ISBN 978-3-8376-1789-4

Leseproben, weitere Informationen und Bestellmöglichkeiten
finden Sie unter www.transcript-verlag.de

Gesellschaft der Unterschiede

ALEXANDRA MANSKE
Kapitalistische Geister in der Kultur- und Kreativwirtschaft
Zur widersprüchlichen unternehmerischen Praxis von Kreativen

August 2012, ca. 320 Seiten, kart., ca. 29,80 €,
ISBN 978-3-8376-2088-7

ANNE VON STREIT
Entgrenzter Alltag – Arbeiten ohne Grenzen?
Das Internet und die raum-zeitlichen Organisationsstrategien von Wissensarbeitern

2011, 284 Seiten, kart., zahlr. Abb., 29,80 €,
ISBN 978-3-8376-1424-4

PEGGY SZYMENDERSKI
Gefühlsarbeit im Polizeidienst
Wie Polizeibedienstete die emotionalen Anforderungen ihres Berufs bewältigen

Februar 2012, 454 Seiten, kart., zahlr. Abb., 36,80 €,
ISBN 978-3-8376-1978-2

Leseproben, weitere Informationen und Bestellmöglichkeiten
finden Sie unter www.transcript-verlag.de